基督教文化研究丛书

主编 何光沪 高师宁

六编 第 **8** 册

上帝与缪斯的共舞
——中国新诗中的基督性(1917~1949)

薛 媛 元 著

花木兰文化事业有限公司

国家图书馆出版品预行编目资料

上帝与缪斯的共舞——中国新诗中的基督性（1917～1949）／
薛媛元 著 -- 初版 -- 新北市：花木兰文化事业有限公司，
2020〔民 109〕
目 4+280 面；19×26 公分
（基督教文化研究丛书 六编 第 8 册）
ISBN 978-986-518-084-3（精装）
1. 新诗 2. 诗评 3. 基督教
240.8   109000621

ISBN-978-986-518-084-3

9 789865 180843

基督教文化研究丛书
六编 第八册   ISBN：978-986-518-084-3

上帝与缪斯的共舞
——中国新诗中的基督性（1917～1949）

作　　者　薛媛元
主　　编　何光沪 高师宁
执行主编　张　欣
企　　划　北京师范大学基督教文艺研究中心
总 编 辑　杜洁祥
副总编辑　杨嘉乐
编　　辑　许郁翎、张雅淋　美术编辑 陈逸婷
出　　版　花木兰文化事业有限公司
发 行 人　高小娟
联络地址　台湾 235 新北市中和区中安街七二号十三楼
　　　　　电话：02-2923-1455 ／传真：02-2923-1452
网　　址　http://www.huamulan.tw 信箱 hml810518@gmail.com
印　　刷　普罗文化出版广告事业
初　　版　2020 年 3 月
全书字数　272558 字
定　　价　六编 8 册（精装）台币 20,000 元

上帝与缪斯的共舞
——中国新诗中的基督性（1917～1949）

薛媛元 著

作者简介

薛媛元，女，1983 年生，辽宁大连人。南开大学中国现当代文学博士，现为大连外国语大学汉学院讲师。研究方向为中国现当代文学、中国新诗，主持教育部人文社科青年项目"民国基督教报刊中的新诗史料研究（1917-1949）"、辽宁省社会科学规划基金项目"基督教报刊中的新文学史料研究（1917-1949）"和辽宁省高等学校基本科研项目"中国事工新诗研究（1921-1949）"，发表有《民国时期大陆事工新诗的本色化特征》、《论孙毓棠的新诗戏剧化探索》、《在本土化与国际化之间——林语堂信仰阐释的文化传播意义》、《教会学校与中国新诗中基督性的生成》、《"他与主的神光相遇"——论陈梦家诗歌的基督性》、《穆旦的 PTSD 与诗歌疗救——从〈阻滞的路〉到〈森林之魅〉》等论文十余篇。

提　　要

　　基督性是对基督耶稣形成的一种趋近乃至敬虔的情感，以及在此基础上形成的在某些方面、某种程度上与基督相似或合于基督教训的客观性品质。由基督性可以派生出行为上的顺从和效法，交际关系、行事风格、表达方式的更新等。它是基督教文化对现代文学尤其是新诗的主要作用方式。现今基督教文化对中国新文学的促生、推动、塑造作用已得到普遍承认，但新诗作为新文学四大体裁之一，它与基督教文化的复杂纠葛却仅掀开了冰山一角。

　　在此背景下，本书首次将基督性作为切入视角，以 1917-1949 年间中国大陆关涉到基督性的现代诗人、新诗作品及诗歌现象为研究对象，结合基督教第四次入华、五四文学启蒙、"非基运动"等重大历史事件与民国时期的各大文学、文化思潮，综合运用了宗教学、社会学、文化学、语言学、心理学等学科的相关理论和文史互证、文本细读等方法，探讨了基督性在现代中国语境中的内涵变化、在现代诗人精神结构中的地位、在新诗创作中的具体表现以及基督性在类型、题材、内涵、意象、体式等方面为新诗注入的新质，提出了事工新诗的新概念，发掘出数十位之前未曾或鲜少有人提及的事工诗人和数百首事工新诗作品，总结了中国新诗中基督性书写的成就、局限，并指出了基督性书写世俗化现象背后的认同焦虑问题。

本书受大连外国语大学科研基金项目
"中国新诗基督性研究（1917-1949）"
（项目号2016XJJS45）

和辽宁省高等学校基本科研项目
"中国事工新诗研究（1921-1949）"
（项目号：2017JYT19）资助

"基督教文化研究丛书"总序

何光沪 高师宁

　　基督教产生两千年来，对西方文化以至世界文化产生了广泛深远的影响——包括政治、社会、家庭在内的人生所有方面，包括文学、史学、哲学在内的所有人文学科，包括人类学、社会学、经济学在内的所有社会科学，包括音乐、美术、建筑在内的所有艺术门类……最宽广意义上的"文化"的一切领域，概莫能外。

　　一般公认，从基督教成为国教或从加洛林文艺复兴开始，直到启蒙运动或工业革命为止，欧洲的文化是彻头彻尾、彻里彻外地基督教化的，所以它被称为"基督教文化"，正如中东、南亚和东亚的文化被分别称为"伊斯兰文化"、"印度教文化"和"儒教文化"一样——当然，这些说法细究之下也有问题，例如这些文化的兴衰期限、外来因素和内部多元性等等，或许需要重估。但是，现代学者更应注意到的是，欧洲之外所有人类的生活方式，即文化，都与基督教的传入和影响，发生了或多或少、或深或浅、或直接或间接、或片面或全面的关系或联系，甚至因它而或急或缓、或大或小、或表面或深刻地发生了转变或转型。

　　考虑到这些，现代学术的所谓"基督教文化"研究，就不会限于对"基督教化的"或"基督教性质的"文化的研究，而还要研究全世界各时期各种文化或文化形式与基督教的关系了。这当然是一个多姿多彩的、引人入胜的、万花筒似的研究领域。而且，它也必然需要多种多样的角度和多学科的方法。

　　在中国，远自唐初景教传入，便有了文辞古奥的"大秦景教流行中国碑颂并序"，以及值得研究的"敦煌景教文献"；元朝的"也里可温"问题，催生了民国初期陈垣等人的史学杰作；明末清初的耶稣会士与儒生的交往对话，带来了中西文化交流的丰硕成果；十九世纪初开始的新教传教和文化活动，更造成了中国社会、政治、文化、教育诸方面、全方位、至今不息的千古巨变……所有这些，为中国（和外国）学者进行上述意义的"基督教文化研究"提供了极其丰富、取之不竭的主题和材料。而这种研究，又必定会对中国在各方面的发展，提供重大的参考价值。

就中国大陆而言，这种研究自 1949 年基本中断，至 1980 年代开始复苏。也许因为积压愈久，爆发愈烈，封闭越久，兴致越高，所以到 1990 年代，以其学者在学术界所占比重之小，资源之匮乏、条件之艰难而言，这一研究的成长之快、成果之多、影响之大、领域之广，堪称奇迹。

然而，作为所谓条件艰难之一例，但却是关键的一例，即发表和出版不易的结果，大量的研究成果，经作者辛苦劳作完成之后，却被束之高阁，与读者不得相见。这是令作者抱恨终天、令读者扼腕叹息的事情，当然也是汉语学界以及中国和华语世界的巨大损失！再举一个意义不小的例子来说，由于出版限制而成果难见天日，一些博士研究生由于在答辩前无法满足学校要求出版的规定而毕业受阻，一些年轻教师由于同样原因而晋升无路，最后的结果是有关学术界因为这些新生力量的改行转业，后继乏人而蒙受损失！

因此，借着花木兰出版社甘为学术奉献的牺牲精神，我们现在推出这套采用多学科方法研究此一主题的"基督教文化研究丛书"，不但是要尽力把这个世界最大宗教对人类文化的巨大影响以及二者关联的方方面面呈现给读者，把中国学者在这些方面研究成果的参考价值贡献给读者，更是要尽力把世纪之交几十年中淹没无闻的学者著作，尤其是年轻世代的学者著作对汉语学术此一领域的贡献展现出来，让世人从这些被发掘出来的矿石之中，得以欣赏它们放射的多彩光辉！

2015 年 2 月 25 日
于香港道风山

目

次

绪　论

　　宗教消退之处，艺术就抬头。它吸收了宗教所生的大量情感和情绪，置于自己心头，使自己变得更深邃，更有灵气，从而能够传达升华和感悟，否则它是不能为此的。宗教情感的滔滔江河一再决堤，要征服新的地域。但生长着的启蒙动摇了宗教信条，引起了根本的怀疑。于是这种情感被启蒙逐出宗教领域，投身于艺术之中；在个别场合也进入政治生活中，甚至直接进入科学中。无论何处，只要在人类的奋斗中觉察一种高级的阴郁色彩，便可推知，这里滞留着灵魂的不安、焚香的烟雾和教堂的阴影。

　　　　　　　　　　——[德]尼采《出自艺术家和作家的灵魂》[1]

　　中国新诗自肇始之日起，就呈现出事件带动诗歌的特征。基督教第四次入华所引发的一系列重大历史事件，也毫无例外地伴生了诗歌的繁荣。这些直接或间接地由基督教文化参与催生的诗歌或反映了人们对基督教文明的观感，或体现了基督教精神，或记述了当时基督教的生存环境及其教众的生活状态，或在行文中挟带了宗教仪式、宗教典籍中的内容，或在表达中汲取了基督教语言资源，其思想之驳杂、内容之丰富、形式之多样、风格之繁全，都从各个角度为中国诗坛注入了大股新鲜活泼的血液，丰富着诗坛的生态系统。虽然十七年和文革时期，这类诗歌从公开诗坛隐迹、转入地下。但 20 世纪 80 年代以来，随着思想界的解冻，基督教思想作为与科学主义、人文主义平等的西方学术三大渊源之一，又重新得到了人们的正视，基督教文化与中国文学的关联研究也在中断了三十余年之后重新启动，并取得了颇为可观的成果。时至今日，基督教文化对中国文学之促生、推动及塑造作用的历史存

1　尼采.出自艺术家和作家的灵魂[M]//尼采.悲剧的诞生.周国平，译.北京：生活·读书·新知三联书店，1986：177-178.

在性已得到学界承认，只是对于该如何评判这些作用的效能和意义，学者仍持有不同的见解。诗歌作为新文学四大体裁之一，在文学与基督教关联研究逐步展开之时，也开始显露出它与基督教文化之复杂纠葛的冰山一角。不过比起新诗蔚为大观的创作实绩，这方面的已有研究则显得过于零星和单薄，难以真正展示基督教文化之于新诗内容、精神、审美的全方位影响以及新诗对基督教文化的发展、加工和改造。因此，寻求基督教文化与中国新诗之间最为准确的交融点，对二者的关系进行一次系统全面的、溯源追流式的梳理，对基督教文化向中国新诗的作用方式给予一个详细精准的定位，结合具体的诗人个案、诗歌文本和诗歌现象，详细考察这种方式在具体环境中的实际运行情况和审美功效，即是本研究试图完成的工作。

"基督性"是笔者在通观大量材料的基础上所选择的交融点，也是本书的研究切入点。任何一种宗教文化想要在新的土壤中扎根，都要具备一个基本条件，即触动先前存在于传播对象集体无意识中泛化的宗教性，使之具体化并相对固定化为该宗教特指的宗教性。较早入华的宗教如佛教、伊斯兰教等都是如此，基督教也不例外。可以认为，民国时期基督性诗歌的兴起是中国诗人的宗教性在全面转型时期与基督教文化遇合的必然产物。

一、"在后的将要在前"——中国宗教性诗歌传统中的基督性诗歌

"宗教主情，诗歌言情；故人类宗教最初之表示，即以诗歌出之。"[2]早在基督教入华以前的汉代，在中国诗词的浩瀚大洋之中，就开始此起彼伏地翻腾起宗教性诗歌的浪花：源于楚辞、始于乐府、兴于魏晋、盛于唐宋的游仙诗（包括云游诗、修仙诗、仙迹诗等），充满了瑰奇浪漫的想象，展示着逍遥超脱的道家风骨；而发于汉晋、繁于唐宋、绵延明清的佛禅诗（包括示法诗、开悟诗、倾古诗等禅理诗，及游方诗、佛寺诗、山居诗等修行诗），则闪耀着哲思理趣的光辉，透露出空灵深邃的佛门气度；此外还有大量的玄言诗、悟道诗、偈诗等，阐老庄佛理之幽思，发遗世独立之情怀，不一而足。这些宗教性诗歌中尽有《远游篇》、《游仙诗·京华游侠窟》、《梦游天姥吟留别》、《山居秋暝》、《鹿柴》等佳作，其作者群中也不乏三曹、郭璞、大小李杜、王孟、王安石等诗文大家，一度颇成气候。在唐代，诗僧如皎然、寒山、贯休等人

2　张仕章.《中国古代宗教诗歌集》自序 I [M]//张仕章.中国古代宗教诗歌集.上海：广学会，1927：1.

可以名垂青史，他们的诗作也被《全唐诗》、《唐音癸签》等集子收录，以王维为代表的文人墨客参禅悟道更被传为一时佳话。虽然中国古典诗歌的主流精神是宗教色彩较弱的儒家思想，但儒家思想中对仁义礼智信、天地君亲师的尊崇和依附情感，也带有强烈的宗教性特征。宗教文化以其与诗思天然的相通性，同诗歌长于想象、注重启悟、敬畏灵感的传统水乳交融，故而中华诗词中能够始终星星点点地闪烁着宗教特有的灵性光芒。

中国古典诗词中的宗教性一向在佛道相关题材的作品中最有存在感，佛教的禅与空、道教的玄妙与自然已在长年的发展过程中融入了传统诗词的精神气质，某些宗教思想也成为诗人世界观的重要构筑因子。然而，在以叛逆为特色的新诗自肇始萌芽并迅速成势之后，由于初代诗人文化选择的全面西倾，佛道诗歌的发展面临着前所未有的危机，被迫选择了更为低调的生存方式，即弱化自身的宗教性特征，并将之糅合进日常文化表达之中。不过宗教性在新诗中并未泯灭，而是在表现载体的选择上发生了一次剧变：作为西方两希文明源头之一的希伯来——基督教文化，渐渐后来居上地成为了现代诗人内在宗教情绪的主要外在依托。基督教自东汉时期[3]零星传入中国之后，经历了初唐景教（释名含义见概念阐释部分，下同）的昙花一现、元代也里可温教的短暂兴盛、明清时期天主教的荣宠一时，三度起落，却始终由于传教策略失误[4]、意识形态冲突[5]等因素未能获得广泛的群众

---

3 据新世纪以来的最新考古资料，2002 年，中国基督教协会常务委员、基督教神学教育教授汪维藩在徐州汉画像石艺术馆发现了刻有圣经故事和早期基督教图案的东汉画像石；2009 年 6 月，徐州汉画像石馆馆员马焕跦在徐州发现了刻有"作神镜，尊一帝。德母目人子。有王赫。志，重，须，毓。"字样的"汉代基督教福音铭文镜"，与文献记载中东汉时期叙利亚教士以学习养蚕为名在中国传教的记录相吻合，刷新了景教入华的历史记录。见程颖.汉代铜镜上刻有"基督教十八字福音"[N]，彭城晚报，2009-16-25（1）。

4 当年传教策略的主要问题在于对附膺皇权、自上而下的传教方式过于倚重，导致宗教发展情况随政局动荡而起伏；对佛道概念过度借用，导致基督教特色的消失等。唐和元的传教都以皇族为突破口，前者因唐时的文化开放而有了较好的生存空间，但因与佛教的关系过于缠杂不清，在灭佛运动中遭到灭顶之灾；后者试图重现五胡乱华时期借佛学抗儒学的神话，惜乎元朝寿命过短，这项努力也未果而终。参见朱谦之.中国景教[M].北京：东方出版社，1993 等。

5 意识形态冲突的最主要体现是清代的礼仪之争，即"上帝"称谓的指代、经典教义的翻译、祭祖祭孔、对帝王的跪拜等等，最终清政府因无法容忍罗马教廷对中国内政的干预下令禁教。

基础，也未能在中国文化史上留下过拥有全局影响力的痕迹，只在文坛上遗有如明末"天学诗"[6]、士大夫赠传教士诗[7]、部分康熙御制诗等少量诗作。直到鸦片战争的炮弹在中国庞大、沉重而老迈的旧躯上炸开了一个缺口，传教士们才借着弹片的余威在先前坚密无隙的中华文化土壤中开掘出了五块相对疏松、能容基督教扎根的生长区域[8]，继而迎来了第四次对华传教高潮，搭上思想文化全面转型之便车的基督教自此高调地进入了中国士绅阶层和知识分子的视野。这其中，基督新教以非比寻常的活力和存在感，激活了在中国人精神领域长期处于压抑状态的宗教性，并以其与现代文明更为契合的理念和特质，颇为强势地排除着其他先在宗教文化的影响，使基督性成为民国时期人们最主要的宗教性表现形式，也成为晚清、民国时期思想家立论、文学家创作的关键词之一。

　　同样，在诗歌领域，基督教意象、典故等也成为了现代诗人们的新宠，使用频率得到空前提高，远远超过了佛道文化中的传统宗教意象。这些基督教意象除了在宗教层面的初始意义之外，也灵活地承载起中国诗人赋予它们的各种普世[9]意义：基督教典籍成为诗人无意识模仿的范本，为新诗带来了艺术手法和审美追求上的创新；基督教的精神特质也在诗人的创作中时有渗透，或参与构筑了诗人的创作观，或在饱受质疑的过程中明确了诗人的哲学及伦理构想，或在一定程度上补充了中国新诗的终极关怀缺失；基督教的语言思

6　与天主教有关的诗词唱和，统称"天学诗"，名字来源于利玛窦的《天学实义》，内容涉及信仰教义、传教士修养、友好交往、问题探讨、对儒学佛道的看法等。参见徐晓鸿.吴历及其"天学诗"（一）[J].天风，2010，5：56.此外，部分宋代怀古诗、元代应制诗与基督教的传播间接相关，但有所争议，本书不作讨论。

7　如《闽中诸公赠诗》等。

8　即《中美望厦条约》和《中法黄浦条约》中提及的五口租地广州、福州、厦门、宁波、上海。

9　本书中所涉及的"普世"一词在大多数情况下，是基督教意义上"普通世界"或曰"普遍世界"的简称。基督教的观念中，我们日常所处的普通世界是含有原罪的、受人类肉体欲望制约的，与属灵的、由神所掌控的天国相对。因此，本书中的多数"普世"概念，内涵并非我们日常提及"普世价值"时所使用的"普适的"、"不分领域，超越宗教、国家、民族，出于人类的良知与理性的"，而是"遵循现实世界通行逻辑与原则的、以人为本而非以上帝为中心的、表现日常情感而非宗教情感的"。某些学者惯于使用"世俗"一词，但这个词语虽然有"非宗教的"之义项，但同时也具有较强的负面色彩，故笔者不予使用。不过在约定俗成的"普世价值"等固定词组中，"普世"依然保持惯用的含义。

维更是对诗人的话语逻辑产生了潜移默化的影响。总之，在诗坛上出现了一批带有浓厚基督性特征的诗人诗作，形成了独具一格的艺术特色与审美风格，已经是一个不容忽视的诗歌现象。基督教文化作为与帝国主义不平等条约一同涌入中国的外来入侵文化，甫一入华便面临着西方人文主义、科学主义与中华儒释道传统、实用主义等思潮的共同抵抗，却能仅用短短几十年时间就完成了被知识分子阶层从直觉地排斥到批判性接纳、选择性入诗的过程，这一现象中体现出的基督性与中国社会、文化、思想现代化的同步性、与现代人精神灵魂渴望的契合性、与文学及诗歌自身发展要求的一致性等，理应得到足够的学术关注。

二、几个概念的界定

　　由于本研究的思路旨在打通诗学、文学与宗教学、社会学的边界，试图从宗教学、社会学领域中提取理论、方法乃至史料来解读诗歌现象及文本，因此，在正式梳理现代诗人对基督性的接受与书写、对基督性给中国新诗带来的题材立意、精神境界、艺术审美等新质给出学理上的分析和评价之前，有必要先厘清几个概念。在考察基督教文化体系与中国新诗的关系时，笔者选用了"基督性"这一相对冷僻的概念。在对"基督性"概念作出界定时，"宗教性"首先是一个有必要加以解释的概念。

（一）宗教性

　　"宗教性"是由德国主观主义社会学家西美尔在现代性语境下对传统宗教学进行反思之时所提出的概念，它成为后宗教时代颇具影响力的宗教学基础理论之一。宗教性概念提出的基础是承认人们普遍具有"宗教天性"。宗教天性是一种与情欲天性一样的、在感知和塑造生命方面的天生的规定性，它包含"依附情感和期待热情、恭顺和憧憬，对世俗的淡漠和对生命的规整"等常常深藏不露的灵魂个性，这些个性是从其主体的存在中生发出来的，与教义、宗教制度等宗教的外在形式无关[10]。在这一天性的作用下，"我们可以断定，人与人之间各种各样的关系中都包含着一种宗教因素"[11]，这种从人际

10　参见西美尔.宗教的地位问题[M]//西美尔.现代人与宗教.曹卫东等，译.北京：中国人民大学出版社，2003：48.

11　西美尔.论宗教社会学[M]//西美尔.现代人与宗教.曹卫东等，译.北京：中国人民大学出版社，2003：4.

关系之中提练出的具有共同基调的情感体验即被总结为宗教性。宗教性有时也被译为"宗教虔诚"，它属于一种社会精神结构，是宗教肌质的根本特性之一，"包含着无私的奉献与执着的追求、屈从与反抗、感官的直接性与精神的抽象性等的某种独特混合"，从宗教性中可以生发出主体与对象之间"真诚和稳固的内在关系"，以及一种对相关秩序的自觉遵从[12]。宗教性的普遍性与原发性特征，决定了它与宗教的根本区别。依据西美尔的理论，宗教性先于宗教而存在，宗教是宗教性的产物。

（二）基督性

基督性概念以宗教性概念为立论基础，它是将关系对象确定为基督教体系中的神明尤其是耶稣基督的一种宗教性具体表现形态。在以往的中国文学研究中，每每涉及到与基督教文化相关的命题，人们更倾向于使用"基督教"一词，而并不常使用"基督性"，这与我国神学家的翻译习惯有关。在英文汉译过程中，强调制度层面含义的 Christian Religion 被译为"基督宗教"，强调信仰和教义层面含义的"Christianity"被译为"基督教"[13]。而对应德语单词"Christlichkeit"的"基督性"，因为在现代英语中与"基督教"对应同一个单词（在老式英语中有"Christianness"单独指涉"基督性"的含义，但这个词现今已不太使用），含义上的区分也比较微妙，于是汉语神学界往往将它们统

---

12 西美尔.论宗教社会学[M]//西美尔.现代人与宗教.曹卫东等，译.北京：中国人民大学出版社，2003：4-5.

13 基督教在中国有广义和狭义两个概念范畴：广义的基督教包括了东正教（The Orthodox Church，以"正统性"为主要特征，崇尚灵性修炼，不重理论思辨）、罗马公教（The Roman Catholic Church；即我们通常所说的天主教，Catholicism，以"普世性"为主要特征）和基督新教（The Protestant Churches；曾译为"抗罗教"，Protestantism，以个人化、自由化为主要特征）；而狭义的基督教则单指基督新教。实际上 Christianity 对应的应该是广义的基督教，但在中国的特定语境中，它也常指涉 Protestantism。这二者的混淆主要是由晚清以来新教发展在这三支教派中最为迅猛的事实引起的。由于新教倡导的人生态度比较积极向上，新教精神拥有自由主义倾向和个人化倾向，带着一定革命色彩，并与启蒙思潮关系最为密切，相比之下更符合民国以来中国人的激进哲学。甚至国民党官办刊物也曾隐约表示，佛教道教主张出世，不关心社会民生，于社会无益，属于消极的宗教；而基督教主张积极入世，于社会无妨，可顺其自然发展，但倘若列强想利用基督教干涉中国内政，则应予以坚决反对。此外，新教"因信称义"、"邪念即罪"等观念最为强调信徒的信心培养以及行为自律，换而言之，对"基督性"的强调，在三个教派中最为突出。

译为基督教[14]。不可否认，"基督教"这一译法本身已经带有一定基督性意味。基督宗教传入中国之后，经历了波斯教[15]、景教[16]、也里可温教[17]、天主教[18]、耶稣教（耶教）等多次命名更替，终于在近现代中国获得了今天的定名"基督教"。比之历代各种命名，"基督教"的表述在词语本义上更为准确地点明了耶稣基督的救主身份，因为英文 Christianity 一词的词根 Christ 源自希腊文"khristos"，后者又为希伯莱语"Messiah"（弥赛亚）的转写，义为"受膏者"，在希伯来文化中特指"被上帝选中的人"。与强调圣父耶和华全能威严的译法"天主教"[19]相比，"基督教"的定名彰显了现代中国人在面对上帝三种位格之时格外钟情于圣子耶稣的文化心态：相较于耶和华所象征的终极权威和力量，中国人显然更为看重耶稣所具备的触手可及的美好品质，诸如爱、怜悯、牺牲、救赎等等。

但将过多的义项置于"基督教"这一专有名词之下的译法有很多不便，其中最容易导致的问题是，在日常交流之中强调主观情感体验的"基督性"义项常与信仰和教义的解释混同，甚至由于"基督教"一词在使用过程中的不规范，这一义项还可能被进一步误解为"基督宗教"的简称，被迫捆绑上

---

14 参阅何光沪.基督宗教与人文主义——从误解走向对话[M]//何光沪.月映万川——宗教、社会与人生.北京：中国社会科学出版社，2003：312.

15 在西亚普遍转信伊斯兰教之前，传入中国的基督教被称为波斯经教，但此后"改名以立异"，见朱谦之.中国景教[M].北京：东方出版社，1993：16-18.

16 据大秦景教流行中国碑记："真常之道，妙而难名，功用昭彰，强称景教"。顾名思义，"景教"取"正大光明之宗教"之意。见晏可佳.中国天主教简史[M].北京：宗教文化出版社，2001：8.李之藻《读景教碑书后》："景者大也，炤也，光明也。"钱念劬《归潜记》："……乃取《新约》光照之义，命名曰景。"见朱谦之.中国景教[M].北京：东方出版社，1993：15.

17 《元史国语解》曰：也里可温，蒙古语，应作伊噜勒昆；伊噜勒，福分也，昆，人也，部名。（卷三）又曰：也里可温，有缘人也。（卷二十四）参见陈垣.元也里可温教考[M]//陈垣史学论著选.上海：上海人民出版社，1981：3.另有记载，元代除"也里可温"的名称外，还有一俗名"十字教"，参见方豪.中国天主教史人物传（上）[M].北京：中华书局，1988：36.

18 "天主"一词源自《史记·封禅书》："八神，一曰天主，祠天齐。"利玛窦传教过程中为便于中国人理解，借用古语"至高莫若天，至尊莫若主"之义，将耶和华神译为"天主"，含义为"天地真主，主神主人亦主万物"。

19 "罗明坚……是首先以汉字汉文撰写天主教教义的书。这部书名为《天主圣教实录》"。参见方豪.中国天主教史人物传（上）[M].北京：中华书局，1988：66.

制度的意味；在进行文学探讨时，"基督教"或曰"基督教信仰"概念过于严格的教规层面含义又容易造成研究者对作家及作品精神内涵分析的简单化处理。相比之下，单独以"基督性"来承担 Christlichkeit 的涵义，则能更好地满足信息传达的准确性需要。单纯从翻译义项的对应上来说，"基督性"除了"基督教信仰"的含义之外，还有一些来自 Christlich 的含义，如"信教的"、"教育某人信教的"、"符合基督教教义的"、"按基督教教义行事的"、"博爱的"，尤其还特指"基督教方面的"艺术、文学等。

整体而言，"基督性"的特征在于它对内在精神层面意义的强调，因此"基督性"概念的内涵必然与耶稣基督的精神特质密切相关，或者说，对基督性之含义的理解就是对耶稣其人的理解，即汉斯·昆所说的"规定基督性时从这种具体的耶稣基督出发"[20]。由于文化差异和个体差异会不可避免地造成理解上的差异，"基督性"一词的含义很难有统一标准。西方世界对"基督性"的强调始于启蒙运动之后，而启蒙运动是宗教改革诞下的叛逆之子，它自兴起之日便大张科学主义、实验哲学之旗，致力于捣毁神坛、驱逐宗教。但因其与人类内心的宗教天性相违，时至今日，这一努力仍未彻底成功，只是促成了宗教的现代性转型，直接后果是使整个西方被一场"自诩为神圣"[21]的基督教世俗化运动所袭卷。于是进入 19 世纪之后，对基督性的阐释益发多样化：在汉斯·昆眼中，它是"可见"、"可听"、"可实现"的"作为基督，作为典范的具体的耶稣"的"伦理要求"[22]；在雷蒙·潘尼卡眼中，它是基督教神学发展到第三阶段后"实践一种个人信仰，具有像基督那样的精神，以及把基督当作其个人生活的象征"的生活方式[23]；在黑格尔眼中，世俗化的基督性是"现代性之本质"[24]；在克尔凯郭尔眼中，它是任何时候都与人同在的永恒的历史性[25]；

---

20 汉斯·昆.论基督徒[M].杨德友，译.北京：生活·读书·新知三联书店，1995：774.
21 刘小枫.走向十字架上的真——20 世纪基督教神学引论[M].上海：生活·读书·新知三联书店上海分店，1995：45.
22 参见汉斯·昆.论基督徒[M].杨德友，译.北京：生活·读书·新知三联书店，1995：780 等.
23 参见雷蒙·潘尼卡.智慧的居所[M].王志成，思竹，译.南京：江苏人民出版社，2000：189.
24 参见施特劳斯.我们时代的危机[M]//刘小枫编.苏格拉底问题与现代性——施特劳斯讲演与论文集：卷二.北京：华夏出版社，2008：44.
25 参见克尔恺郭尔.基督徒的激情[M].鲁路，译.北京：中央编译出版社，1999：29-31.

在卡尔·巴特眼中，它特指基督的位格[26]；在卡尔·拉纳眼中，它是"纯粹的哲学"同时是"超越其自身并指示人去注意可能发生的启示"的一种"形而上学"[27]；在朋霍费尔眼中，它是"一件出自圣神的，与个体生存之在性相关的在体论事件及其相关理念"[28]等等。

基督教研究专家周伟驰最早将基督性概念应用于诗歌，并在与"基督教诗歌"概念的对比中，对诗歌领域的基督性概念做出了迄今为止最严密的界定。他说：

> 我用"基督教诗歌"指基督徒诗人写的具有基督教精神气质的诗歌，它们或者体现了基督教的世界观，或者体现了抒写者的基督教情怀。虽然教会内的咏诗也可以归到它里面，但我这里几乎无例外是指面对社会的、纯文人的基督徒的诗歌。……
>
> 我用"有基督性的诗歌"指一般诗人写的带有基督教世界观元素的诗歌，它强调的是基督教思想的痕迹而不是写作者的信仰身份。……
>
> 一个"基督徒诗人"也可能写世俗的诗歌，体现了世俗的世界观，因此他所写的诗不一定都是"基督教诗歌"。而一个非基督徒（没有教会归属者或信仰不完全者）则可能采纳基督教的世界观或体现其精神，或采用其元素、象征、典故，写出"有基督性的诗歌"[29]

后来在另一篇文章《基督教诗歌及其思想史背景》中，他又专门对"基督性"做出了更详细的解释：

> 我用另一个概念"基督性"指称写作中有基督教精神、情怀、气质的诗歌特质。一般来说，基督徒诗人所写跟信仰经验有关的诗歌（原文为"诗人"，应属排版之误）都有基督性，但是一些非基督徒的诗人也会写出跟基督教精神有密切关系、带有基督性的作品，因此，"基督性"是一个更加宽泛的概念。当代许多诗人并非基督徒，

---

26 参见巴特著，戈尔维策精选.教会教义学（精选本）[M].何亚将，朱雁冰，译.北京：生活·读书·新知三联书店，1998：8.

27 参见卡尔·拉纳.圣言的倾听者——论一种宗教哲学的基础[M].朱雁冰，译.北京：生活·读书·新知三联书店，1994：23-25.

28 参见刘小枫.道与言——华夏文化与基督文化相遇[M].上海：生活·读书·上海三联书店，1996：编者序3.

29 周伟驰.当代中国基督教诗歌及其思想史脉络[J].新诗评论，2009，2：72-73.

但他们会写到教堂、基督、忏悔、赎罪、对于平安的渴望、感恩、
谦卑、悲悯、博爱，对于基督教的一些教理持肯定、认同或同情态
度，这都可以归入宽泛的有"基督性"的诗歌中去。[30]

很显然，周伟驰的理解与朋霍费尔的理解比较接近，但相比之下更缩小
了基督性概念的范畴，尤其强调了基督性的客观性特征。

笔者以为，在理解"基督性"这一概念时，还是不应与"宗教性"脱离
太远。基督性在将普泛的宗教性意义落实到基督教这一具体宗教上时，必然
要与它所依托之基督教特有的语言方式、信仰体系等发生一定关系。由于作
为一种宗教的基督教已经发展成为独立的客观存在，它能够反作用于基督性，
使它不再局限于纯主观的范畴，因此比之宗教性，基督性的所指范围缩小了
但研讨面却扩大了。

基督性在个体身上的形成及作用方式可以概括为：某人先前已具备的观
念与基督教某些理念有部分相合，因此在接触到基督教文化之后，此人会对
这种文化产生一定程度上的认同感，进而使该个体尚未被完全激发的宗教性
局部或全部地以基督教为依托，从潜意识层面进入半意识层面或意识层面，
使他对基督形成了一些趋近乃至敬虔的情感甚或行为上的顺从和效法，进而
更新他的交际关系、行事风格、表达方式，使该人形成具有一定与基督相似
或合于基督教训的客观性气质。这种客观性的气质可以借由人类的创作活动
化入作品之中，因此基督性不再像宗教性那样是人类专属的概念，它的应用
可以扩大到与主体相关的事物上，如文学、艺术、语言等。相别于基督教对
教义、信仰及制度意义的囊括，基督性对人的赋予更偏于道德领域与思维领
域。因此，基督性的内容主要包括了"信"、"望"、"爱"等属灵美德，以及
在接受这三种属灵美德的前提下所生发出的意象化、象征化的语言思维和神
圣庄严的情感体验等。当然，若再追问这些思维与情感的具体内容和直接源
头，则仍须回到基督教仪式、教义、经典、文化之中去寻找答案。因此，对
基督性的理解也还是不能彻底脱离基督教。

基督性的内容究其根本是普世的，只是藉由宗教媒介与信仰对象形成了一
定程度上的合一，在合一的过程中，普世内容获得了权威性，并被赋予了更丰
富的内涵。对这些普世美德、思维、体验的尊崇在普通人中也存在，但在普通

---

30 周伟驰.基督教诗歌及其思想史背景[M]//刘光耀编.神学诗学十四诗人谈.北京：九
　州出版社，2012：24.

人的精神结构中，与基督性内涵一致的普世道德拥有与真正的基督性内容全然不同的所处位置、性质定位和约束效力。比如对世界满怀慈悲的普通善良民众或其他宗教信徒固然也富有爱心，但这种爱绝不可称之为基督性的爱，二者间的具体区别笔者将在第一章第三节中详细论述。因此，鉴别某人精神构成之中是否存在基督性因子时，对基督教文化有无了解是一个必须考虑的因素。

拥有基督性的人一定接触过基督教，并对这种宗教有些了解，但他们未必是基督徒，不一定相信基督教的终极观念或接受基督教的所有具体教义，而只是对基督教的某一侧面心有戚戚，比如"认同《圣经》的语言思维"也是基督性的一种体现。从基督性的意义上出发，无论人们是否有基督教信仰，他们在对基督精神、《圣经》语言的领悟上都是平等的。基督性的客观性决定了一个人基督性的强弱未必与信仰虔诚程度成正比，而要综合考虑信心与行为的双重因素；它也决定了某一作品中所体现的基督性强弱未必与作者的基督性强弱成正比，而很大程度上取决于作者的写作目的（虽然在整体上很可能有成正比的趋势）。这种客观性尤其意味着基督性是可探讨的，作家有选择它的权利，也有反对、质疑、摒弃它和选择"反基督"或曰"敌基督"（Arti-Christ）立场的权利。不过值得注意的是这种"敌"或"非"通常是表面现象，即反对制度层面的世俗教会或僵化教义，他们的"反"实质是对他们自己心目中的基督性的维护，或者是以自己理解中的基督性作为标准，或者是借由《圣经》自身的张力展开，是宗教性在另一向度上的表现。

笔者之所以选择"基督性"作为考察基督教文化与中国诗歌关系的切入点，取决于基督性的如上特质相较"基督教"更能准确描述中国新诗的生发土壤及创作事实。首先，中国在19世纪中期被迫敞开国门、接纳西方文明时，她所接触到的基督教，是面临着刚刚问世不久的进化论之挑战、并处于一场波及全球的基督性世俗化思潮中的基督教。基督教第四次入华时期的来华传教士多为新教教徒，他们向来注重宗教在教育、医疗、慈善等方面的外围社会功能，他们所传扬的新教教义也具有半宗教半道德意味，以理性化、自由化与实用化[31]为主要特征。这个大的宗教背景对中国诗人发展出本色化的"基督性"无疑起到了一种鼓励作用。其次，基督教对中国文人包括诗人的影响方式绝不仅限于教会生活，更主要的是通过广泛存在于宗教典籍和西方普世

---

31 新教主张理性信仰，有理性神学、自由神学、社会福音派等。参见乐峰.东正教史[M].北京：中国社会科学出版社，1999：52.

典籍中的基督性而发生作用。对基督性的接触和认识将他们固有的宗教天性从对天地君亲师等旧偶像及三纲五常等旧道德的依附中解放出来，扩大了他们的宗教性视野，使他们对道德关照的理解更容易与国际对接，至于是否真正将他们引向了基督教信仰并不重要。基督性与西方现代文明的密切相关性是中国现代诗人接受它的动力，而它所包含的主要内容与中国传统文化的相通性则是它被接受的前提和基础。总之，基督性不是中国诗人从基督教中习得的，而是诗人旧有的、以中国传统文化为主导的精神结构经由与基督教文化的相遇重新理论化、系统化整合的产物。它淡化了欧美文化中对"圣子"耶稣基督的敬虔因素，将耶稣神人二性中的人性特征抬升到了空前的高度，因此对耶稣的感情更接近于对"历史完人"偶像崇拜式的景仰。中国知识分子阐释基督的方式，是基于一种被自然神学家约翰·洛克反对的"'历史事实'的信"[32]，民国基督教界轰轰烈烈的"本色化运动"[33]即可以说是一场以标举耶稣人格为特征的、带有强烈"去'教'存'性'"倾向的信仰改造运动。信徒尚且如此，无信仰者的基督性中则存在更为显著的基督普世化、人格化和理性化意味。

这样的基督性使不少中国诗人的精神力场会不时地往基督教理念方向上倾斜，却不会彻底摆脱民族文化传统，也使不认同的诗人发展出自己的敌基督或曰非基逻辑。因此本书将研究对象确定为中国新诗中的基督性，所研究的诗歌文本为"涉基督性的诗歌"，既包括表达了基督性的诗歌，也包括探讨

---

32 参见约翰·洛克.基督教的合理性[M].王爱菊，译.武汉：武汉大学出版社，2006：96.

33 **本色化运动**早在 19 世纪末即已开始酝酿，正式开始是在 1922 年 5 月非基运动开始之后。它的提出基于一个理念，即基督教总要去适应它周围的环境，因此，中国的基督教也应成为能适应中国人生活的基督教。在组织方面，本色化基督徒主张结合中国现实需要，致力于使教会合乎华民的性质和环境，尽早实现完全自立，并化除教会间的界限，使各派教会互相信托；在教义和文化方面，他们主张研究中国文化中具有永久价值之各种要素，并与基督的各项教训融会贯通，以彰显基督教真理的力量，他们特别强调不能够"无知地信仰"、不能够盲从，虽要虚心接纳西方文化的种种优势，但必须出于自动的采纳，并渐次化之为本色；在政治方面，他们主张政教分离，个人基督徒可以对政治有兴趣，但教会必须与政治分离，但遇到国家正义问题时，教会有责任实行。本色化运动使中国基督徒逐步摆脱了外国传教机构的控制，并在一定程度上改变了普通人对基督教的不良印象，但还尚未实现使基督教融入中国的目标。参阅张西平，卓新平编.本色之探——20 世纪中国基督教文化学术论集[M].北京：中国广播电视出版社，1998：代序 12-33.

基督性的诗歌与非基督的诗歌（即周伟驰所说"以中立的、反对的、或嘲讽的态度涉及的""涉及基督教的诗"[34]），还包括在艺术形式、写作思维上受到基督教话语体系影响的"修辞策略的借用"[35]、"和宗教思想毫无关系，属于一种文章作法中的装饰，一种行文之中的西化之风"[36]式应用了基督教文化元素的诗歌。

（三）新诗

除基督性概念外，笔者在此也对新诗、现代诗歌、语体诗、白话诗等概念作一说明。本书主要使用"新诗"这一概念，它指涉以现代汉语为主要形式创作而成、不受严格的中国传统诗词格律限制、书写了文学启蒙之后现代中国人的生活、体验与情感的诗歌。新诗的指代时段应为1917年后至今，但本书的探讨范围仅限于1917-1949年间。将研究时段起点定于1917年，是从《新青年》2卷6号在大陆首次发表胡适的新诗开始计算。严格说来，新诗草创的年代要远早于这一时间，美国留学生胡适、陈衡哲等的新诗创作时间都要早于这个时段，比如胡适的《耶稣诞节歌》就初创于1913年，还有1914年的《自杀诗》酬唱、1915-1916年的打油诗混战等。但海外的新诗创作毕竟影响有限，白话诗创作也未成风潮，虽然第一首成形的白话新诗《窗上有所见口占》（即胡适的《蝴蝶》）写于1916年，但它在国内发表及产生影响也都在1917年之后，故本书中以发表时间为准，不考虑因海外新诗的创作时间提前研究时间起点。而以1949年为研究截点，则是由中国大陆的特殊文学生态所决定的。在中国大陆，1949-1980年间的基督性诗歌写作基本停滞，基督性仅存在于部分潜在诗歌之中。而1980年基督教复兴之后，基督性在诗歌中的表现已与1949年前有非常大的差异，难于进行共同探讨，故将在日后进行专门研究。

不过"新诗"的概念现在仍存在一定争议。新诗草创时期的新旧诗论争，使"新诗"这一概念带上了较强的二元对立色彩。学界另有一概念"现代诗歌"，其中"现代"一词除时间所指外，还特别强调了"现代性"的意义。这

34　周伟驰.基督教诗歌及其思想史背景[M]//刘光耀编.神学诗学十四诗人谈.北京：九州出版社，2012：24.

35　陈奇佳，宋晖.被围观的十字架——基督教文化与中国当代大众文学[M].北京：中国社会科学出版社，2010：25.

36　王列耀.基督教与中国现代文学[M].广州：暨南大学出版社，1998：147.

个概念在以面向传统文坛中 1917-1949 年间的现代汉语诗歌时没有问题，甚至可以说比"新诗"更有概括力。但是"现代性"概念的某些义项是文学启蒙运动开始之后在"反基督"的思想基础上建立起来的，而基督性的诗歌虽是以现代汉语写成，但很多作品表达的却是比较传统和保守的情感，尤其在涉及信仰的诗歌中，甚至可以说在传达反现代性的情感。而且，有些较为固定的用法如"新诗革命"、"新诗草创期/初创期/诞生期"、"新诗合乐性"之类，沿用学界的惯用说法使用"新诗"一词也比较方便。同时，本书中也提到了"语体诗"和"白话诗"的概念，这两个概念对应同一含义，均指以经过书面化的现代汉语口语写成的诗歌，由于其名称中带有过强的白话文革命时代特征，内涵也只涉及了语言形式而未涉及诗歌内容、精神层面，难以包容所有的研究对象，故在本书中除了必要的原文引用场合外不作使用。

在以上主要概念之外，本书在部分章节中还涉及到一些宗教领域和心理学领域的术语，其中包括"事工"及由这一概念生发出来的新概念"事工诗歌"和"事工新诗"、"本色化"、"普世"、"处境神学"、"泛自然神论"、"前摄抑制"、"敏感期"、"PTSD"、"高原体验"、"高峰体验"等。由于这些术语只用于论文某一部分的论述，故而选在文中第一次出现时作注释说明，在此不作特别界定。

三、研究现状梳理

新时期以来，基督教思想逐渐成为一种与现实主义、现代主义地位相似的哲学思潮，因此也就获得了作为一种研究方法切入诗歌的合法性。不过迄今为止，以"基督性"为切入点探讨基督教文化与中国新诗包括当代诗歌的尝试在研究界却廖廖无几。只有前文提到的周伟驰的《当代中国基督教诗歌及其思想脉络》和《基督教诗歌及其思想史背景》两篇文章向诗歌界初步阐释了周氏所理解的基督性概念，而这两篇文章更侧重思想史方面的考量，并未多结合具体诗歌作品尤其是新诗作品作关于诗歌表述的详细分析。此外，还有几部论著在对个别诗人及诗歌文本的分析过程中使用了"基督性"一词。如在唐小林的《看不见的签名——现代汉语诗学与基督教》中，在论及冰心与基督宗教的关系时，作者借用了汉斯·昆"道"与"道路"的比喻，将冰心"不注重宗教仪式，只以为人的行事不违背教义好了"的行事风格归因于她的基督性，而后又借助与伏尔泰之基督性的类比，分析了冰心对自然的敬畏感，引申出她对上帝的赞美。再如斯洛伐克汉学家马利安·高立克在《以圣经为源泉的中国现代诗歌：从周作人到海子》[37]一文中，于比较穆旦和蓉子对待《传道书》的不同态度时，提及了蓉子对怀疑主义的扬弃与对基督性的看重。而这两位学者在论述中都将基督性作为一个约定俗成的概念使用，没有详加解释。据上下文的语境而观，他们都将"基督性"理解为一种品性，这种品性是人类可具有但很难全部拥有的、同时又最完全地汇聚于耶稣身上的，人与耶稣通过基督性而联系在一起。换一种基督教话语体系中更常用的表述方式，基督性就是上帝赋予人类的、与罪性相对的神性。总之，基督性与新诗的关系研究尤其是整体研究，基本还是一片未开垦的学术园地。

不过对于基督教与中国新诗的研究，学界则已经取得了一定成果。这些研究成果大体可以分为两类，第一类是独立的基督教与新诗研究，累计已有近 400 篇期刊论文及 2 篇硕士论文，这两篇硕士论文分别是四川大学陈华明的《中国现代诗人诗歌的宗教文化意识》（2003）和首都师范大学李红云的《基督教文化精神在中国新诗中的诗性言说》（2008）；第二类是基督教与中国文学研究中的附骥式新诗研究，涉及专著和博士论文 24 部及大批硕士论文、期刊论文，这 24 部专著分别为：朱维之的《基督教与文学》（1941），美国学者路易斯·罗伯逊的《两刃之剑——基督教与二十世纪中国小说》（1986 年成书，1992 年中译本出版），马佳的《十字架下的徘徊——基督教文化和现代中国文学》（1995），王列耀的《基督教与中国现代文学》（1998），杨剑龙的《旷野的呼声：中国现代作家与基督教文化》（1998），王本朝的《20 世纪中国文学与基督教文化》（2000），许正林的《中国现代文学与基督教》（2001 年完成博士论文，2003 年专著出版），谭桂林的《百年文学与宗教》（2002），刘勇的《中国现代作家的宗教文化情结》（2003），喻天舒的《五四文学思想主流与基督教文化》（2003），唐小林的《看不见的签名：现代汉语诗学与基督教》（2005），王列耀的《宗教情结与华人文学》（2005），顾斌的《20 世纪中国文学史》（2005 成书，2008 年中译本出版），刘丽霞的《中国基督教文学的历史存在》（2006），季小兵的《野地里的百合花——论新时期以来的中国基督教文学》（2006 年完成博士论文，2010 年专著出版，署名季玢），陈伟华的《基督教文化与中国小说叙事新质》（2007），齐宏伟的《文学　苦难　精神资源——百年中国文学与基督教生存观》（2008），张桃洲的《"个人"的神话——现时代的诗、文学与

---

37 马利安·高立克.以圣经为源泉的中国现代诗歌：从周作人到海子[J].胡宗锋，艾福旗，译.人文杂志，2007，5：107-118.

宗教》（2009），荆亚平的《当代中国小说的信仰叙事》（2009），丛新强的《基督教文化与中国当代文学》（2009），区应毓的《中国文学名家与基督教》（2010），陈奇佳、宋晖的《被围观的十字架——基督教文化与中国当代大众文学》（2010），郭晓霞的《五四女作家和圣经》（2013），湖南大学杨世海的博士论文《撒种在荆棘——中国现代文学与基督教文化关系的研究》（2013）。除了这 24 部专著之外，值得一提的还有日本学生金井五郎的硕士论文《基督教与中国现代作家》（1996）和以《圣经文学研究》为代表的基督教文化刊物之中的中国现代文学相关专题等。

虽然这些研究并未有意识地以基督性作为考察视角，但在他们的研究中实际上已包含了对基督性的思考与理解，皆可作为基督性与中国新诗研究的参考。笔者拟将已有研究成果分别从个体诗人研究与诗歌整体研究两部分考察，总结其得失，以现今研究中相对薄弱的环节作为本研究的重点。

（一）个体诗人研究

以个体诗人与基督教研究为中心的模式在中国现当代文学界由来已久，可追溯到民国时期，这一诗人论式的研究传统一直延续至今。最先得到关注的是冰心诗歌中的基督性问题，"论冰心思想的人都说她很受了基督教教义和泰戈尔哲学的影响"[38]，被人们谈论最多的是她的"爱的哲学"，这种爱的哲学则被茅盾等评论家定位为"神秘主义的爱的哲学"。她诗歌中对神的祈求、对"来生"的关注等，也在阿英的《谢冰心》、茅盾的《冰心论》等文章中得到过"感伤"、"悲观"、"虚无"的定位及深浅不一的论述。冰心之外，陈梦家诗作中的基督教因素也颇为引人注目，方玮德给《铁马集》的序言、张振亚的《梦家底诗》等皆认为陈诗平和、淡定的气质特征中颇有基督教文化影响痕迹，但穆木天的《评〈梦家诗集〉》则将宗教性视为他写作中的污点而加以批判。第二个十年的研究中常有意识形态的夹带，因此研究结论在今天看来时有可商榷处，其史料价值要大于参考价值。

问世于 1941 年的朱维之《基督教与文学》是基督教主题研究在中国文学批评界的开山之作。此书在论及中国基督教文学中的新诗收获时，特别提及了陆志韦、刘廷芳、刘廷蔚、赵紫宸、谢冰心、陈梦家等六位基督徒诗人，肯定了他们的创作对中国新诗的贡献，但对于六位诗人的具体诗作并没有援

---

38 茅盾.冰心论[M]//范伯群编.冰心研究资料.北京：知识产权出版社，2009：216.

引点评。而且令人感到遗憾的是，由于朱维之是以神学家的立场选出了这几位诗人，而后续研究者的视野往往局限在文学领域，因此这六人中除冰心研究比较充分之外，对陆志韦与陈梦家的研究主要着眼于他们对普世诗坛的贡献，刘廷芳、刘廷蔚的创作至今鲜少有人关注，赵紫宸甚至被有些学者认为"只写旧诗"，整体的研究状况不能让人满意。

建国后前三十年，基督教与中国新诗的研究主要由海外的学者承担，以马利安·高立克在布拉格汉学学派时期所写的一些文章为代表。马利安·高立克曾在 50 年代来华留学，并在上世纪 50 年代末到 80 年代间写过一些关于冰心、艾青、郭沫若、冯至的研究文章，其中提及了他们的作品所受《圣经》的影响，如郭沫若的"重生"情结和"我是……"句式的上帝话语原型等。这些文章后来有部分被收录在《中西文学关系的里程碑，1898-1979》之中。这部专著在 1990 年被译成中文，进入了国人的视野。此书中使用的比较索引式研究方法，对中国后来的学者在面对这一命题时的思维方式起到极大的影响，直到今天，比较索引法依然是中国学者进行基督教与中国诗歌、中国文学关系研究时的最主要方法。

新时期以来，探讨基督教文化与诗人诗作关联的研究文章渐次出现。这一时期的研究整体上仍然延续了个体诗人探讨为主的模式，包括 24 部专著和博士论文中的诗歌部分研究，人部分也都采取了诗人论的形式[39]。这些研究作

---

39 如马佳将冰心的基督性定位为"把基督精神尤其是那种救赎之爱化为一缕缕情丝抛洒在孤苦无告的人群里和丑陋黯淡的现实中"（马佳，十字架的徘徊——基督宗教文化和中国现代文学[M].上海：学林出版社，1995：42.）、将郭沫若的基督性定位为"上帝与魔鬼同在的心思"（《十字架下的徘徊》页 73）、创造而后毫不怜惜地毁灭。王列耀把冰心"爱的哲学"作为论述重点，注意到了其中的泛神论及女性主义神学特质，还发掘了徐志摩的基督教题材诗歌创作，分析了《卡尔佛里》中对看客的描写和牺牲精神的张扬。杨剑龙对于冰心的论述，除了爱之外，也注意到了她富于宗教虔诚的一面和悲悯情怀，而对于郭沫若的"创造"，则注重其"创造"与"重生"的关系。王本朝的诗人论主要集中于冰心和郭沫若二人，也涉及到艾青、穆旦等人的作品，《20 世纪中国文学与基督教文化》一书中对臧克家的《罪恶的黑手》等反基督诗歌的关注非常特别，在这种宗教与诗歌的关联研究中首次将非基诗歌也纳入研究范围，扩大了基督性诗歌的研究视阈。特别需要指出的是王本朝第一次在论述中引入了"基督性"概念："陈独秀理解了耶稣的牺牲、爱心、宽恕人格和热烈、深厚的情感，忽视了他的基督性，他是从现实性和人格需要上肯定耶稣的意义，同时也掩盖了耶稣身上的其他意义"（王本朝.20 世纪中国文学与基督教文化[M]，合肥：安徽教育出版社，2000：17-18.），不过王著在使

者遍及大陆、港台及海外，研究对象包括冰心、陆志韦、梁宗岱、周作人、郑振铎、俞平伯、王以仁、石评梅、吴芳吉、郭沫若、李金发、王独清、穆木天、闻一多、徐志摩、林徽因、邵洵美、陈梦家、臧克家、叶维廉、艾青、冯至、戴望舒、绿原、阿垅、曾卓、牛汉、穆旦等多名诗人，涉及文研会诗人群、创造社诗人群、新月派、七月派、西南联大诗人群等诗歌社团及流派，借助了文化考古学、宗教哲学、美学、解释学、文化心理学、新批评等领域的相关理论，采用了比较索引法、历史文化比较法、精神分析法、文本细读法等诸多研究方法，探讨了基督教意识、基督教精神资源、基督情结、基督教文化精神、基督教信仰、基督教想象、基督教原型意象、摩罗精神、基督

用基督性概念时没有进行特殊界定，但在语境中表达的乃是"神人二性"之义，属于正统神学领域中的基督性概念。许正林投注给诗歌的关注较多，他研究的一大亮点即在于对基督教给中国新诗审美视界带来的独特景观之归纳：审美理念上艾青的诗学净化；审美意象上郭沫若的"复活"创造、艾青的"光"之创造；审美趣味上徐志摩的感伤情结与崇高、虚无之敏感，陈梦家对神秘的感悟；审美价值追求上郭沫若的忏悔复归之路、徐志摩的生命之爱、艾青的殉道与爱等。谭桂林对冰心诗歌的宗教敬虔书写提出了探讨。刘勇结合郭沫若诗歌中的重生执着与现实中的政治执着、闻一多基督性诗境和现实主义尘境间的关系探讨了诗人身上创作状态与日常状态的分裂。唐小林在进行"爱的诗学与基督教"的论述时，采取了极为扎实的《圣经》索引法，将冰心的诗歌与《圣经》原文对比排列，提供给读者以极其直观的印象，也为之后的学者留下了较好的范式。前神学研究者顾斌将基督性关照作为其现代文学研究的一个特殊视角，将郭沫若的早期诗歌写作定位为自我救赎和重生呼唤，将田间诗歌的暴力仇恨色彩概括为诺斯替式的净化，关注到艾青象征体系中的基督教母题，而对冰心诗歌的宗教性高度则未给予与国内学者相似的定位，仅将其概括为具有永恒性的温柔之美。齐宏伟在冰心"爱的哲学"的分析中，他将冰心的爱分为"具体之爱"和"抽象之爱"，敏锐地注意到其基督"博爱精神"与中华"自然情怀"两种精神资源的冲突与斗争，毫不讳言地指出其对"生存真相的透视和个体灵魂之思"的缺乏（齐宏伟.文学·苦难·精神资源[M]，南昌：江西人民出版社，2008：129.）。区应毓从属灵的角度对冰心、徐志摩的诗歌进行了详细的鉴赏性解读，其中含有大量以诗歌形式写成的诗歌品鉴和宗教见证，具有较强的主观性。郭晓霞主要着眼新诗草创期诗坛，提了冰心、陈衡哲等女诗人的基督教教育背景，以及冰心对上帝造物者身份的认同、石评梅"把上帝作为情感寄托和心理倾诉的对象"（郭晓霞.五四女作家和圣经[M]，北京：中国社会科学出版社，2013：42.）的心理需求及忏悔意识，肯定了她们对"神"的终极追求的积极意义。杨世海对诗人的探讨仍以冰心为主，认为冰心爱的哲学从根本上讲是基督教思想影响的结果，1922年以后的《相片》等作品对基督教持批评态度是受到非基运动的影响，似不符合冰心的创作事实。

教话语、罪感意识、死亡想像、爱的哲学、（宗教性）绝望、（宗教性）焦虑、苦难、救赎、灵魂、神秘主义、自由、创造、上帝、宗教沉思、宗教选择、宗教色彩、宗教发生、宗教异化等诸多问题。这些文章虽然存在水平参差不齐、重复性研究较多等问题，但也取得了相当成就，亮点频现。其中较有代表性的有易彬、段从学、吴允淑的穆旦研究，肖凤、卓如、方锡德等人的冰心研究，史玉辉与王俊义的陈梦家研究等。

　　但这些研究尤其是当代中国大陆的研究中，存在几个较为明显的现象。一是研究对象扎堆严重，如冰心、穆旦、郭沫若、艾青、闻一多等人的涉基督教诗歌都经过了较为详尽的剖析，尤其是冰心和穆旦，他们二人与基督教的钩连研究文章都达到了四十篇以上，其中不无过度阐释问题，而有些基督性特征鲜明但文学史地位相对较低的诗人，如陆志韦、陈梦家、于赓虞、徐雉、常任侠等，虽也引起了诸如朱维之、许正林、史玉辉、张桃洲、齐宏伟等学者的注意（其中常任侠与基督教的关系从未有人提及），但仍存在对其基督性文本缺乏细读、其人其诗研究均不深入的现象；二是对狭义基督教文学界[40]的诗人关注严重不足，研究极度缺乏，除沈从文、朱维之、刘丽霞、方锡德[41]、陈奇佳等人对赵紫宸、刘廷芳、刘廷蔚等信徒诗人有所涉及、进行过极简略甚或带有偏见的解读之外，从未有人对他们的诗歌作品作出过详细的文本分析。鉴于这两点，笔者在本书的诗人论部分中，选择了陆志韦、陈梦家、赵紫宸、刘廷芳、刘廷蔚等五位研究相对不充分的诗人，和冰心、穆旦两位炙手可热但研究中争议比较多的诗人为对象，结合大量不同版本尤其是初发表版本的诗歌作品，对他们的创作轨迹、基督性表达、宗教思想发展过程等问题进行了考索，以期能填补前人的研究空白，并对诗人与宗教的关系给出一个更准确的定位。

（二）诗歌整体研究：

　　基督教与中国新诗的整体研究开始得并不晚，只是关注者少而分散，长期未能形成规模。早在新诗诞生之际，《小说月报》改版之初周作人就发表了《圣书与中国文学》，肯定了《圣经》诗歌的艺术价值。此后的 1922 年，在

40　刘丽霞.中国基督教文学的历史存在[M].北京：北京社会科学文献出版社，2006：3-4.
41　方锡德.冰心与刘廷芳的文学交游考述[J].中国现代文学丛刊，2009，1：75-90.此文关于刘廷芳与冰心关系的判断现在存在争议。

《生命》月刊中即有了关于基督教文字事工的专门探讨。其中刘廷藩《教会文字事业的问题》一文曾对冰心、赵紫宸的《圣经》题材诗歌给予了简短的评论，当然这寥寥数语还称不上是文学意义上的研究，而只是将这些小诗作为福音宣传物而给以接受度上的评估。20世纪30年代，金陵神学院出身的外国文学研究专家朱维之以其基督徒特有的敏感注意到了基督教与文学密不可分的关系，并在《基督教与文学》（1941）这部颇有信徒见证风格的论著中，以热情而感性的文字分析了基督教文化之于世界文学（包括中国文学）的影响，其中特别以中国古典诗歌作为比较对象，论述了《圣经》诗歌的特征，在批评了中国新诗的格律、节奏等问题后，指出圣歌可能为中国新诗的格律发展指引出一条"合乐性"之路。

　　《基督教与文学》在青年学者尤其是基督教界的青年中引起了一定影响，1947年的55期《天风》中曹灵佑的响应文章《〈基督教与文学〉书评》中也显示出了对《圣经》与诗歌之关系的兴趣。在此二人之后，同是基督教界的诗人、翻译家何葭水延续了朱维之对诗歌的关注，她在《野花里见天国》[42]一文中就1946-1947年发表的若干涉基督教文章尤其是诗歌作品给予了统计、摘录和简单评论，不过她过于狭窄的统计面与过于乐观的结论"基督教在中国文化中，在这和着血与泪的泥土中，是生了根，而且在开着花了"、"不读圣经，不能真正了解当代中国文学"[43]，显然与当时的创作实际并不相符。此外，诗人结合个人创作经验论述基督教之于自身诗歌创作影响的文章也有出现，如1945年刊于《女铎》杂志的刘沧浪创作谈《写诗琐话》[44]，即对基督教影响于他个人早期创作的意义进行了简要分析，不过在这篇文章中，他认为基督教思想在他诗歌精神塑造中的负面作用要大于积极效应。

　　新时期的基督教与诗歌整体研究着眼于现代时期者不多，除前文提到的两篇硕士论文之外，还有蔡莉莉的《基督教文化与中国现代诗歌新维度》（2006）、马利安·高立克的《〈圣经〉对中国现代诗歌的影响：从周作人到海子》（2007）、王本朝的《中国现代诗歌中的上帝意象》（2006）、张桃洲的《论早期新诗中的宗教印痕》（2007）、许正林的《上帝之维的缪斯——圣经与中国现代诗歌》（2001）等短篇论文以及谭桂林的《百年文学与宗教》

---

42 葭水.野花里见天国[J].天风，1947，66：10-13.

43 葭水.野花里见天国[J].天风，1947，66：13.

44 沧浪.写诗琐话[J].女铎，1945，复刊后2（2）：34-35.

（2002）、喻天舒的《五四文学思想主流与基督教文化》（2003）、王光的《诗性与神性——论民国时期基督教文学的美学品格与精神追求》（2012）、刘丽霞的《中国基督教文学的历史存在》（2006）、郭晓霞的《五四女作家和圣经》（2013）等专著中的新诗论述。这些研究中以李红云的《基督教文化精神在中国新诗中的诗性言说》（2008）最为系统，涉及问题也较全面，但限于硕士论文的篇幅，诸如《圣经》对新诗语言形式及美学思想的影响、"圣化叙事"模式等很多学术生发点都没能得到有效的展开，但这些问题的提出已能够给予后来者以很大启示。陈华明的《中国现代诗人诗歌的宗教文化意识》也试图从整体上把握基督教与诗歌间的作用机理，由于此文是多种宗教的综合研究，所以较为重视宗教思想在新诗中的缠杂与融合，在基督性与其他宗教性的互渗研究中较有建树。高立克的文章试图串连起一个中国现代基督性诗歌发展史，但本质还是诗人论式的序列考证。蔡莉莉、谭桂林、郭晓霞和喻天舒都侧重从精神维度探讨基督性的内涵，虽然都只涉及了基督精神的某几方面内容如"爱"、"忏悔"、"担当"、"自救"或"博爱"、"救赎"、"忏悔"、"苦难"、"飘泊"等，但都挖掘到了较深的层次，谭桂林指出了诗歌在基督教神秘主义神学传统中的重要地位，并首次强调了"无罪忏悔"在新诗写作中的重要意义和价值理念呼求本质，以及从晚清起就普遍存在于近现代诗人中的"飘泊"情结之基督教归属；喻天舒注意到宗教性是中西诗情趣上的一大差别，并结合戴望舒、李金发的诗歌分析了中国新诗宗法西师过程中存在的"得形忘义"问题，并将这一问题的症结归因于对西方宗教文化了解的匮乏；郭晓霞则主要着眼新诗草创期诗坛，提及了冰心、陈衡哲等女诗人的基督教教育背景，以及冰心对上帝造物者身份的认同、石评梅"把上帝作为情感寄托和心理倾诉的对象"[45]的心理需求及忏悔意识，肯定了她们对"神"之终极追求的积极意义，此外，郭著中对上帝、耶稣、夏娃、圣母、伊甸园等意象的东西比较式考据也空前详尽，有较强的资料价值。许正林、王本朝、张桃洲均从以意象入手，兼及诗体，在基督性诗歌的语言学研究维度上有了新的拓展，其中张桃洲注意到王独清诗歌中的儒耶意象交叠、王统照诗歌中佛教语汇与基督教语汇的组合等，并对诗人基督教思维在语言风格上的外化进行了初步探索。刘丽霞和王光都在狭义基督教诗歌的探讨中颇有发现，如刘丽霞钩沉了《教务杂志》在1926年对中国新诗的同步译介状况、在朱维之的基础

---

45 郭晓霞.五四女作家和圣经[M].北京：中国社会科学出版社，2013：42.

上梳理和品鉴了民国时期的圣诗创作状况、重新发现了以往被忽视的神学家诗人之诗歌创作、对公教诗歌进行了出土性的发掘等，有力地拓展了中国新诗的版图，为中国诗坛补充了数量可观的宝贵资源；王光也对赵紫宸的诗歌和文学理念进行了一定探究，但略显遗憾的是受论著篇幅所限，很多稀有的诗歌文本仅是一带而过，未及做出细致的文本分析，思想深度的挖掘也稍嫌不足。此外，金井五郎对部分中国现代作家作品进行了整理，其中搜集了周作人、陈梦家、冰心、朱自清、冯至、徐志摩、李金发、艾青、戴望舒、梁宗岱等诗人带有基督教文化影响痕迹的诗歌作品，是早期重要的史料发掘成果；陈奇佳、宋晖的《被围观的十字架——基督教文化与中国当代大众文学》中涉及到不少前人未提及的诗歌作品，具有较强的史料意义，其"宗教体验入诗"的总结也较为准确。

在涉基督教诗歌的整体研究中，对思想、精神层面的影响研究工作已做得比较多也比较深入，但由于背景文化的隔膜，研究者常对一些宗教理念的关键词理解有所偏差。虽然已有齐宏伟等学者注意到了忏悔与悔改的区别、原罪与罪感的区别等，但对基督教最核心的理念"爱"的理解，现今流行的主流观点都有偏颇之处，同时，研究者们对基督教意义上的盼望涉猎也极少。在诗歌艺术方面，已有的探索也有待进一步补充和完善，以意象研究为例，现今学界对基督宗教特有意象如十字架、上帝、基督、祈祷等，其探讨已经得到一定程度的展开，但被《圣经》赋以特殊含义的普世意象，如风、土、水、玫瑰等，则未得到足够重视。在语言学层面，诗体、语词、句式研究都处于起步阶段，大有可为。针对这些现象，笔者结合大量《圣经》原文仔细考证了一些关键意象的原始所指，并与它们在中国的变异状况进行了对比，在这种比较过程中考据了诗人的写作心态；在语言艺术层面，笔者力图在不轻忽基督宗教意象研究的基础上，加入了对普世意象的探讨，并细化分类，具体到每个意象之上；同时，着重对诗歌语体进行细致研究，结合宗教仪式情境中的语体风格，在与诗歌语言的横向比较中，总结前者对后者的影响及后者对前者的吸纳状况。

整体看来，既有的基督教文化与新诗关联研究可以说在细节上灵光频现，经常出现精彩的观点和论述，但是研究空白领域较多，已有研究的分布也略显分散和零乱，缺乏一次由适当理论和思想串联而成的系统整合，而这就是本人试图借助"基督性"概念整理完成的工作。

四、研究框架、研究目标、创新点及难点、研究方法

　　针对既往研究未能尽兴之处，笔者整理出几个亟待解决的重点问题作为本书的研究目标，以问题为统摄安排文章结构，每章旨在厘清一个问题。本书的绪论界定了基督性的概念，期待在本研究中能够以基督性作为统合基督教各元素与新诗的线索；第一章探讨基督性的三个具体内涵"信"、"望"、"爱"在中国新诗中发生了何种变异，并期待能从这种变异中发掘出诗人的写作心态；第二章探讨基督教界的事工新诗创作大体呈现为何种面貌、拥有怎样的创作意识、创作特征、取得了何种成就、尤其是代表诗人达到了何种水准，期待能够对第一次进入新诗研究视野的诗歌群落作一个全方位的展示；第三章探讨普世诗坛的基督性书写在各群落中表现出何种辐射特征以及相关社团、教会学校诗人群、代表诗人的书写特征为何，期待能够对以往被忽略的诗人群及个体诗人作一引介，并对某些热点诗人基督性书写的争议问题作一剖析；第四章探讨基督性与新诗的意象、语体发生了哪些具体的交互影响，期待能够从语言学的角度厘清基督性与诗歌本体规律的契合现状；结语总结了中国新诗中基督性书写的成就与局限，强调了基督性书写世俗化现象背后的认同焦虑问题，并对新诗基督性书写问题作出简单的当代延伸探讨，分析了当代基督性诗歌的现代血脉源头，对诗歌与基督性的进一步研究作出了展望。

　　本书的创新之处集中体现在选题、理论、史料和方法几个方面。在选题层面笔者第一次对基督教与中国新诗进行了大规模的系统研究，填补了这一领域缺乏全面综合性研究的学术空白；在理论层面笔者首次将"基督性"这一宗教社会学的概念引入对诗歌现象、诗歌文本、诗歌社团及诗人的考察之中，在面对以灵感的飘忽、心灵的言说为主要特征的中国新诗时，这种切入角度更易于把握诗歌的内在本质，也能够相对精准地对基督教文化与新诗的关系作出定位；在史料层面笔者作了大量民国原始资料尤其是宗教领域史料的搜集和整理工作，发掘出数十位之前未曾有人提及或鲜少提及的事工诗人和数百首事工新诗作品，使一个长年被湮没的诗歌群体第一次进入现代文学研究视野，同时笔者也从现有普世诗坛中打捞起大批之前为人所忽略的富于基督性的诗歌社团、流派、群体和个人，这些资料的出土可能会带给我们对某些诗人和社团的重新认识，甚至对一些通行已久的常识性观点构成冲击；在方法层面，笔者将宗教心理学、人本主义心理学、语体学界的某些观点和

方法引入诗人心态解读和具体诗歌文本分析之中，在对诗人心理状态和诗歌文本细节修辞的分析中进行了较为深入的挖掘，也提出了一些新观点。

本研究的难点一在资料芜杂，时间跨度较大，本书的文献来源不仅在文学领域，还包括哲学、神学领域，笔者无力求全，但会努力掌握尽量多的资料，以加强结论的严谨性；二在理论方面的难度和深度，宗教哲学的理论较为多样，对基督性的阐释多达十几种，而且各种解释之间经常出现争鸣状况，需要结合民国诗坛的即时语境进行判断取舍；三在基督性表现的多样化以及文化融合带来的界限模糊，即人们因为信仰不纯粹而引发的各种理念杂糅现象，这些都需要进行逐一的分析、辨别，避免将基督性与世俗性、佛性等方面的内容混为一谈。

在本书的研究中，笔者会将文本研究与语境式研究相结合，即对文学活动中各种宗教符码的编制、解读置于具体的产生语境中去分析，并从中发现一些潜隐于文本深处的意义。文史互现也是本研究的一个重要方法，在具体的研究中，笔者会借鉴一些传记、回忆录等材料，以实现对相关文本的深度理解。在具体的文本分析中，本研究力图做到文理互渗，主要采用将宗教哲学批评、神话原型批评、宗教心理学及人本主义心理学领域的理论、观点融合进新批评式的文本细读的方法，从文本到诗歌的发生来详细探讨诗歌作品，力求客观、定位准确。此外，本书虽然从"基督性"入手探讨，但宗教并非唯一的研究范畴，也会联系到具体中国语境下的历史环境、现实条件、文化环境、思想环境等内容，这意味着本书也会涉及到思想史方面的一些内容。

第一章　穿上长衫的耶稣——新诗中的 "本色化" 基督性

　　作为新文化运动在不同领域的表现形式，对比新诗革命和基督教新文化运动，不难发现二者的发展过程具有一种同步性：1917 年胡适在《新青年》2卷 6 期上发表《白话诗八首》，是为中国新诗的第一次亮相；1916-1920 年，同时期的《新青年》及《少年中国》上，陈独秀、蔡元培、胡适、周作人、陆志韦、田汉、周太玄等展开了关于宗教（主要是孔教和基督教）的热烈讨论；1919 年，新诗社编辑部成立于上海憩园，同年，"生命社" 前身证道会成立于燕京大学；1920 年，第一部个人新诗集《尝试集》、第一部新诗合集《新诗集》（第一编）问世，同年，基督教新文化运动的核心刊物《生命》月刊创刊、并于年底刊出第一首基督教诗歌《耶稣诞节歌》……如此种种 "同时期"、"同年" 不胜枚举。并且在发展过程中，这两个领域的领军人物还一直保持着对话与交流：1920 年 2 月 19 日，"《新青年》中人与基督徒集会，各开诚自述其对于宗教及社会问题。"[1]胡适作《基督教与中国》[2]探讨基督教精神的内涵、周作人作《圣书与中国文学》探讨基督教与文学的关系，冰心、许地山、陆志韦等活跃于《生命》月刊的诗歌创作和翻译版块，赵紫宸、刘廷芳、刘廷蔚、谢扶雅、吴耀宗等基督徒知识分子积极进行着新诗创作实践……这种良好的互动局面在 20 世纪 20 年代初达到顶峰，而后论争渐渐带上了政治性，

1　胡适著，曹伯言整理.胡适日记全编：3[M].合肥：安徽教育出版社，2001：96.
2　胡适.基督教与中国[J].生命，1922，2（7）：新文化中几位学者对于基督教的态度 3-4.

到"非基运动"后则逐渐沉潜下来，但基督性在中国新诗中的流动却一直未曾中断，贯穿了整个中国现当代诗歌史，从一个侧面反映着现代知识分子对基督教文化的复杂情感。

在基督教与中国新诗各自独立而又时有交错的发展过程之中，中国基督教领域以"自养、自治、自传"为原则、旨在推动基督教在中国之本土化的"本色化运动"[3]在新诗领域自然也会有所投射，即体现为诗歌作品中的基督性本色化。"基督性"这一概念在与中国传统文化、历史语境和社会现实遇合之后，其内涵也因中国文化精神的注入而产生了变异。在中国新诗的创作中，基督性的变异呈现出一种从宗教学、社会学意义迁徙到美学意义的总体趋势，信仰的因素减弱了，而普世道德意义却得到了强调，甚至放大。

第一节　当耶稣不再是基督——"信"的削弱

对基督性的内涵最早也是最权威的阐释当属使徒保罗在《圣经·哥林多前书》所提出的"信、望、爱"三德说[4]。而在"信、望、爱"之中，"信"无疑是前提和基础。"望"与"爱"必须要从相信耶稣基督的神子身份及救赎能力出发，才能与普遍意义上的盼望、友爱相区别，体现出其神圣性及觉知性。然而，在中国新诗的创作现实中，"信"却是这三者中最不为现代诗人看重、甚至有些避讳的一项品质。

现代诗坛中，除了赵紫宸、刘廷芳、刘廷蔚、陆志韦、汪震等几位诗人可称为虔诚的信徒之外，绝大多数曾在诗作中张扬过基督精神的诗人，包括受过正统教会学校教育的冰心、接受过洗礼的闻一多、梁宗岱、基督教家庭出身的陈梦家等，都在不同的场合发表过自己并不相信基督教的言论。鸣响

3　本色化（indigenization）指使用当地的语言、观念、艺术形式、社群活动及心理特征等去传递福音讯息，参见吴智勋.神学本土化的原则[J].神思，2000，11：1-21. 同时参见章开沅."中华归主"与"主归中华"[M]//刘家峰.离异与融会——中国基督徒与本色教会的兴起.上海：上海人民出版社，2005：序2.

4　"如今常存的有信，有望，有爱，这三样，其中最大的是爱。"（哥林多前书13章13节）参见中文圣经启导本编辑委员会 编.圣经（启导本）[M].南京：香港海天书楼授权中国基督教协会，1998：1646.本书所引的中文《圣经》全部出自此版本，英文《圣经》全部以中国基督教协会 编.圣经——中英对照（和合本·新修订标准版）.南京：中国基督教协会，2001版本为准。以下《圣经》引文处仅在引文后以括号标明章节信息，不再注释。

白话诗第一炮的急先锋胡适，虽然不讳言自己一度“自言愿为耶教信徒”[5]，且早在 1913 年 12 月 26 日便写下过《耶稣诞日》诗[6]，却又以《不朽——我的宗教》、《〈科学与人生观〉序》、《我的信仰》等一系列文章和不同场合的辩论与演说反复阐释着自己的“自然主义的人生观”；张扬着“爱的哲学”、渴慕着“天国和极乐世界”的冰心，虽曾自表要“诚实的承受造物者和人的意旨”[7]并在 1923 年接受了洗礼，却又在晚年的回忆中申明“但我对于‘三位一体’、‘复活’等这类宣讲，都不相信，也没有入教做个信徒”[8]；一度把“《新旧约全书》当作日课诵读”[9]、“有一个时期很喜欢读，自己几乎到了要决心去受洗礼的程度”[10]的郭沫若，很快就进入他周期性的叛逆期，张扬起泛神论的大旗，在《地球，我的母亲》中朗声宣告曰“我不相信那缥缈的天上，/还有位什么父亲”[11]；还是婴儿的时候便已受洗、生长在典型牧师家庭中的陈梦家，也十分明确地表示“十年浸于浓厚宗教色彩内的生活，竟不能使我树立一个最贞坚的信念”，“惭愧不能守奉父亲的宗教”，“不信仰任何的神”[12]……似乎诗艺与信仰二者间有什么无法调和的矛盾，诗艺只应该存在于信仰的真空里，唯有撇清自己与基督教的关系，才能证明其诗歌创作的独立性与纯粹性。

然而，与这种种标榜着唯物主义和科学实证主义的发言相矛盾的，是他们作品中所透露出的浓郁的宗教气氛与虔诚的宗教情感。面对着黎明的“严

5 胡适著，曹伯言整理.胡适日记全编：1[M].合肥：安徽教育出版社，2001：110.

6 胡适著，曹伯言整理.胡适日记全编：1[M].合肥：安徽教育出版社，2001：211.全诗系“我手写我口”风格的旧体诗，全文如下：“冬青树上明纤炬，冬青树下欢儿女，/高歌颂神歌且舞。朝来阿母含笑语：/‘儿辈驯好神佑汝，灶前悬袜青丝缕。/神自突下今夜午，朱衣高冠须眉古。/神之格思不可睹，早睡慎毋干神怒。’/明朝袜中实饧粒，有蜡作鼠纸作虎，/夜来一一神所予。明日举家作大酺，/杀鸡大于一岁羖。堆盘肴果难悉数，/食终腹鼓不可俯。欢乐勿忘神之祜，/上帝之子天下主。”

7 冰心.五月一号[M]//卓如编.冰心全集（第一卷）.福州：海峡文艺出版社，1994：203.

8 郭济访编.冰心自传[M].南京：江苏文艺出版社，1995：85.

9 郭沫若.太戈儿来华的我见[J].创造周报，1923，23：3.

10 郭沫若.双簧[J].东方文艺，1936，1（3）：3.

11 郭沫若.地球，我的母亲[M]//郭沫若著，桑逢康校.《女神》汇校本.长沙：湖南人民出版社，1983：81.

12 陈梦家.青的一段[M]//陈梦家.梦甲室存文.北京：中华书局，2006：91-97.

静"和"灿烂"，冰心情不自禁地赞美"上帝啊，在你的严静光明里，/ 我心安定，我心安定。/我要讴歌。"[13]沐浴在"雍容的爱幕"下，梁宗岱油然喟叹"让心灵恬谧的微跳/深深的颂赞/造物主温严的慈爱。"[14]闻一多曾发出过一语双关的感慨"我的家乡不在地下乃在天上"[15]，徐玉诺曾将生命的终结想象为"我的灵魂是平安的：/在另一个地方，/得到极浓厚极甜蜜的安慰。"[16]，陈梦家甚至在长诗《往日》中记录过自己的异梦[17]："我合起小小的手掌祈求；/也听到从天堂那里有回应"、"这一夜我真就驾云飞上天，/我看见那宫殿的辉煌，有荣光/……在那儿，我瞧见十二岁的耶稣"[18]。 这些诗句都在一定程度上传达了诗人的心声，因为不同于以虚构见长的小说，诗歌的艺术加工与夸张往往不会与真实情感相去过远；并且民国时期并无如建国初三十年的政治高压或当今商品经济社会的利益诱惑，诗人的诗情诗艺追求相对纯粹，其创作或表态的真诚度不应受到过多怀疑，故而这样一种看似自相矛盾的表现背后必然有其复杂的缘由。

一、基督观演变引起的信心波动

晚清以降，知识分子对西方流行思潮的接受，均循着译介、研讨、扬弃的路数，诗人的基督观亦是在对基督教文化的动态接受过程中一步步得以建立、演化、成形。随着对基督教文化从误解到了解到熟悉、乃至可以较为自如地应用或批评，诗人对基督耶稣的信仰态度也随着认识的深入而逐步发生着变化，对于这种变化不妨便从其接受的三个环节来考察。

（一）译介环节

基督教文化在华传播的第一个译介环节主要由外来传教士启动，本土知识分子主动承担的工作比较少，这一点与其他西学门类并无不同。不过与对

---

13 谢婉莹.黎明[J].生命，1921，1（8）：诗2.

14 梁宗岱.晚祷——呈泛，捷二兄[M]//梁宗岱.梁宗岱文集：1.北京：中央编译出版社，2003：31.

15 闻一多.太阳吟[M]//孙党伯，袁春正编.闻一多全集：1.武汉：湖北人民出版社，1993：94.

16 徐玉诺.生命[M]//朱自清等.雪朝.上海：商务印书馆，1922：91.

17 基督教界将带有启示、应许等与信仰相关的不可思议的、超自然意味的梦称为异梦。

18 陈梦家.往日（二）昧爽[J].学文，1934，1（2）：16-17.

西方社科学文化的饥渴不同，本土知识分子对基督教相关著作的译介并不积极，不仅如此，对传教士翻译出版的除《圣经》以外的宗教印刷品也热情缺缺。虽然墨海书馆、广学会、美华书馆、美华浸会书局、中国主日学合会等基督教出版单位在 20 世纪初的 20 年间出版发行了 3000 多种宣教书籍[19]，但这个看似可观的数据中有很大水分。据《1901-1920 年中国基督教调查资料》记载，神学书籍与教育书籍存在相当严重的滞销现象，1126 种宣教书籍与小册子，很多种一册未卖或仅售几十册，莫说知识分子中鲜少有人问津，即使对于宣教士也是供过于求[20]。直到 20 世纪一二十年代宗教问题讨论大规模开展之后，卜舫济的《基督本纪》、海丁氏的《宗教伦理百科全书》、格兰特《比较宗教学》、史密斯《圣经历史地理》、海斯丁《圣经词典》等译著才渐渐以引文的形式出现在《少年中国》、《新潮》等刊物中。知识分子也开始主动接触如威廉·詹姆士、海甫定、布鲁图、卜朗恩等人的西方宗教哲学思想。所以在早期译介时期，诗人尚无基督性的自觉，也谈不到基督观的建立，但这一环节却是不可或缺的文献积累和情感培养阶段。

无论欧美政府支持对华传教的初衷为何，传教士宣传教义及西学的热情勤勉以及所产生的积极效果是不容否认的。中国境内第一所新式学堂京师同文馆、第一份近代报刊《东西洋考每月统记传》、第一家现代化出版机构花华圣经书房（后改组为美华书馆）都出自传教士之手，《大同报》、《女铎》、《通问报》、《兴华报》、《青年进步》、《教师季刊》等基督教刊物也在知识界产生过一定影响。传教士所创办的报刊有部分在日后发展成为了新文学的重要阵地，如雷鸣远创办的《益世报》、英敛之创办的《大公报》等，包括文学研究会的机关刊物《小说月报》，也是由美华书馆华籍离职人员夏瑞芳、鲍咸昌等创办，并主持聘任茅盾、郑振铎等人进行改版，使之成为文研会诗人群的主要发表平台。

对于中国新诗的发展而言，最有影响力的当属教会学校的创办与《圣经》译本的普及。在 1918 的中国，教会所办中小学校 6890 所[21]，中小学生约 20

---

19 中华续行委办会调查特委会编.1901-1920 年中国基督教调查资料（下卷）[M].北京：中国社会科学出版社，2007：1204-1210.

20 参见中华续行委办会调查特委会编.1901-1920 年中国基督教调查资料（下卷）[M].北京：中国社会科学出版社，2007：1205-1206.

21 参见中华续行委办会调查特委会编.1901-1920 年中国基督教调查资料（下卷）[M].北京：中国社会科学出版社，2007：1073.

万，在全国占比约 5%；综合性大学 15 所，学生总数 2000 多名（其中 66% 为基督徒）[22]；专科学校十四五所。这个数据中，中小学基础教育的比例尚不足以让人产生危机感，但与大学与专科学校相关的数据就有些触目惊心了，因为直至 1920 年，中国人自办的大学还仅有 11 所，毕业生仅 1446 名[23]。这意味着教会学校占据了对知识界真正产生影响的中国高等教育的多半壁江山，并且教会学校"教学是认真的，英文的口语也纯正"[24]，教学质量和效果普遍在平均水准之上，毕业生中从事教育行业的比例也较大。而教会学校办学宗旨的重要一项就是宣扬基督教，虽不能强求学生接受洗礼，至少也要培养学生对基督教文化的亲近感与认同感。虽然早期教会学校强制性的宗教仪式与《圣经》教学引起过部分学生的抵触心理，但同时也消解了人们对于基督教文化想当然的反感，对因缺乏了解而滋生的那部分排基心理起到一种纠正作用。从 1925 年后的非基督教运动而观，这项工作并不算十分成功，但从学生中基督徒的比例来看，它还是起到了一定效果。教会学校学生群是宗教诗歌作者与读者的主要来源，冰心、周作人、许地山、梁宗岱、徐雉、赵景深、焦菊隐、于赓虞、陆志韦、刘廷芳、刘廷蔚、刘廷藩、徐志摩、陈梦家、胡也频、施蛰存、戴望舒、高兰、牛汉、吴兴华等都是自教会学校走出的诗人，其中有很多人是在读书期间皈依了基督教。当然，他们的所谓皈依多是出于氛围带动或感情冲动，流于较浅的层次，遇到困惑，信仰便会发生动摇或偏离。然而，宗教情感却常能浸润他们的心田。即使经历了 1922-1927 年的全国性非基运动冲击，基督精神也依然能够在他们的思想领域内保留一席之地。

《圣经》"经过多少研究与试验的欧化的文学的国语"[25]则充实了中国新诗的语言资源。传教士对于本职工作内的宣教出版事业投入了比普世西学译介更大的精力，1810-1898 年间的新教《圣经》译本多达 25 种[26]，仅在 19 世纪 20-60 年代由新教宣教会译成并出版问世的《圣经》中译本便有五种之

22 参见中华续行委办会调查特委会编.1901-1920 年中国基督教调查资料（下卷）[M].北京：中国社会科学出版社，2007：1131.

23 杨天宏.基督教与民国知识分子——1922 年-1927 年中国非基督教运动研究[M].北京：人民出版社，2005：391.

24 郭济访编.冰心自传[M].南京：江苏文艺出版社，1995：80.

25 周作人.圣书与中国文学[M].上海：商务印书馆，1925：16.

26 中华续行委办会调查特委会编.1901-1920 年中国基督教调查资料（下卷）[M].北京：中国社会科学出版社，2007：1237-1238.

多[27]。其中深文理委办译本影响较大，也是在新诗创作中留下痕迹的唯一早期《圣经》译本，陈梦家在写作《往日》时取深文理旧约《圣经》中之常用表达"昧爽"为题。而在知识界产生最广泛影响的则是 1890 年上海传教士大会组织翻译的和合本《圣经》，它于 1919 年出版，作为一部杰出的白话文翻译巨著，直接参与并助推了文学革命与新文化运动，也激起了中国作家学者强烈的再译兴趣，单《雅歌》一章就得到过许地山、谢秉德、陈梦家、朱维之等诗人的多次重译。这些积累与准备对于饥渴期的中国知识分子有着不容忽视的意义，为下一阶段的研讨做了充分的准备。

（二）研讨环节

对于基督教文化的研讨可以说是新文化运动带来的思想解放的产物，它主要以 1915 年以后兴起的白话文刊物为平台。当时思想界最有影响的三大白话刊物《新青年》、《新潮》、《少年中国》上，共刊登过计 44 篇基督教相关评论文章，在这三大刊物的带动下，《中国青年》、《觉悟》、《学衡》、《广州时报》、《民国日报》、《燕大季刊》、《清华周刊》等刊物也参与了研讨。研讨之中不乏现代诗人的声音，如胡适《不朽——我的宗教》、周作人《宗教问题》、陆志韦《科学与宗教》、田汉《少年中国与宗教问题》、周太玄《宗教与人类的将来》、《宗教与中国之将来》、《宗教与进化原理》等。

有人将这一阶段的讨论视为非基督教运动的酝酿和准备期，这种观点应缘于此时知识界对基督教总体评价走低的趋势。纵观这些刊物的数十篇讨论文章，可以发现当时大多数知识分子认为基督教"仅仅有一点实用的价值"[28]，"对于基督教的种种迷信与仪式，大都存一种蔑视或忽略的态度"[29]。讨论者中有不少人自言并不了解基督教却敢大发宏论，都是这种态度的一个表征，区别无非是《新青年》作者群的讨论偏于思想领域，《新潮》作者群的讨论偏于学术领域，《少年中国》作者群的讨论偏于政治领域，其激烈态度不同而已。

参与讨论的现代诗人中，亦有基督教的坚决反对者，如研究生物出身的周太玄，言"宗教并非人生的必要品"[30]犹嫌不足，斥之为"不可坐视"其

---

27 [美]韩南.作为中国文学之《圣经》：麦都思，王韬与"《圣经》委办会"[J].段怀清，译.浙江大学学报（人文社会科学版），2010，40（2）：17.

28 恽代英.我的宗教观[J].少年中国，1921，2（8）：49.

29 胡适.基督教与中国[J].生命，1922，2（7）：新文化中几位学者对于基督教的态度4.

30 周太玄.宗教与人类的将来[J].少年中国，1921，3（1）：18.

"自长自生"的"幻象"、"一潭沱"、"催眠术的道德观"、"虚小的奢望"、"嗜好品，或是消遣助兴的点缀物"方才尽性，以免青年"一入此途，天地变色，一切精神上的弹力性与创造力，皆将受保守与机械二物之梏桎"、中国进入"一千二百年黑暗时代之欧洲"[31]。不过虽有周太玄之特例，但整体看来，相对于正向政治场域逐渐靠拢的激进知识分子而言，诗人对于基督教的态度相对温和。这首先取决于胡适、周作人、陆志韦等人偏向于自由主义的文化立场，其次或许与他们在诗歌创作中形成的特殊思维习惯有关。如艾略特所说，"诗歌的实践本身不一定会赋予人以智慧或知识，但它至少应使心灵养成一种具有普遍价值的习惯：习惯于分析词义，即习惯于分析自己使用的以及别人使用的那些词的含义。"[32]故而诗人在对基督教文化进行审视时，更易对其本体意义给予较多的关注。然而中国新诗生成不过数年时间，这种思维模式也仅处于萌芽阶段，无法深入诗人内心，遇到猛烈的外界冲击时，必然会让步于以祛昧强国为目标的实用主义思维。在这种思想趋势下，大多诗人虽对基督教的道德教化与情感慰藉功能、耶稣的表率作用、《圣经》的文艺价值给予肯定，但对基督教的神创论、末世论、永生论等本质性世界观却始终持保留或回避态度。如胡适留美后期接受杜威实验主义方法论后，已不再因"宗教之能变化气质"[33]便轻言信仰，而是将"天堂，天国，地狱，末日裁判"视为迷信，将"耶稣是上帝的儿子，他的神灵永永存在"看作"无凭据的神话"[34]；曾就读于日本三一大学的周作人，也避开世界观问题不谈，只言"宗教无论如何受科学的排斥，而在文艺方面仍然是有相当的位置的"，"即便所有的教会都倒了，文艺方面一定还是有这种宗教的本质的情感"，尤其肯定"诗是创造的，情感的，与宗教有关的"[35]；田汉认为耶稣之所以配做教主，并非由于他是神的儿子，而是"因为有这样的感化力"，并且这"偶然有使我暂安之力"的也只是"一种非理性的态度"[36]；即使是身为基督徒又曾精研过宗教心理学的陆志韦，也表示宗教只是"常人不愿将一生至高至美的价值付之（科学的，笔者注）或然或不然"的情感选择结果，而"宗

31 周太玄.宗教与中国之将来[J].少年中国，1921，3（1）：24-25，27，29-31.
32 艾略特.基督教与文化[M].杨民生，陈常锦，译.成都：四川人民出版社，1989：4.
33 胡适著，曹伯言整理.胡适日记全编：1[M].合肥：安徽教育出版社，2001：109.
34 胡适.不朽——我的宗教[J].新青年，1919，6（2）：97-98.
35 周作人.宗教问题[J].少年中国，1921，2（11）：9，6.
36 田汉.少年中国与宗教问题[J].少年中国，1921，2（8）：60-61.

教制度，宗教信条，都是附属品。此等附属品随时发生，随时废弃。当废不废，则有害文化"[37]。

这种整体性消极观感出现的根本原因，取决于当时知识界对基督教价值评判的标准。自严复《天演论》翻译完成之后，进化论假说就成为当代中国知识分子心目中的绝对真理，在思想活跃、论争频发的一二十年代，唯听不到一点对进化论史观的质疑与反思，故而与进化论针锋相对的基督教之被排斥乃至被丢弃（此时没有人记得严复也曾翻译过《马可福音》），在研讨开始之前便已成定论，即使在国人所办的基督教刊物如《生命》、《真理周刊》、《青年进步》之中，含有进化观念的论点都经常出现。此外，新文化运动后启蒙主义、人文主义思想的兴起自西方夹带了从18世纪延续至当时的宗教理性主义批判立场，加上崇民主、尚科学的时代语境，共同造成了巨大的舆论压力，因此诗人对基督教信仰采取保留与回避态度也不足为奇。但是，诗人特有的感性与直觉又让他们能跳出唯科学论的数理逻辑思维模式，根据个人的直接经验审视基督教文化及科学与宗教的关系，在宗教批判大潮中保有独立的声音，不失为对当时文化权威话语的一种反拨，并且这少量不同的声音也引发了更多人认真了解基督教文化的兴趣。这一时期出现的大量典型而直接的基督性诗歌，就是诗人们以创作方式表达自己思考的具体载体。

（三）扬弃环节

如果说研讨阶段教外人士尚能本着科学精神，以沙龙式的平和讨论与偏重学理层面的研究方式来对待基督教的教义、历史与哲学思想，到第三个扬弃环节这种理性态度则更多地被高涨的反帝情绪所取代。对基督教思想的扬弃其实在此之前就已随着讨论的深入而逐渐展开，但又在尚未完全展开时被从学术和思想领域推到了政治经济领域，使得国家主义与民族主义有了更多的介入机会，益发驱赶了国人基督观中原本便不多的信仰成分。这种倾向在《少年中国》宗教讨论后期已经有所表露，从反宗教文章的数量和言辞的激烈程度都可以看出来。到非基运动兴起后，基督教批判的政治功利色彩更加浓重：运动由初成立的社会主义青年团所发起，以世界基督教学生同盟第十一届大会与基督教青年会为针对目标，以布尔什维主义学生与陈独秀、李大钊、邓中夏等共产党人为主要参与者（后来北京《非宗教大同盟宣言》将运

---

37 陆志韦.科学与宗教[J].少年中国，1921，2（11）：10.

动旗帜变更为"科学"与"民主"，运动主体中又加入了五四启蒙知识分子)，《非基督教学生同盟宣言》中充满视"现代的基督教及基督教会"为"'助桀为虐'的恶魔"、"经济侵略底先锋队"、"诱惑中国人民欢迎资本主义"、"养成资本主义底良善走狗"[38]等阶级斗争意味极强的观点，故而也激起了周作人、钱玄同、沈兼士等一系列自由主义知识分子的不满，引发了关于信教自由的论战。但这个宣言成功地激发了人们对当时西方传教士"中华归主"蓝图的仇视心理，其巨大影响力已足以唤起中国基督教信徒的正视，并引发他们进行自省与调整，直至发起旨在争取"自治、自传、自养"本色化教会的运动。非基运动对于知识界最有意义的成果是促使政府成功收回了教育权，此后教会学校强制性的礼拜活动与宗教学习被勒令取消，使得教会学校学生所受到的基督教文化影响大为减弱。

对处于信仰核心位置的基督观，以证道团同人为首的基督教新文化运动学者做了一系列思考、探讨与本色化建构，其一是淡化耶稣的神性，如将童女生子解释为"这些'诞生的故事'，——不一定是叙述他的起源的，……他们不是事实上的历史，乃是他的人格的表记"[39]、将复活、永生等观念解释为"原来上帝是万有的根原，/ 是永活的。/因此：/ 耶稣的本性，当然也是永活的。/但依人看来， 耶稣的形体，既已明明受死；/所以对于永活的耶稣，/ 权说他是复活了"[40]等，为神迹奇事寻求科学解释，以消解科学与宗教的矛盾；其二是强调耶稣与爱国主义的相容性，提倡"用基督耶稣爱人底教训作根据"的"纯粹的，光明正大的爱国主义"[41]，表明"我们尊崇耶稣，/深爱中华国土"[42]可以并行不悖；其三是强调耶稣的革命性，认为随着耶稣的降临"有刀有火到世上，/ 也有罪人的忏悔。/谁知幽寂的那夜/ 种下人间革命因"[43]，他早就曾"竖起十字架奋臂，/将特权阶级打倒，/揩尽平民的眼泪"[44]，

38 非基督教学生同盟宣言[J].先驱，1922，4：1.

39 马丁.耶稣诞生之研究[J].应元道，译.生命，1922，3（4）：耶稣诞生之研究 12.

40 吴震春.耶稣复活歌[J].真理周刊，1925，3（2）：1.

41 巢坤霖.爱国主义国际主义和基督教教会[J]. 生命，1922，3（1）：爱国主义国际主义和基督教教会 1.

42 赵紫宸.两个牧师[J].生命，1923，4（2）：诗 8.

43 赵紫宸.伯利恒[J].真理与生命，1927，2（17）：24.

44 林汉达.无产阶级的耶稣[J].文社月刊 3 卷 6 期，转引自叶仁昌.五四以后的反对基督教运动——中国政教关系的解析[M].台北：久大文化股份有限公司，1992：204.

他"不但是一个宗教家，更是一个实行的社会改造家"，"两千年前，他已经作了社会天国运动的领袖"，"耶稣的社会主义，的确是平民精神的社会主义"[45]，并号召人们"拿耶稣的教训，榜样，精神，作眼前面的明灯，标竿"，"改造一个真正平等自由的新社会"[46]。经过改良后的中国特色耶稣形象体现出当时基督徒知识分子"人格救国"的愿望："不是仅要赞美崇拜其人格，乃是要得着他们养成人格之方法与途径"[47]，《青年进步》还专门推出过"人格问题专号"以探讨耶稣人格在个人生活中的现实意义，以期通过改造个体的人，实现社会的革新。

事实上，长期以来中国基督教界的信仰都算不上正统的宗教信仰，而应称为"耶稣人格信仰"，此时益发如此，并且存在着对基督教现世意义与终极意义的强调严重失衡的局面。不过既标举耶稣作为人的现世意义，耶稣与屈原、孔子、苏格拉底、马克思便无本质区别，基督教伦理比起普世道德也就显不出它的优势。而且，在五卅惨案后非基运动发展到以反帝反侵略为主要目的的第三阶段，耶稣"叫人无争，以创造大同世界为目的"的以爱为本的道德观[48]开始显得有些不合时宜，很多信徒也在高涨的民族主义情绪鼓动下加入了非基的行列。直至南京事件发生，人们才意识到非基运动已发展到过激的程度，于是中外政府共同出面干涉，这种不正常膨胀的反教情绪才得到有效遏制。至此，近十年的基督教话题期基本结束，此后基督教无论是在思想界还是诗歌界，都不再是显流。

不过信仰的根基虽未扎下，较长的流行期也已使得部分基督教话语进入了诗歌日常表达，如天堂、地狱、上帝、天使等成为诗人们可以信手拈来的意象，"上帝"、"主"也成为普泛化的抒情对象，即使生命轨迹与基督教毫无交叉的诗人也能够使用得颇为从容自然。在基督观沉潜至稳定之后，早期新诗创作中耶稣较为直接生硬的出场渐渐减少，基督精神开始逐渐以曲折隐晦的形式渗出，或是以述说普世价值的口吻很自然地抒写出来，艺术表现上也圆融成熟了许多。可见在非基运动尤其是本色化运动之后，基督性已在一定程度上内化为中国新诗精神资源的一种。

45 刘廷芳.基督教与新时代社会运动的关系[J].生命，1921，1（9.10）：读者论坛4-5.

46 张锡三.基督教与新世代社会运动[J].生命，1924，4（9.10）：97.

47 吴雷川.人格——耶稣与孔子[J].生命，1924，5（3）：6.

48 史坦曼.宗教之帐——教堂[J].沈怡，译.少年中国，1924，4（11）：1.

二、多重身份切换导致的立场变幻

在中国，诗人从来只是一个身份而不是一种职业，自古便是如此，民国时期亦然。几千年文人治国的传统，使得身处空前变革时代的现代诗人自觉地肩负上了格外沉重的使命：既要开启民智，又要宣扬民主，还要救亡图存，甚至诗歌创作都是现实夹缝中开出的艺术之花。与这多重使命相对应，现代诗人往往都具有多重身份，在诗人以外又同时兼任着科学家、学者、教授、启蒙者、出版家、革命家、军人等角色。视角决定关注点，当以不同的身份从不同的立场审视基督耶稣时，他们往往会关注基督的不同侧面、不同特质，导致所持的情感态度也不尽相同。

（一）诗人身份

当作为诗歌创作者的诗人面对基督时，一种诗人特有的感性与理性分裂的矛盾气质常困扰着他们的判断，这种分裂是创作状态与日常生活状态的差异导致的。相较而言，崇尚智性写作的诗人分裂感稍弱，而在激情写作的诗人身上，这种气质尤为明显，如郭沫若的"猛烈地为作诗欲所袭迫着"[49]、"每每有诗的发作袭来就好像生了热病一样"[50]便是个最典型的例子。其他诗人即使没有郭沫若那般极端，但在诗歌创作语境中也常会萌生与日常之我不同的观念。诗歌创作语境是封闭性情感主导的语境，在这种语境中，诗人抛去一切外界纷扰和杂念，直接与自己的心灵、情感对话，而"宗教者渊源于人间之感情"[51]，故而格外容易产生如"世界中之足以感动我者，无有过于信仰者也"[52]的共鸣。但在处于日常状态时，对现实的唏嘘则会挤占宗教情感的空间，或者说，即使有宗教情感的位置，也是普世情感诸如同情、悲悯等的衍生物。如闻一多就曾在致吴景超的信中有过这样的陈述："我看诗的时候可以认定上帝——全人类之父，无论我到何处，总与我同在。但我坐在饭馆里，坐在电车里，走在大街上的时候，新的形色，新的声音，新的臭味，总在刺激我的感觉，使之仓皇无措，突兀不安。感觉与心灵是一样地真实。人是肉体与灵魂两者合并而成的。"[53]但整体看来，以诗人的眼光审视基督时，耶稣

---

49 郭沫若.创造十年[M].上海：现代书局，1932：101.

50 郭沫若.创造十年[M].上海：现代书局，1932：78.

51 谭鸣谦.哲学对于科学宗教之关系论[J].新潮，1919，1（1）：46.

52 谭鸣谦.哲学对于科学宗教之关系论[J].新潮，1919，1（1）：58.

53 闻黎明，侯菊坤编.闻一多年谱长编[M].武汉：湖北人民出版社，1994：191.

基督的人格魅力往往会征服他们诗性的灵魂，这种人格魅力的吸引力有时甚至可以超越德先生和赛先生带有实际利益转化可能的巨大诱惑。故而相较而言，诗人更容易因宗教天性的驱动和耶稣人格魅力的吸引而走近信仰，虽未必会彻底皈依，但却常能产生认同的情感。

其次，诗人对于语言的膜拜态度是引导他们的感情趋向上帝的另一个原因。虽然未必所有的诗人都有丰富的语言学理论知识，但他们却对语言有直觉性的敏感，对于《圣经》语言特有的权威感和力量感很容易领会。与盘古神话借助巨斧和元始神身体开辟鸿濛的方式不同，《圣经》中的创世是藉着语言的力量而完成的，"词是使事物得以产生的创世动力"[54]。《圣经·创世纪》中对于语言神奇力量的描摹，与诗人对于语词建构所营造的神奇效果之迷恋，很容易产生巨大的共鸣。许多诗人乐于以上帝为抒情对象，其中不无寻找认同感的潜意识在驱动：能够以语言创世的上帝应该最能理解语言这种存在，因此在上帝面前诗歌语言的有效性也应能得到最大限度的发挥。"你们祈求就给你们；寻找就寻见；叩门就给你们开门"（路加福音 11 章 9 节），这种在个人想像中对抒情回应的寻求与宗教祈祷行为有一定程度上的相似性。

此外，诗人人生感悟的个性化正如宗教体验一般具有"有多少基督徒，就必然会有多少种信仰"[55]的极端私人性，这种相似契合了诗人对诗语的原创性洁癖，故而也成为诗人基督性萌发的动力。不过，即使有如上种种因素存在，基督与大多数诗人依然只是一种擦肩而过式的遇合。诗人在探寻人生终极意义的某一阶段，很容易走向神秘主义，基督性的觉知则是他们的灵魂迷航中的阶段性尝试。但是，过于确凿又与现实时有相悖的答案很难满足诗人不尽的探索欲，故而诗人的信仰也常常难以持久。

（二）学术身份

当作为科学家、学者的诗人面对基督时，他们惯用的实验主义思维方式常偏于研究性，往往与超验主义或曰先验主义的宗教思维处于不同的体系，甚至可以说思考的方向基本相反。"研究是用知识做本位"，"信仰是用感情及经验做本位"[56]，故而科学工作者很难认同宗教逻辑。在当时社会，这种整体

---

54 弗莱.伟大的代码：圣经与文学[M].郝振益等，译.北京：北京大学出版社，1997：36.

55 约翰·麦克曼勒斯.牛津基督教史[M].张景龙等，译.贵阳：贵州人民出版社，1995：451.

56 刘廷芳.研究和信仰[J].生命，1921，1（7）：研究和信仰1.

怀疑态度的形成过程中，参与了《少年中国》宗教问题讨论的哲学家罗素对逻辑理性的极力推崇在中国知识分子中产生了深刻的影响。从少年时代即开始鼓吹科玄对立的罗素，在他的《宗教与科学》一书中明确指出了宗教与科学思维方式的根本矛盾："宗教教义和科学理论不同，它自称含有永恒的和绝对可靠的真理，而科学却总是暂时的，它预期人们一定迟早会发现必须对它的目前的理论作出修正，并且意识到自己的方法是一种在逻辑上不可能得出圆满的、最终的论证的方法。"[57] 逻辑理性拒绝与"科学上的因果律"[58]相抵触的一切记载，所以循着这一思路，则无法轻易接受《圣经》中所记载的"童女生子"、"复活"等一系列超自然事件。宗教体验、神迹奇事具有极大的个人性与不可重复性，耶稣更是不可复制的，所以与基督相关的绝大多数历史记载不适用于实证主义的研究方法。此外，基督教的上帝观还有一些独有的尴尬性，使得基督新教之为宗教的合理性都受到一定程度的质疑。作为感情寄托意义大于理论象征意义的宗教神明，与其他宗教的偶像神相比，基督教三位一体的永恒主具有更多的抽象意味，尤其是旧约时期的上帝。耶稣的"道成肉身"使基督教信仰实现了一定程度的具象化，但上帝依然介于具体的神明与抽象的主义之间。宗教改革后，新教对基督教仪式采取淡化态度，同时强调与信心相称的德行，尤其到了 19 世纪后，新教世俗化更成为一种世界性的趋势，无怪補列克、李思纯等学者甚至认为新教是"半宗教"、"一种道德学说"[59]，某些观念"已是纯粹的伦理论道德论，失却宗教性了"[60]。不过也正是由于这种半宗教和道德学说特征，才使得新教在宗教性较弱的中国比天主教和东正教更易为民众所接受。

　　知识分子对于基督除了思维上的拒绝外，还有一种不容忽视的文化心态上的拒绝。这种文化心态的拒绝有别于源自民族情绪的反对，而是基于中国传统士人精神而对"烧炭派"[61]式麻木信仰的排斥以及对丧失自我的恐惧。宗教信仰常被置于"独立思考"的对立面，虽然从理论上来说，二者是可以不发生矛盾的，但在实际操作过程中，要达到这个境界却非常困难。即使某个人的信仰是经由理性认可而后被接受，然则一旦占据了他的精神世界权威位

57 罗素.宗教与科学[M].徐奕春，林国夫，译.北京：商务印书馆，2010：5.

58 陆志韦.科学与宗教[J].少年中国，1921，2（11）：10.

59 補列克.该当要一个宗教为平民么？[J].李璜，译.少年中国，1921，3（1）：44.

60 李思纯.宗教问题杂评[J].少年中国，1921，3（1）：71.

61 刘伯明.刘伯明先生讲演[J].少年中国，1921，2（11）：1.

置，就容易使头脑产生依赖感，随着信仰的深入而逐渐放弃对当下现实的关注。一旦如此，信仰者面对问题就容易产生先入为主的成见，设置几个框架，把问题像填空一样扔进框架之内，做简单化的盖棺定论。冰心就曾将这种情形描述为"信仰将青年人/ 扶上'服从'的高塔以后, / 便把'思想'的梯儿撤去了"[62]。宗教信仰必然带有崇拜，因崇拜是宗教的灵魂，"没有仪式的崇拜，就没有庄严肃静的情境"[63]。但中国知识分子自古推崇的是崇风骨轻生死，对主义、思想可以自由选择，但对有神论的宗教信仰则格外警惕，"在天性上便与宗教不十分契投"，尤其"对于与政治教育有关系的宗教，反很厌弃"[64]，耻于承认自己对某事物怀有崇拜和依赖的情绪。周作人就曾表示过"要去信托未知之人与未知之神，我的信心却又太薄弱一点了"[65]。这种精神传统加上正值流行的民主精神，催生了这样一种流行于知识分子之中的观念：耶稣可以尊敬，基督却不可崇拜，上帝的绝对权威更是格外不合时宜。因此知识分子在面对强调把自己全然地、毫无保留地交托给上帝的宗教宣传时，就难免生出反感的情绪。

当面对《圣经》这部基督教经典时，身为科学家与学者的知识分子却并不像对基督教世界观那样反感。不过他们对《圣经》内容的接受和拒绝也与神学研究者有着绝对的区别：不是结论性的接受，而是过程性的接受；不是作为绝对真理而接受，而是作为文化资源来接受。他们除了肯定耶稣人格的积极意义外，对早期以色列民在寻求上帝、探求真理过程中体现出来的怀疑主义、虚无主义和抗争倾向也较为关注。这种关注是作为接受近现代西方哲学思想的副产品而存在的，其实体现出了中国学者对《圣经》的一种误读。诸如所罗门在《传道书》中对自己一生的唏嘘，约伯在受难时对上帝所发的"天问"，以及所罗门《箴言》中的诸多世俗警句等，都属《圣经》中刻画属世景象、临终忏悔或寻求真理思维过程的描述性文字，孤立地看待个别段落，确实与《圣经》主流宗教观念相悖，但置于整个《圣经》话语体系中则不然。不过这种误读并非完全由中国知识分子的主观选择造成，其中还有《圣经》经典化过程中的编排因素。《圣经》原本是整体，在中世纪出于方便查找的目

62　冰心女士.春水（六七）[M]//冰心.春水.北京：新潮社，1923：40-41.

63　王星拱.王星拱先生的讲演[J].少年中国，1921，2（8）：4.

64　周太玄.宗教与中国之将来[J].少年中国，1921，3（1）：23，30.

65　周作人.书梦[M]//周作人.过去的生命.北京：中国文联出版社，1999：31.

的被编纂者人为划分了章节，连贯性大受影响，导致后来者对局部章节孤立考察的现象层出不穷。但这种误读却阴差阳错地在现代中国诗界产生了积极作用，不仅提供了更多维的思想资源，也为中国新诗的基督性表现赋予了更多可能性。

总体来说，作为科学家与学者的诗人能够本着扎实的新旧学基础和学术良心审视基督教文化，即使整体方向倾向于不赞成，也能保持冷静公允的态度承认或探讨其积极意义。但知识分子对于信仰还怀着一种源于对理想中国之期待的难以割舍的情结，正如张伯苓在谈及自己的基督教信仰时说过，"信仰将来，信仰现在看不见或将来仍看不见的东西，是宗教的要素。"[66]这种情结存在于每个对未来怀有美好憧憬的乐观主义者心中，无论他们信仰的是具体的宗教或是抽象的主义，都无法真正脱离宗教性因素。

（三）启蒙革命身份

当作为启蒙者与革命者的诗人面对基督时，中国盛行几千年的实用主义原则就成为了评价标准，1919 年杜威来华后掀起的实验主义风潮及法国社会学家補格列"现在是实验科学的世界，不是神的世界"[67]的宣言为这种古老的思维方式提供了现代理论支撑，更使它具备了不容辩驳的合法性。循此原则，启蒙者与革命者判断一种思想是否有价值时，首先会考查其社会功用，尤其是开启民智的意义，对于基督教亦然，先"看社会中需要这种宗教否？看这种宗教在社会中究竟有无用处"[68]。而当这个问题提出之时，基督教已被当作客体对待、与信仰划清了界限。

强烈的救国欲与使命感使当时中国的启蒙者与革命者怀着带领中国走向民主与文明的希冀，竭力想寻求高能高效的精神食粮哺喂给衣衫褴褛、骨瘦如柴、双目茫然的普通民众。这一代知识分子在接受科技军事等侧重于物质文化方面的西方先进事物时，并不会有不安感；但是一旦涉及到有精神控制嫌疑的意识形态内容，对异质文化的排斥心理就会作祟，加之对"落后"二字的恐惧，便尤其会对那些倾向于保守的思想怀有强烈的警惕性。中国底层民众本有"对于宗教往往不加分析，便轻轻承受"[69]的惰性，启蒙者惟恐对基

---

66 胡适著，曹伯言整理.胡适日记全编：3[M].合肥：安徽教育出版社，2001：749.

67 補格列.法兰西学者的通信[J].李璜，译.少年中国，1921，3（1）：39.

68 章廷谦记.罗素先生的讲演[J].少年中国，1921，2（8）：37.

69 李煜瀛.李煜瀛先生的讲演[J].少年中国，1921，2（8）：32.

督教的引介会助长这种"舍却自己的理性去盲从"[70]的迷信倾向。基督教的保守性尤其使它成为了革命者的眼中钉肉中刺，"宗教是科学和进化的仇敌"[71]，"社会中要有了宗教，那破坏和革命的性质，就不能常久的存在"[72]，人们便"只勇于做因循的改良事业，不肯做认真的革命事业"[73]，因此，宗教这种"能使劳动者之间发生乖离的事情，务必要努力除去"[74]。即使面对无论如何也无法提出异议的"爱"、"平等"、"怜悯"等基督教核心理念和精神，他们也要极力将其从基督教中剥离出来，将其划入普世道德的范畴，并试图把基督教的心灵慰藉功能归入文学艺术领域内，以弱化基督教在当时中国存在的必要性。

对于基督，启蒙者与革命者的目的就是打倒，而不是给予公允恰当的价值判断。他们并不关心基督教教义正确与否，只是坚持认定"在一个充满血与火的环境中，是不太允许上帝温柔的怜悯和基督慈悲的眼泪的"[75]，痛苦中的人"不能谈那离开人间的天国，/但也不能使后人更见有人间的地狱"[76]，所以"耶苏叫我背着十字架跟他走，/我想我只有躲了"[77]。他们一切宗教抨击的出发点都在于削弱国民的依赖心理，使其坚信个人与国家命运完全掌握在自己手中。他们觉得对于需要"唤醒"的民众而言，尼采"上帝死了"式的狂狷才具有振聋发聩的效力，《国际歌》那种"从来就没有什么救世主，也不靠神仙皇帝。创造人类的幸福，全靠我们自己"的宣言才具有导向独立自主的可能，才能生发出"上帝夭殇在天堂，/我们去做新上帝"[78]的觉悟；而身为已经"觉醒"的启蒙者，更有责任扛着"民主"和"科学"两杆大旗奔跑在哪怕矫枉过正的狂飙突进之路上，将西方更有价值、更有力量的思想引渡到中国。这些思想该是进化论、民主主义、社会主义、国家主义、无政府主义、怀疑主义等，而不该是曾使西方陷入"一千二百年黑暗时期"的基督

---

70 雁冰.罗曼罗兰的宗教观[J].少年中国，1921，2（11）：47.

71 李璜.社会主义与宗教[J].少年中国，1921，3（1）：47.

72 章廷谦记.罗素先生的讲演[J].少年中国，1921，2（8）：39.

73 恽代英.我的宗教观[J].少年中国，1921，2（8）：54.

74 Hermann Gorter.唯物史的宗教观[J]李达，译.少年中国，1921，2（11）：45.

75 马佳.十字架下的徘徊——基督宗教文化和中国现代文学[M].上海：学林出版社，1995：226.

76 白采.白采的诗（赢疾者的爱）[M].上海：中华书局，1925：46.

77 废名.耶苏[M]//废名.废名集：第三卷.北京：北京大学出版社，2009：1557.

78 高长虹.从民间来[M]//长虹.时代的先驱.上海：光华书局，1928：107.

教。但接触这些主义不过数年的启蒙者与革命者难免有其不成熟之处，他们所夹带的尚未嚼烂的诸多主义与思想在引渡过程中难免片面和变味，故而由这些主义与基督教义之冲突及其引发的事件现在看来也颇可探讨。《生命》、《青年进步》等基督教刊物在反驳中曾反复强调，社会主义、共产主义与基督教有着深刻渊源，它们在属世范围内追求也极为相似，本应求同存异，不该是这种你死我活的关系。甚至当年，如非基运动等就被指出是"社会主义研究还幼稚的结果"[79]。

不过值得注意的是，启蒙者与革命者对基督基于实用主义的排斥更多地停留在社会功能层面，他们本人的精神世界未必与他们激进的姿态保持同步，如恽代英对基督教之妨碍革命的批评，并不影响他对于宇宙间"在一切专物背后，有一种不可思议的权力，主张他，网维他"[80]的拟想。只是当基督教在真理问题上的排他性成为他们导入新思想新观念的阻碍时，他们才不得不把基督教信仰当作必须打倒的敌人。

三、文化传统异同造成的趋离徘徊

基督教文明作为一种外来文化，其接受过程必然会受到中华文明的前摄抑制[81]。而中国传统思想文化的多元性，注定了这种抑制作用的正反双向性。加尔文宗在中国基督教诸派中并不占主流，如林语堂般自出生便"不只要和中国的哲学绝缘，同时也要和中国的民间传说绝缘"[82]的毕竟还是少数，绝大多数中国诗人在接触到基督教思想之前，其灵魂中已然先行植下了传统文化的种子，故而作为后来者的基督精神，纵然不至于像稗草一样被拔除，也只能如荆棘中的麦种般在博大传统文化的间隙中艰难求生。

（一）启蒙教育与基督教

当学者论及一位诗人的精神资源时，常会追遡到他早期的求学经历，然而这种追遡往往起于正规的新式教育开始之后，至早延伸至对传统文化经典

---

79 田汉.日本学者对"非宗教运动"的批评[J].少年中国，1922，3（9）：18.

80 恽代英.我的宗教观[J].少年中国，1921，2（8）：46."专物"应为"事物"，原误。

81 前摄抑制是指先前学习的材料，对识记和回忆后学习的材料的干扰作用。见中国就业培训技术指导中心，中国心理卫生协会编写.心理咨询师——基础知识[M].—2版（修订本）.北京：民族出版社，2012：46.

82 林语堂.从异教徒到基督徒[M].谢绮霞，译.西安：陕西师范大学出版社，2004：13.

的学习与阅读，却忽略了真正的"第一阶段"——开蒙阶段。蒙学教育是大部分早期白话诗人都经历过的首个教育阶段，郭沫若、鲁迅、胡适、闻一多、陆志韦、赵紫宸、穆木天、朱维之等都曾受过严格的私塾教育，他们中的大多数人在对塾师之严厉颇有微辞之余，也都不否认自己确实曾"得到过一点好处"[83]。

蒙学是中国传统教育中极有特色的一环。它着意于记忆训练，培养学生的文言语感，目的在于为学生进一步的传统文化学习打下坚实的基础。学童开蒙的年纪一般都在4-6岁，正处于书写敏感期和阅读敏感期[84]，而且"儿童当此时期，受感力最强，而判断力最弱"[85]，因此这些以"首次印记"的方式深深刻进幼童头脑中的学习内容无论正确与否，都会对他们的人生观、世界观影响巨大，即使成年后他们能够通过各种渠道接受到新的知识，也难免会受到这些早期认知的左右。胡适所谓新诗"缠足时代的血腥气"之所以如此难于去除，蒙学"首次印记"的效应当是重要原因之一。赵紫宸就曾提及，虽然"识者视作旧诗为开倒车，余亦谓之然"，然而"明知倒车不宜开，第因咿唔成癖，依旧流连，耽吟而不改"[86]。新诗作者如《诗帆》诗人等多有回头再作旧诗者，多半也都面临着同样的困扰。

虽然民国时期的启蒙教育已有传统蒙学教育和新式学堂教育两种，但根据东京大学胡学亮的调查报告《清末中国民众私塾就学率的考察》[87]，当时中国官方统计数据，新式学堂的入学率仅为百分之二，而全国的平均私塾就读

---

83 郭沫若.幼年时代[M].上海：光华书局，1929：58.

84 敏感期是指生物在期初期发育阶段所具有的一种特殊敏感性。它是某种状态或特性下突然出现的秉性。但是如果获得这种特性之后，其敏感性就立即消失了。……特性都是借助于短暂的外界刺激或自身的某种潜力而获得的。而成长的过程是要靠本能的悉心引导……这种本能是通过对某种确定的活动提供刺激来进行引导的。……敏感期与心理活动有关。敏感性作为一种洞察力和本能，为意识的形成打下了基础，作为一种自然形成的能量，它是人心理发展的基本原则。见蒙台梭利.3岁决定孩子的一生[M].马琴，译.北京：朝华出版社，2007：39-48.

85 胡适、陶孟和、丁文江.凡初等学校（包括幼稚园），概不得有宗教的教育（包括理论与仪式）[J].新教育，1922，5（3）：457.

86 赵紫宸.《玻璃声》自序[M]//燕京研究院编.赵紫宸文集：第四卷.北京：商务印书馆，2010：495.

87 胡学亮.清末中国民众私塾就学率的考察.[departmental bulletin paper]东京大学：2009，life long education and libraries,9：29-36.

率估计应在百分之十四五左右，再早一些的 19 世纪，"民间社会的基础教育，几乎是私塾的天下"[88]，可见当时民众接受教育的主要方式还是私塾教育。但长期以来，我们考察基督教文化等外来文化时，常会遗漏以私塾蒙学教育为主的传统早期教育。但事实上令多数人意想不到的是，传统蒙学教育中亦有不少颇具基督性意味的内容。

晚清传统私塾[89]教育的教材分为杂书和经书两类，即初级与高级两个阶段。由于没有统一标准，各地的蒙学教材不尽相同，如郭沫若、陈敬容等所在的四川省，史料所载的蒙学教材即《三字经》、《百家姓》、《千字文》、《声律启蒙》、《幼学琼林》、《增广》、《女儿经》、《小姑娘》、《三字幼仪》、《五言鉴》、《龙文鞭影》、《史鉴节要》、《王氏蒙求》、《李氏蒙求》、《诗品》、《五言杂字》、《四书》、《五经》、《三传》[90]等多种，中原地区情况更复杂，不过初级阶段的经典教材，主要包括必读的"孝弟三百千"，即《孝经》、《弟子规》、《三字经》、《百家姓》、《千字文》，以道德教育与常识教育为主，还有作为音韵训练的《声律启蒙》、《笠翁对韵》，作为典故识记的《蒙求》、《龙文鞭影》，作为诗词入门的《千家诗》、《唐诗三百首》以及作为妇德教育的《女儿经》、《闺训千字文》等。

晚清读书郎一般先进行两三年的杂书开蒙训练，然后方能进入到正式的四书五经学习阶段，以备科举考试。然而有经济实力备战科举考试的书童毕竟是少数，私塾教育的主要对象还是平民子弟，甚至包括只能在冬天农闲时把孩子送进义学里"念冬书"的贫困子弟，大多数人还是停留在读杂书、识几个字、能记帐写信的初始水平上，所以经学准备期的杂书在当时的中国有着更大的影响力。

这些杂书中，带有最明显的基督教文化痕迹的是《龙文鞭影》。《龙文鞭影》一书以平水韵之平韵为序，介绍中外（主要是中国）各史书及文学作品中的典故传说，虽是童蒙读物，也有较强的考据价值。其成书时期较晚，在明代万历年间。万历年间正是基督教第三次入华时期，1583 年起意大利传教士利玛窦入华传教，在自下而上的传教路线受阻后，积极学习中国文化，与

---

88 蒋纯焦.晚清士子的生活与教育——以塾师王锡彤为例[J].华东师范大学学报（教育科学版），2006，24（2）：89.

89 这里所说的私塾包括散馆、专馆、义学等一切区别于新式学堂的初等教育机构。参见李绍先.晚清四川地方私塾教育[J].德阳教育学院学报，2006，20（1）：7.

90 李绍先.晚清四川地方私塾教育[J].德阳教育学院学报，2006，1：8.

士大夫结交，入京觐见明神宗，终于获准开堂传教，并结识"圣教三柱石"徐光启、李光藻、杨廷筠等学界闻人、朝廷公卿，与他们联合译介了大批宗教与科学著作[91]。这段时期的传教工作虽然未像晚清时期那般如火如荼，但也一直产生着不可小觑的影响力，甚至延续至民国[92]。因此在万历期间编成的《龙文鞭影》，对《圣经》典故进行过直接援引，也就不足为奇了。《龙文鞭影》第三卷《七阳》韵节，起首句即是"君起盘古，人始亚当"[93]，可见《圣经》创世故事在当时已流传甚广。

不过《龙文鞭影》在蒙学中只是起着承前启后的作用，即在学生读毕入门的《三字经》、《百家姓》、《千字文》等、识得二千多字后，为进一步学习四书五经打基础，在很多地区它并不是必读书目。并且《龙文鞭影》的援引虽然直接，却并无特殊信仰方面的含义，只是将亚当出世与盘古开天辟地、女娲造人等共同归类为上古神话典故。故而对于学童而言，这种读物的作用仅限于知识的积累。真正能深入诗人心灵、内化到日常行为中并影响到对基督性之接受的，还是带有教化意义的《三字经》、《千字文》、《弟子规》等篇章。

经历传统蒙学教育成长起来的诗人，当日后有机会接触到基督教文化时，每读到"起初神创造天地"（创世纪1章1节）、"创造诸天，铺张穹苍，将地和地所出的一并铺开"（以赛亚书42章5节），首先浮现在脑海中的很可能是早期记忆中的"天地玄黄，宇宙洪荒。日月盈昃，辰宿列张"（《千字文》）[94]；读到亚当夏娃采食禁果前的纯净生活，自然会想到"人之初，性本善"（《三字经》）；读到列王记中古以色列诸王因各人言行或蒙恩或受罚的经历，自然会想到"祸因恶积，福缘善庆"（《千字文》）等等。私塾出身的诗人对蒙学经典多半熟悉到倒背如流的程度，这些联想反应都是直觉的，甚至不需要在意

91　周燮藩.中国的基督教[M].北京：商务印书馆，1997：74-75.

92　徐光启的后裔倪桂珍即宋氏三姐妹的母亲，在由宋耀如等人倡导成立的本色化运动前期组织"中国基督徒会"中参与过一些外围工作。"中国基督徒会"提出"以爱国爱人之心，联络中国基督徒合为一群，提倡中国信徒宜在本国传道"，并创办《基督徒报》。参见马光霞."中西合璧"：宗教—婚姻—家庭网络述评——以监理会为例[J].基督教学术，2017，17：59-81.

93　北京四海经典文化传播中心编.弟子规·龙文鞭影[M].北京：中华书局，2005：50.以下所引《弟子规》、《龙文鞭影》皆出自此版本，不再另注。

94　北京四海经典文化传播中心编.三字经·百家姓·千字文·蒙求[M].北京：中华书局，2005：29.以下所引《三字经》、《百家姓》、《千字文》、《蒙求》皆出自此版本，不再另注。

识层面中进行。而在细读过程中，更多的相通之处会随之浮现。诗人不难发现《圣经》的教训诸如"当孝敬父母"（出埃及记 20 章 12 节）、"你们年幼的，也要顺服年长的"（彼得前书 5 章 5 节）、"做妻子的，当顺服自己的丈夫"（以弗所书 5 章 22 节）等，与传统蒙学的教导"孝于亲，所当执"、"悌于长，宜先知"（《三字经》）、"首孝悌，次见闻"（《弟子规》）、"上和下睦，夫唱妇随"（《千字文》）在伦理纲常方面并无矛盾；很多行为细则也基本保持一致，诸如"须要禁止舌头不出恶言，嘴唇不说诡诈的话"（彼得前书 3 章 10 节）、"污秽的言语，一句不可出口"（以弗所书 4 章 29 节）与"刻薄语，秽污词，市井气，切戒之"（《弟子规》），"敬畏耶和华，远离恶事"（箴言 3 章 7 节）与"斗闹场，绝勿近；邪僻事，绝勿问"（《弟子规》），"回答柔和，使怒消退"（箴言 15 章 1 节）与"言语忍，忿自泯"（《弟子规》），"智慧子听父亲的教训，亵慢人不听责备"（箴言 13 章 1 节）与"闻过怒，闻誉乐，损友来，益友却。闻誉恐，闻过欣，直谅士，渐相亲"（《弟子规》），"施比受更为有福"（使徒行传 20 章 35 节）与"凡取与，贵分晓，与宜多，取宜少"（《弟子规》），"当爱人如己"（马太福音 19 章 19 节）、"爱你们的仇敌"（马太福音 5 章 44 节）与"凡是人，皆须爱，天同覆，地同载"（《弟子规》）等等，基本呈现出一种互证关系。

在对基督教文化的接受过程中，蒙学的桥梁作用是毋庸置疑的。蒙学训诫起到的作用是正身立人，是使少年在明理入世之前先将好道德好行为化入本能，在思想深度方面则没有太多要求。而道德与行为的优劣标准不会过多受制于文化背景的差异，故而蒙学中所宣扬的理念与基督教教训也没有太多突出的矛盾。相反，二者间的共性倒能够引起诗人似曾相识的熟悉感，进而消除对基督教文明之为异质文化的排斥心理。抛去启蒙者等身份不论，诗人对于真与美的态度是宽容的，无论这真与美姓中或姓西，又或真与美的载体是否尽善尽美，他们都能够理解并且乐于接受。如胡适、郭沫若之一度几乎入教，除适逢情绪低谷的偶然因素外，受到耶稣与幼年理想符合的真美气质吸引，也是一个重要原因。

（二）诸子百家思想与基督教

如果说蒙学在沟通诗人传统血脉与耶稣救赎宝血过程中主要起了积极作用，那么以儒家为主、道家及杂家思想为辅的中国传统哲学对于基督教文化的接受则有更为复杂的影响。

虽然在中国由儒家家族观念衍生出的民俗与基督教倡导的生活方式在祖先祭祀崇拜、婚丧礼仪、娱乐方式等方面都存在严重冲突，但不能因此作出两种文明根本对立的判断。《圣经》译者对于"God"一词的翻译"上帝"，将耶和华神与儒教最高神"昊天上帝"联系到一起，而《约翰福音》起首句中"道就是神"的概括又将上帝与道家学说的核心思想拉近，墨子与耶稣某些主张的相似性更引起过宗教学者与普世学者的共同关注。由于向善之心是人性的固有特征，所以大凡带有道德指导意义的思想学说，彼此间都有一定的共性，也会在此基础上生发出交流对话的空间，基督教思想与诸子百家思想也是如此。

儒家思想无疑是两千多年来中国社会的精神权威，因此它既成为了新文化运动中的批判对象，也成为了基督教寻求在中国立足之合法性时努力争取的盟友。本色化基督徒在知识界宣传基督教的策略之一就是"采撷儒教的精英，与基督教相印证，使素来归依儒教的人，不但赞同基督教，并且因信基督教而更能发扬儒教"[95]。这一策略可采用的前提是两种思想学说中客观存在相似的理念。孔子言谈中所透露出的朦胧的"天命"观、祈祷观、鬼神论、慎独自省精神、"爱人为大"[96]理念及孟子的人性善信仰等，都为这种比较和互证提供了开展的空间。信徒诗人的代表之一吴雷川曾列举耶稣论圣灵的《圣经》经文21处、使徒论圣灵的《圣经》经文23处与孔子论仁的儒家经文51处、孔子弟子与孟子论仁的儒家经文38处，总结出孔子之"仁"说与耶稣之"圣灵"观的"名异实同"[97]，这其中虽不无出于宣教目的的夸大，却也清理了二者在饶恕观、能动性以及在个人自修与理想社会成就过程中之作用的相似特征。洪业也认为，朱熹"问渠哪得清如许，为有源头活水来"中源头就是"天良"，而天良就是上帝，儒家的天良与基督教的上帝是分不开的[98]。不过儒家自成体系的礼制及社会秩序与基督教的礼俗间的巨大差异，决定了它对于基督教文明的抵制力远远大于融合力。

---

95 吴雷川.对于在智识界宣传基督教的我见[J].生命，1924，5（1）：6.

96 礼记.哀公问第二十七[M]//吕友仁，吕咏梅译注.礼记全译·孝经全译.贵阳：贵州人民出版社，1998：896.

97 吴雷川.基督教之"圣灵"与儒教之"仁"[J].生命，1926，6（5）：11.

98 陈毓贤.洪业传[M].北京：北京大学出版社，1995：174.

相比之下，道家学说与基督精神的相通之处更多，这种相通是可以直接相互阐释的相通，如"常德不离，复归于婴儿"[99]与"凡自己谦卑象这小孩子的，他在天国里就是最大的"（马太福音18章4节）、"弱之胜强，柔之胜刚"与"温柔的人有福了；因为他们必承受地土"（马太福音5章5节）、"欲上民，必以言下之，欲先民，必以身后之"与"你们中间谁为大，谁就要作你们的用人。凡自高的必降为卑，自卑的必升为高"（马太福音23章11-12节）、"後其身而身先，外其身而身存"与"为我失丧生命的，将要得着生命"（马太福音10章39节）、"不善者，吾亦善之"与"要爱你们的仇敌"（马太福音5章44节）等，完全不存在儒耶并举时的牵强附会。尤其是《道德经》中"有物混成，先天地生，寂兮寥兮，独立不改，周行而不殆，可以为天下母。吾不知其名，强字之曰道"的描述，几可作为未接受直接启示的异邦人对上帝所下的定义，区别仅在于老子视道为母而耶稣称上帝为父。不过，道家思想在近现代中国影响相当有限，而后世发展出来的道教则存在变玄思哲学为民俗式偶像崇拜的倾向，与基督精神显然势不两立。

最值得注意的是，一直徘徊于传统思想主流之外的墨家学说，在与基督教文化遇合后却再次焕发了生命力，甚至引发了一波与基督教本色化运动交相辉映的"墨学复兴"浪潮。民国知识分子中，将墨子与耶稣相提并论者不在少数，不仅有王治心、吴雷川、吴耀宗、朱维之等基督徒知识分子，也包括胡适、陈独秀、郑振铎等新文化知识分子，甚至还有孙中山等政治领袖。墨子与耶稣在出身、学说、道德、人格等方面的相似性使他们同时成为"人格救国"思潮中的模范人物，基督的神性在与墨子的并举过程中被进一步祛除，而耶稣的光辉人性面则获得了空前的张扬。耶稣本人与中国人的情感距离因与墨子的携手而拉近不少。然而孔孟在左、老庄在右，墨子在诸子中的地位尚且未济前列，其学说挤夹在社会主义、自由主义、国家主义、民族主义等种种强势的新思潮中，其影响力亦是微乎其微，在基督精神的中国化方面作用仍然相当有限。

整体而言，诸子百家思想中敌基督者势大，友基督者势弱，对上帝信仰的坚立则几无裨益，也基本无助于诗人们基督性的形成。

---

99 道德经第二十八章[M]//绍南文化编.老子庄子选.厦门：厦门大学出版社，2012：18.
后文中所引《道德经》皆出自此书，不再另注。

（三）古典诗词精神与基督教

中国古典诗词中的主流精神是儒家的价值观与生死观，附以佛禅文化与道家学说作为出世观方面的补充。虽然游仙诗、佛禅诗、玄言诗、悟道诗、偈诗的客观存在意味着中国并非没有宗教诗传统，但这些诗都与基督教意义上的宗教诗相去甚远。基督教在古代中国尚未发展到能在卷帙浩繁的诗歌史中留下鲜明印记的程度，景教入华的遗产或许仅剩几块石碑，元朝的也里可温教也只在马祖常父子的《石田先生文集》等集子中的廖廖几首诗作中存有一丝痕迹，明清时期的天主教诗歌保留至今者稍多，如《闽中诸公赠诗》等明代士大夫赠传教士诗、《基督死》等康熙御制诗之类，但在今日仍有影响的只有明末清初的"天学诗"，原因是清初诗人、天主教传教士吴历的七律《仰止歌》被收入了现行基督教《赞美诗（新编）》，列第 386 首[100]。就目前笔者已知的资料看来，现代时期的基督性诗歌写作几未受这些极少数的古代基督教诗歌影响，倒是从普世古典诗歌中得到了少许的精神滋养。

在中国的鬼神文化发展长河之中，先秦人对于至高神上帝的理解与基督教的耶和华形象最为接近，这也是为什么"YHWH"会被译为上帝的原因。先秦诗歌中以《诗经》中的颂诗宗教意味最强，其中《周颂》的《敬之》篇就直接记载了先秦人"天维显思/命不易哉/无曰高高在上/陟降厥士/日监在兹"[101]的上帝观。汪维藩曾将《敬之》与《圣经》诗篇 139 篇作过对比[102]，可以直观地看出二诗中对神的全知全能、明察秋毫特征具有相当一致的描述。而稍晚的《楚辞》则更多地影响了中国新诗的意象与诗体。例如陆志韦就曾注意到屈原与施洗约翰在"咱们是黑夜的先觉先知"方面的相通性，"因此有人在旷野呼唤/又有人披发行吟泽畔/有的用鲜花香草做衣/有的搜集些蝗虫野蜜"[103]，东西方两位年龄差大于 300 岁的著名先知在近 2000 年后聚首在同一首诗中完成了跨文化的对话与互喻。而在精通传统经典的晚清翰林吴雷川笔下，《诗经》、《楚辞》的颂体诗式则在《耶稣复生颂词》等诗篇中再次焕发了生命力。

---

100 王神荫.赞美诗（新编）史话[M].上海：中国基督教协会，1993：583.

101 周颂.敬之[M]//袁愈荽译，唐莫尧注.诗经全译.贵阳：贵州人民出版社，1992：464-465.

102 汪维藩.诗魂[J].《基督教文化评论》编辑委员会编.基督教文化评论：3.贵阳：贵州人民出版社，1992：128-130.

103 陆志韦.歌者自嘲[M]//赵思运.诗人陆志韦研究及其诗作考证.南京：东南大学出版社，2012：207.

在儒家文化成为正统之后，很难再从诗词中寻觅到与基督教核心信仰精神相通的成分，中国与古以色列诗歌充其量只在一些枝节上呈现出相印和交叠的特征，如对民族精神的珍视、对民族气节的推崇、对英雄的尊敬、对人民困苦的同情等。但这些都属放之四海皆准的普世精神，不可强行归入宗教范畴内。唯有赵紫宸所关注的陶渊明诗歌精神，与基督教精神才确实有一定可比性。赵紫宸以"简妙，故美；自然，故真；执定精神生活的超乎物质而呈其伟大的自由，故善"[104]评价陶诗，并将陶诗的宗教性总结为"人的精神要扩展张大，将他人的美情美德席卷而纳诸其中，也将自己的美情美德推而纳诸他人的精神中；将天地的神秀收集于一心，也将一心归之于天地的神秀。这就是美善真切的人生，这也就是统一人生的宗教"。这种理解不能说毫无牵强附会之处，但也可自圆其说。关键是陶渊明《桃花源记》中所描述的"清美的风景，均匀的劳作，人人得享的快乐，人人得有的物质生活，人人得做的友悌的团契、和平的事业"的乌托邦世界，与基督教的天国理想虽不能简单等同，却也有颇多相似之处。

在我国浩瀚的古典诗歌之洋中，能与基督性产生钩连的作品着实未翻起过什么大浪，故而我们不必牵强附会去寻找基督身上的中国元素。毕竟，现代诗人从西方文化的奶娘那里汲取了更多的乳汁，这已足够让他们的口味对红酒牛排的偏好大过馒头米饭。然而他们只是选择了牛排作为食物，却没兴趣去拜金牛犊，而比金牛犊更不起眼的两块法板，他们摔起来益发没有任何负担。现代诗人对基督精神的青眼有加，是本着一种上对下的评估态度，而非下对上的膜拜态度。

信与疑是许多诗人一生未能解决的问题，因为上帝信仰毕竟对中国传统精神的根本造成了较大冲击，如弗莱所言，"如果他们已经在某种程度上接受了信仰，他们就担心会被引向离开已有的信仰；如果他们本来同这种信仰对立，他们就怕会被引到靠近这种信仰"[105]。中国的基督徒有很多是成年以后才走向十字架的，这部分人并不会接受《圣经》的全部、将其奉为凛然不可侵犯的圣典。他们的信是经过权衡的信，像赵紫宸、洪业都曾是反教的急先

---

104 赵紫宸.陶诗与基督教[M]//燕京研究院编.赵紫宸文集：第三卷.北京：商务印书馆，2007：397-406.以下几处引文同出此文，不再另注。

105 弗莱.伟大的代码：圣经与文学[M].郝振益等，译.北京：北京大学出版社，1997：12.

锋，甚至激烈到几乎被教会学校开除的程度，然而他们最终能接受耶稣的教训，都是个人潜心思考的结果。由思考与批判精神引领的信仰带领中国的教会走了一条自己的发展道路，这是知识分子最值得称道的独立精神的一种体现。在独立思考之后，最终绝大多数诗人选择了对基督教保持一种欲迎还拒、既渴慕又疏离的态度，并渐渐发展出了一种折衷的、削弱的信仰：相信历史的耶稣、人类的耶稣，爱慕耶稣的人格而非神格，将耶稣当作一个楷模来崇敬，但这种中国化的基督信仰却恰恰走入了基督教最不主张的偶像崇拜模式。

第二节　被缩小的天国——"望"的偏移

"信、望、爱"三德中的"望"，自传入中国后就常被与"理想"混为一谈，包括刘廷芳等神学家也未能对它们作出清晰区分。刘廷芳在《司徒雷登——一个同事者所得的印象》中将"有'望'"赞誉为司徒雷登的一项杰出品质，而他在此文中为"望"所下的定义为"看见时代之前程"，更具体一些，是早在1921年便"想到教会学校当在中国国家教育制度中有一个地位"的先知先觉。在这一定义中，刘廷芳特别强调的是"望是切实的，不是空虚的；是伟大的，不是狭小的"[106]。这种着眼于实际事务的理解其实已与基督教传统神学观点相去甚远，但却颇能代表中国知识分子的诉求。当我们已经知道"信"在现代诗人心中只是落在石头上、未能扎下深根的麦种，就不会难以理解中国新诗的基督性中对基督再来和天国降临的"望"，为何会带上那么多的世俗意义。

首先需要明确一个概念，《圣经》中的天国并不是人们通常理解中的天堂。天堂对应的是 heaven，是上帝和天使的居所、末世审判的进行处；而天国对应的是 the kingdom of heaven，有多重含义，一是指接受上帝教训之后人心的平安喜乐状态，二是指以耶稣为统领的教会，三是指末世审判后降临人间的新耶路撒冷，即《启示录》中所说的"新天新地"，是只有因信称义而又能将信仰落实到行为上的信徒才能进入的、有上帝与耶稣常驻的永生之城，如朱维之对天国的定义，"大体上说来，就是自由，平等，没有残暴，剥削……等罪恶的地方"[107]。中国新诗中提到的"天堂"，主要指"天国"的第三个义项，

---

106 刘廷芳.司徒雷登——一个同事者所得的印象[M]//刘廷芳著，方韶毅编.过来人言.
　　北京：海豚出版社，2013：130-132.
107 朱维之.基督教与文学[M].上海：上海书店，1992：173.

此外偶尔会作"内心的平安"解，而或许出于当时的知识分子对教会的保留态度，指代教会的"天国"或"天堂"从未出现过。

《圣经》对作为新天新地的天国有过两次较为直接的描述，一次是在《以赛亚书》11 章 6-9 节，"豺狼必与绵羊羔同居，豹子与山羊羔同卧，少壮狮子与牛犊并肥畜同群；小孩子要牵引他们。牛必与熊同食，牛犊必与小熊同卧，狮子必吃草与牛一样。吃奶的孩子必玩耍在虺蛇的洞口，断奶的婴儿必按手在毒蛇的穴上。在我圣山的遍处，这一切都不伤人、不害物，因为认识耶和华的知识要充满遍地，好像水充满洋海一般。"这段经文着重描写的是天国的平安祥和。朱味腴诗中所记自己睡梦中的"超然境"基本就是这段天国描述的翻版："林深可避刼，/　泉清鉴真形。/高山在脚下，/　何必上青云。/翠鸟枝头啼，/　妙音最好听。/香花迎人笑，/　猛兽相爱不相争。/兔儿也圣洁，/　浑身白如银。/烂漫天真的童子提着篮儿那边来，/　一见便相亲，/　送给我们瓜李等。/你喫李儿我喫瓜，/　瓜味李味自分明。"[108]不过这种情境与其说是天国，倒更像是以色列化的桃花源。还有一次是在《启示录》21 章 3 节至 22 章 5 节，这段经文中间有较长一段在极尽铺陈精金碧玉之城的光明与华美，核心经文主要在于"神的帐幕在人间；他要与人同住，他们要作他的子民"、"神要擦去他们一切的眼泪；不再有死亡，也不再有悲哀、哭号、疼痛"、"一切都更新了"、"凡不洁净的，并那行可憎与虚谎之事的，总不得进那城"、"城内街道当中一道生命水的河……在河这边与那边有生命树……每月都结果子；树上的叶子乃为医治万民"、"再没有咒诅"、"不再有黑夜"、"主神要光照他们"、"他们要作王，直到永永远远"等处，多为承诺性的话语。

对于当时被迫打开国门的中国人而言，天国对他们的吸引力无疑来自《启示录》中所描述的富丽堂皇、安宁舒适、无伤恸病死、永生永为王等物质意义上的美好，而非《以赛亚书》中"豺狼必与绵羊羔同居，豹子与山羊羔同卧"的大同世。绝大多数诗人对后者兴趣缺缺，或者说不仅是不愿接受，还颇怀了些警惕心理，总感觉对这种祥和状态的描述背后藏有某些令人不安的潜台词。因受不平等条约保护而饱受中国民众迁怒的传教士也深谙国人这一心理，所以为了避免刺激他们残破而敏感的"天朝上国"自尊心，西教士的宣教通常并不以"平安喜乐"作为第一卖点，而往往从宣教对象的切身需求入手，有时会显得很"接地气"，如李伯元《文明小史》曾如此记载当时的传

108 味腴.无题寄祖正[J].青年进步，1925，85：105.

教情形："只见一个外国人，头上戴着外国帽子，身上穿着外国衣服，背后跟着一个人，手里拿着一大捆书。这个外国人，却一本一本的取了过来，送给走路的看，嘴里还打着中国话说道：'先生，我这个书是好的，你们把这书带了回去念念，大家都要发财的。'正说话间，贾家兄弟三人走过，那个外国人，因见他三人文文雅雅，像是读书一流，便改了话说道：'三位先生把我这书带回去念了，将来一定中状元的。'"[109]这种描述中虽不无夸张的成分，却也证明了晚清民国时期这种带有世俗化、功利化倾向之传教策略的客观存在。包括中国基督徒也极为露骨地表现出其天国追求的物质性，毫不掩饰自己追随基督的实用目的，如 1917 年由徐谦首倡了"基督救国主义"，率领钮永建海军陆战队和北洋军冯玉祥部队全体受洗为"圣军"等，其初衷都是为了改变国家命运，而非出于对彼岸世界的盼望。传与受双方对终极意义的规避和现世意义的倾斜，使得"望"德在中国被极大地模糊为属世的盼望。这种盼望大致随历史发展变化而在不同时期具象化为不同需求的体现。

一、祛昧强国之望

清末民初的人们将力量之"望"视为第一优先需求的心态是可以理解的。翻天覆地的剧变刺激着诗人们敏感的神经，乾嘉诗人眼中"腊雪畬占年有获，晓云都傍日之升"（翁方纲《元旦》）、"叱牛呼鸭村不哗，松林风细出书声"（秀水钱载《题陈丈明经白中西溪书屋图》）、"于今四海无征战"（爱新觉罗·弘历《萨尔浒》）的太平盛世幻梦破灭了，取而代之的是"虎穴人雄据、鸿沟界未明"（黄遵宪《香港感怀（十首选一）》）、"有国不养民，譬为丛驱爵"（黄遵宪《逐客篇》）的屈辱、"男妇多菜色，忍饥死道旁，骷髅乱犬啮"（徐兆英《车行杂咏》）的惨淡与"谁输决塞宣房费，况值军储仰屋愁。江海澄清定何日，忧时频倚仲宣楼"（林则徐《张仲甫舍人闻余改役东河以诗志喜因叠寄谢武林诸君韵答之》）的迷茫。残酷的现实迫使有志改变国人命运的传统诗人、文人、学者钻出考据训诂的故纸堆，努力改变过去麻木僵化的思维，开始逐渐向现代知识分子转型。怀着对几百年信息匮乏的补偿心理，也迫于"落后就要挨打"的危机感与紧迫感，饥渴的有识之士面对着前所未有的信息大爆炸，开始了对各领域知识及文化的大啖狂饮，恨不能一夜之间从古希腊恶补到第二次工业革命。

在这样一个各种颠覆与重建进行于几乎所有领域的不折不扣的乱世，与洋枪、洋炮、洋人、洋货一齐高调涌进国人视线的"洋教"，和其他西方文化

---

109 李伯元.文明小史（上卷）[M].上海：商务印书馆，1906：168.

一同，经历着人们基于民族主义情怀的排斥和对新事物的好奇审视[110]：为何洋人在掠银建厂之余，还迫切欲得传教自由之权，到底有何企图？何以崇信基督的洋人，得以强盛若斯？彼之强大、先进，与其宗教信仰是否有因果联系？怀着这样的疑惑，以梁启超、李伯元、陈金镛等为代表的知识界精英通过向传教士学习外语、参与出版、协助办学、著文交流等途径，接近并逐渐了解了基督教，排斥感渐去，认同感渐强，甚至有些人协助推动了基督教文化在中国的传播和发展。故而，在几乎所有宗教都难堪严峻现实的考验而逐渐隐于幕后时，独基督教会仍"既普遍于通都大邑，以至镇市乡村，所在皆是"[111]，并于中国历史舞台扮演着不可忽视的重要角色。

　　然而这种由开眼看世界、崇科技尚西学而衍生出的基督教繁荣，归根结底还是一种对于"力"的追求，这也是为什么如郭沫若、田汉、傅斯年等人会很快由基督教的短暂盟友转变为泛神论的拥趸者、又回过头来反对基督教理念的内在原因。这些诗人还了宗教信仰之珠，而买了翻译、出版、宣传、民主、科学、平等之椟，并在这椟内装入自己的祛昧强国之望，发出对"更生"、"力"、"Energy"、"飞跑"、"火"、"创造力和改造力"、"光"、"热"、"自由"、"独立"[112]的礼赞。不过在这一时期知识分子的理想社会构想中已融入了基督教天国理想的成分，因为在对基督教精神的接触和了解过程中，他们也渐渐形成了对公平、正义之基督式理想世界的盼望。他们的望体现于个体之上，是自我的觉醒，意识到"时代迁了，／　思潮变了，——／　　不祥灭了，／　烦闷添了，——／要开涤灵襟，／　还得寻人间的新约但河呢！"[113] "这是个新的启示，／这是你应该觉悟的时期！／／你应该把过去的你丢弃，／你应该从新创造个新你；／我们应该做时代的先驱，／我们不应在时代的后尾"[114]、而决

110 这种欲迎还拒、若即若离的态度在不少晚清时期的文学作品中都有所反映。比如在李伯元的《文明小史》中，山居教士、黎教士等传教士即呈现出既正直爽朗、仗义疏财、虚己好学，又居高临下无视清律、强横无理的两面性。参见薛媛元.李伯元的三支笔——试论《文明小史》的三种书写策略及其心态投影[J].小说评论，2010，4：96-97.

111 吴雷川.圣诞节的联想——耶稣与孔子[J].生命，1924，5（2）：5.

112 参见郭沫若《凤凰涅槃》、《立在地球边上放号》、《天狗》、田汉《火》、《梅雨》、郑伯奇《别后》、傅斯年《心悸》、《心不悸了》等。

113 曦轡.上巳的洗礼[J].青年进步，1925，82：102.

114 冯宪章.新的启示[M]//孙玉石编.中国新诗总系1927-1937.北京：人民文学出版社，2009：163.

心要“把爱情和理性铸成意志的一条钢”[115]、“不再食自私的浆果，/喷吐火焰烧毁锦绣的文明”[116]；体现于国家之上，是寻求国家受难后的复兴，“相信每一个细胞充满着生命。/天使的翅膀开展在星月上头/飞翔，他名唤觉悟，手中高擎了/时代和时代心窝里爆射的火！/飞翔，飞翔，在没有路的浑空：/飞翔，飞翔，狰狞的鬼子像铁/一般地消镕”、“权能永远在空濛中/飞动着宇宙的体系，把死的哼/不住地送入生命。鸡未曾啼/有什么要紧？每个水点心里/已经含着氤氲的香花的红/努力在浮荡，把风洗濯干净了/献给崭峭的山头：等鸡一啼/阴云之上凛凛然有山悬空着”[117]、希冀“落日中，中国这条龙再不静若处女。//每个金灿灿鳞甲响出神圣之肯定；/爪牙间，射出潜伏五千年的战斗力量……最后像耶和华站在烈山荆棘/火焰中，毫发都未伤，中国也就是那样”[118]。

对于这两种盼望的实现途径，知识分子的选择是思想革命，就如康白情所说，“暴徒是破坏底娘；/进化是破坏底儿。/要得生儿，/除非自己做娘去”[119]，而思想革命在某种程度上又导致了“去安慰劳苦的农民，/去解除工人们的烦懑，/去唤醒沉沉如梦的人生”、“隆隆的杀伐的声音，正在奔腾如吼”[120]的政治革命。诚然，以革命这种激进方式寻求改变的做法，无疑与基督教富于改良色彩的理念相去甚远。尤其在力图“把这可怕的改良主义的统治打成碎粉”[121]的社会主义思潮涌入之后，基督教基于创造论的“上帝以下人人平等”观念对“无种族，无阶级，无贫富，贵贱的分别”[122]的强调，与社会主义基于生产关系论的阶级斗争学说对阶级对立的强调，更形成了一种针锋相对的紧张冲突。虽然社会主义与基督教的终极盼望在平等与共产方面有一定的相似性，但在实现途中，社会主义主张以武力消泯差异，而基督教强调以爱消融差异。对于缺乏必要准备就被匆匆曳入现代性社会、极度缺乏安全感的中国人而言，无疑前者更具有诱惑力。故而非基运动之后，如许幸之《卖血的人》

115 孙毓棠.城[M]//孙毓棠.海盗船.北平：立达书局，1934：24.
116 曹葆华.再寄诗魂[M]//曹葆华.寄诗魂.北平：震东印书馆，1930：130.
117 赵紫宸.一夜淫雨[M]//燕京研究会编.赵紫宸文集：第4卷.北京：商务印书馆，2010：624.
118 汪铭竹.世界落日中的龙[M]//汪铭竹.纪德与蝶.昆明：诗文学社，1944：53-54.
119 康白情.送许德珩杨树浦[J].少年中国，1920，1（9）：170.
120 王以仁.读祈祷后的祈祷[M]//王以仁.王以仁的幻灭.上海：明日书店，1929：501-502.
121 钱杏邨.写给一个朋友[M]//钱杏邨.荒土.上海：泰东图书局，1929：3.
122 刘廷芳.基督教与新时代社会运动的关系[J].生命，1921，1（9.10）：读者论坛3.

中被明确刻画为"剥削者"与"吸血者"的西教士形象[123]要远比孙望《城》中那些"传讲着天文和地理"、"布道"、"为病人祈祷"、"设立着医院和慈幼院"[124]的善良基督徒形象更能够获得广泛的情感认同。

不过对于注重个人体验与感悟的现代诗人而言，他们在创作中关注得更多的还是盼望给予个体心灵的触动。盼望的前提是个体灵魂的觉醒，一个能梳理清自己真正欲望的人才会拥有明确的盼望，并能在对盼望实现难度的估量基础上产生出希望或绝望的情绪。无论希望还是绝望，在不同诗人笔下都呈现出极富个性的表现：坚定的信徒诗人蒋先明，确信"这神圣而伟大的势力，/象征着初升的旭日"，能够"霎时间刺透了浓雾，/显出一个新世界"[125]，盼望给他带来的是对于未来的期待；信仰态度颇为暧昧的徐雉，则作出"如今希望又来了！/我明知道他是靠不住的，/然而我也没有别的可以相信，/唉！还是相信他罢！"[126]的犹疑慨叹，盼望给他提供的是有限的精神支持；"已绝望于人间"[127]、以颓废阴郁为主要气质的恶魔诗人于赓虞，因"不能想像生命之伟大，奇丽，爱与恨，罪与悔的调和，用我死了的幻想"[128]而"自坠于无底的黯惨之地狱，陷阱"、"从希望之尸体伏于血色的宝剑"[129]，盼望的失落使他沉于哀怨的情绪低谷；"抱着单纯的理想，坚强的信仰"的乐观才女沈祖棻，却能在"虽然得到幻灭的悲哀，绝望的痛伤"之时，仍清醒地让"灵魂靠着这一点不永明的光，/在黑暗中去追寻梦中的天堂"[130]，盼望让她能够坚守执着的追求；具备强烈反抗意识的孙毓棠，能以"我要从上帝手里夺到

123 许幸之.卖血的人[M]//孙玉石编.中国新诗总系1927-1937.北京：人民文学出版社，2009：573-574.

124 孙望.城[M]//孙原靖，程千帆等编.孙望选集（下册）.南京：南京师范大学出版社，2002：922.

125 蒋先明.雾[J].田家半月报，1939，6（15-16）：16.

126 徐雉.希望又来了[M]//徐雉.徐雉的诗和小说.北京：人民文学出版社，1982：37-38.

127 于赓虞.春冢[M]//解志熙、王文金编校.于赓虞诗文辑存（上）.开封：河南大学出版社，2004：425.

128 于赓虞.叹息之梦[M]//解志熙、王文金编校.于赓虞诗文辑存（上）.开封：河南大学出版社，2004：165.

129 于赓虞.罪[M]//解志熙、王文金编校.于赓虞诗文辑存（上）.开封：河南大学出版社，2004：163-164.

130 沈祖棻.我所要的[M]//沈祖棻.微波辞（外二种）.石家庄：河北教育出版社，2000：79.

索绳/来重织一张命运的罗网；//要重铸裁判人生的铁律"为盼望，"好解我心中绞痛的饥饿"[131]，盼望赐予他斗争的动力；而已有革命与牺牲之觉悟的阿垅，更能意识到"世界上总有好的在/总有美的在，而要再走过去一段的"、"人不通过极苦，/世界不能够有极乐"[132]，盼望生发出他对当下痛苦的承担与忍耐。无论在哪一位的诗人笔下，盼望都是取决于诗人的性格、而又反过来决定着他们诗歌色调的重要因素，对盼望的不同感悟也从一个侧面反映了诗人的世界观，进而展示了一代诗人多样化的精神生态。

二、救亡图存之望

救亡主题的诗歌出现时间要早于全面抗战的爆发，不过彼时的救亡之望尚未成为时代话语，而仅是诸多盼望中之一端。当侵略者的铁蹄已威胁到民族存亡之时，一切个人的、阶级的、终极的盼望必然都将让位于救亡图存之望，以确保人们最基本的生存权不被侵犯。抗争、战斗、牺牲等一系列关键词也就在这一时期成为诗歌中出现频率最高的语汇，即使在基督性的诗歌写作中也不例外。反侵略战争语境的泛化使不少一度致力于诗歌基督性与终极性探索的诗人如郑振铎、艾青、曹葆华、常任侠等纷纷转型至战斗性书写，但他们对宗教意象及语词的使用习惯却并没有因诗歌内容和情绪的转移与变化而消失，而是延续下来、为救亡诗歌的创作引入了诸多源于《圣经》的二元对立意象组合，如天国与地狱、死亡与复活、牺牲与永生等。此时《圣经》成为诗人寻找战斗性话语的一个另类方向，耶稣赶魔鬼行神迹、洁净圣殿、慨然赴死时的激进一面被片面放大，并成为一种被效仿的品质，甚至在《圣经》话语体系内走向了反基督的一面，就如绿原的"杀死那些专门虐待着青色谷粒的蝗虫罢/没有晚祷/愈不流泪的/愈不需要十字架/血流得愈多/颜色愈是深沉的/不是要写诗/而是要写一部革命史呵"[133]、苏夫的"我们的圣经写在宝剑上/它永远和斗争在一起。//我们的圣经说/'我们是人，/我们就是我们的上帝，'//……他们的圣经教给你以伪装的纯洁，以自私的爱/而我们/却先教给你以血以恨以斗争。……//我们的圣经写在我们的宝剑上/剑的方向是它的方向/

---

131 孙毓棠.野狗[M]//孙毓棠.海盗船.北平：立达书局，1934：30.

132 阿垅.读吉诃德先生传半卷[M]//亦门.无弦琴.上海：希望社，1947：54-57.

133 绿原.憎恨[M]//孙党伯编.中国新文学大系 1937-1949：第十四集 诗卷.上海：上海文艺出版社，1990：775.

在敌人耳朵里是一种难堪的辱骂。/在同志耳朵里是一只永远响着的号角"[134]等。包括在这一时期的某些基督教刊物上，渐重的杀气也取代了对和平的隐忍呼唤，甚至出现了"把鬼子们赶出东四省，/杀上富士山"[135]这样颇有语言暴力之嫌的声音。

这些现象的出现归根结底取决于战时诗歌写作无可避免的功利取向。救亡诗歌的宗旨大多在于激发战士对侵略者的仇恨、鼓舞士气，以使人们能够战胜当下的艰难与苦难，故而对未来之盼望的强调就显得格外重要。盼望在救亡诗歌中，主要与牺牲、苦难两个主题伴生出现。有了盼望，"高贵的牺牲"便不至于"染不红乱飞的乌鸦"[136]，牺牲所带来的悲痛也可以得到舒缓，"热泪"也能够"洗净了我的目睫，/洗净了我目睫一切尘障；/使我能看到那，……/看到那远处——神秘之处；/——永远的荣光"[137]。盼望赋予牺牲的价值，就如同耶稣所说的"一粒麦子不落在地里死了，仍旧是一粒；若是死了，就结出许多子粒来"（约翰福音 12 章 24 节）。在这种语境中，牺牲于反侵略战争中的将士，也"又是一粒种子，而不是一个尸身"[138]，他"没有死/他发芽了/我们要看得见的/春天一定会来/发了芽的种子一定结实"[139]，在盼望之光的映照下，一个战士的牺牲可以成为"永久的牧人的牧杖，/他正坚决的指着一个方向"[140]，他死亡的意义可以被升华到"以不灭的殷红的鲜血，/铺成玫瑰色的发光的道路；/让每一列火炬的队伍，/继续践踏你前进的足迹"[141]、"把自己的肢体散开，/铺成一座引渡的桥梁，/每一个为了带给后者以一些光芒，/让自己的眼睛永远闭上"[142]的高度。牺牲一方面得安慰于盼望，一方面又铺就着通往盼望的途径。

---

134 苏夫.我们的圣经[M]//南开大学新诗社编.我们的圣经.天津：南大文化服务社，1937：14.

135 李德馨.给前线上的大哥[J].田家半月报，1939，6（22）：15.

136 曦巻.夕阳[J].青年进步，1925，82：101-102.

137 毛伯廷.小诗（一）[J].青年进步，1925，79：102.

138 汪铭竹.谢将军晋元之死[M]//汪铭竹.纪德与蝶.昆明：诗文学社，1944：32.

139 孙钿.行程[M]//孙钿.旗.上海：希望社，1947：64.

140 郑敏.死[M]//郑敏.诗集（一九四二——一九四七）.上海：文化生活出版社，1949：90.

141 沈祖棻.花圈——献给阵亡将士[M]//沈祖棻.微波辞（外二种）.石家庄：河北教育出版社，2000：35.

142 郑敏.时代与死[M]//郑敏.诗集（一九四二——一九四七）.上海：文化生活出版社，1949：76.

　　同样，苦难与盼望也存在着互生关系，即如《圣经》中"患难生忍耐；忍耐生老练；老练生盼望"（罗马书 5 章 3-4 节）与"因爱心所受的劳苦,因盼望我们主耶稣基督所存的忍耐"（帖撒罗尼迦前书 1 章 3 节）式的共存同生。在"中国，背负着人类的/十字架；以百年的/含垢忍辱，以血，/戴上了这顶荆棘的王冠"[143]的苦难之中，人们自然而然地产生了"来迎接中国的春季"的求变盼望和努力实现这一盼望的动力；而在"一切有机的与有生的/都将从空中，水流，大地/得到至上的完成。/要战胜一切毁灭，/时代的灵魂涌跃着，/为人类作最后的肯定"[144]之盼望存在的前提下，"为了一个更透彻的复活忍受诞生的痛苦"[145]被视为抵达望之远景的必经阶段，因具有了苦中作乐的余地而不再显得那么难于承受。故此，虽然"忧伤的国度里，/人们的忧伤的日子并没有终结"，但人们终能"踏过了屈辱和忍耐的路，/在含着泪的眼睛里，闪亮出了跳动的复仇的火焰。/……是火热的殷红的希望填满了人的心"[146]。在改变受苦现状的过程中，人类群体得到了分化，或在苦难中勃起，或在苦难中灭亡，而决定勃起或灭亡的即是盼望所产生的动力的强弱。勃起者们藉由战胜苦难获得了成就感，而这种成就感可以转化为心灵的快感和享受。这一过程即是人生阅历的积累，人类灵魂的深刻多半得于此，所谓"吃过苦的人"也是藉由这一过程建立起话语权和权威感。苦难与盼望就是在以这种相互作用的方式，逐步地推动着个体与社群的发展。

　　长远的盼望经常会投射给下一代，虽然在救亡诗歌之中这种后代书写并不常见，因为多数诗人还是更多地着眼于当下的切近盼望，无暇顾忌到几代人后的长远目标，最多是将孩子的良好成长环境规划到了近期盼望之内。以牛汉为例，他以拆毁地狱、建设天国象征自己的革命之"望"，坚信"地狱就要倒塌了，/而我，也就要回来"，而"诞生在地狱里的"孩子必然能"到一个自由的旷野生长"[147]则

143　汪铭竹.中国的春季——为南宁祝捷而作[M]//汪铭竹.纪德与蝶.昆明：诗文学社，1944：13-14.

144　方敬.歌[M]//吴晓东编.中国新诗总系 1937-1949.北京：人民文学出版社，2009：386-387.

145　郑敏.哦，中国[M]//郑敏.诗集（一九四二——一九四七）.上海：文化生活出版社，1949：163.

146　蒋锡金.中国的春天[M]//吴晓东编.中国新诗总系 1937-1949.北京：人民文学出版社，2009：290-291.

147　牛汉.我的家[M]//孙党伯编.中国新文学大系 1937-1949：第十四集 诗卷.上海：上海文艺出版社，1990：58-59.

是他"天国想像"的一部分。而像阿垅的《笑着吧，好的》这种真正以后代为指向的盼望投射中，其实包含了两种情绪，一种是做好"让我们的白骨铺砌你们底坦道，让我们底热血浇灌你们底花园"的长期奋斗准备的激昂，还有一种是极隐秘的对自己一代信心不足的低落。即是说，他们对现状估计并不乐观，不得不寄望于下一代，愿他们能够"笑着吧，好的，预告你们一代底欢乐，/结算我们一代底冤仇"、"世界不是他们底，不能够是他们底/而将是你们底，必须是你们底，他们/渐渐朽烂，你们勃勃生长"[148]。此外，对阿垅这样宗教情结较重的个案而言，影响他的或许还包括"只有小孩子才能进天国"的教训与生命之延续与更生等宗教观念。

诚然，时代之望对个人之望会提出一定的让步与搁置要求，当救亡之望的光芒过于强烈时，个体痛苦就会被湮灭于宏大战争叙事也是一个不争的事实。因此，反战呼声在救亡共名之中就显得格外另类和微弱，然而这却是一种常见于基督性诗歌中的特有书写景观。

反战情绪在基督徒中具有一定代表性，在战争年代，各大基督教刊物上频频出现的是关于一名"异教徒"甘地之言论的集中介绍，这种选择表现出他们对"非暴力不合作"理念的认同，也即意味着他们对战争这一暴力手段持保留态度。陆志韦、朱味腴、赵紫宸、草菴等都曾在诗歌中表述过他们对战争的反感。陆志韦曾因"礼拜堂的乱砖头/塞住了一段阴沟"、"同学少年都战死/剩我一只手的人"等战后惨状深感痛心，并发出过"我的死生不足道/适者当生而不生"[149]的感慨；朱味腴有感于战争的虚幻，慨叹了"千里南来干甚么？/抱甚么主义？/为甚么开枪？"的荒诞，也对死难者给予了"而今异地埋骨，/昔日的幻想无非似春梦一场；/此刻看见这许多土馒头，/连想起你们家里的爹娘，/令我心伤"[150]的无限同情与关怀；赵紫宸明确表达过"不要忘记了我们的斗争/并不是依赖政权与枪炮，/只有爱心是我们的战具，/新天新地是我们的目标"[151]的理念，在谴责战争的同时显示了对基督大爱终将胜利的充足信心；草菴面对着"曾见含泪者种植建设，/又见侵略者摧毁，杀戮。/血流成渠，心变成石"的现实，虽也会"不忍目睹，/闭上眼开始向另一方流浪"，但也仍能保持对"谁是轩辕和苏武，谁是摩西和耶稣？/宇宙岂是黄粱，时空

148 阿垅.笑着吧，好的[M]//阿垅.阿垅诗文集.北京：人民文学出版社，2007：99.
149 知为.战后——同日听霍德进博士 Hodgkin 演说后[J].生命，1922，2（7）：诗3-4.
150 味腴.路过阵亡兵士义塚[J].青年进步，1925，83：105.
151 赵紫宸.莫忘[J].真理与生命，1932，6（8）：39.

并非幻象"的信，坚持"为真奋斗，为爱牺牲，虽是流浪，岂真流浪"[152]的非暴力反抗。此外，洪业、刘廷芳、陈梦家等还持有自成体系的战争观：洪业不赞成以正面冲突的军事手段解决问题，他理想的方式是"为他国家的自由而奋斗时，从不忘真理，从不扭曲是非"，"不意气用事，而靠理智策划取胜"[153]；世界主义倾向更重的刘廷芳早在二十年代即以《中国基督徒爱国问题的评议》一文为自己淡化国界的行事方式作出过辩护，面对战争也依然秉持弱化战争之民族主义色彩的态度，一度主张"对这块破碎的山河，/擦干了眼泪。/把四万万人不共戴天的大仇，/　用麻绳捆起，/同宝刀暂时挂在壁上。/大笑的酌满这一杯，/对那异种的鲜苞痛饮，/在敌人园里，/也欣赏造物者美丽的化工"[154]；陈梦家的想法则更贴近基督教的终极理念，从根本上否认战争的存在意义，甚至带有对末世来临和最终审判的盼望，主张以恒久的忍耐"积蓄着更大的气力，等到那日子来到"[155]，来对一切战争进行彻底的清算。不过这些微弱的呼声、过于遥远的盼望和不现实的手段在血与火面前注定显得苍白无力而被湮没无闻，待到战争结束后痛定思痛，才能从这些一度湮没于诗坛的诗歌中发掘出战争反思在历史长河之中的永久价值。因为这些诗歌不是写给一时一代的人，而是信仰者对上帝发出的心声。

三、新天新地之望

对理想世界的构想与盼望其实自新诗发轫初期即已开始，只不过被全民性的反侵略战争打断，插入了一个阶段性的救亡之望。在某一阶段的盼望尚未抵达之时，人类思维的局限性常使人们将阶段性盼望与终极盼望不自觉地混同。以抗战为例，苦难中的人们常以为战胜"Leviathan"（海中怪兽）[156]日本侵略者之后就会迎来期盼中的新天新地，但是"当多年的苦难以沉默的死结束，/我们期望的只是一句诺言，/然而只有虚空，我们才知道我们仍旧不过是/幸福到来前的人类的祖先"[157]，强烈的幻灭感和被欺骗的愤怒感便会自民

152 草菴.流浪歌[J].女铎，1944，复刊1（2）：32.

153 陈毓贤.洪业传[M].北京：北京大学出版社，1995：115.

154 刘廷芳.大连旅次[M]//刘廷芳.山雨.上海：北新书局，1935：85-86.

155 陈梦家.《在前线》序[M]//陈梦家.在前线.北京：北平晨报社，1932：序3.

156 这个词在和合本《圣经》的《约伯记》中被译为鳄鱼，实际是《启示录》中所言末世审判期间天使吹过七号后从海底上来、与天使争战的怪兽，是魔鬼的象征物之一。

157 穆旦.时感四首4[M]//李方编.穆旦诗文集：1.-增订本.北京：人民文学出版社，2014：246.

众心中油然而生。此时，人们的愤怒主要指向了国民政府，它已在无形中取代了前一阶段的侵略者坐上了人民公敌的位置，公信力危机席卷了政府、传媒、司法等多个领域。于是有的诗人一度陷入迷惘与消沉，躺在床上为"没有逢着一位天使，/一羽乐园鸟；/也没有遇见一个撒旦，/一个鬼魂"、"没有消息。/什么消息也没有啊"[158]而忧伤；或因"一个全体的失望在生长/吸取明天做它的营养，/无论什么美丽的远景都不能把我们移动"[159]而绝望。而更多诗人则开始转移盼望的寄托对象，把期待投诸未来的另一重可能。于是，就如穆旦所言，"我们只希望有一个希望当作报复"，民众的期待从赶走侵略者迎接新天地，变成了推翻腐朽专制的政府迎接新天地，又一个的阶段性盼望与终极盼望之纠缠轮回重新开始。

从这一阶段的诗歌看来，诗人对新天地的盼望多是观念性的，并没有太多具体的构想，除了偶有农民诗人对天国进行过一些诸如"买卖公平得很，/从不抬高市价，/从不走私舞弊，/从不囤积居奇。/那里一样劳动，/ 一样享受，/没有啥子主人和奴隶"[160]的质朴想像之外，多数诗人头脑中的天国还仅有个"光明"、"福乐"、"幸福"之类模糊影子。他们对新天地的盼望常会建立在对现实黑暗的批判之上，如陈敬容的"腐烂。痛苦的过程。/时代喘息着在等候，/等大地烂一个透熟：//那时罪恶的血液凝冻，/新肉在疮痂下面长成，/当创痕终于平复，/来，还你一个新面目！"[161]所饱含的对当时世界的极致厌恶，就在当时的知识分子中相当有代表性。或许其他诗人对现实的象征性否定未如她一般狠厉不留余地，但观感却也同样比较消极，就如杜运燮的盲人也视"黑暗是我的光明，是我的路"、靠"赏识手杖的智慧，/一步步为我敲出一片片乐土"[162]，郑敏眼中"在幸福来到之前"的"春天的夜里""上帝吹着"的大地也是"纯黑的"，就算是歌喉比较高亢的杭约赫，在鼓励同伴"绕过这重山，跨过这道水，也许便瞧见了那天堂"之时，也得承认依然存在春季前的严冬，承认仿佛没有底的"黑夜"与似乎"无穷无尽地长"的漫路[163]。

158 路易士.消息[M]//路易士.出发.上海：太平书局，1944：18-19.

159 穆旦.牺牲[M]//李方编.穆旦诗文集：1.-增订本.北京：人民文学出版社，2013：263-264.

160 佚名.理想的天地[J].田家半月报，1946，12（17-18）：21.

161 陈敬容.过程[M]//陈敬容.交响集.北京：中国文联出版社，1993：48-49.

162 杜运燮.盲人[M]//杜运燮.诗四十首.上海：文化生活出版社，1948：68.

163 杭约赫.黎明之前[M]//杭约赫.噩梦录.上海：星群出版公司，1947：21.

不过相较于救亡诗歌中盼望书写的悲壮化趋势，建国后的诗歌中对新天新地的盼望还是带有更多曙光已现的亮色，如"你若想在最后的审判中得救/一切都可失去　可不能是/人性和向光明的信心"[164]等蕴含一定温馨感的激励性话语和"而风/挟着醉人的呼吸，/吹着复苏的大地，/吹过教堂的塔尖；/在无声的钟楼下，/在被缀上了红星的/圣母龛前/就爆发了歌声：/是迎接新世纪的春天的/中国的战歌，/是迎接世界的春天的/没产者的进行曲"[165]等秉持乐观态度的展望性诗句占了主要地位。当然这并不是说记述苦难或批判现实的诗歌存在数量上的匮乏，而是大多诗人由于在面对盼望时的情感趋向呈现出一定分化状态，在处理盼望主题时，就会有意识地将苦难与批判与之区别开来，分置于不同的诗歌之中。这其中隐含了与抗战年代相似的对未来的高估和想像，为将来的失望埋下了一个危险的伏笔。

对新天新地的盼望还常与建设性的主题同时出现，因为即使是浪漫情怀时常压倒理智思辨的激情诗人，也拥有"高楼万丈从地起"[166]的基本常识，明白苦难与奋斗之于盼望的价值。这种共生广泛地存在于解放区的诗歌中，一种基于否定神力、推崇人力的"千古未有的创造的热情"[167]得到前所未有的膨胀，而这种反宗教的情感却又常常借助"启示"、"黄金"、"伊甸园"等宗教意象和宗教话语来传达，呈现出带有一定矛盾特征的表达景观。在这些意象中，伊甸园常用以指代解放区之新天新地，如艾青的《新的伊甸集》，即以象征的方式叙述了一个完全由人类之手开创新世界的过程："'耕种他所自出之土'，/用自己的坚固的意志之犁。/在神与恶魔的妒视之下，/十年，廿年劳动在黑土上开花。/遍地是金果与自由的笑！//'生命的树'不在天上，/它已繁茂在人所自出之土，/为了把守开创的伊甸，/人的始祖已知道在四周安设火剑——/不久，神与恶魔将被妒忌之火烧死，/普天下将充溢伊甸之歌"[168]，陈辉的《献诗——为伊甸园而歌》中的理想世界描述，则丝毫未涉及物质层面的内容，而着眼于崭新的阶级关系，尤其很另类地将战火与斗争也视为了

164 辛笛.文明摇尽了烛光[M]//辛笛.手掌集.上海：森林出版社，1948：97.

165 夏蕾.二月[M]//孙党伯编.中国新文学大系 1937-1949：第十四集 诗卷.上海：上海文艺出版社，1990：723.

166 孙万福.高楼万丈从地起[M]//艾青等.毛泽东颂.海洋书屋，1948：45.

167 鲁藜.雁门关外放歌[M]//鲁藜.醒来的时候.上海：希望社，1947：38.

168 艾青.新的伊甸集[M]//张凤洪等编.艾青全集：1.石家庄：花山文艺出版社，1991：481.

新天新地的一部分，"我的晋察冀呵，……/我们的新的伊甸园呀，/我为你高亢的歌唱。//我的晋察冀呵，/你是/在战火里/新生的土地，/你是我们新的农村。/每一条山谷里，/都闪烁着/毛泽东的光辉。/低矮的茅屋，/就是我们的殿堂。/生活——革命，/人民——上帝！//人民就是上帝！/而我的歌呀，/它将是/伊甸园门前守卫者的枪枝"[169]。值得注意的是，这两位诗人的理想天地都只是一个在内部实现了平衡与和谐的有限的"乐园"，若以完美为标准考量，它还有诸多不足。它与"乐园"外的世界关系并不友善，并且丝毫未表现出寻求和解的意识，反而视冲突为理所当然的存在，而这显然是阶级话语影响的结果。两位诗人都为他们的新天新地设置了敌人，如神、魔、革命的对象等，并设计了火剑、枪支等意象，对乐园加以捍卫。其实伊甸园意象的选用与诗人求新的本意存在一定违和，因为伊甸园象征的是初始而并非终末，对伊甸园的向往含有一定"回归"的隐喻意义，这显然和诗人立足革命的出发点相悖。但诗人消泯终始之分、侧重创造之力的伊甸意象翻新，则赋予了肃穆的宗教意象一种野性的生命力。

　　同样的盼望与建设话题在其他地域的诗人笔下也展开了方向不尽相同的探索。诚然，只要涉及建设的话题，"不甘愿领受他（指上帝，笔者注）的吩咐"、"从你们手掌里"、从"血丝和汗滴里发现新的奇迹"、"企望着地狱都变成天堂"[170]的英雄主义精神都会是被大力赞颂的对象。然而以杭约赫、辛笛为代表的国统区诗人重视的不是"上帝给了你们一块穷山恶水，/饥寒和灾难霸占了这片天地"的不公，而是"随便你罢给我一堵墙一方地/我会立即就坐下来/重新捏土为人/涅槃为佛/虔诚肃穆地工作/像一个待决的死囚"的艰苦奋斗本身，以及奋斗所带来的创造性价值。他们愿意"从你们手掌里"、从"血丝和汗滴里发现新的奇迹"，注重发掘"要教枯黄的土地去变换颜色。//在苦海上开辟了自己的乐园"、"征服了天和地"的豪情，欣赏"曾被幸福和温饱遗弃的地方"变得"瓜菜遍地/粮食满园、骡马成群、猪羊满圈"的过程，并对"这星球上有多少荒芜的土地，/在等待着辛劳的子女去'开垦'"的全新挑战怀有美好的憧憬，"以积极入世的心/迎接着新世纪"[171]。他们的

169　陈辉.献诗——为伊甸园而歌[M]//孙党伯编.中国新文学大系 1937-1949：第十四集诗卷.上海：上海文艺出版社，1990：350-351.

170　杭约赫.拓荒[M]//杭约赫.噩梦录.上海：星群出版社，1947：6-7.

171　辛笛.巴黎旅意[M]//吴晓东编.中国新诗总系 1937-1949.北京：人民文学出版社，2009：105.本段引文皆出此二首诗。

歌调中没有解放区诗歌创世狂欢的躁动感和嘹亮感，而充满着安于耕耘的踏实与沉稳。

　　整体看来，无论在新诗发展的哪一阶段，盼望的世俗化都是一个不争的事实。这种世俗化反作用于信，导致信仰的削弱更为严重。连信徒诗人都会在困难面前有信心软弱之时：他们的理智愿意保守对上帝的虔信，认为社会的种种苦难"正是训练我们的机会"，"上帝终要把它们毁灭干净，/而建立合理的幸福的社会国家"，但感情却在追问"人类的罪魁，却让他们这样舒适奢华？/干吗大学教授，公务人员，苦学生，却这样苦到了家？""为什么给我们这样残酷的惩罚"[172]。信仰的不坚定导致诗人在残酷现实面前常陷入对上帝公正性的怀疑，然而他们的追问却仅停留在属世的层面，无法达到约伯对于真理的探寻高度。甚至赵紫宸也曾在 1936 年发出过这样的感慨："世界原来不是诗，只是僵硬的/实在，一个不能修补的瓦罐儿：/不是圆圆的梦，只是狂妄，/嗔痴，冒牌的坦白，乔扮的美，/只是傻瓜上了当，把这些个年/来在广漠乡里贸贸然喝清水。/可是，梦里的活泼不曾流到/梦的壳外，壳外好像只有死"[173]。我们不难得出一个结论，被动接受的基督教之望从未曾真正进入中国新诗，它带来的只有浮于表面的一点理想主义之光。但也不能说它毫无成绩，因为这一点理想主义之光给中国新诗带来的亮色，仍是使诗歌免于沉入灰暗、消沉深渊的救命稻草之一。天国理念在中国变得狭窄了，基督性诗歌的诗情也随之变得有点偏狭，显得格局不够阔大、境界不够高远，然而对于一个基本权利尚未得到保障的国家，谈及太多遥远的终极盼望在当时或许的确过于奢侈。归根结底，造成这一切的还是实用主义思想作祟，尤其在天国降临被简单地等同于身后之福的时候。对此我们无法奢求，但还是应该对这种局限有一个清醒的认识。

第三节　最大的诫命——"爱"的误读

　　茅盾曾在《冰心论》中说过："外来的思想好比一粒种子，必须落在'适宜的土壤'上，才能够生根发芽；而此所谓'适宜的土壤'就是一个人的

---

172 晓歌.挣扎[J].田家半月报，1943，10（15-16）：13.

173 赵紫宸.那个圆圆的梦[M]//燕京研究院编.赵紫宸文集：第 4 卷.北京：商务印书馆，2010：628.

生活环境"[174]。这句话不只适用于个人，也适用于整个社会，基督教之入华就是极应景的一例。传教士在中国播下了基督性的"信"、"望"、"爱"三颗种子，但真正结出了累累果实的却只有"爱"。这是因为在中国人的文化人格中虽然缺乏宗教信仰与彼世想像的传统，却向来存在爱的基因与爱的渴求。然而，在传统文化中，爱往往会被"仁义礼智信"、"忠孝节悌勇恕让"等更为宏大、更为冠冕堂皇的爱之附加物、衍生物喧宾夺主，而使"爱"本身显得相对黯淡。当基督教思想进入中国人的视野之后，长久以来压抑于人们心灵深处的情感需求猛地被光明正大地、系统性地点透了，并且被赋予了正当的价值与地位，以至"以爱为本"的观念能在中国人的精神领域内后来者居上。同时，相比于信德与望德之偏重理念疏于实际，爱德也契合了中国人根深蒂固的实用主义情结。这种情结使中国人秉持着极其简单粗暴的观点：一种学说合宜与否不在于多完备多有逻辑多接近真理，而在于它能在现实生活中起到多大作用。在中国人的理解之中，信德指向终极，望德指向彼岸，唯有爱是切实可触的行为指导纲领。此外，爱也是最不易引发争议的一种理念。无神论者可以质疑上帝和天国之存在与否，但对于爱这种与普世价值观最接近的、或曰同时也是普世真理的教义却无从争辩；若要辩论，也只能辩论无差别之爱在当时的社会环境中是否不合时宜，或是否一切对象都值得爱的付与，对爱这种理念本身则没人能够否定。可以说，爱是把上帝与人类、把天国与世界联系在一起的纽带，也是将基督教与世俗世界合一的力量。如果单有上帝与天国的诱惑而无爱的吸引，基督徒的数量恐怕要大打折扣，通常所说的"在中国只有基督徒才能造基督徒"[175]，也是基于中国人对爱的信服。传教士深谙这一点，故而我国流传最广的新教，其在华传教政策尤其注重对于"有了信心，又要加上德行"（彼得后书 1 章 5 节）的宣传，他们最推崇的与信心相称的德行，即是被耶稣视为第一行为准则的爱。

---

174 茅盾.冰心论[M]//范伯群编.冰心研究资料.北京：知识产权出版社，2009：216.

175 "中国从来没有人因教义而信基督教，中国人信教，都是因为和一个基督徒人格有过亲密的接触，而那个基督徒是遵守基督'彼此相爱的'教训的"，"看见一个仁慈的基督徒，及关切每一个人的基督徒，常带领我对基督教会更亲密一点"，参见林语堂.从异教徒到基督徒[M].谢绮霞，译.西安：陕西师范大学出版社，2004.163-165.

　　基督教之爱在中国常被解读为博爱，这或许与当时孙中山将"自由、平等、博爱"视为"国民革命""要其一贯之精神"[176]有关。此三者虽作为法国大革命的口号与18世纪的启蒙思想精神内核更为人所熟知，究其根本却是基督教所催生出的西方文明核心价值观。孙中山向来是"教人革命而不教人信教"的，但对于博爱一点，却明确表示过是"耶稣所讲的'博爱'"[177]。他的政治领袖和基督徒双重身份使这种解读天然地带上了权威的意味，"博爱"遂往往被人用以指代基督之爱。然而，"博爱"、"天下为公"、"世界大同"等理念诚然部分源于基督教精神，但也不能与之完全等同。博爱事实上只是基督之爱的一部分，并不能概括它的全部内涵。

　　基督教意义上的爱是一个极大的概念，《约翰一书》4章8节中说到"神就是爱"[178]，可见爱可以囊括上帝的所有属性。在耶稣关于爱的教训中重要的有三条，其一是对律法上"最大的诫命"的解读，首先"你要尽心，尽性，尽意，爱主你的神"，其次"要爱人如己"（马太福音22章37-39节），"所以无论何事，你们愿意人怎样待你们，你们也要怎样待人"（马太福音7章12节），强调爱的属灵性质；其二是他赐给世人的新诫命，"你们要彼此相爱，象我爱你们一样"（约翰福音15章12节），强调爱的普适性与平等性；其三是对无差别之爱的特别阐释，在"爱你的邻舍"的同时也"要爱你们的仇敌"，而不是"单爱那爱你们的人"（马太福音5章43-46节），而且要"爱他们到底"（约翰福音13章1节），强调爱的完全性。流行于民国时期的博爱观，包括很多人无法理解的"有人打你的右脸，连左脸也转过来由他打"（马太福音5章39节）即是出于这种完全之爱，以及由这种完全之爱生发出的饶恕精神。

　　当然耶稣的直接教导也并未涉及基督之爱的全部领域，因为还有相当一部分的爱之内涵是他以自己的行动彰显出来的。《圣经》中对爱最系统的阐述在《哥林多前书》13章的4-8节："爱是恒久忍耐，又有恩慈；爱是不嫉妒；爱是不自夸；不张狂；不做害羞的事；不求自己的益处；不轻易发怒；不计

176　孙中山.中国同盟会革命方略[M]//广东省社会科学院历史研究室等编.孙中山全集：第一卷.北京：中华书局，1981：296.

177　孙中山.三民主义·民族主义（第六讲）[M]//广东省社会科学院历史研究室等编.孙中山全集：第九卷.北京：中华书局，1981：244.

178　全句为"没有爱心的，就不认识神；因为神就是爱。"

算人的恶；不喜欢不义；只喜欢真理；凡事包容；凡事相信；凡事盼望；凡事忍耐。爱是永不止息"这段文字对爱进行了四个层级的十六重解释：第一个层级侧重爱人，此处的"忍耐"强调宽容、忍让，特别指涉对他人挑衅的容忍态度，在他人的轻视侮辱面前保持泰然自若的状态，"恩慈"强调了利他意识与和善诚挚、富于同情心的交往原则；第二个层级侧重于自爱，即以时时警醒，时时自察，时时忏悔的自修方式树立自尊、建设人格，以摆脱世俗得失的牵累，返璞归真，获得精神上的超越，"不嫉妒"即不因他者产生不平心，"不自夸"即不因自己产生傲慢心，"不张狂"即态度谦逊言行收敛、不激发他人的情绪，"不做害羞的事"（希腊文直译应为"不合礼的事"）即严格端正个人行为，"不求自己的益处"即牺牲舍己的精神，"不轻易发怒"（"发怒"一词由希腊文直译为"激怒"[179]）即保持平和的心态，"不计算人的恶"即饶恕他人的过犯，"不喜欢不义，只喜欢真理"即对公义正直的坚守与嫉恶如仇的批判意识；第三个层级指向上帝，多次重复的"凡事"强调爱的普适性与无差别性，"包容"指对客观事实的接受，"相信"指承认上帝安排必有用意，"盼望"指保持积极乐观的心态，此处的"忍耐"希腊文直译应为"坚忍"，更侧重在现实压力中对爱的坚持；第四个层级照应最初的"恒久"，强调爱的一贯性、持久性和永恒性。可以说，这段阐释涉及了爱在各个领域的全部内涵，我们平日所言基督教的忏悔意识、罪感意识、平等理念、自由精神等等，也都可以包含在这一个"爱"字当中。

然而在新诗界，仅有少数基督徒诗人能领悟这种整体的爱观，但即使是这些诗人，他们对爱的解读中也仍存在感性描述多过理性阐释的问题，如前期倡导唯爱主义的吴耀宗，将爱描述为"纯洁的、专一的、恒久的、严正的、勇敢的、坚忍的、宽恕的、完满的、远大的、超乎肉欲的"、"'爱'的苦，就是'爱'的甘"、"人格的报酬"、"百练之钢"、"一个大牺牲"、其"发源地、就是万有的上帝"[180]。普世诗人们对基督之爱的认识则更谈不上全面。相比于保罗的说教，他们的目光更多地停留于耶稣本人身上，对爱的理解也多集中于耶稣的阐述，至多拓展到耶稣之死所彰显的饶恕与牺牲精神。于诗人而言，基督之爱的伟大之处并不在于它的内涵多么丰富，而在于这种爱的包容

---

179 本书涉及希伯来文希腊文圣经翻译的内容，均参考自马利安·高立克推荐的吕振中个人译本网络版本。

180 吴耀宗.爱[J].生命，1920，1（3）：爱1.

性之强、程度之深以及感染力之大，都远远超出了他们的想像。他们的诗歌创作往往生发于感触最深之处，故而他们对爱的书写多半也集中于无差别、无条件性、利他性、隐忍性、恩慈性、牺牲性等几个方面，偶尔也书写爱力的强大。诗人们在以诗歌形式表达对爱的思考与探讨时，有的侧重对某一种具体的爱或爱在某一方面的具体表现进行直观描写，有的侧重于在功能和效果上评判爱的价值，有的上升到哲学高度对爱进行本体审视，表达出各不相同的爱观，客观上形成了热烈的对话与争鸣效果。不过在中国新诗中，无论是对哪一种爱的书写，都无法做到毫无保留的欣赏与赞美，在肯定之余总会流露出些许担心与隐忧。

一、对全爱的渴望

言由心生，对某一具体之爱的书写偏好能透露出写作者内心的渴望与欣赏。几乎所有的诗人都渴望着基督所言的无功利无条件的完全之爱，由于无差别之爱多得于小孩子，无条件之爱多得于母亲或爱人，所以基督性的述爱诗中以爱情、母亲与小孩子为书写对象的诗作最多。对这几种爱，吴耀宗曾总结说，"上帝的大爱、一起首是显现在父母和儿女的中间；其次是在夫妇的中间；再进就是人类的相爱。父母儿女的'爱'、是'爱'的始；人类的'爱'、是'爱'的归；男女的'爱'、是完成人类相爱的一种利器"[181]，可见这几种爱可以被视为世间一切爱的基础。

母爱向来是诗歌中永恒的主题，这不仅是由于母爱拥有恩慈、恒久、不计回报等特征，也因为它是人们在生命之初体验到的第一种爱，所以格外刻骨铭心，且容易形成情结。在成长过程中，人们遭遇各种世态炎凉、人情冷暖后，更易深刻感悟到与"自然的爱/俱是一般的深宏无尽"[182]的母爱是何等可贵，因此关于母爱的记忆又经常会在诗人的想像中得到进一步美化。就如在陈梦家的长诗《往日》中，母爱就笼罩着上帝般的神光，并蕴含了天堂般的美妙。在幼年的诗人眼中，"母亲是仓库"，"我有缺乏即刻就被填补"，"母亲温柔的呼吸"可以"移给我天赋的一口气"，"吐给我一口，那温馨的香蜜"，"母亲淡淡黄的白胸脯"是"二座雪白的高山，二颗紫星/是世界的王，庄严的宝座"，其间流淌的是"生命的芬芳，阿，醒的芬芳"、"是爱，是温，/是我

---

181 吴耀宗.爱[J].生命，1920，1（3）：爱2.
182 宗白华.慈母[M]//宗白华.流云小诗.上海：正风出版社，1947：37.

生命的泉源，更是我/在乳白色间想到的太阳"，母亲"温柔的手臂，/围绕我，像一个小巢包藏我"，在母亲的"温柔怀里"，有"上帝的平安，也永远在那里"[183]。然而母爱突出的局限性是醇厚有余而博大不足，母亲对孩子是无私的，但走出了这种血缘关系，它又是偏狭的，宁可"盼望着你的孩子/带件幸福的外衣/飞回你的怀抱"[184]，也不愿自己的孩子为更多人的救赎而牺牲。从另一个角度看，中国传统的孝道文化对父母之恩的强调远大于父母之爱，这种推崇带有一种形式化和功利化的嫌疑，将孩子自发的感恩与回馈加诸了道德绑架的强制意味，而这种语境下的母爱已无法视为不求回报的爱，更接近于一种利益交换。所以综合看来，母爱无法完全填补人类从心底升发的对爱的全部渴求，就如白采所言，"我们固然需要广博的爱，/但也需要更深刻的"[185]，因此当一个人格健全的人已得到充足的母爱滋养之后，必然会进一步去探寻更为形而上的爱。

男女之爱的局限性则体现得更为突出。诚然，爱情主题最易被追求浪漫的诗人所钟爱，在中国新诗中爱情诗数量极多，仅次于救亡诗歌排在第二位，但考虑到救亡诗歌中批量生产的宣传应景之作占有相当比例，因此由诗人自发创作的诗歌确实还要属爱情诗歌为第一大部头。而在这些以爱情为描摹对象的诗歌之中，固然有些诗句如"你给了我光，给了我水，给了我生命之源"[186]、"只要你为我唱支轻歌，/我就有在天堂般的快乐"[187]、"听你一声难得的笑语，/天国已投落在我的手里"[188]、"哦 人生若少了你的存在/万能的造物主没有创造的高兴"[189]、"秘密互诉的恩与爱，/便是赞美上帝之语"[190]等在歌颂爱情充满创造力与终极性的欢欣与跃动，但更多的爱情诗中则充满了一种骚动的不安。由于男女之爱是建立在欲望冲动与彼此的依赖关系之上，所以它充满了不确定性，"梦里相逢只是默默无言，/醒来时更觉悽悽"的思念在甜苦交织

183 陈梦家.往日（一）鸿蒙[J].学文，1934，1（1）：9-16.

184 曾卓.母亲[M]//孙党伯编.中国新文学大系 1937-1949：第十四集 诗卷.上海：上海文艺出版社，1990：809.

185 白采.白采的诗（赢疾者的爱）[M].上海：中华书局，1925：54.

186 郑振铎.爱[M]//刘英民，李艳明编.郑振铎全集：第二卷.石家庄：花山文艺出版社，1998：162.

187 于赓虞.初秋[M]//于赓虞.世纪的脸.上海：北新书局，1934：54.

188 于赓虞.人间之春[M]//于赓虞.世纪的脸.上海：北新书局，1934：126.

189 冯乃超.哀唱[M]//冯乃超.红纱灯.上海：创造社出版部，1929：6-7.

190 赵紫宸.婚之夕[M]//赵紫宸.打鱼.上海：广学会，1930：85.

之余还充盈着一种"也许将来我生命之书上要满渲染着血和泪"[191]的对前途的焦虑和恐惧，"这都是因为你不肯和我相爱"的求不得会带来"哦，不看这光明与快乐的天宇，/　　为何顷刻就变作了地狱的阴沉？/是谁的造化，谁的毁灭？我恐惧，/　　我战栗"[192]的痛苦，情感投入时所产生的诸如"她自主的能力，她克制的意识，却都完全被我收没"[193]等不由自主的非理性情感起伏会引发诗人潜意识中极大的不安全感，尤其是爱情的排他性与独占性极易使诗人在爱人背叛或离去后生出嫉妒的情绪，精神陷入失衡状态，以"每个记忆砌成我怨恨的虔诚"[194]。爱情的隐秘性还提升了诗人的敏感度，使得他们的不安被不断放大，情绪陷入大起大落之中，"每逢你翩然走近身旁，/我心中就有巨雷作响，/眼前闪动五彩的光芒。//我的灵魂飞出了胸膛，/茫茫宇宙里上下飘荡，/一时飞到快乐的云乡，/一时又坠入地狱掩藏。//我周身感受夏日炎狂，/严冬的霜雪头上飞降，/刹那间经过春温秋凉，/我茫然堕入万重迷惘"[195]。这些由爱情带来的一切折磨和痛苦，归根结底，都来自于对回报的渴望，能够把爱情上升到"我们已经离别双亲，/永远辞别了祖与宗，/向着前面茫茫之路，/凭着挚爱之忠，/精忠之爱，为要荣耀你的化工"[196]之高度的毕竟只有信徒诗人，普世诗人中纵然是能够以基督教训为信条、饶恕爱人七十个七次背叛的常任侠，也终有心灰意冷之时。恋爱中的人们都或多或少地在潜意识里对爱恋的对象存有占有控制的欲望与责任义务的要求，所以无法摆脱自怜自伤的情绪与心灵的折磨。是为爱情的局限。

孩子的爱最能体现人类爱的本能，甚至超过了母亲之爱与男女之爱。因为母亲之爱虽说深厚无限，但她们"我快乐，/她也快乐；/我痛苦，/她就比我更痛苦了"[197]的浓烈爱意中却存在一个血脉延续的生物性需求作为前提，算不得真正的无私；男女之爱中的无条件性更多源于冲动，比母爱更易受欲望的支配，虽不排除会有升华的状态，但还是以局限于特定对象者为多。唯有小孩子由于未受到成人世界约定俗成观念的影响，看待事物往往能透过现象

191 徐雉.熄了的心灵的微光[M]//徐雉.酸果.上海：光华书局，1929：25.

192 罗念生.爱[M]//罗念生.罗念生全集：第9卷.上海：上海人民出版社，2004：302.

193 王独清.NEURASTHENIE[M]//王独清.圣母像前.上海：创造社出版部，1927：25.

194 方玮德.祷告[M]//方玮德.玮德诗文集.上海：时代图书公司，1936：35.

195 曹葆华.问[M]//曹葆华.灵焰.上海：上海书店，1992：56-57.

196 赵紫宸.婚之夕[M]//赵紫宸.打鱼.上海：广学会，1930：86.

197 古鲁.母亲的爱[M]//古鲁.夜行.桂林：力学书店，1948：55-56.

直击本质，他们的爱真正充满了觉知的喜悦。小孩子关注的往往不是某个人，而是某人身上所散发出的爱意，比如在"我伸手向这小孩表示我的欢欣"时，"小人儿"会"认得我的慈祥，/忘却我们的陌生"[198]；或在"我不觉地把我将要吃的几块糖抛给伊，/几次都误投水里了"时，虽然"伊未得到我底赠品，/伊底笑容已表无限的谢忱了"[199]，小姑娘感谢的不是糖果，而是诗人通过赠糖行为传递给她的爱。所以小孩子间一时的冲突不会伤害他们的友爱，他们"打架完了，/还同筑烂泥的小堰"[200]，"在作梦的时候打架，/醒过来又是亲爱的兄弟了"[201]，小孩子也不会过多关注不可抗、非故意的客观打击，甚至能"和暴风雨点嬉戏"，因为"他们晓得天地没有恶意"[202]。这种感染力有时也会激动成人回忆起自己的初心，到小孩子那里去学习"一曲没字的歌"、"一阵无名的笑"，"从绿叶上认识生命，/从蚂蚁的洞穴中发见真理"[203]，从而暂时也进入一种没有动机的热情、无功利的洞见与欣爱状态。然而小孩之爱也并非全然的神圣，正因为真实无伪，人类性善的一面与性恶的一面会同时藉由这种爱而暴露，小孩子们对一种爱之喜悦的追求与维持有时是建立在对其他事物的破坏之上的，就如"淘气的孩子""掐下了鲜花还不算，/又必定揉搓坏了"[204]的行为，所谓天真的残忍与原始的恶意均在此展露无疑。

当人们在对这几种最原始、最基本也最易触及的爱进行探索并且发现了它们的瓶颈时，就会产生扩大自己的眼界、追求更具有普世价值之爱的愿望，以期通过对爱之深广度的拓展来发掘出爱更为积极的意义。

二、对泛爱的怀疑

在一个实用主义的文化大背景下，价值的判断始终与实际效益捆绑在一起，即使无从量化的爱也不能例外。因此人们对于爱力的信与疑，自然也与大爱原则在现实生活中的可操作性与在人们精神世界中的影响力大小相关。

---

198 废名.无题[M]//废名.废名集：第三卷.北京：北京大学出版社，2009：1575.

199 汪静之.赠糖[M]//姜涛编.中国新诗总系1917-1927.北京：人民文学出版社，2009：403.

200 周作人.画家[M]//周作人.过去的生命.北京：中国文联出版社，1999：6.

201 谢采江.梦痕90[M]//谢采江.梦痕.北京：明报社，1926：20.

202 杨骚.两个小孩[M]//孙玉石编.中国新诗总系1927-1937.北京：人民文学出版社，2009：585.

203 李树芳.孩子的恩诏[J].青年进步，1926，92：106.

204 谢采江.梦痕97[M]//谢采江.梦痕.北京：明报社，1926：22.

对于爱之不同侧面的关注可以体现出诗人的人文关怀重点。以中国新诗而言，人们较为关注同情悲悯、牺牲奉献、包容忍耐等几种爱的特质，这几种特质于被爱者的意义在于心理的安慰或感化，于施爱者的意义在于灵魂的净化与升华，于社会的意义在于缓慢而根本的改造。但这几种意义的实际可到达程度以及在民国特定时期的实践价值，同样也成为了质疑的对象。

同情悲悯是感情丰富敏感的诗人极易产生的情感，五四以来的启蒙思潮孕育的公共知识分子群体向来以为弱势群体代言为己任，丰沛的同情心是他们的标签之一。他们的同情不仅给予了"足底起泡——跑了十二里路"、"伸着如柴的双手，/　　　哀求他苦力换得来的铜子，/　　　　却打得流血满头"[205]的人力车夫，"全身的神经紧张着/背着纤绳像背着十字架"[206]的纤夫，"一件，两件，三件"地洗着"悲哀底湿手帕"、"罪恶底黑汗衣"、"贪心底油腻和欲火底灰"[207]的洗衣工，没有粮食的、"十字上写的奴隶底历史/和滴淋的自己底血"[208]的奴隶等社会底层人群，也包括正忍受着"战争，饥馑，死亡，/但丁走过地狱的悲惨"的一切"辗转在祸患中的兄弟"[209]。这种对于整个人类群体的同情是由当年苦难存在的普遍性所决定的，其中部分受基督教影响较重的诗人出于对创造论与原罪说的认可，将苦难视为人类的宿命，故而将"人世的浩劫"归因于"从上帝登了他的宝座，/他就铸下了一个大错"、"就从上帝造人的时候，/罪恶即已在人心狂吼"，"因他给人神思与魔欲，/所以就到处演着悲剧"，所以"从那时上帝即已后悔，/觉着造人就成了累赘。/于是他收回人的神思，/将人脸上铸了个苦字"[210]。藉由这种对"罪恶之迹"普遍性的认知，他们的"同情之泪"便"不禁为人类而洒"[211]了。

205　刘廷芳.行路者[J].生命，1924，4（8）：诗3."十二里路"原文系"十二路里"，应为排版之误。

206　彭燕郊.春天——大地的诱惑[M]//彭燕郊.春天——大地的诱惑.桂林：诗创作社，1942：35.

207　闻一多.洗衣曲[M]//孙党伯，袁春正编.闻一多全集：第1卷.武汉：湖北人民出版社，1993：165-166.

208　牛汉.哭泣的田园[M]//牛汉.牛汉诗文集：诗歌卷Ⅰ.北京：人民文学出版社，2010：132.

209　马君玠.苦闷[M]//马君玠.北望集.上海：开明书店，1947：17-18.

210　于赓虞.世纪的脸[M]//于赓虞.世纪的脸.上海：北新书局，1934：74-76.

211　石评梅.罪恶之迹[M]//石评梅.石评梅大全集.北京：新世界出版社，2012：164.

　　然而在大多诗人眼中"同情之泪"的力量毕竟太过微弱，纵然"泪呀，泪呀，狂涌的泪呀！/你把我涌得昏了"，但"这些可怜的兄弟们，/还正在喊着悲声"[212]。故此，当上帝不能回答"我应当怎样呢"的问题时，纵然祂能"以其慈悲之心怜悯世人之惨痛，/我亦不愿得其同情之眼泪，/因我无能离开我之苦恼"[213]。随着苦难的加深加重，同情益发无法满足诗人们的救世需求，包括一度颇为认可基督教理念的郑振铎，也由"我不能说什么，/只是合掌地祈祷"[214]发展到"以眼还眼，/以牙还牙！""以铁来回答铁的呼啸，/以血来回答血的渴望"[215]，放弃了以同情相慰安的方式，走向了对武力反抗的号召。

　　相较于同情悲悯之黯然退居次席，对牺牲奉献之爱的颂赞却始终活跃于中国新诗之中。不过从 20 年代到 40 年代间，牺牲奉献的所指存在一个从普世范畴逐渐缩小到意识形态领域的整体趋势。牺牲与奉献即意味着对自己利益的放弃，在相对较早的作品中，任何形式的牺牲与奉献都无所谓道德境界上的高下，无论是大堰河"在她流尽了她的乳液之后"仍"含着笑"地"用抱过我的两臂劳动"[216]的充满母性的奉献，还是"天压下也要伸臂撑起；/即使雷火会把人焚毙，/我也不应有丝毫顾忌"[217]的面对爱情时的奋不顾身，一切的舍己行为都可以被认为是高尚和可贵的。然而到了后期，为国为民、为自由为独立等以形而上理念为奉献对象的牺牲之爱在道德上被明显地拔高了，使得在大多数人心中，"流十字架的血/击碎巴士蒂狱的铁门"[218]、"我决迸开血管，/泻成一部忏悔录，/……为你，为世界……/离开天堂，/就走入地狱"[219]一类将对象群体化的牺牲行为承载了远重于一对一普通牺牲的价值意义。诚然，这种牺牲之爱中带有以一己之力承担众

212 蒋光慈.我应当怎样呢？[M]//蒋光慈.新梦.上海：上海文艺出版局，1925：92.

213 胡也频.假使有个上帝[M]//周良沛编.胡也频诗稿.成都：四川人民出版社，1981：38.

214 郑振铎.祈祷[M]//朱自清等.雪朝.上海：商务印书馆，1922：135.

215 郑振铎.回击[M]//郑振铎.战号.上海：生活书店，1938：69-72.

216 艾青.大堰河——我的保姆[M]//艾青.大堰河.-桂 1 版.桂林：文化生活出版社，1942：5.

217 曹葆华.平常话[M]//曹葆华.灵焰.上海：上海书店，1992：60.

218 阿垅.街头[M]//亦门.无弦琴.上海：希望社，1947：44.

219 曹葆华.抒情十章——写在走向西北之前[M]//陈俐，陈晓春编.诗人、翻译家曹葆华：诗歌卷.上海：上海书店出版社，2010：337-340.

生之十字架的觉悟，施爱者是在"以对人民的爱博得人民的信仰"，就如艾青在延安对解放区时期的毛泽东带有基督教弥赛亚观念色彩的塑造和解读："他生根于古老而庞大的中国，/把历史的重载驮在自己的身上；//他的脸常覆盖着忧愁，/眼瞳里映着人民的苦难"[220]，毛泽东的救世主形象背后明显隐现着耶稣的影子。事实上现代诗人对于牺牲之爱的书写常以耶稣的受难为原型，有时则直接以耶稣作为象征本体，艾青早年的基督教题材诗歌《一个拿撒勒人的死》、《马槽——为一个拿撒勒人诞生而作》、阿垅的《犹大》、罗念生的《殉道》等都是如此。只是意识形态内容的加入使得基督的无差别之爱被偷换为革命的大无谓精神，爱的对象也被局限在"　爱武器，/　爱人民，/　爱土地，/　也爱我们的领导者，你！"[221]等较小的范围之内，附属了人为增加的限制。

　　包容忍耐之爱在中国地土上的接受度要比同情悲悯之爱与牺牲奉献之爱更低，尤其是其中的忍耐论。如果说宽容饶恕之说还能得到一些理想主义诗人的认同、作为解救国人麻木心灵的药方之一，"凡事忍耐"则是民国时期遭到非议最多的基督教信条，在没有宗教传统的中国社会中很难被真正接受。这其中的主要原因是人们常将国民劣根性中的怯懦退缩与基督教理念中出于爱心和盼望的忍耐相混淆。同样是忍耐，出发点的不同体现着两种完全不同的心理状态，一种是利己的，是一种怕麻烦、多一事不如少一事的得过且过式的忍苦，就如陆志韦所说，"我们的不长进/就在我们的耐苦"[222]；一种是利他的乐忍，本着对唯爱主义"人有无限向上的可能，只要你用爱的精神，改变他的环境，改变他的心境，一个有害于社会的个人或团体，可以变成一个有益于社会的个人或团体"[223]信条的相信，愿意以自己的宽容给对方"七十个七次"的机会来接受感化、从心灵深处主动做出改变，就如吴志中笔下"和霭的心性，/老成的不倒翁！/人们虽用残暴的手段摧击你，/你却报他们以微笑"[224]。这两种不同的心态决定了忍耐力的大小，基督教的大爱包含的忍耐

---

220 艾青.毛泽东[M]//艾青等.毛泽东颂.香港：海洋书屋，1948：1.

221 天蓝.队长骑马去了[M]//孙党伯编.中国新文学大系 1937-1949：第十四集 诗卷.上海：上海文艺出版社，1990：88.

222 陆志韦.雪朝[M]//陆志韦.渡河.上海：亚东图书馆，1923：213.

223 吴耀宗.唯爱的定义[M]//赵晓阳编.中国近代思想家文库：吴耀宗卷.北京：中国人民大学出版社，2014：156.

224 吴志中.不倒翁[J].青年进步，1924，77：100.

是"恒久"的，但国人传统意义上的忍耐却注定只是"和平，忍耐，愤怒的三个时代"[225]中的第二阶段，是一种怨气的蓄积，"忍受着，/群众忍受着，/忍受到不可耐时罢！"随着压抑的怨气一起积累的还有爆发的力量，就如"球心，在吐弃唧筒底气压时，它永久是个软弱者；它在尽量保留时，它便强壮了"，由于这种爆发伴随着愤怒、屈辱等一系列不良情绪，故而有极强的破坏力，这种破坏力在毁灭敌人的同时，也有毁灭自己的危险性，"小小的爆发，值得什么；当他爆发时，刹那飞散了！/小小的炸裂，值得什么；当他炸裂时，顷刻寂灭了！"[226]，只不过在直接灭亡与爆发后可能灭亡二者间，人们往往倾向于选择后者。

在危急存亡之秋，忍耐论之受驳诘是可以理解的。亡国在即的危机感不断提醒着人们忍耐可能引发的负面效应：在怯弱之苦忍已成为一种行为定式的人群中，提倡"有人打你的右脸，连左脸也转过来由他打。有人想要告你，要拿你的里衣，连外衣也由他拿去。有人强逼你走一里路，你就同他走二里"（马太福音 5 章 39-41 节），只会使惯于被动忍受的麻木者为自己的懦弱与惰性找到光明正大的理论依据，从而益发耽于醉生梦死、甘受奴役的状态，陷入"人家任意践踏，屠杀我们，/我们可以始终不还手；/人家侵占了我们的主权，/人家强抢了我们的领土，/我们也能够爱好和平如故"的愚善之中。此时"苟安的和平是一条死路，/忍辱的退让是一种罪恶"[227]，侵略者不会去仔细分析你的忍耐动机，即使是"对于敌人的厚意"[228]也易被解读为恐惧与懦弱，而招致更为残暴的蹂躏。故而如吴耀宗等最初倡导唯爱主义的基督徒，也认为"消极的无抵抗，以土地拱手让人，这种主张，只是纵容敌人，鼓励罪恶"[229]，并在"主张用非武力的强制"[230]的同时，承认"如果我们所能选择的不是懦弱，就是武力，那么我们应当选择武力，我宁愿冒险用武力一千

225 何菲.祖父的拐杖[M]//孙玉石编.中国新诗总系 1927-1937.北京：人民文学出版社，2009：195.

226 张兆荣.国耻纪念的心感[J].青年进步，1925，85：105-106.

227 郑振铎.回击[M]//郑振铎.战号.上海：生活书店，1938：71.

228 徐玉诺.与愚笨的劳动者[M]//徐玉诺.将来之花园.上海：商务印书馆，1933：14.

229 吴耀宗.积极的唯爱[M]//赵晓阳编.中国近代思想家文库 吴耀宗卷.北京：中国人民大学出版社，2014：161.

230 吴耀宗.唯爱与革命[M]//赵晓阳编.中国近代思想家文库 吴耀宗卷.北京：中国人民大学出版社，2014：187.

次，不愿使我的民族失却丈夫之气"[231]，并随着抗战的逐步发展渐渐放弃了过去的唯爱坚持。

中国新诗中对于爱的反思与质疑之所以频繁出现，根本原因还是爱力在现实急待解决的问题面前表现出的无力性，这甚至导致了有些人对于爱德正确性的怀疑。然而人们往往难于认识到一点，在短期内，暴力的直接效应似乎要比爱更为明显，但以暴力抹杀敌对个体或群体的一切未来的可能性，以及这种行为所强化的二元对立思维模式所产生的负面影响，需要经过一段时期才能表现出来。不过爱的长远效应关乎信仰，无法以科学理论和逻辑推理加以证实，所以对于处处求实证的中国人而言总显得缺乏说服力。归根结底，对爱力信任的缺乏源于普世诗人对于人性之善的不信任以及对贪欲等罪性力量的恐惧，再进一步追溯，还是终极信仰的缺乏。在拒绝相信人们能够藉着上帝的扶持战胜原罪、走上爱途的无神论者中，这种悲观情绪及其派生出的爱力质疑永远不会消失。

三、对本爱的觉知

相较于以爱之某一侧面入诗，对爱作整体泛论或本体反思的诗作在绝对数量上要稍逊一筹，但相对而言能够更直接地记录诗人对爱的洞察与感知，而较少受到实用主义思维方式的干扰。由于这类诗歌中对爱的感性描摹大于理性剖析，所以个人风格更为突出，对爱之书写也更为多元，或着眼于爱之玄妙，或关注爱之权威，或侧重爱之感化力，还涉及到爱与其他情感的关系探讨等诸多问题。

在从爱中升发出的诸多情绪中，感恩是较易受人称道的一种，因为这种情感带有较强的互动性，能带给双方美好的情感体验。感恩属于被爱者对爱的反馈心理，当人类切实地感觉到自己正被爱意包裹时，都会自然而然地萌生出对施爱者的感恩情愫，施爱者在接受这种反馈之后也会因付出有报而产生由衷的满足感。感恩在诗歌中常以赞美施爱者的形式来表达，这施爱者可以是具体或抽象的普世对象，如"谢谢母亲赐给的玫瑰露。／　已将孩儿枯干了的肺腑，／　烧焦了的心血，／滋润漫泽在母亲的爱里"[232]中的母亲，"带

---

231 甘地语,转引自吴耀宗.唯爱与武力——答谢扶雅先生[M]//赵晓阳编.中国近代思想家文库 吴耀宗卷.北京：中国人民大学出版社，2014：237.

232 石评梅.母亲的玫瑰露[M]//石评梅.石评梅大全集.北京：新世界出版社，2012：176.

着感谢的叹息/你有时抚摸自己的创伤；/你从不绝望，也不悲哀，/'我爱生命，'你说，/'连痛苦也爱。'"[233]中的自己、"或许是无理性的/但它是美丽的/而我却爱那白浪/——当它的泡沫溅到我的身上时/我曾起了被爱者的感激"[234]中的自然景物、"呵让我感谢，感谢又痛苦吧，因为你不过/醒来又熟睡，复活为了另一次的死去"[235]中的爱本身等；也可以是上帝、神、天、造物者等宗教信仰对象，在这种情况下，诗人的作品即是新诗形式的赞美诗，如冰心的《傍晚》《黄昏》《夜半》《黎明》《清晨》、梁宗岱的《晚祷——呈泛，捷二兄》《星空》《夜露》、于赓虞的《感谢辞》等。虽然感恩有时也会因回报考虑派生出不安与负担感，但整体而言，还应算作一种积极的心理活动形式。

在诗人们对于感恩之情的表述中还存在一个较为普遍的现象，即爱的展示常伴生着美的意象，爱与美在某种意义上实现了融合，"没有爱，世界失掉美丽"[236]。如露珠的感恩，发生于"当夜神严静无声的降临，/把甘美的睡眠/赐给一切众生的时候，/天，披着件光灿银烁的云衣，/把那珍珠一般的仙露/悄悄地向大地遍洒了"[237]的静谧幽境内；爱神的微笑，发生于"蜂儿说：'你听听我的歌儿吧，/花儿说：'你看看我的面庞儿吧"[238]的和谐情境中；"神美的星星""撒开橄榄绿似的诱人的美光"，在"缄默"中表现着"爱的想念"[239]；"一双湿莹莹的眼睛，/却有火焰在燃烧。/不是火焰应当是春天，/眼里有这种春天，/笑里也同样有这种春天"[240]激动着人们对爱的需求和感知。这种共生中蕴含着一个逻辑，心中有爱是发现美的前提，爱使人类感官敏锐、心灵柔软，进而能从生活之中解读出更多美好和快乐，而美又能增加人们对爱的渴求与追寻，使得有些人会将爱视为心灵的归宿，"向有爱的地方，寻我的光明。/向有爱的地方，寻我的宿地"[241]。

233 陈敬容.自画像[M]//陈敬容.盈盈集.上海：文化生活出版社，1948：128-129.

234 艾青.浪[M]//孙望选辑.战前中国新诗选.南昌：江西人民出版社，1983：26.

235 郑敏.爱的复活[M]//郑敏.诗集（一九四二——一九四七）.上海：文化生活出版社，1949：175.

236 曹葆华.别（二）[M]//曹葆华.寄诗魂.北平：震东印书馆，1930：139.

237 梁宗岱.夜露[M]//梁宗岱.梁宗岱文集：1.北京：中央编译出版社，2003：36.

238 谢采江.梦痕56[M]//谢采江.梦痕.北京：明报社，1926：12.

239 覃子豪.星[M]//孙玉石编.中国新诗总系1927-1937.北京：人民文学出版社，2009：423.

240 沈从文.莲花[M]//张兆和编.沈从文全集：15.太原：北岳文艺出版主，2002：140.

241 田汉.雁语[M]//田汉文集编委会编.田汉全集：第十一卷 诗词.石家庄：花山文艺出版社，2000：15.

　　人们会对爱产生归宿感，也有一部分是对爱之权威的皈依。正如前文所述，《圣经》曾有言"神就是爱"，爱是耶稣的诫命，因此爱天生就带有权柄的意味。普世诗人虽然并不认可这种理论，但却愿意从诗意的层面上接受"庄严宇宙的创造本来/不是用矜持，是用爱"[242]的说法，能隐隐感觉到冥冥之中爱的权威感。因此在新诗中，爱在受到一些诗人质疑的同时，又被另一些诗人赞颂为"世界一切的创造者"、"无上威权的神灵"、"一切生命的泉源"、"一切黑暗的明灯"[243]，它"掌中握着生命的权威"[244]，"自然的定律，从未有丝毫错乱。/告诉你，这全是遵行爱的使命；/没有爱，宇宙的一切立刻消泯"[245]，拔升到了空前的高度。对爱两极式的评价呈现出一种奇特的矛盾景观，而在矛盾下则隐藏着人们对爱的本能渴慕与信任匮乏间的冲突，而后者又是由爱的能力之缺失所引起。这种延续几千年的缺失成为人们更深层次地认知爱、感受爱时的阻力，导致爱的权威在诗人眼中呈现为一种玄之又玄不可捉摸的存在，因此很容易由不可知的失控感或"我正为了尊重爱，/所以不敢求爱；/我正为了爱伊，/所以不敢受伊的爱"[246]的敬而远之心态派生出恐惧的情绪和逃离的欲望。曹葆华对这种心态的记载可谓精彩，"呵！神奇玄妙的东西，/　谁瞧得清，看得透你？/迷糊中裹藏着身影，/　不露半点颜色风姿"、"呵，神奇玄妙的东西，/　我劝你快快离去，/我不想瞧你真面目，/　愿安然的永沉海底"[247]。其实这种恐惧全无必要，因为爱的权威绝不是专政强权，而是以柔克刚、包纳一切、任凭狂风四起我自岿然不动的内在强大，在这种权威之下人可以得到由肉体到心灵的"超乎怕惧的大自在"[248]，爱的权威所具有的客观性与自足性意味着它对于人心并不附加任何强制色彩，人们对爱之臣服与皈依是完全出于自主的意志，而爱的施与与承受亦是如此。

242 陈敬容.题罗丹作"春"[M]//吴晓东编.中国新诗总系 1937-1949.北京：人民文学出版社，2009：450.

243 沈祖棻.爱神的赞美[M]//沈祖棻.微波辞（外二种）.石家庄：河北教育出版社，2000：69-70.

244 孙大雨.爱[M]//孙近仁编.孙大雨诗文集.石家庄：河北教育出版社，1996：31.

245 曹葆华.爱[M]//陈俐，陈晓春编.诗人、翻译家曹葆华：诗歌卷.上海：上海书店出版社，2010：127-128.

246 白采.白采的诗（赢疾者的爱）[M].上海：中华书局，1925：47.

247 曹葆华.To Love[M]//陈俐，陈晓春编.诗人、翻译家曹葆华：诗歌卷.上海：上海书店出版社，2010：255-257.

248 赵紫宸.妥协[M]//赵紫宸.打鱼.上海：广学会，1930：172.

此外，爱所具有的感化力与驱动力也是中国新诗的另两大诵咏对象。真诚的爱拥有使罪者自惭形秽、忏悔求新的力量，以赵紫宸为代表的基督徒诗人大多对爱的感化力怀有充足的信心，相信"你们这深情厚意"必能"使我爱那不可爱的人们，/叫他们也做你们的兄弟！"[249]不过爱之感化力书写的巅峰之作还当首推张君的《吃过人的孩子》[250]。这首标题带有强烈鲁迅风格的叙事诗实际讲述的是一个化兽性为人心的悲壮爱之神话：一位母亲视若生命的两个孩子被饥饿的虎吞噬，她伤心欲绝的痛哭引动了神的怜悯，神愿意帮助她"唤一把刀子割断追逐着他（虎，笔者注，下同）的贪馋之梦"，但这位母亲拒绝了，她宁可以"让我也献给虎吧"的方式终结自己的悲痛，也不能"允许'死'借了我的手去建筑罪恶"。这种震撼人心的"爱的无限"最终"把我（虎）生命中新的意识燃着了"，虎生出了"补偿她的悲哀和孤凄"的悔改之心，最终祈求神将自己化成一个孩子孕育在这位母亲"比世界还广阔的怀里"。对爱之巨大感化力的浪漫主义书写在这首诗中达到了极至，全诗整体上也构成了对基督大爱救赎过程的一次详细图解。虽然此诗中的感化带有近乎不可能实现的理想主义色彩，但实施的困难度并不会妨碍人们对这种完美境界的向往之心。

在感化之余，爱亦能产生动力。吴文藻曾在《求婚书》中说过，"爱是人格不朽生命永延的源泉，亦即是自我扩充人格发展的原动力。不朽是宗教的精神。流芳遗爱，人格不朽，即是一种宗教。"[251]早年局限于爱情书写的徐志摩在他的后期创作中也开始关注爱之于人类的普世意义，其认识渐次深入到爱在人类进步中的推动作用，"只有爱能给人/不可理解的英勇和胆，/只有爱能使人睁开眼，/认识真，认识价值，只有/爱能使人全神的奋发，/向前闯，为了一个目标，/忘了火是能烧，水能淹"[252]；冯至浸于爱的滋养中，也进入了"我全身的细胞都在努力工作，/为了她是永久地忽忙；/宇宙的万象在我的面前轮转，/没有一处不是爱的力量"[253]的积极忘我状态。与以结果为价值判断标准的普世原则不同，基督教徒相信"耶和华是看内心"（撒母耳记上16章7

249 赵紫宸.百花生辰[J].青年进步，1921，45：72.

250 张君.吃过人的孩子[M]//孙玉石编.中国新诗总系 1927-1937.北京：人民文学出版社，2009：625-627.

251 吴文藻.求婚书[M]//王炳根编.冰心文选——佚文卷.福州：福建教育出版社，2007：51.

252 徐志摩.爱的灵感——奉适之[M]//徐志摩.云游.上海：新月书店，1932：54-55.

253 冯至.月下欢歌[M]//冯至.北游及其他.北平：沉钟社，1929：93.

节），故而认为初衷比结果更重要，"爱"就是基督徒最为重视的出发点。同样的工作，怀着爱心去做与麻木地完成任务，其意义绝对不同。"工作就是爱的表现"，"爱的工作……它是你一丝丝的心血织成的衣服，好像是给你爱人穿的。/它是你的热诚造成的房子，好像是给你爱人住的。它是以温柔洒种，以快乐收成，好像是让你爱人吃的。/它是你美丽灵魂的芬芳，献给人群欣赏"[254]。这类理念也是基督教入世性的突出表现之一。

　　值得注意的是，虽然没有人能否决爱的合理性，但张扬爱之伟力的文学在中国却并不吃香，冰心之"爱的哲学"受到诸多粗暴的非难与意识形态化的抨击就是一个证明。这主要是由于长期匮爱的畸形环境对人性趋爱本能的一种压抑作用。正如耶稣本人所说，"只因不法的事增多，许多人的爱心，才渐渐冷淡了"（马太福音 24 章 12 节）。两千余年来中国人一直生活在一个缺乏爱的社会之中，既对爱有极强的向往，又因为碰壁过多而怀疑爱、不敢接受爱、不敢尝试爱，更不敢相信爱的力量。中国人的国民性问题，与爱的缺乏有很大的关系：匮爱环境中成长起来的人群极度缺乏安全感，导致在交往中对他人信任不足，敏感多疑甚至被害妄想。同时，爱的缺乏也会引起一系列其他负面效应，如心理上无法真正独立、容易产生对他人的依赖、心灵麻木粗糙、因对世界缺乏激情而易被暴烈的刺激所吸引等。对爱力的不信任使中国人对批判人性之恶的文章更易产生共鸣，所以更欢迎探讨爱的复杂性与有限性的作品，缺乏爱与包容的批评家也以己度人地炮制出了冰心等基督徒诗人的虚伪论、虚幻论、局限论。虽然就冰心个人而言，因为她也只是比普通人在爱的探索之途上多走了一步，而非真正参透了爱，但书写者的局限并不意味着执着于以各种庸俗实用主义论调否认爱之合法性的行为有任何积极意义。

　　诚然，在人类社会的发展尚未进入"唯爱时期"、而仍处于"强权时期"[255]的低级阶段时，将基督之爱作为生活指导，必然会在操作上遇到很多困难和挫折。基督之爱极强的理想主义色彩注定了它就如同地平线上的标杆，人们只能向着标杆直跑，真正抵达的希望却非常渺茫。以国人对基督之爱最为严重的误解"忽视爱之公义性"为例，耶稣对罪人的宽恕常被误读为一种囹圄

254 佚名.工作的默想[J].女铎，1934，22（10）：64.

255 吴耀宗.唯爱主义与社会改造[M]//赵晓阳编.中国近代思想家文库：吴耀宗卷.北京：中国人民大学出版社，2014：194.

一气毫无原则的"容忍、姑息、退让、屈服"[256]，但人们往往忽略了耶稣饶恕的是罪人，却不是罪恶。与阶级斗争论"从肉体上消灭剥削阶级"的理念完全相反，基督给予人的是一种极为理性的"人事分离"的爱，通俗言之，就是我不爱你的某种行为，但我依旧爱你这个人。人们总会以"难道恶人也要爱"的话来反诘基督之爱的倡导者，但在基督教的视野中，"没有义人，连一个也没有"（罗马书 3 章 10 节），所以这个反问的前提就完全不存在。然而耶稣并不是说人不可以有愤怒的情感，愤怒之中也有积极的义怒，就如耶稣本人也曾愤怒地把做买卖的人赶出会堂一样。当耶稣大发义怒的时候，他恨恶的是罪恶，是恶行，而不是犯罪者。但人性的弱点决定了人类极易被情感所控制，难以真正达到这样理智的境界。所以说对人类而言，基督之爱是永恒的"在路上"之爱，它的意义在于提供了一个终极性的正确方向，以供人们不断地向它靠拢。同样，诗歌的魅力也并非得自于完备的理论体系或切实的可行性，而在乎诗作传达出的憧憬之美，以及诗人敏锐的感觉、出众的洞察力和执着的语言追求，这几点则正是爱之于诗歌最大的贡献。

　　信、望、爱本是道德领域之内的概念，在进入新诗领域之后，它们是在以写作原则的形式左右着诗歌的情感立场。信仰的虔诚度决定了诗人涉及某一宗教理念时的毁誉立场和词汇选择；盼望的强烈程度决定了诗歌的昂扬度和乐观度；而对爱力的认可度又更决定了诗歌中情感的丰沛度。几乎所有优秀的诗歌都是有信、有望、有爱的诗歌，即使它们的信、望、爱并非宗教意义上的信仰、盼望和大爱，而是普世环境下的信心、希望和爱感。信望爱的具体指向取决于具体的社会环境和诗人心态，也从不同侧面彰显着诗歌的灵魂，因此以这三个角度为解读新诗的突破口，或许能洞见新诗更深层次的精神底蕴，而这也正是基督性给予批评者的启示。

---

256 吴耀宗.积极的唯爱[M]//赵晓阳编.中国近代思想家文库：吴耀宗卷.北京：中国人民大学出版社，2014：161.

第二章 把福音传到地极——基督教事工新诗创作

　　将基督教内与教外的诗歌分别审视，是现代时期信徒诗人与普世诗人不约而同的处置方式。在信徒之中，文学创作、翻译，书报刊物的出版发行等工作有一个专门的称呼叫做"文字事工"[1]，诗歌创作作为文字事工的一部分，也是传播福音的手段之一。因此，可将信徒诗人的这部分宗教宣传性诗歌称为"事工诗歌"。而普世诗人虽然也对诗歌的社会功能有一定的强调，但对于诗歌艺术性的执着则远大于信徒诗人。这种源于根本写作目的的差别，决定了两个诗人群体在在平衡宗教与诗歌的关系时，前者的天平倾向于宗教，是为宗教而为诗；后者的天平则倾向于诗歌本身，是为诗歌而援教。侧重点的不同导致两种类型的创作体现出不同的诗情、诗意、诗境等，故而对教内的事工诗歌与教外的普世诗歌分离考察是很有必要的。

　　但在探讨开始前还有必要澄清两个事实。第一，是事工诗歌与普世诗歌的界限不能单纯以诗人是否接受过洗礼来划分。在文学界有部分在形式上受过洗礼的诗人，其实心里并未将洗礼看作很神圣的事情，如梁宗岱就是被李煜瀛所谓教会学校"美人计"[2]成功网罗入教的实例，他"原本不信教，也从不去教堂作礼拜，但为了圆自己的爱情梦，只好屈从女友的信仰（女友为基

1　事工指基督教会的成员执行教会所任命的工作，文字事工属于宣教事工的一部分，即并不直接传播基督教，而是借助文学创作、翻译，书报刊物的出版发行等达到传播基督教的目的。

2　李煜瀛.李煜瀛先生的讲演[J].少年中国，1921，2（8）：35.

督教徒，其父为教会人士），违心地加入了基督教"[3]；于赓虞是被大伯于襄武怀着对他惹事生非的担心送进天津汇文学校接受洗礼的[4]，"凭了耶稣之名，我才拿到了允许进大学的那张可恶的纸"[5]是洗礼之于他的唯一意义；冰心也"是很随便的，在燕京时曾受过洗，不过并不是在什么大教堂内，只是在一个老牧师家里。因为当时先生（即包贵思，笔者注）说许多同学都在看我的样，我不受洗她们便也都不受洗，我说那容易，便那么办了"[6]，在心理上"并没有入教做个信徒"[7]；闻一多态度相对严肃，他看"洗礼等于宣誓"，表示对这些"基督教的善恶、道德观、与人为善、服务社会、平等待人等等思想""深信不疑而且愿意身体力行"[8]，但在受洗时仍"对上帝如何创造宇宙、创造人的故事""都不信，认为是迷信"；作为牧师儿子的陈梦家受洗的时候还是一个婴儿，并不是出于他自己的意愿。怀着这样种种心态接受洗礼的诗人，自不可能将宏教视为诗歌应承担的责任，但并不能排除他们会在信仰的某个阶段对宗教的思考很深入、参与过一些服事工作、为基督教刊物撰写过一些包括事工诗歌在内的稿件。第二，即使从事宣教工作的信徒诗人也并非只写事工诗歌，他们也以新诗的形式传达非宗教的情感，如潘慧庵的贺寿诗、刘廷蔚的写景诗、谢扶雅的儿童诗等。甚至有的信徒诗人也如新文学界的某些教外诗人一样，将信仰与诗歌明确地划分开来，如诗人刘沧浪就曾将自己早期作品《无题一首》中"天堂"、"死神"、"黑暗的死影"等"还没有脱掉宗教的色彩"[9]的意象视为初习新诗时艺术不成熟的表现。故此，本章的探讨对象**事工新诗**，准确定义为由基督徒和慕道友所创作的、具有宣教意图的非歌唱型新诗，它包含普世诗人含有事工意味的新诗，而信徒诗人抒发普世情感的诗歌，则属于下一章的探讨范畴。

3　黄建华.梁宗岱[M].广州：广东人民出版社，2004：24.

4　许凤才.诗人于赓虞传略[J].河南文史资料，1985，14：125.

5　王文金.于赓虞年谱简编[M]//解志熙、王文金编校.于赓虞诗文辑存.开封：河南大学出版社，2004：836.

6　范伯群编.冰心研究资料[M].北京：知识产权出版社，2009：90.

7　冰心的情况比较特殊，上述表态是她晚年回忆时做出的，但20世纪20年代状况不同，她曾经作为信徒参与过很多服事工作。

8　闻黎明，侯菊坤编.闻一多年谱长编[M].武汉：湖北人民出版社，1994：126.

9　沧浪.写诗琐话[J].女铎，1945，复刊后2（2）：34.

第一节 "拼着生命宣扬他"——作为福音宣传物的事工新诗

以笔者目力所及，最早刊载事工新诗的基督教杂志是刘廷芳执行主编的《生命》，《生命》1卷8期上发表了冰心《傍晚》、《黄昏》、《夜半》、《黎明》、《清晨》等《诗篇》主题系列组诗和刘廷芳本人的一首译诗。在此之前，刘廷芳已邀胡适发表过异国风俗记录性的半白话诗《耶稣诞节歌》，是为事工新诗的准备阶段。冰心的组诗发表时间为1921年3月15日，与新文学界新诗创作蔚然成风、全国各报刊开始普遍刊载新诗的时间基本保持着同步。冰心并非传统意义上的虔诚信徒，她的作品中除后来被合称为"圣诗"的十五首《圣经》题材诗歌与《人格》等几首单篇作品属于典型的事工新诗之外，大部分作品都属普世新诗，不过1921年是她宗教积极性较高的时期，此时她在《燕京大学季刊》、《生命》等基督教刊物上都比较活跃，这组旨在再现《圣经》文字"超绝的美"[10]的诗歌也有较强的宏教意味。由事工新诗的发端可以看出，该类诗歌的出现是中国新诗的蓬勃发展与基督教新文化运动相结合的产物，以冰心、刘廷芳等为代表的文学研究会诗人群在这一过程中起到了极大的推动作用。他们所在的燕京大学成为事工新诗的策源地，创作积极性较高的事工诗人中有近半数与燕京大学有各种渊源，形成了一个较为松散的"燕大诗人群"[11]。

在《生命》为新诗开辟专门版面之后，《青年进步》、《兴华报》、《真理周刊》、《真理与生命》、《文社月刊》、《女铎》、《金陵神学志》、《两湖季刊》、《铎声月刊》、《青草地》、《紫晶》、《田家半月报》、《天风》等基督教刊物上也都开始陆续有新诗发表，基督教界的领袖如"燕大三师"吴雷川、刘廷芳、赵紫宸、"税专三杰"之二的张钦士、吴耀宗等都积极参与到事工新诗的写作中，一时间事工诗坛上涌现出冰心、陆志韦（知为）、赵紫宸、刘廷芳、刘廷蔚、汪震[12]、米星如、吴雷川、童星门、田韫璞、朱味腴、董曦辔、潘慧庵、蒋翼振、杨荫浏、田景福、柯家龙、吴破我、辛莺子、越坚、任大龄等多位高产

---

10 谢婉莹.《诗》序[J].生命，1921，1（8）：诗1.

11 详见附录1.

12 汪震属事工诗坛上的独行侠，并未在以上刊物中发表过事工新歌，他的作品主要发表于普世刊物中，后结为诗集《伐木集》，其中既收有事工新诗，也收有普世新诗。

诗人。其中，《生命》、《真理周刊》、《真理与生命》、《青年进步》、《紫晶》、《田家半月报》、《天风》等刊物中新诗发表较为集中，其他刊物的诗歌作品中传统格律诗和配乐赞美诗较多，新诗只是零星出现。普世刊物因受非基思潮的影响，在一段时期内对事工新诗的刊载频律不高，但如《大公报》等有基督徒编辑家参与编辑的老牌基督教刊物或《益世报》等在创刊期带有新教、天主教背景的报刊以及如《燕大月刊》等教会学校刊物，仍对事工新诗保持了比较大的容忍度。而且，随着时间的推移，这种排斥感渐渐减弱，1946 年的普世报纸《上海联合晚报》生活版上已有事工新诗酬唱应和之作出现[13]。上海女诗人何葭水曾统计过，仅 1947 年 3 月 10 日至 29 日间的上海《文汇报》，便刊载基督教相关文字八篇之多[14]，其中三篇属于事工新诗。事工新诗之发展速度和创作规模由此可见一斑。

事工新诗作为基督教福音事业的副产品，不可避免地带上了文化宣传物的功利意味，甚至可以说是以宣传为第一要务，故仅就其写作目的而言，它与旨在"指示出只有扩大发展民族革命战争才能把中国从帝国主义瓜分下救出，使它成为真正独立的国家"[15]的国防诗歌、"以抗日为目的，合于抗战的需要，能增加抗战的力量"[16]的抗战诗歌无甚不同，均是应时应势而生，区别仅在于宣传内容的差异。事工特色的加入为诗歌带来了特殊的宗教文化意识，从而使事工新诗呈现出与普世新诗迥异的艺术风貌。

一、护教解经——事工新诗的服事意识

新文化运动以来中国基督教的尴尬处境使基督徒知识分子深刻地感受到了人们的误解和偏见，也益发觉悟到基督教文字事工的迫切性。他们认为误解是引发矛盾的根源，只有通过了解才能将误会和矛盾消除。本着这种思想，他们在直接的论说文章之外，也以诗歌承担了部分教义注解和补充说明的工作，所以基督教事工新诗的宣传内容中基本囊括了基督教论争中经常触及的一切重要问题。

---

13 1946 年 7 月 10 日上海联合晚报《生活》版发表明道的诗歌《客西马尼》，同报同副刊 1946 年 7 月 31 日刊出了虹的应答诗《献给客西马尼园中的祈祷者——答和生活第六期〈客西马尼〉原诗》，参见葭水.野花里见天国.天风，1947，66：10.

14 葭水.野花里见天国[J].天风，1947，66：11-13.

15 周扬."国防文学"[M]//周扬.周扬文集：一.北京：人民文学出版社，1984：120.

16 何容.序（一）[M]//冯玉祥.抗战诗歌集.武汉：三户图书印刷社，1938：序 1.

（一）《圣经》阐释

《圣经》作为宗教和文学两个领域的经典，令信徒诗人和非信徒诗人都颇为钟情，也成为新诗素材的一大源头。桃李不言下自成蹊，演绎《圣经》内容的诗歌比之其他说教意味明显的事工新诗，反而更易产生良好的基督教文化普及效果，于是先解经后护教便成为一些事工诗人的宣传策略。最早的事工新诗冰心的《诗篇》主题系列组诗，以及《兴华报》所刊发的第一首新诗——冰心的《天婴》，都是《圣经》演绎诗歌。

《圣经》演绎诗歌包含多种形式，最多见的是单首独立作品，其次是组诗，分为同题多节式组诗如赵紫宸的《客西马尼》（1921）、谢扶雅《葡萄园》（1922）等，和异题组诗如冰心的《诗篇》演绎系列（1921）、吴雷川的《主祷文演词》系列（1923-1924）、许佐同的"牧人与狗"系列（1924）等；偶尔也有散文诗、诗剧等诗体，如徐雉的诗剧《复活》（1923）、刘廷蔚的散文诗《哀吁——为魏士毅女士作》（1926）等。在内容方面，人们最钟情的是耶稣的生平故事，如诞生、受难及复活等，尤其在圣诞节及复活节前后，相关主题的诗歌总会进入井喷期。此外，《圣经》经典篇章、优美段落等也都是经常入诗的题材，如徐雉诗剧《复活》即是由《路加福音》中著名的"浪子回头"故事演绎而得。

《圣经》演绎诗歌不是完全客观的场景还原，而往往会掺杂进社会时代特色与诗人的个性特征。同是圣诞诗歌，洪业看到的是"伯利恒的星"[17]，赵紫宸看到的却是"冷酷的马槽"[18]，缪祖荫听到的是"安琪儿飘飘兮临空遥唱"[19]，陈得源想到的却是"髑髅处的/　白杨茫茫，/　白坟萧萧！"[20]。在本色化神学的倡导者中，谛牟的观点最为明确且有代表性，他直接在诗跋中指出，自己的写作目的是"所以纪念耶稣诞辰，更以纪念比其诞辰为尤要尤重者"[21]，所以他强调"马槽的圣婴，/天空的景星，/报喜的天使，/来朝的博士，/西面的认识，/亚拿的消息"并不重要，只有"人格之完全，/至言之遗传，/门徒之训练，/天国之创建，/洗脚之一夕，/十架之惨剧"才是　"则那木工耶稣，/仍是基督无"的根本决定因素。

17　洪业煟莲.圣诞诗（一）[J].生命，1924，4（4-5）：圣诞诗 1.

18　赵紫宸.圣诞前一夕[J].生命，1924，4（4-5）：圣诞诗 2.

19　缪祖荫.圣诞夜[J].兴华报，1924，21（49）：26.

20　陈得源.圣诞诗[J].生命，1925，5（5）：59.

21　谛牟.假使[J].生命，1924，5（2）：79.

在 20 世纪 20 年代的社会文化环境中，大部分新诗读者仍局限于知识分子群体，故而事工诗人在创作《圣经》演绎诗歌时，往往更注重本色化基督教思想的体现和耶稣形象去神性化的尝试，而不似圣剧、圣歌创作那般追求平民化与大众化。后两种形式，尤其是诗剧，因为有演出的考虑，对原著情节的忠诚度要远高于其他诗歌，也会在口语选用上格外留意。圣剧中的人物对话往往随着地域不同而带上强烈的地方特色，如浪子归家后父亲与仆人的对话在徐雉笔下就得到了这样的处理："父亲：（向门内喊）/"喂！阿四！"/（仆上）/仆："什么事？"/父亲：/'……他在远方做买卖，/他在远方遭饥荒；/他是死而复活的，/他是失了又找得。/听见？……'/仆：'听见。'父亲：'你去进我的卧房！/你去开我的衣箱！/检出上好的衣裳，/给我那儿子披上。/晓得？…………'/仆：'晓得。'……"[22]这也是宣教语言本色化在诗歌领域的一种体现。

（二）护教辩驳

基督教新文化运动所催生的刊物如《生命》、《真理周刊》、《真理与生命》、《文社月刊》及后来的《天风》等，自诞生起就具有较强的精英意识，不愿如街头传教士一般放低姿态苦口婆心劝人入教，而是视"证道"重于"传道"，希望通过证道宣传使人们切实地了解和感受基督教，先消除敌意，能够对基督教徒抱以宽容和善意，再言及走入信仰。故而除释经外，护教证道也是事工新诗的另一大要务。

对护教性创作倡导最力的是证道团同人刊物《生命》和真理社同人刊物《真理周刊》，这两个刊物中的事工新诗回应了绝大多数对基督教的批评指责：针对人们将基督教视为洋教并与帝国主义等一观之的现象，陈国梁毫不客气地对只说空话缺乏同情的"狄会吏"[23]大加讥讽，觉华也质疑了"凡是西人来华传教，都是出于牺牲博爱的心，帮助中国，谋求幸福"[24]的说辞，通过对不良西教士的抨击为中国基督徒与外国传教士划清了界限；针对人们晒嘲的"复活"、"永生"等说法，吴雷川作出"胜过死亡即复生，/明明此理人公认。/古今来多少贤豪，见危授命，/也都是精灵不泯"、"至诚尽性，便得永生"[25]的阐释，试图用富有逻辑性的语言沟通两个思维体系；针对科学与宗教之争，

22 徐雉.复活[J].青年进步，1931，139：121.

23 陈国梁.马铃薯[J].真理周刊，1923，1（17）：4.

24 觉华.我怀疑了！[J].真理周刊，1925，3（16）：3.

25 吴震春.耶稣复生颂词[J].真理周刊，1924，2（4）：1.

陆志韦以"无可逃避的机械呵，/是现代人生难解的谜"[26]道破了机械逻辑给人们生活带来困惑的事实，赵紫宸也曾专作一篇《小仓别墅》阐述了他"自然与我们合一"、"我心与人心连结"[27]的和谐共存理想；针对基督教与进化观的矛盾，佩之认为要"在爱的河里""登进步的舟"才能"渡到幸福的境"[28]，吴雷川提出"于今世界文明启。/我侪观念当迁徙"[29]，赵紫宸也采用论辩的方式将保守派信徒的观点"目下的新文化，/排击上帝的话。/谁知近二千年，/真理不损一点。/不受时代蹂躏"与本色化信徒的观点"让神迹救神迹，/历史当有踪迹。/信条，人的锁链，过了应用时期。/难免不成古董。/过时便不易懂，/因为不合经验"分别展示，最终落于"我们正当携手，/同向天国行走"[30]的团结号召上，表明宗教与进化的相容性；针对人们对于牧师剥削压迫教众的指责，赵紫宸针锋相对地给予回击："牧师无奈何，/妻子儿女一大群，/穿的是什么？古式衣裳与布裙；/吃的是什么？油炖豆酱青菜根；/住的是什么？颓垣浅屋与蓬门"，"教友若有病，/牧师与他同吟呻，/教友若穷迫，/牧师与他共艰困；/口角与争讼，/苦情都向牧师陈；/教友送东西，/牧师立刻要留神"，"对外不容易，/对内自己饿着喂羊群；/终夜呼吁主，/替人弹泪到天明"，"毒日头底下，/十里廿里奔路程，/下乡讲道理，/一茶一水难沾唇！听人骂洋奴，/弃宗蔑祖没恩分；/稍或不谨慎，/拳头如雨也上身"、"不是寄生虫，/食人脂膏更无因，/高举十字架，/发扬牺牲的精神！灵粮给他人，/还怕他人依旧去沉沦；/未闻寄生虫，/尝此万苦与千辛！"[31]倾诉了现代中国本土牧师的艰难窘境与满腹辛酸；针对人们对于基督信仰与爱国主义、革命精神相矛盾的指控，赵紫宸表示基督徒们既可以"尊崇耶稣"，也可以"深爱中华国土"[32]，既能做到"今夜，且和着清琴/一曲高歌赞美他；"也能做到"明朝要走尽山河，/去为我拯救中华"[33]，而论及革命精神，则无论是耶稣的"推翻

---

26 陆志韦.哀歌[M]//陆志韦.渡河.上海：亚东图书馆，1923：162.

27 赵紫宸.小仓别墅[J].生命，1924，4（6）：诗3.

28 佩之.上帝是爱[J].生命，1921，2（4）：诗5.

29 吴震春.恭祝——圣诞（耶稣圣诞祝词）[J].真理周刊，1923，1（39）：1.

30 赵紫宸.两个牧师[J].生命，1923，4（2）：诗3-8.

31 赵紫宸.牧师经[J].生命，1922，2（9-10）：诗1-4.

32 赵紫宸.两个牧师[J].生命，1923，4（2）：诗8.

33 赵紫宸.圣诞[J].生命，1922，3（4）：诗2-3.本诗在收入诗集《玻璃声》时，最后一句修改为"明朝要走尽山河，/拼着生命宣扬他"。

价值"[34]还是施洗约翰的"骆驼皮衣服与蝗虫野蜜"，都"是不妥协的革命的决心"[35]。

这些驳斥与申辩详细解答了人们对于基督教的种种疑问，阐释了基督精神与其他主义的相通性，表现出事工诗人希望人们了解基督教的迫切愿望。然而若考虑到他们的出发点，这种传播范围有限的小众诗歌很难起到他们预期中的作用，相对而言文学价值也不如其他类型的作品。但护教论辩型事工新诗能够从诗的角度还原当年非基运动的真实面貌，具有不可忽视的史料价值。

（三）异教信仰批评

基督教信仰的排他性使信徒们对于异教信仰尤其是偶像崇拜现象严重的宗教持不以为然的态度。其实客观地说，民国时期的基督教徒反异端意识不强，不排斥其他宗教场所，不回避参观佛寺，甚至还长期租赁了香山卧佛寺作为基督教青年会活动场所，在基督教刊物中也可以看到对释迦牟尼、达赖喇嘛、甘地、泰戈尔的正面描述和客观记载，但这些都是一种宽容公允的姿态，对于佛教道教的偶像崇拜行为和部分异教教义，基督徒还是颇有讥诮。比如一向以温厚儒者气质示人的赵紫宸，就将他难得一见的尖刻全部倾在了《赶佛》一诗之中："朋友，把你满嘴的佛。/快快赶走了罢！/我听你念"南无阿弥"/一肚的饭便不消化，/脚底怕踏蝼蚁的人，/总算是一片婆心；/但是蝼蚁比人贵重，/五分利息还似乎轻！我们大家颠倒做事。/全亏地心有摄引力！/慷慨的都是穷苦人，/猫狗还分他几合米，/嫩黄的柠檬汁，/有点酸意——帮助消化——"[36]陆志韦也对佛道的生死理念不以为然："夏天没有到，/知了先知了；/抱了杨柳条，/隔月不换调。/这叫做半生半死，/这就是长生不老。/据我冷眼看来，/这也是菩罗门的大道。"[37]刘廷蔚稍微客气，只稍稍揶揄了和尚的世故："青杯方丈倒会殷勤，/出家人亦得学应酬，/他连连说是同我有缘分，/回头又跟四川小郭认乡亲，/究竟呢，前世因缘/ 还抵不上个乡亲，/起先说呷杯清茶结结缘，/认了乡亲/ 随即叫切面煮点心"[38]。朱味腴的批评则更多了些沉痛意味："今日谢火神，/处处黄旗飘，/三牲香烛外，/还须大元宝，/奴

---

34 赵紫宸."价值毫无的人儿"[J].生命，1924，4（8）：诗6.

35 赵紫宸.莫忘[J].真理与生命，1932，6（8）：37.

36 赵紫宸.赶佛[J].生命，1924，4（9-10）：98.

37 陆志韦.动与静[M]//陆志韦.渡河.上海：亚东图书馆，1923：67.

38 刘廷蔚.游庐山黄龙寺——十三年寒风[M]//刘廷蔚.山花.上海：北新书局，1930：43.

颜婢膝恭而敬, /只博火神哈哈笑",可一旦火神"再变脸",还是"居民避浩劫, /妻离子女抛, /最伤心: / 尸横满目, / 闹市地皮焦"[39]的场景,与宗教信仰的冲突相比,他更在意迷信祭祀带给百姓的苦难,与此相似的还有陆志韦的《治丧》、《纸钱》等作品。不过事工新诗中这类作品总数不多,因为它意在化解基督教与中国民众的误解与矛盾,而不想挑起更多矛盾,所以事工诗人对待佛教道教这种在中国民间有着广泛群众基础的宗教时,总体态度还是较为慎重的。而且基督教本色化运动的倡导者长期为尊重信教自由奔走呼号,也不便经常对其他宗教指手画脚,所以整体而言,事工诗人有意识地压抑了在异教批评方面的冲动。由于基督教刊物读者群的范围有限,这类作品很幸运地没有激起其他宗教信徒的激烈反应。

二、互励共勉——事工新诗的肢体意识

在基督教中,肢体一词的隐喻义源于《圣经》罗马书中"正如我们一个身子上有好些肢体,肢体也不都是一样的用处。我们这许多人,在基督里成为一身,互相联络作肢体"(罗马书12章4-5节)一句,常用来指代在耶稣里合而为一、承担着不同服事工作的信徒。在这种思想的作用之下,基督教徒间的关系往往是既密切非常又和而不同的。因此,教会内部会产生不同的团契[40]和社团,而各团契和社团的凝聚力,则远远超过一般不靠血缘关系和物质利益维系的社会团体。

肢体是服事工作的主要承担者,不同肢体主要通过不同类型的基层基督教社团活动开展事工。但基督教界没有专门的文学社团,也就没有与之伴生的基督教文学刊物,更遑论诗刊。因此与事工新诗关系最为密切的文字事工,就常常依托生命社、真理社、文社等民国基督徒知识分子社团进行,由社团同工担当撰稿、编辑、出版等工作,成为基督教社团文化生活的副产品。然而虽然宣教目的相同,但依托社团的不同也会导致事工新诗的创作与发表呈现出一定差异性。

---

39 味腴.谢火神[J].青年进步,1925,85:104.

40 团契一词有两重所指,一是指神与人之间及信徒之间的亲密伙伴关系,二是特指基督教信徒为交通信仰、分享宗教经验、互促灵命成长而组成的聚会团体;其中后一所指中,广义的团契还可以指代一切基督教徒的聚会。基督教团契作为信徒最基本的属灵生活组织,与普通社团的区别主要在精神领袖及交流内容方面,而活动方式上的差异不大。

　　整体而言，基督教界对新诗的重视度略低于赞美诗、传统诗词和译诗，《文社月刊》本意要以文字事工为主要内容，但留给文学作品的空间很有限，诗歌更少；燕大六人团的文艺主题刊物《紫晶》将绝大多数力量放在祷文与赞美诗上，诗歌专栏之中亦由译诗和述诗占了大半空间。相比之下真理社与生命社较重视原创新诗，故而他们主办的三种刊物中事工新诗尤其是证道诗歌的数量和质量都较高，1945 年以后的天风社继承了真理社现实批判与证道护教并重的作风，在诗歌作品的选刊风格上也略有相似。中华基督教青年会的《青年进步》则因采取了与这三个社团刊物"全国学界"[41]不同的读者群定位，选择了不同的诗歌选刊原则。作为青年会机关刊物之一，《青年进步》贯彻了"以造就青年德育、智育、体育三者""发扬基督精神，团结青年同志，养成完美人格，建设完美社会"的宗旨，将整个青年团体作为预设读者群，重在"团结"，其"提倡、启导"[42]的意味较强，而"传布基督教"、"确实证明基督的真理"[43]的迫切性则远弱于前者。故而《青年进步》43 册首次刊出的三首新诗都与宗教没有直接关系，正式的事工新诗从 44 册起才出现，并且该册刊发的三首诗中只有赵紫宸的《梦》具有比较隐晦的宣教意味，颇有投石问路之意，45 册之后，事工新诗所占比例才逐渐增大。到 20 世纪 30 年代以后，华北基督教农村事业促进会及后来的中华基督教会西南边疆服务团开始将服事对象定位为农民，前者主办的《田家半月报》是少有的大众化基督教刊物，不过随着读者文化层次定位的降低，该报中的诗歌作品分为大众诗歌、新诗两类，前者不乏王老九式的顺口溜作品，作品中多含方言俚语，浅白易懂然而诗味较弱，新诗则具有一定的文学价值，但对艺术性的追求仍弱于通俗性。并且《田家半月报》采取了《女铎》式淡化宗教色彩的办刊方针，虽然名义上是基督教报刊，但这重背景在躲避政治审查方面的作用远大于宣教作用，除每期中的宗教专栏之外，其他专栏包括文艺专栏对作品的宗教性基本没有要求，加之当时思想界救亡压倒启蒙的倾向早已扩展到了基督教界，《田家半月报》所刊的诗歌中事工新诗只占一小部分，反倒是抗战诗歌的比例更大。

　　事工新诗除创作与发表受限于社团组织之外，对于信徒追求肢体联络合一的属灵生活也有所表现。有些诗歌旨在褒扬弟兄姊妹间的亲密关系，如刘

---

41 发刊《生命月刊》宣言[J].生命，1920，1（1）：1.

42 丽海.青年进步发刊词[J].青年进步，1917，1：2-3.

43 证道团宣言书[J].生命，1920，1（1）：证道团宣言书 1.

廷芳的《战壕中遗嘱》、《煨莲到京就职后第三个星期》、《恳求》、李天铎的《寄友钟毓才张恩旭二君》、杨惠公的《送杨约来君赴申业医》、赵紫宸与朱味腴的应答诗系列、蒋翼振在燕大进修离开后写的下一系列追忆诗歌《话别燕京》、《别六人团》、《寄王俊贤》、《寄燕大张景宋》、《寄燕大六人团》等；有些诗歌展示宣教生活的艰苦并相互劝勉以坚定信心，如"宁让旁人说人心险如鬼，/我靠了我的迷信立身"、"你说你家里有妻有女，/一口冷饭总是要吃的。/这一口冷饭能磨炼节气，/倒也能逼死全无魄力的"[44]、"从前我吃不下这粝饭，/饭里又拌着这些沙子，/如今我什么都能够咽，/就只有时眼泪咽不下"[45]，"旷野里已经有了声音，/瑟瑟的荻花应答着，/要开山填壑的造公平，……/等待着的苦人正多呢/那爬上山巅的都说/东方有一片白濛濛"[46]，此外《田家半月报》上刊出的纪念祝词、周年贺诗、读报有感等也大部分属于勉励性作品；有些诗歌书写信徒探索过程的艰难与追求真理的决心，在本色化基督徒知识分子进行探索实践之时，不止会遇到教外的讥嘲谩骂，也常遭到教内保守势力的反对，赵紫宸在《三个祷告》中的记述就是这种情形的一个写照："如今朋友们又为我祈祷：/'全能的主，求你把他救好；/别让他的异端邪说，/打破了古圣所传的真道'。//我呢，也很热心祷告，/我说：'真善美的本元，/帮我认识你，服事人，/做个自由勇敢的好少年。'[47] "宁可为着真理舍命，/我原来是扑火的灯蛾，/　埋骨在真理中就是我的权利；/　冷峭的讥诮不值得一顾盼，/除却真理，其余的皆烟消云过"[48]；有些诗歌分享宗教经验和神迹奇事，以见证坚立彼此的信仰，如陆志韦《月光在棕树》对"我的上帝像空气一样近，我见他在棕树下生活"、"我用肉眼同他会面了"[49]之奇妙经历的直接记载，吴耀宗《我最好的朋友》对第一次体验到耶稣存在的详情做出热情详细的展示，在无神论者看来或荒诞不经或小题大做，但于肢体间却能成为增强联系的纽带。团契生活或直接、或间接地入诗，为事工新诗注入了人气，拉近了事工新诗与普通读者的距离，以免其陷入与上帝的封闭性对话中无法自拔。

---

44 陆志韦.寄保和[M]//陆志韦.渡河.上海：亚东图书馆，1923：62-63.

45 赵紫宸.路遇[M]//赵紫宸.打鱼.上海：广学会，1930：95-96.

46 赵紫宸.圣诞之后[M]//赵紫宸.打鱼.上海：广学会，1930：202-203.

47 赵紫宸.三个祷告[J].青年进步，1921，47：89.

48 赵紫宸.宁可[J].真理与生命，1927，2（13）：374.

49 陆志韦.月光在棕树[M]//陆志韦.渡河.上海：亚东图书馆，1923：74-75.

三、社会改良——事工新诗的参与意识

基督教作为入世倾向最强的宗教，其信徒的社会参与意识一直很强烈，不仅热衷于基础教育、医疗、农村及边疆建设等带有社会福利性的实际工作，也会致力于在个人自修、社会改良、政府建设等方面建言献策。这种"愿为苦难的人们分担重轭/　震发未来宇宙的洪声"[50]的参与意识一方面拓宽了事工新诗的题材，为其注入了现实主义的血液，使它不至局限于神人关系书写的狭隘范畴；一方面也为事工新诗带来了批判力量与斗争精神。然而由于耶稣之爱带给他们的宽容精神，事工新诗对种种社会问题虽也有依据上帝诫命作出的严厉责备，但是比起指向先破后立的革命性批判斗争，还是带有更多的改良意味。

（一）人格建设

事工新诗的改良努力首先在于试图"造成我们高尚独立的人格"[51]。余日章的"人格救国"方针始终是本色化神学家的努力方向，在基督徒的观念中，"主义救不了世界，/学说救不了世界，/要参与那造化的妙功呵，/只有你那纯洁高尚的人格"。"人格救国"的提出带有一定的启蒙意味，它在精神本质上与新文化运动的"提倡新道德反对旧道德"存在一定呼应关系。当以诗歌倡导人格建设之时，事工诗人展示了他们作为启蒙者的一面。

首先，事工新诗拒绝自私与贪念，提倡牺牲奉献精神。吴雷川曾深刻地反省自私与念婪这两项人性的基本弱点："我们贪得的欲望，常常在我们心中发动滋长，驰骋逐鹿。/得寸得尺，如食叶的春蚕，/予取予求，如难填的深谷。/岂知贪财是万恶的根原，私己是自心的牢狱。/可叹世人，往往求益而反损，求乐而反辱"并祈求上帝"节制我们的贪欲"[52]，虽带着几分说教的生硬，但也切中肯綮。田景福也曾呼吁"让你的自私像火般灭干净罢！/'欲求生命的必先丧掉生命'"[53]，刘廷芳则以老牧师"在乐园这一边，那会有闲居休息"[54]式的奋斗不息来图解耶稣牺牲服务的精神。这些倡导之于事工诗人的意义不

---

50 佚名.财宝[J].女铎，1934，23（6）：59.

51 冰心.人格[N].晨报，1921-06-28（4）.

52 吴震春.我们日用的粮食今日赐给我们（主祷文演词之五）[J].真理周刊，1924，1（46）：2.

53 田景福.永久的生命[J].紫晶，1935，9（2）：350.

54 刘廷芳.老牧师[J].紫晶，1935，8（2）：357.

仅在于社会服务方面，也是靠主扶持、与人类天然的罪性作斗争信念的一种表现。

其次，事工新诗批评伪善与固执，鼓励忏悔与反省。事工诗人相信"我耶和华是鉴察人心、试验人肺腑的"（耶利米书 17 章 10 节）。面对说着"'为的是要会合同伴，/所以让天地去黑，黑，黑，/时候到了，一齐下来，/把污浊的地面洗个干净/把黑暗的世界变成光明'"却使得"一切的地面更污浊了，/一切的物件更腐败了"的黄梅雨，张文昌给予的是"你这可咒诅的黄梅雨啊！/不要再假冒为善地来欺人罢！"[55]的迎头痛斥；面对"做过亚伯拉罕的子孙，/　　也把'和散哪'高声嚷过。/他们放过了那个淫妇，/　　竟砍死了士提反圣徒"[56]式本末倒置且自以为是的信徒，赵紫宸用"石头"来评价他们刚硬的心。相应地，事工诗人在普通人最易滋生骄傲之心的情境中，却常能难得地冷静下来设身处地进行自我反省，如刘廷芳和赵紫宸都曾追问过自己若身处客西马尼园，是否会"未曾有一次拔刀的勇气"、"连远远的跟随，也未曾做到"[57]、"我怎敢与他忧患相共"[58]。这种难得的自省精神不止是基督圣善之光映照的结果，其中也不无启蒙意识的参与。

事工新诗更赞颂爱与美，通过对造化之奇、世界之美、自然之爱、人类之情的书写，唤起人们心中积极正面的情感，以祛退绝望、憎恨、冷漠等灰暗情绪。如冰心的《赞美所见》、赵紫宸的《山花》、苏鸿图的《司夏的神来了》、刘廷蔚的《献诗给母亲》、刘廷芳的《世界还有她》、田韫璞的《小孩》等，都在美善的发现之途中作出了不同的采撷。在这一点上，事工新诗的写作策略与传情方式与普世新诗比较接近，但它们仍有一个区别：事工新诗不仅将爱与美视为书写对象的本体特征，还将它与上帝创造之功、大爱表征联系在一处同加赞颂。

此外，赵紫宸的《葡萄树》、王悟真的《织布歌》《纺花歌》、朱味腴的《沙镇到鹤墅途中》、陆志韦的《告女权运动者》等作品，还参与到感恩之心的培育、劳动精神的提倡、男女关系的平衡、女性形象的重建等具体问题的批判与探讨之中。纵观这些作品可以发现，事工诗人的关注点不仅在于如何

55 张文昌.黄梅雨[J].青年进步，1924，70：95-96.

56 赵紫宸.石头[M]//燕京研究院编.赵紫宸文集：第 4 卷.北京：商务印书馆，2010：627.

57 刘廷芳.西门与犹大[J].紫晶，1936，10（2）：289.

58 赵紫宸.客西马尼[J].真理与生命，1928，3（11）：39.

"破"更在乎如何"立"，在乎国人完美人格的塑造，关注经历"苦价重重"以成为"自豪的器物"、"向磨炼者慰藉！/见证那造我者慈爱莫测"[59]的具体过程。他们一切的倡导都是以耶稣为榜样，一切目的都是为荣誉上帝的圣名。

（二）时局批判

在基督徒心中有"天国"作为理想社会的模型，在这一完美模型的映衬下，此岸世界尤其是尚未完全走出蒙昧状态的中国，自然显得格外千疮百孔，有太多值得批判的恶劣之处。事工新诗自诞生起就着力于时局批评，这种批评贯穿于它的整个发展过程中。它的批判有直接的"世上成千成万的人群，/都在饥寒交迫，痛苦流离/受着黑心肝们的枪杀，鞭笞，监禁……/被迫害者的鲜血，/在灌溉着魔王的摇钱树；/就连蔓草开花也都是贪婪的吸血鬼"[60]，有间接的"我们富贵聪明的撒都该，/趁活着享乐吧！享乐！……神圣的祭司是自己人，/有势力的希律党／ 可称同志，/高贵的罗马人　看得起我们，/聪明的文士，嗯！/不会反对我们的意思"[61]；有群体的"今年：上帝的和平尚未普遍，/好些地方尚冒着烽烟，/被掳的，好些人尚未得释放，/瞎眼的，好些人尚看不见天。/受压制的未尽得自由，/上帝的禧年尚未尽到人间"[62]，有由个体而及全人类的"我们知道世界的纷乱，都是因为人事的不平。/官家可以放火，百姓不许点灯。/窃铢者被杀戮，窃国者享尊荣。/这般有己无者人的心理，自以为倚仗势力，可以纵横盖世，快乐一生。/那知道有感必有应，这是人类一致的原因，亘古不可变更。/我们世人所遗留的罪恶，在这社会中潜伏传染，循环往复，/终使我们各人不得安宁"[63]。它的内容涉及战乱，"满目荒凉，山崩地裂，/你看横流的都是碧血。/一阵阵的喊杀！/一阵阵的呼救！/哎呀！　这些尖锐的悲鸣！　是神号？　还是鬼哭？"[64]；涉及民生，"听！/静听！/'妈！我饿！'/'妈！我冷！'/'妈！为啥子不回家？'/多少的儿童呼饥号寒！……'孩子的爸爸病死了！'/'宝宝饿得整天哭号！'/'天哪！我可怎么过哟？'

---

59 蒋木丰.锈铁[J].田家半月报，1948，14（24）：17.

60 辛莺子.背起战斗的十字架[J].天风，1947，81：14.

61 越坚.撒都该的哲学[J].天风，1948，6（15）：12.

62 谢秉德.圣诞献辞[J].天风，1946，52：13.

63 吴震春. 又求饶恕我们的罪如同我们饶恕得罪我们的人（主祷文演词之六）[J].真理周刊，1924，1（47）：2-3.

64 刘岷葊.哀冬[J].青年进步，1922，53：80.

/多少的老弱孤苦无告！"[65]；涉及剥削压迫，"白佔田园，/糊涂乾坤，/待那贫苦的人们刻薄到十二分，/毫无一点慈悲心"[66]；涉及政府影射，"那崇楼杰阁的希律宫正坐着老狐狸希律，/它饱餐人民的血肉将脏腑献给罗马皇帝；/那些任圣职的祭司，瞎眼的领路者，/正将圣殿变成贼窝，经营买卖坐地分肥"[67]等等，触及了现实生活的各个方面。

事工新诗真实而全方位地展示了基督徒诗人眼中的各种社会乱象怪象，在宗教这重特殊身份的保护下，有时能够言及其他国统区作家不便涉及的内容。不过宗教的保护也不是万能的，如激进的《天风》杂志就时常会有文章被临时抽掉、匆匆替换上应急之作，以至于刊物不时开有"天窗"，其整体性也受到一些影响。此外事工新诗的宣传动机决定了它对于时局的批判往往不甘如普通文学作品一般止于以展示与提问唤起人们的思考，还有直接参与并指导现实的意图。但是，基督徒所倡导的大爱观念与"推翻"、"打倒"一类的暴力呼声显然不易相容，面对他们所触及的各种问题，事工新诗的建设力显得不足，只能通过呼吁"上帝阿！/你把他满地的势力收拾尽；/那时候，虽流泪成河，/没有人怜悯他，/因为他从没有怜悯过一个人"[68]来改变这一切、通过"'饿了给我吃！'/'冷了给我衣！''我病了看顾我！'/记否我主苦口婆心的叮嘱"来唤醒人们的同情心。这些理念上的努力在残酷现实的面前显得过于虚幻，而失去了安慰的力量。

（三）组织号召

事工新诗作为一种宗教宣传品，在面对一些特定局势下亟待解决的问题时，必然要以它独有的形式发出号召。面对农民日常耕种中的现实困难，余牧人以《车水歌》号召人们"天助自助"、"邻舍相帮"；面对初等教育中存在的各种歧视与不平等，陶行知呼唤一种"让有钱的小孩进来，/也让无钱的小孩进来。/让男孩子进来，/也让女孩子进来。/让合法的小孩进来，/也让私生的小孩进来。/让雪白的小孩进来，/也让漆黑的小孩进来。/让爸爸妈妈的宝宝进来，/也让无父无母的孤儿进来。/让平平安安的小孩进来，/也让千灾万难的

---

65 佚名.听！那里的呼声？——为了纪念耶稣降生[J].田家半月报，1941，8（24）：19.
66 味腴.雪[J].青年进步，1925，84：99.
67 越坚.耶路撒冷啊[J].天风，1948，6（1）：13.
68 味腴.雪[J].青年进步，1925，84：99.

难童进来"[69]的教育公平；面对犯我国境的侵略者，诗人们号召后方百姓有钱出钱有力出力支援抗日，"北风起，紧紧刮，行事为人神鉴察。/为救国，把钱花，真神欢喜众人夸。/主耶稣，爱国家，愿我同胞都效法。/想好了，快行吧，救国就是救自家"[70]、"为国祈祷求太平……悔过迁善挽国运……出款当兵神保佑……对于爱国表同情"[71]等。这些号召性的诗歌向人们展示了基督徒属世的一面：拿起《圣经》合起双手，他们是上帝的子民；下到战场走上街头，他们也是中国的公民。这类具有实际意义的号召性作品，比之自我表白爱国情怀的诗作，有更强的说服力和感染力。

他们的号召诗歌有时确实可以产生实际的社会反响。当然，这种反响绝不会仅来自事工诗人小众群体的呐喊，而是顺应时势、与普世诗人及社会各界知识分子的呼吁合成巨大洪鸣而达到的效果。例如在人力车夫制度问题上，事工诗人曾努力奔走呼告以求消灭这"人像畜生弯着腰，/人像牛马一样跑"、"人拉人"的"东方的笑料"[72]，吴江冷号召人们"请不要轻视这颗颗的汗珠，/日光照着车夫底额前，/汗点反射金丝万道，/这多是人格的荣光"[73]，朱味腴提醒人们坐车者尚"一路上怎禁得，风如箭，雪如刀"，"患难朋友"[74]车夫又当如何，赵紫宸让人们关注到车夫的贫困，陆志韦也替他们发出过"我们拉车的真算不得人"[75]的控诉。各界有识之士的人道主义呼召终于使得民国政府在1946年3月5日将废除人力车制度提上了议事日程[76]，虽然因为各种复杂因素这项政策最终没能彻底贯彻落实，但人力车夫群体确实从中得到了实际利益。

事工新诗的参与意识源于基督徒"荣神益人"的根本目的，而在"荣神"、"益人"两个目的之中真正为大众所接受的无疑是后者，《田家半月报》、《女铎》要比《生命》、《真理周刊》更受欢迎就是出于这一原因。基督徒的"益

---

69 陶行知.民主到那里去[J].田家半月报，1945，11（19-20）：18.

70 王祐民.想好快行[J].田家半月报，1940，7（23）：15.

71 佚名.真正的爱国[J].田家半月报，1940，7（8）：8.

72 佚名.取消人力车[J].田家半月报，1946，12（17-18）：20.

73 吴江冷.汗点[J].青年进步，1921，45：68-69.

74 味腴.雪天上浏河[J].青年进步，1925，83：104.

75 陆志韦.某车夫言[M]//陆志韦.渡河.上海：亚东图书馆，1923：46.

76 汤蕾.抗战后人力车夫多重管理角色探析——以1946-1949年汉口废除人力车运动为例[J].学习月刊，2012，504：41.

人"思想来自"我们认你为父，我们就知道我们人类都是弟兄。/无论是过去现在未来的人，以及种族阶级程度不同的人"[77]的平等观，因此，事工新诗的参与意识虽有宣传的考量，却也不能抹杀诗人创作的真诚性。作品中所体现的诗人的同情、急切、哀伤、愤怒等情感都是真实由衷的，因而诗人的苦难书写、战争书写、死亡书写常能带给读者感同身受的阅读体验，这也是事工新诗的人文价值所在。

客观地说，在整个现代时期，相比于百花盛开的普世新诗，事工新诗的发展显得较为萧条。虽然事工新诗的绝对数量具有一定可观性，但作者群规模其实有限，只是人均作品数量较大，大部分刊物每期各诗人的诗歌都是批量发表，较少出现单人单首作品的情况。各刊物的新诗专栏作者群合计不过百余人，且存在某几位诗人反复出现的情况，刊物作者群间还有重合部分，如冰心、陆志韦、徐雉、刘廷芳、赵紫宸、吴耀宗、谢扶雅、蒋翼振、缪祖荫、翟健雄、余牧人等诗人都活跃于多种刊物之中。而且专事事工新诗创作的诗人中几乎没有出现过影响力达到全国级别的诗人，即使在以史料见长的陆耀东版《中国新诗史》中，除冰心、陆志韦、徐雉等廖廖几位游走于文学与基督教边界的诗人外，也未见到对事工新诗及诗人的记载，只在主要新诗集目录中收有北新书局及广学会出版的部分基督教诗歌集。可以说，事工新诗的存在几乎已被中国新诗史遗忘。

不单是诗歌，在整个基督教文学领域，这种自说自话的情况都普遍存在。赵紫宸在加拿大演说时曾不无痛心地指出了这个事实："在中国之基督徒，所面对之缺乏，为有力量有效能之基督教文学，堪以与变化无穷之非基督教大小书刊相竞争者。"[78]这种现象的出现应部分归咎于事工新诗质量不高。事工新诗存在的问题不单是诗味不足、文学性弱，还有校对粗略、逻辑不通等比较低级的错误。某些诗歌中包含有情感前后矛盾和有头无尾的问题，例如陈纫梅的《被难的小生命》[79]，全诗记述了淞沪会战期间一个孩子被日军残忍地杀死在春申江边的过程，旨在传达对"公理与人道早被强权埋入荒坟"的悲愤，然而或许由于作者语言素养有限，诗中出现了一句难以理解的"烧夷弹与重炮奏着交响的天籁，/　血肉与铁片飞进着中华的英魂！"这里的修辞显得

77　吴震春.我们在天上的父（主祷文演词之一）[J].真理周刊，1923，1（37）：3.
78　朱维之.中国基督教文化界一大损失——悼刘廷芳博士[J].天风，1947，83：10.
79　陈纫梅.被难的小生命[J].女铎，1932，21（5）：63-64.

十分突兀、不合时宜，如果说后半句中还包含有对十九路军将士拼死抗战的敬意，前句中"烧夷弹与重炮"与"交响的天籁"的不和谐搭配则传达出一种对于战争惨景的欣赏态度，显然与诗歌的情感背道而驰。再如刘廷芳的《中央公园夜中的柏树》，诗歌开篇对水灾后农民的苦难与绝望有一段很精彩的描写："当长江秋潮湍急时，/夹岸的黄水，/泻下来；/七千万农夫／ 无收获的汗渍；/劳动者困苦的泪波，/带着/ 被蹂躏者， / 挟呼吁的泣声；/三千里旦夕不停/ 向吴淞口外狂奔"[80]，然而后续的几节转而写起自己与同伴在江中泛舟搏浪、上岸休憩静思，壮怀激烈后是静谧祥和，这七千万农夫的苦难被搁置了，仅有"黑夜不长""曙光将至"等带有安慰勉励意味的字句，其虎头蛇尾之嫌已无法用宗教的超然性去解释。不过需要说明的一点是，这种处理诗人或许在诗后的按语中有所说明"是写他数月来的经验，赠与一位同志的"，但是诗歌发表时按语被编辑删掉，引起了我们今天理解上的困难。还有些作者对科学怀有意气的抵触，无法接受对自然现象的科学解释，"美观的彩虹，现出于东方的半空；/不知是谁家三棱镜的射光？/那么圆！那么长！/惹得人们都注意他。/科学家说：是空中水珠反射阳光，/愚蠢的人阿！你们信么？"[81]导致了诗歌境界的狭隘。这些问题都严重降低了事工新诗的格调，给读者留下了粗制滥造的印象。

此外，"非基运动"发生之后主流知识界对基督教文化的抵制态度，也是事工新诗反响冷淡的原因之一。事工新诗的创作是一种小圈子写作，新文学界的核心刊物虽不至排斥一切含有宗教意味的诗歌作品，但对事工意味明显的诗歌也绝对不会持欢迎的态度，因此事工新诗的主要发表平台还是基督教刊物。据统计，在约五分之一的刊物以免费赠阅形式发行的前提下，仍有75%的新教刊物发行量不超过2000份[82]。这就限定了读者的范围，而且基督教刊物的发行对象主要是信徒，但信徒们对于灵修的兴趣远大于文艺，这种创作与接受对接不良的局面益发加剧了事工新诗的小众化。刊载高质量事工新诗作品的精英向刊物发行量都非常有限，《天风》前期订户约1000[83]；《真理与

---

80 刘廷芳.中央公园夜中的柏树[J].真理周刊，1923，2（38）：3.

81 潘慧庵.雨后的斜阳[J].青年进步，1924，77：96.

82 何凯立.基督教在华出版事业（1912-1949）[M].陈建明，王再兴，译.成都：四川大学出版社，2004：228.

83 何凯立.基督教在华出版事业（1912-1949）[M].陈建明，王再兴，译.成都：四川大学出版社，2004：245.

生命》订阅量一度跌破过 600[84]；《生命》状况稍好，订阅量一度高达 2000，虽然绝对数量不算很大，但远播日本、南洋及北美地区，影响面较为广泛[85]；以发行量和青年好评度著称的《青年进步》[86]，1918 年全年发行量不过 52000余册，算下来订阅量不过 4000 余，高峰期也不过 7500-8000；《紫晶》更为小众几可忽略不计；只有面向农民发行的《田家半月报》，由于注重刊物的大众化，用字简单，内容实用，受到普通民众好评，最高订阅量突破过 50000，在1937 年战乱时节仍可达到 35000 的订阅数，据编辑调查，平均每份报纸读者大约在十三人左右，即有效读者可达四十万众[87]，在社会中形成了一定影响力。在这些传播有限的刊物中，新诗稿源无法得到保证，包括《生命》、《青年进步》等重视新诗发表的刊物，诗歌专栏也是不定期开设。

如果要以成败论英雄，事工新诗能达到"有力量有效能"标准的几近于无，就其预期目标而言，并未起到足够的宣传作用，它的尝试在宏教意义上是失败的。然而于文学价值而言，事工新诗却并非一无可取，甚至还颇有可圈可点之处。

第二节　"生命中挺生的血花"——论赵紫宸的事工新诗

事工诗人中最为勤勉者当属赵紫宸。他的事工新诗创作起步早，坚持时间长，发表作品多且服事意识强，并出版有有新诗集《打鱼》（1930）和新旧诗合集《玻璃声》（1938）。事工诗界在诗作数量和质量上可与其比肩的或许只有刘廷芳与刘廷蔚兄弟，但论及创作力的持久度和宗教意识的自觉性，赵紫宸比之刘氏兄弟则要稍胜一筹。

赵紫宸在东吴大学读书时本是学习文学出身，他同时工于新旧诗歌，1932年在牛津大学进修时还曾教授过中国诗歌。他的传统诗词创作开始很早，新诗却是三十岁之后才初次尝试。在二十世纪二三十年代，他对于新诗的态度要比传统诗词严谨得多，虽然他的旧体诗词有数百首，数量远远大于新诗，

84　何凯立.基督教在华出版事业（1912-1949）[M].陈建明，王再兴，译.成都：四川大学出版社，2004：243.

85　侯建峰.宗教与国家：民族视野下的《生命月刊》[D].长沙：湖南师范大学，2012：19.

86　何凯立.基督教在华出版事业（1912-1949）[M].陈建明，王再兴，译.成都：四川大学出版社，2004：231.

87　雪岩.与读者告别[J].田家半月报，1937，4（17）：2.

但在他眼中，律诗等传统格律诗词"言辞体格，皆已凝固，不足以发挥现代之生活精神"[88]，是"最易作"并可以"戏为之"[89]的；而对于被他视为"生命中挺生的血花"[90]的宗教诗，二三十年代的赵紫宸则大多数以新诗形式写成，他本人称之为语体诗。赵紫宸以为他的语体诗是"爱的神，生命的神，自由的神，/可纳须弥于芥子呀，可寄蟪蛄于大椿，/我心的形，我血的精呀，我灵魂的果与因"[91]，是尝试"将诗来传递他们所感发的生命"之"初结的果子"[92]。他对这些诗歌的事工意义寄予了厚望，其诗集名称《打鱼》就深深地体现出一种"得人如得鱼"的期待。

与所有倡导本色化的神学家一样，赵紫宸的宣教侧重于实践性、民族性而轻于神秘性和彼岸性，因此，在他的事工新诗创作中，他将较多的笔墨投诸于对基督人格、基督与爱国、爱的实践等方面的书写，而对于哲学尤其是神学层面的内容虽有涉及却并不着大力。然而，诗人的诗歌艺术成就往往不与他的精力投入成正比，在赵紫宸身上，这一点也有一定程度的体现。

一、渐进式的耶稣观

事工新诗的首要写作目的在于宣教，故而上帝与耶稣是永远绕不开的话题。与绝大多数事工诗人一样，赵紫宸也对《圣经》再书写乐此不疲，尤其爱好重写耶稣的生平。耶稣基督在赵紫宸的神学体系中处于核心地位，他认为"耶稣的人生哲学之第一义"[93]就是人格主义，"基督教的中心点，基督教的根本，就是耶稣的人格"[94]。赵紫宸虽然不是"人格救国"论的提出者，却是最积极的阐释者和倡导者。这种人格核心观深深地植根于他的事工新诗创作之中。他的诗歌有很多取材自四福音书，如《伯大尼》、《打鱼》、《莫忘》、《客西马尼》（有"半轮黄日"和"黯黯的柏树林"两首）、《受难节》、《暴风》、

---

88 赵紫宸.《玻璃声》自序[M]//燕京研究院编.赵紫宸文集：第 4 卷.北京：商务印书馆，2010：495.

89 赵紫宸.花甲自陈六首[J].天风，1948，5（8）：10.

90 赵紫宸.《打鱼》序[M]//赵紫宸.打鱼.上海：广学会，1930：序 4.

91 赵紫宸.诗[J].生命，1922，3（2）：诗 3.

92 赵紫宸.《打鱼》序[M]//赵紫宸.打鱼.上海：广学会，1930：序 5.

93 赵紫宸.耶稣的人生哲学[M]//燕京研究院编.赵紫宸文集：第 1 卷.北京：商务印书馆，2003：203.

94 赵紫宸.对于《信经》的我见[M]//燕京研究院编.赵紫宸文集：第 3 卷.北京：商务印书馆，2007：35.

《伯利恒》、《圣诞前一夕》、《圣诞》、《圣诞诗》、《圣诞之后》、《价值毫无的人儿》等。

　　对于这些《圣经》题材诗歌，赵紫宸的写作态度极为认真，真正做到了"昼夜思想"（诗篇 1 章 2 节），很多诗歌经过了多次修改，如《伯大尼》公开出版的便有三个版本，《客西玛尼》有四个版本，尤其是《客西玛尼》，在《生命》2 卷 3 册上发表第一稿后，赵紫宸似乎极不满意，在下一期的《生命》上便迅速刊出了修改稿。而且他的诗改动往往较大，以《伯大尼》为例，该诗第一次发表在《生命》2 卷 7 册时全文如下：

> 主疲倦了，
> 是的，主疲倦了。
> 马大急急地接他进来，
> 马利亚把帘幔卷了。
> 　主静静地坐下，
> 　马利亚坐在他脚前。
> 　悠悠地半屋残阳，
> 　到那时又近了一天。
> 主素来是爱她的，——
> 主的温柔的眼睛
> 恳切地停在她身上；
> 知道她满有同情。
> 　小雀子归巢去了，
> 　几点星挂在中天。
> 　主依然无言坐着，
> 　马利亚坐在他脚前。
> 拉撒路还未回来，
> 马大在预备饭粮，
> 她有不了解的烦闷，
> 愈做事愈觉纷忙。
> 　困苦的马大出来说，
> 　"主呀，妹妹丢了我，
> 　让我去独自忙碌。"

马大心里耐不得孤苦。
"马大呀，马大，"主说，
主有含泪的声音。
马大恳切的敬爱，
安不得深重的忧心。

马利亚重新坐下，
靠近些在主的脚前；
她的手放在主手里，
她拣上了好名分，今天。
小灯盏袅着微烟，
马利亚坐在主的影里。
主低声说："马利亚"；
她说，"我在这里，拉波尼。"

主说，"马大，不要愁，
你且把事情做完了，
来，你也来坐在这里，
你的心当也可以安了。"[95]

　　此诗在收入诗集《打鱼》时除有些微小的文字与格式调整如将"知道她满有同情"调整为"她的冷涩里满有同情"之外，较重要的改动是删去了稍显冗余的第五节和解释意味过强的第十节。这一删改增加了诗歌的凝练性和隽永感，并且将全诗终结在高潮处，即终结于耶稣与马利亚这段著名的对话中。对于基督徒而言，这是整部《圣经》从黑暗到光明的转折一幕，是最感人的对白之一，以此作结，极大地增加了诗歌的回响强度，并提升了诗情的境界。除了诗艺上的考虑之外，赵紫宸也将自己宗教体验的变化注入其中，在《生命》版本中，耶稣与马利亚和马大的互动更多，马利亚对耶稣处境的同情与理解被强调得较为突出，耶稣对马大也有更多的争取与解释；到《打鱼》版时，耶稣的形象变得更为孤独，马利亚的同情已不再被强调是耶稣所"知道"的，而换成了第三者视角的描述，同时面对马大的抱怨，耶稣也只余下欲言又止的呼唤；而在收入《玻璃声》时，赵紫宸在《打鱼》版本的基础上，再一次删去了第三节，马利亚的陪伴只剩下了安慰的意味，仅余耶稣

95 赵紫宸.伯大尼[J].生命，1922，2（7）：诗 1-3

一个人等待和咀嚼着即将到来的痛苦。这种变化一方面是由于作者随着信仰的成长对基督形象的理解发生了改变，另一方面则与基督徒在现代中国处境的变化有关。这种变化并非来自非基运动的冲击，非基运动中受到非难更多的是外国教会，中国本土教会反而在一定程度上获得了发展的机会。但"20世纪30年代以后，中国社会的各种矛盾日益尖锐，在国内混乱的状况下，日本军国主义的入侵空前地刺激了中国人民的爱国主义。各阶层人士在民族危机中强化了的民族情绪，即使不能说是加强了知识界中从未消失的对基督教的抵制，至少也是加强了其中一直存在的对基督教的冷漠"[96]。赵紫宸身为基督教学术界的领袖，自然也能深切地体会到这样的社会氛围。《伯大尼》中的耶稣，在某种意义上是作者的自喻，在这种愈见孤独的旅程中，他如耶稣一样，并未熄灭心中的望，而是企盼着当他呼唤"马利亚"们的时候，也能得到"我在这里，拉波尼"般的回应。

赵紫宸的耶稣书写有多个角度，除如《伯大尼》所取用的全知叙述视角外，还有耶稣的视角（《客西玛尼》、《暴风》）、门徒的视角（《打鱼》）、受苦民众的视角（《圣诞前一夕》）、牧羊人的视角（《圣诞诗》）、法利赛人与撒都该人的视角（《价值毫无的人儿》）等，力图展现全方位的耶稣。耶稣视角下的审视，祂有旁人不知的作为人的软弱，亦是会"汗珠儿像血点般淌下"、"心里焦急…几乎要死"[97]、"充满了忧虑"的，但经过祈祷、顿悟，能够"战胜了疑虑"、"上帝的平安在他心中"[98]；在门徒的眼中，"他是理想家，犹太人的拉比"，"温柔恳切"，祂的圣洁能让人自惭形秽地说出"我是有罪的人"[99]；在"劳碌困倦的苦同胞"眼中，祂"也是背负重轭的苦人，/也曾经过了他的客西马尼"，"从死亡中给我们生命，/将新葡萄酒倾在我们杯中"，为"救人脱离这苦海的风涛"[100]，"耶稣的运动，/是全民众的，根源极卑微，/再也不要让阔人来崇拜，/把民众变做贵族的东西"[101]；牧羊人听到的喜报，是"困苦的人们啊""可把眼泪暂时擦干了"，"从今后能爱人的是真人"，"新时代要和

96 何光沪.中国大陆知识界关于基督教的文字出版[J].《基督教文化评论》编委会编.基督教文化评论：6.贵阳：贵州人民出版社，1997：310.

97 赵紫宸.客西玛尼并序[J].生命，1921，2（3）：诗1.

98 赵紫宸.客西玛尼[J].生命，1921，2（4）：诗1-2.

99 赵紫宸.打鱼[M]//赵紫宸.打鱼.上海：广学会，1930：2-5.

100 赵紫宸.圣诞前一夕[J].生命，1921，4（4-5）：圣诞诗2.

101 赵紫宸.莫忘[J].真理与生命，1932，6（8）：39.

旧时代分离了"，"地上平安，善意在人间了"[102]；法利赛人与撒都该人的"法眼"，则将耶稣的无价之爱认作"不会辨别好恶贤愚，/颠颠倒倒，是是非非，/把妓女当作徒弟，/把强盗拖到乐园里"[103]的无价值。从多角度的书写中，我们大致可以看出耶稣在以赵紫宸为代表的民国基督徒知识分子心中的形象：一个仁慈温柔、坚韧隐忍、理想高远、行为纯全、蔑视权贵、替底层人民代言而又富于牺牲精神的时代先驱。今天看来，我们不能说赵紫宸这种在审视中剥离耶稣神子身份的描述有误，但绝不完全。赵紫宸自己后期也对当时的激进态度有过反省，"我深觉从前我服从科学态度、理性主义而执持的宗教，实在只是借宗教的名行道德的事，两端俱脱了空，不是真理。宗教不是道德式的生活……人在信仰中要与耶稣同死同葬同复活同永生，要走耶稣所走的道路……上帝的临下有赫，我们的向上而行，扩而充之，成为天国；这就是福音，这就是基督教"[104]。然而根据笔者目前掌握到的赵紫宸新诗创作生涯资料，甚至一直到1935年的《耶稣传》写作时期，他对耶稣的认知始终没有发生大的改变。

在一切耶稣生平题材中，赵紫宸最为钟爱的是"客西马尼园的祈祷"。他不仅有多首以客西马尼为题的诗歌，在其他事工新诗中，也经常使用客西马尼的意象。他以为，"耶稣的是非成败，都于客西玛尼的祈祷中流露"，"其弥赛亚观念，虽与当代的思想不同，却仍不脱当代的蹊径"[105]。客西马尼是耶稣受难的预备与起点，耶稣在这里祷告上帝，得以消除恐惧与迷惘，做好牺牲的觉悟，此外，客西马尼园中的耶稣也表现出最为人性或曰感性的一面，符合赵紫宸这一时期对耶稣"去神性化"的塑造要求。处于灾难之邦的赵紫宸对耶稣此情此景下的经历产生了强烈的共鸣，"心中切愿与主一同儆醒"[106]，也已做好了为国为道受难牺牲的准备。

1921-1938年间，从赵紫宸所创作及修改的客西马尼主题诗中，可以发现他对耶稣的受难存在一个由浅入深的认识过程。在1921年的《客西玛尼》[107]

---

102 赵紫宸.圣诞诗[M]//赵紫宸.打鱼.上海：广学会，1930：111-114.

103 赵紫宸."价值毫无的人儿"[J].生命，1924，4（8）：诗6.

104 赵紫宸.系狱记[M]//燕京研究院编.赵紫宸文集：第2卷.北京：商务印书馆，2004：461.

105 赵紫宸.客西玛尼并序[J].生命，1921，2（3）：诗1.

106 赵紫宸.客西马尼[J].真理与生命，1928，3（11）：38.

107 赵紫宸.客西玛尼[J].生命，1921，2（4）：诗1-2.

中，赵紫宸能够认识到耶稣对肉体折磨也如常人一样存在本能的回避，也会在上帝面前坦承自己的软弱并祈求"让这杯离我"，然而最终他能够经由祷告坦然面对即将到来的一切痛苦以"完成你的旨意"。然而，在试图再现耶稣战胜"心里充满了忧虑"状态的思考过程时，他设身处地代入思考的理解仅止于"受膏的王要受辱么？/那才能坐在上帝右边，/乘云而来的要流血么？/那才能传救人的禧年"，略显单薄无力。

1928 年，赵紫宸赴耶路撒冷参加第二次基督教国际宣教会议，得以在 4月 5 日受难节之夜亲自进入客西马尼园中默祷，获得了更为深刻的宗教体验。前诗中他强调耶稣的孤独，必须独自一人面对将至的痛苦，"一箭之地"外的门徒也无能为力，然而在本首《客西马尼》[108]中他对耶稣的孤独有了新的认识：诚然在属世的层面"唯独这爱世人不懂"，"他担当的孤独凄清/如何激烈，又如何深"；但在属灵的层面上，他的孤独"有父深知，有父深知"，"我主，他和父亲同在，/永远不离开，永远不离开"。他在此诗中更强调耶稣的爱，如在对门徒的审视中，他将关注重点从"血肉软弱心里虽然愿意；/片刻的儆醒尚难相共"转移到"我若软弱不能尽力时/他必垂怜，他必垂怜"的耶稣大爱之上，并结合了自己的体验采取了更为谦卑的书写态度，"亲爱的门徒尚且曚懵，/不能儆醒，不能儆醒。/　　我怎敢与他忧患相共？"在对耶稣受难的理解上，他突破了之前实用主义的思路，不再将耶稣之死的意义局限于流血牺牲的层面，而是概括为"他证明父全能的爱心，/他打破罪恶的狰狞"，强调了"他自由生，他死亦自由"的事实。对耶稣受难自由性的认识，是赵紫宸基督理解的一大飞跃，直接奠定了他 40 年代从激进回归宗教本体的思想基础。

30 年代赵紫宸的《客西玛尼》修改版本基本上因循了 1928 年的思路，《打鱼》和《玻璃声》版本都删去了 1921 年版第六节中稍显自以为是的揣测，而保留了耶稣以怜悯升华孤独、获得"上帝的平安在他心中"的内容。只是对门徒"盘石上有几人做梦"[109]，赵紫宸始终无法释怀，在诗中他透露出无法改变历史的焦虑，无论在哪一版本的末节他都大声呼吁"'醒来，兄弟们，快快醒来。'/他们要把弥赛亚杀了！"不过显然，赵紫宸的用意不止在于叫醒睡着的门徒，而在唤醒麻木的中国民众。

---

108 赵紫宸.客西马尼[J].真理与生命，1928，3（11）：38-40.

109 赵紫宸.客西玛尼[M]//燕京研究院编.赵紫宸文集：第 4 卷.北京：商务印书馆，2010：639.

二、耶稣式的国族爱

对儒生气质浓郁的赵紫宸而言，国族之爱与上帝之爱都在他灵魂中占有无可替代的地位。他曾在《两个牧师》中借第二牧师之口明确表达了"我们尊崇耶稣，/深爱中华国土"[110]的立场，但信徒的身份却常使不了解或不愿了解基督教的人们对他一片爱国热忱产生无端的怀疑。作为证道团的发起人之一、生命社的骨干成员，赵紫宸能够深切地体会到在中国做一名基督徒的沉重压力。早年未入教时，他也曾在"爱国心与排教心混杂的经验"中做过非宗教的"急先锋"[111]，所以他很能够理解这种源于误解的敌意，进而益发意识到传道的迫切性。这种压力不单属于他，还属于一切爱国爱教的基督徒。然而这种由敌视与误解生发出来的压力有时更会坚定他们对于基督的虔信：人们在生活中越是感到孤独，就越容易退居到自己的灵魂中与圣灵沟通，与上帝对话，与神的联系便越发加强。赵紫宸也是如此。

赵紫宸在爱国情怀上与基督产生了深深的共鸣。在他的理解中，此时灾难深重的中国，正如耶稣时代处于罗马帝国半殖民统治下的以色列；他为自己的国家焦心痛苦，正"像当日基督痛哭耶路撒冷一样"[112]。自己一时不被同胞理解的痛苦比起耶稣之受毁谤、受指控、受鞭打、钉十架，就显得格外微不足道。基督能怀着怜悯之心为"他们所作的，他们不晓得"（路加福音23章34节）的以色列民众流血舍命，他为何不能为误解自己的同胞"恳切呼吁"，"奔驰努力，无论如何"[113]？自己今日为祖国所做的一切，也是对耶稣遗志的一种继承；"将自己当作祭礼献给上帝，献给社会国家"[114]，也是扛起十字架跟随耶稣的一种表现。这是典型的中国式爱国基督徒的思考逻辑，这种逻辑是将耶稣人化为富于悲剧英雄气质的、为民众献身的古代改革家，使耶稣在社会生活中起到精神偶像与行为榜样的作用。这种思路固然与宗教相去甚远，但在当时的历史情境中，基督教面临着劳动者"说她是资本家的走狗"，资本家"说她是受苏俄的影响；助赤为虐，扰乱治安"，科学家"说她是桎梏

---

110 赵紫宸.两个牧师[J].生命，1923，4（2）：诗8.

111 赵紫宸.我的宗教经验[M]//燕京研究院编.赵紫宸文集：第3卷.北京：商务印书馆，2007：137.

112 赵紫宸.破碎的国旗[J].真理与生命，1926，1（2）：43.

113 赵紫宸.卧佛寺[J].真理与生命，1927，2（15）：429.

114 赵紫宸.这正是我们献身的时候[M]//燕京研究院编.赵紫宸文集：第3卷.北京：商务印书馆，2007：657.

智识的蟊贼，进化的障碍"，"在门口窥看不进门的一番人""说她是一个假冒为善的机关"[115]的敌意包围，正需要这种思路所带来的慰藉与鼓励，进而激发出他们百折不挠的坚韧品质，以突破"力量何等有限"，"经济何等困难"，"结力何等薄弱"，"旧习何等深"等重重困难，获得灵命成长与社会改良的双重丰收。

以耶稣的悲剧英雄定位为源头，赵紫宸的爱国诗歌中一直萦绕着杜甫式的沉郁气质。在《破碎的国旗》[116]中，他为国家和同胞的祈祷带着如泣如诉的哽咽："慈悲的父啊，这屋顶求你垂鉴/除了破碎惨淡的五色旗，/没有别样旗帜在那里飘动/在这异族乘隙同胞自戕的时期。/旗下的苦同胞不敢恳求平安，/但求你保护这破碎的破碎的国旗"，"但求你保护这破碎的破碎的国旗，/容它在阴霾中有崛强的飘扬"，"求你为我们留下傲骨峥嵘的中国人/在这个不理性的黑暗的黑暗的人间"，不断喃喃重复的"破碎的破碎的"、"黑暗的黑暗的"透露出诗人镂入骨髓的痛苦与深沉恳切的盼望；在《圣诞前一夕》[117]中，他对民众的勉励带着严肃的劝诫，"劳碌困倦的苦同胞啊，/今夜里要勉强儆醒"，"我们要把低垂的头颅，/抬起来向着冷酷的马槽"，"倘我们要庆祝他的生辰，/应当从马槽踪迹他到骷髅地"；在《兵祸》[118]中，他痛心于"生命最贱的中国人，/纷纷的托庇于西人宇下。/相形见拙的五色旗，/真及不上赤带与蓝星"，"蠢蠢然灰色的同胞""凑些钱去买强盗的慈悲"的荒谬与悲哀；在《你为何不信》[119]中，他急切于以"究竟不失为中国人，/豺狼的命还在你手中"鼓舞"孩子被衔了去，/妻子遭了好些惊恐"的弟兄。不过赵紫宸与杜甫最为不同的一点，在于赵紫宸有"望"，这"望"使他的诗歌在暗沉的大背景之下始终还带着一抹亮色，破碎的国旗下"傲骨峥嵘的中国人"、马槽前昂首的苦同胞、兵祸之后"红了擎泪的眼睛"的子孙、将"荆棘斩下""道路开通"的弟兄，都是苦难中盼望的曙光。他坚信真理必胜，随着时间的推移，种种黑暗必将过去："若然天理还未销泯，/ 操刀者终必要势穷，/世界不容敌公理的残凶"，"但人的朋友是时光，/希望在争，和不挠的刚强"[120]。为天国奔走的

---

115 刘廷芳.你要批评她吗[J].生命，1924，4（6）：1-2.

116 赵紫宸.破碎的国旗[J].真理与生命，1926，1（2）：43-44.

117 赵紫宸.圣诞前一夕[J].生命，1924，4（4-5）：圣诞诗2.

118 赵紫宸.兵祸[J].青年进步，1925，81：83-84.

119 赵紫宸.你为何不信[M]//赵紫宸.打鱼.上海：广学会，1930：71-78.

120 赵紫宸.暴风[J].真理与生命，1932，6（5）：57.

习惯思维使赵紫宸能够平静地做出长久奋斗的心理准备，并将希望寄托在下一代身上，"你使我觉悟到中国人的可爱，/你的暗示禁止我自暴自弃"，"你倘使有坚强的意志，/又倘使耸着峻峻的傲骨，/我愿你把这无价的风节/分给那醉生梦死的人们"[121]。所以赵紫宸的"悲"不是悲凉而是悲壮，在沉郁之后尚能激昂地唱响 "牺牲史就是救人的历史"，"我们不须知天国几时来，/我们愿担当目下的艰难" [122]的高亢奋斗之曲。

国家之爱与同胞之爱向来相伴共生，如果说国家之爱是略微抽象的主义，那么同胞之爱就是具体可见的行为。赵紫宸的同胞之爱体现于对"他们的繁华中伏着衰萎，/ 灿烂里现出败亡；/无边的蒙昧中， / 没个人警醒，/没个人提告"[123]的同情，体现于对"儿童们玩雪压人堆，/也有儿童在号长饥"的"矛盾矛盾的人间世"[124]的愁苦，更体现于对底层民众苦难生活的切实关怀。他看到车夫"一步一滑蹋，/ 到门二十余里路，/抖下衣裳一堆雪。/ 车夫汗里腾烟雾"的辛苦与"家里只有妈跟我！/一月十来多块钱！/用过还够做什么"的贫困，给予他们的不止是泛泛的同情，还有"今日车钱给两倍"[125]的具体帮助，虽然这种行动在那些致力于号召民众奋起反抗的革命诗人眼中只是表面化的杯水车薪，然而对赵紫宸而言，耶稣将善事"作在我这弟兄中一个最小的身上"（马太福音25章40节）的教训之于个体的弱者才更有意义，他的着眼点最终还是落于耶稣的拯救上。

整体看来，与普世诗人相比，赵紫宸的国族之爱涵括于耶稣大爱之内，故而能够突破狭隘的国家主义与民族主义，具有较强的清醒感、冷静感与正义性。他坚持"天下无义战"的信条，很清楚"只有全民众/能够兴起来拯救我国家"，然而这种拯救"并不是依赖政权与枪炮"[126]。于是在战火纷飞的年代，他在为国祈祷的同时也为国忏悔，"世界浸溺在罪恶之中，我亦世界的一分子，尤其是中国的一分子，不得不深深地忏悔" [127]。同时他也不会妄求，

---

121 赵紫宸.我的儿子[J].青年进步，1925，81：85.

122 赵紫宸.莫忘[J].真理与生命，1932，6（8）：37-40.

123 赵紫宸.何忍[J].生命，1921，2（4）：诗2.

124 赵紫宸.雪[M]//赵紫宸.打鱼.上海：广学会，1930：117-118.

125 赵紫宸.雪中行[M]//赵紫宸.打鱼.上海：广学会，1930：125-129.

126 赵紫宸.莫忘[J].真理与生命，1932，6（8）：37-40.

127 赵紫宸.系狱记[M]//燕京研究院编.赵紫宸文集：第2卷.北京：商务印书馆，2004：417.

即使偶尔在伤心至极时产生"求你将威厉的圣怒倾下来"的念头，也会立刻醒悟，乞求上帝"可怜这痛苦和这点伤心的病狂"[128]。清醒与冷静使他不仅能看到中国的痛苦，也能看到中国的腐朽落后与国民的劣根性，故而他能在《兵祸》中抨击"官长""与枪弹一样的"愚蠢，在《苏州的旧历新年》中批评中国人得过且过醉生梦死的麻木。这种知识分子特有的启蒙意识与精英意识时时闪现于他的事工新诗创作中，与对上帝的敬虔交相辉映，构成了严肃冷静的诗美景观。

三、宗教式的哲学观

信徒诗人中不乏激情如蒋振翼、热忱如刘廷芳的感情充沛者，而赵紫宸相对深沉内敛的气质则稍显另类。他虽不吝于宗教情感的直接抒发，但也不满足停留于此，有时亦会流露出一些作为神学观念衍生物的哲学式思考。

赵紫宸的诗歌中经常透出一种由信徒特有的神创论世界观所生发出来的时间观念。在信徒的理解中，人活在历史和时间当中，但上帝超脱于时间之外。对于上帝来说，昨天、今天、明天永远都是"现在"，故而"上帝看千年如一日"[129]。赵紫宸常说的"客西马尼的痛吁各各他的死/ 早已成为事实——在创世前"[130]，就最为直接典型地体现了上帝凌驾于时间之上的观念。基于这种双重标准的时间观念，赵紫宸对时间的相对性体悟很深，在宗教沉思时偶能进入"灵修阁上一刹那的旷观，/ 蕴藏着千万年无尽藏的生命"的境界，所以他可以将很多俗世纷扰看淡，"近几年的猛斗，也罢，悲欢离合，/原来是亿万年中间的一刹那"[131]。这种时间观还会使他的诗歌出现蒙太奇式的跳跃，如在前述《伯大尼》一诗中，全诗的叙事基本展开在伯大尼的黄昏这一时间段内，但到末后一节耶稣呼唤、马利亚应答时，情况出现了变化。单就这首诗的文本看来，它叙述的似乎是一个连贯的场景，但熟悉《圣经》的人可以发现，依据《约翰福音》记载，这一呼唤与应答的实际发生时间是在耶稣复活之后：玛利亚以为耶稣的尸体被盗，来到墓门口哀哭，就在这时复活的耶稣向她显现并发生了这段对话。诗人以时间轴的大幅延伸扩展了诗歌的广度，为一首整体气氛略显沉重的诗留下了光明的尾巴。

---

128 赵紫宸.破碎的国旗[J].真理与生命，1926，1（2）：42-43.

129 赵紫宸.你为何不信[M]//赵紫宸.打鱼.上海：广学会，1930：76.

130 赵紫宸.卧佛寺[J].真理与生命，1927，2（15）：428.

131 赵紫宸.妥协[M]//赵紫宸.打鱼.上海：广学会，1930：166.

　　赵紫宸宏大的时间观还派生出了豁达的生死观。与其他基督徒一样，由于怀有永生的盼望，赵紫宸能够视死亡如回归："山城上累累的坟墓/ 有千百盘馒头高耸，/在我看是遗蜕长埋，/ 灵魂归到神爱之中"[132]。他曾说，"我的自由全在了解死的知识"[133]。然而除了信仰带来的平安之外，他对死亡的认识还多了一层"若你抵死要求生命，/你便应当自去寻死"[134]的牺牲觉悟。这种觉悟在《红叶》[135]一诗之中体现得最为集中。诗中的死亡呈现为一明一暗两个意象，明的意象为"死亡的锦绣"红叶，象征"血染的卡尔弗里山邱"；暗的意象为与诗人对话的女子"戴娜"，戴娜（Dinah）一名由英文的死亡（Die）一词衍生而来，含有"富有献身精神的"含义。戴娜眼中的死亡是美丽的，"实在不减怒发的春花，/腻艳娇羞纵然是丢了，/那种绚烂还像是绚烂的朝霞"，相反"生是须臾的"，但诗人对这种过于消极的认知无法完全认可，他与戴娜发生了辩论："我说，非也，死是生的象征，/严冬之后，便春到人间，/便有柔青嫩绿满缠枯藤"，正如耶稣的鲜血可以变为生命的涌泉；死后的平安固然值得向往，但短暂人生的奋斗之价值也不可轻易否定，"生是须臾的，我向戴娜说，/也未免是悽惋崛强的清吟"，因为"我们若要得永生铁证，/便当爱澈，便当服务"。在与戴娜辩论的过程中，赵紫宸完成了他对于生死价值的辩证思考。

　　辩证思维是赵紫宸诗歌的另一大特色。这种思维方式部分汲取自中华传统文化中道家思想的滋养，但更多地习自耶稣的训诫方式。耶稣有很多教训是通过对内在矛盾对立统一关系的阐释而完成的，例如"凡想要保全生命的，必丧掉生命；凡丧掉生命的，必救活生命"（路加福音 17 章 33 节）、"凡自高的，必降为卑；自卑的，必升为高"（路加福音 18 章 14 节）、"你们里头为大的，倒要象年幼的；为首领的，倒要象服事人的"（路加福音 22 章 26 节）。于此得到启发，赵紫宸也很善于利用矛盾语词营造诗歌的张力。他有些诗句可以说是耶稣教训的翻版，如"死是丰足生命广阔的深基"[136]、"我丧失了世界，便得获了世界"[137]等，但他又不仅仅满足于翻写耶稣的话，还将该表达

132 赵紫宸.你为何不信[M]//赵紫宸.打鱼.上海：广学会，1930：73-74.

133 赵紫宸.妥协[M]//赵紫宸.打鱼.上海：广学会，1930：171.

134 赵紫宸.生命[J].生命，1924，4（8）：诗 7.

135 赵紫宸.红叶[J].真理与生命，1928，3（12）：16-17.

136 赵紫宸.卧佛寺[J].真理与生命，1927，2（15）：429.

137 赵紫宸.妥协[M]//赵紫宸. 打鱼.上海：广学会，1930：168."得获"应为"获得"，原误。

更广泛地用于书写自己的认知和体悟。在他看来，十字架是"容易的重担子"[138]，我们可以"做自由的奴隶"[139]，"纷岐杂沓中"有"简奥"[140]，"闲散尽在百忙中间"[141]，他可以"把热情细细地雕镂/深嵌入无限的凛寒"[142]，也可以"在胸臆间固然起了山壑云泉"[143]；在他写景的诗句中也常常出现这种矛盾的意象，"森森秋夜"是"寒如火炙的"，"秋意"是"眩耀的丰艳"[144]，星光从"最近最远的廖廓里"透出，山涧水的"潺湲的声音便是静"[145]，"迅雷响在静中，激湍横在闲中；/封锁的双瞳里常有沧海月明"[146]；甚至他掷地有声的宣告"我的妥协在万千的不妥协中"[147]，也同样是在这种矛盾的碰撞之中发出。可以说，赵紫宸的诗歌在美学上最大的成功就在于这种矛盾式修辞的娴熟应用。宗教认知与宗教感情的复杂与玄妙本是难于传达的，但藉由这种富于辩证理趣的言语来表述，却正能发挥其内涵丰富、所指多重的长处，使得难于捕捉的抽象情知变得可触可感又不致固化僵硬，这种选择策略充分体现出了诗人过人的艺术智慧。

对于宗教经验的记述，赵紫宸除了使用辩证语言之外，还进行了其他探索。在最初的作品中，他尝试对自己的宗教经验进行直接描述。赵紫宸曾以新诗《一种经验》[148]记述了刚刚认识耶稣时的感触；"心里的泉源枯干了两三年；/今朝忽然又得了新源头"。然而单纯援引《圣经》中"凡喝这水的，还要再渴，而喝我这水的永远不渴"的活水比喻还不足以表达他"有个新境涌现在我茅庐"的喜悦，此时诗人发觉他在传递宗教经验"说不出的深意"时遇到了困难，这种微妙的感觉既"不能告诉你"，因为很难确切地传达，但同时又"可以告诉与你"，或者这里更准确的表述应该是"很想告诉与你"：因为真切地感受到耶稣的人往往会迫不及待地想要与人分享自己的经历，并真诚

138　赵紫宸.卧佛寺[J].真理与生命，1927，2（15）：429.

139　赵紫宸.小仓别墅[J].生命，1924，4（6）：诗3.

140　赵紫宸.卧佛寺[J].真理与生命，1927，2（15）：428.

141　赵紫宸.妥协[M]//赵紫宸.打鱼.上海：广学会，1930：169.

142　赵紫宸.夜[M]//赵紫宸.打鱼.上海：广学会，1930：196.

143　赵紫宸.妥协[M]//赵紫宸.打鱼.上海：广学会，1930：169.

144　赵紫宸.卧佛寺[J].真理与生命，1927，2（15）：428.

145　赵紫宸.夜[M]//赵紫宸.打鱼.上海：广学会，1930：195-196.

146　赵紫宸.妥协[M]//赵紫宸.打鱼.上海：广学会，1930：169.

147　赵紫宸.妥协[M]//赵紫宸.打鱼.上海：广学会，1930：178.

148　赵紫宸.一种经验[J].生命，1921，1（9-10）：诗6.

地希望别人也能体会到同样的快乐，这也正是传教人的内在动力。然而最终，他只能泛泛地说"我得了个朋友，神奇的朋友，/我见了生命和生命的真迹"。这次不成功的尝试无疑让赵紫宸很不满意，于是第二天（1921 年 3 月 20 日）他又试作了另一首《来去》[149]记述圣灵感动的不可捉摸。在这次的圣灵经验书写中，赵紫宸尝试借用了自己更为熟悉的写作灵感来作为类比，"忙碌的时候他来，/事毕找他，他又不在；/做梦的时候他来，/醒来寻他，已失所在"，"寻他十回，九回逃去，/不去追他，他偏回来"，写得形象了很多。但圣灵与写作灵感界限的模糊性削弱了诗歌的属灵意味，这一表述仍不能很好地传递宗教经验的奇妙。

在此之后，赵紫宸更多地将宗教经验与对自然景物的默想结合在一起，并获得了艺术上的突破。在基督徒眼中，"诸天述说神的荣耀，穹苍传扬他的手段"（诗篇 19 章 1 节），自然之美是对上帝造化之功最好的彰显。大自然也同样给了赵紫宸宗教的启示，在雨夜他感悟到"只要灵魂是醒的——/千万斛水不能将一粒泥沙/渗透，无量泥沙也不能搅浑/一滴清水。其间灵活的是心！"[150]在山水之间他意识到"纤绕松根的几缕金光/是他对我放不开的牵挂"；"上帝……他不是人的仆佣，/狂呼乱吁，他原不须听，/ 他向我只远远的来临，/ 又默默地永永地运行，/我向他恋慕，又向他瞻仰，/他便用灵心，明烛我的心"[151]；在秋色中他沉思"一盏青灯留着荧荧残照，/ 或许即是世界雏形的朦瞳！可怜的孤独，求不到的孤独，/ 悠远地随游魂进入幽妙，/秋林中的风涛星月"（《卧佛寺》）；在静夜中他品味"潭心里游泳的思想/此刻浮荡在草木香中，/只有痛苦飘入空际，/逶迤地化作惶惭"。然而作为一个社会责任感极强的入世基督徒，赵紫宸绝不推崇以自然作为逃遁空间的消极隐逸。他曾专门写过一首《我与自然》[152]来表达他的出世观，自然固然能让人"避免了斗心机"，但同时它又"不理会/她胸前倚靠的痴汉"，逃避到自然中所得到的快乐与自由，是值得"疑惑"的；"造敬拜上帝的圣殿/和上帝殿里的双门"的，还是"携了你的手，/到人群中服务而竞争"的人；"我丢失了的灵魂"还是得靠"人哪，快快的帮我去寻还"。

149 赵紫宸.来去[J].生命，1921，1（9-10）：诗 6-7.

150 赵紫宸.一夜淫雨[M]//燕京研究院编.赵紫宸文集：第 4 卷.北京：商务印书馆，2010：621-622.

151 赵紫宸.山水[J].真理与生命，1932，6（8）：36-37.

152 赵紫宸.我与自然[M]//赵紫宸.打鱼.上海：广学会，1930：53-62.

科学与宗教的关系是赵紫宸的另一大思考主题。他写过一首可以当作诗歌体科学与宗教论文来读的《小仓别墅》[153]。在这首艺术上略失于直白的长诗中，赵紫宸承认了科学的意义，却反对唯科学的人生观，反对"纵横的经书与典籍，/药味薰人的化验室，/砌成了理想的围墙/使我们和人生隔绝"的态度。他对人类迷失在科学中的潜在危险怀有强烈的担忧，固然科学使"显微镜里的单细胞——/神秘的宇宙的根苗——/能够扩张到几百倍"，然而在这一过程中"真确的人生反缩小了——"，"我们极广大尽精微/认识了深奥的天机，/被掳的灵魂猝然嚷道/'我们的自己在那里'？"人们浸淫于科学多年的努力，只是"把自然的铁锁打开，/又把自己封闭起来"。在赵紫宸的心中，"人心不甘让机械支配"，"没有知觉的大宇宙，/要在人心里受洗礼，/科学征服了的大自然/要化作不能分析的美艺"。他的理想是达成二者之间的平衡与和谐，"在冲突上/建设皆大和平的天国"，"饮得苏格拉底的药杯/进得耶稣的客西马尼"。但对于如何实现这理想，他并没有具体的构想，只有基本原则，即回归基督的最大诫命——爱。"只要我们彼此相爱，/爱真理也爱山和海"，"只要我们'反求诸己'，/放宽着我们的量器"，"只要我们分这生命，/走一条真牺牲的路径"，"揣摩那被宰杀的圣羔，/宗仰那饶恕人的遗风"，终有走向大同天国的一天。

不过虽然对自然科学怀有一定的崇敬，对于创造和引渡了无数主义的社会科学，赵紫宸的好感则相当有限。他清醒地看到了五四以后反传统的思潮多有破坏之力缺乏建构之功的事实，并对其提出了严厉的批评："可是我们的学者把几千年/圣贤的劳苦当作鬼混。只有/玲珑透的人会创造自己的夜，/又偷将夜的锁钥随意地开门，/解放了一团黑漆，真的是解放，/而夜的臀下却闷着亿兆的哼！"[154]他将基督教思想视为"要从冲突中救度中国文化"[155]的灵丹妙药，人们只有相信永远的善，"爱那不可能的"[156]，"走由死得生之路"[157]，

---

153 赵紫宸.小仓别墅[J].生命，1924，4（6）：诗1-3.

154 赵紫宸.一夜淫雨[M]// 燕京研究院编.赵紫宸文集：第4卷.北京：商务印书馆,2010：623.

155 赵紫宸.系狱记[M]//燕京研究院编.赵紫宸文集：第2卷.北京：商务印书馆，2004：461.

156 赵紫宸.一夜淫雨[M]// 燕京研究院编.赵紫宸文集：第4卷.北京：商务印书馆,2010：626.

157 赵紫宸.系狱记[M]//燕京研究院编.赵紫宸文集：第2卷.北京：商务印书馆，2004：448.

才能如耶稣般"进入这罪恶世界的苦难，踹在罪恶的脖子上，将罪恶的头扭断"[158]。这种在侵略者的铁蹄前显得过分天真的声音，甫一发出就被淹没在一片革命的怒吼声中，没能在社会上引起一丝波澜。

赵紫宸的事工新诗以耶稣的人格与教训为核心，展开多向度的思考，于个人、于社会、于终极问题都提出了自己独到的见解。不过基督教一方面为他的写作提供了思想艺术资源，一方面也束缚了他的思考，使他的精神世界未能向着更广远处延展，令其诗歌始终带着小众化的色彩。虽然他也有符合主流社会价值评判标准的爱国爱民等情怀，但却始终未能得到普世知识分子群体的认可。可见孤独不止是耶稣的气质，也是赵紫宸的气质：孤独成就了他，使他的思想在某一领域可以探索得很深，也桎梏了他，限制了他的眼界和思维模式。但纵有以上局限，放眼基督教事工诗歌界，赵紫宸的成就还是很可圈可点的，虽然他有些作品流于浅白，说教意味过强，但也有部分艺术与思想都很成熟的专业级作品。多年以来他的诗歌成就一直被湮没，也是一个遗憾。希望这次钩沉能让赵紫宸这位没有正式在现代中国主流诗坛上露过面的诗人进入研究者的视野，群策群力地发掘出他的新诗作品中更多的艺术特质与深刻内涵。

第三节　左手诗集，右手《圣经》——论刘氏兄弟的事工新诗

与赵紫宸相比，刘廷芳、刘廷藩、刘廷蔚三兄弟与现代中国文坛的关系要密切得多。刘氏三兄弟中，身为燕京大学教授的刘廷芳和清华学校图书馆学家的刘廷藩都是文学研究会的成员，会号分别为 36 号[159]和 37 号[160]。刘廷藩加入了文学研究会读书会的小说组和诗歌组，刘廷芳则加入了诗歌组和杂文组[161]。读书会每月一次的集会交流使他们能够及时了解新文学界的种种最新动向，同时也能第一时间向新文学界展示自己的作品。就目前尚未佚失的

---

158 赵紫宸.系狱记[M]//燕京研究院编.赵紫宸文集：第 2 卷.北京：商务印书馆，2004：460.
159 苏兴良.文学研究会会员考录[M]//贾植芳等编.文学研究会资料（上）.郑州：河南人民出版社，1985：15.
160 刘麟.关于文学研究会的会员[J].新文学史料，1989，3：198.
161 见文学研究会读书会各组名单[J].小说月报，1921，12（6）：附录1.

文学研究会成员名单来看，刘廷蔚并不在其中。不过，虽然文学研究会鼎盛之时刘廷蔚因在庐山养病没有直接参加该会活动，但得益于与兄长的通信，他获取文坛前沿消息的速度并不算慢，而且他就学燕大时期与新文学界人士也来往颇多，徐志摩、沈从文、焦菊隐、于赓虞、朱维之等都是他的朋友。他们三兄弟都在中国文坛的主流刊物如《小说月报》、《晨报副刊》、《京报副刊》、《语丝》、《文学》、《文艺月刊》中有作品发表。刘廷芳曾与王统照、臧克家合编诗集《她的生命》，又曾自费在普世出版社北新书局中出版了"风满楼丛书"中的大部分作品，这部丛书包括刘廷芳译纪伯伦散文诗《疯人》（之一），刘廷蔚诗集《山花》（之二），刘廷芳诗集《山雨》（之三）、刘廷芳述侯斯门的圣诞独幕剧《木匠家》（之四）、刘廷蔚诗集《我的杯》（之五，这一册由女青年会全国协会出版）和刘廷芳译纪伯伦散文诗《前驱者》（之六），让文学界中人得以了解到基督教诗歌的发展面貌。

基督教新文化运动兴起时，担任《生命》编辑的刘廷芳向胡适邀稿，在《生命》上刊出了第一首有白话意味的诗歌作品，并将冰心、陆志韦等新文学界中人的诗歌作品吸纳进基督教刊物，催生了基督教界自己的新诗。可以说，刘氏兄弟尤其是刘廷芳，是真正将基督教诗歌与普世诗歌联系在一起的桥梁人物。

一、事工新诗普世化的尝试——刘廷芳的创作

刘廷芳"在中国基督教文化界的地位，好像梁任公先生在中国一般文化界的地位"[162]。他本人著述甚丰，台湾中原大学吴昶兴曾统计，1920 年自美留学归国后，刘廷芳的创作、译著及合著作品近 500 篇，其中发表在《生命》上的文章有 45 篇，《真理周刊》有 11 篇，《真理与生命》有 103 篇，《紫晶》上超过 300 篇[163]。但这是一个不完全的统计，《文社月刊》、《中华基督教教育季刊》等基督教刊物、《晨报》、《语丝》、《文学》、《燕京新闻》、《人物月刊》、《大公报》副刊《明日之教育》等普世刊物上的作品以及各种书籍序言、心理学著述等都没有计算在内，他的实际作品数量远不止于此。

刘廷芳的新诗作品在他的全部著述中比例不算很高，甚至比起他所译过的数量庞大的赞美诗也显得有些廖少。但是他的诗作质量较高，现今仍可找

---

162 朱维之.中国基督教文化界一大损失——悼刘廷芳博士[J].天风，1947，83：9.
163 陈丰盛.诗化人生——刘廷芳博士生平逸事[M].上海：中国基督教协会，2013：160.

到的几十首诗中不乏优秀作品，如被收入《中国新文学大系诗集（1927-1937）》《中国新诗总系（1927-1937）》中的《去后》、入选《战前中国新诗选》的《五周年》等。朱维之曾提到刘廷芳"出过几本诗集"[164]，这意味着在《山雨》、《她的生命》之外刘廷芳或许还有其他诗集。然而笔者目力有限，至今尚未发现刘廷芳其他诗集的信息。不过毋庸置疑，刘廷芳是倡导基督教事工新诗最力的信徒诗人之一，不仅自己勤奋创作、积极发表，还特别鼓励青年诗人的创作。他在主办《生命》、参办《真理与生命》时期，选刊了很多青年学生的诗歌作品，在这两个刊物的作者群中，有如林鸿飞、童星门、陈得源、王书生、郭本道、茅善昌、马鸿纲等燕京大学的学生，彭长琳、谢敬业、王峻德等金陵神学院的学生及缪祖荫等松江圣经学院的学生。他还曾抱病连夜为朱维之的《基督教与文学》作序，该序非常有远见地指出了这本书的宣教意义，他断言"《基督教与文学》是青年协会出版的青年丛书中，最值得吾人注意，最能惹起青年批评讨论，最能引起文学青年兴趣，最有宏教希望的一本著作"[165]。七十多年后回头再看刘廷芳当年的评价，其长远的目光和准确的判断力让人为之折服。同时，这个断语也体现出刘廷芳对文字事工的理解：首先要具备文学性与艺术性，能引起文学青年的兴趣，其次才谈得到宏教。刘廷芳本人在他的事工新诗实践中，也非常注重对读者接受度的考量，这一点在他宗教情感的传达方式和《山雨》诗集的选诗标准上都有所体现。

同为信徒诗人兼基督教本色化运动的主将，刘廷芳与赵紫宸的诗歌颇有可比性。他们二人的信仰虔诚度与宣教热情不分伯仲，但在诗歌创作中投射的个性气质却迥然相异：耿直孤傲的赵紫宸，即使写诗也时时注意彰显他的宣教师身份，诗歌题材选择非常谨慎，诗作也带有他初信教时清教徒式的禁欲色彩，苦行、沉思意味颇重；而人情练达的刘廷芳则在不同的身份间切换自如，处于创作状态时，他的诗人气质并不会被牧师气质压倒，诗歌中的普世情感和宗教情感也能相处圆融，徐志摩在调侃他为"功高德茂望重群生的刘大主教"[166]的同时，也认为他是"so human"[167]的。对比他们对相同题材

164 朱维之.中国基督教文化界一大损失——悼刘廷芳博士[J].天风，1947，83：9.

165 刘廷芳.《基督教与文学》序[M]//朱维之.基督教与文学.上海：青年协会书局，1941：1.

166 徐志摩.一九三一年四月八日（致胡适信）[M]//韩石山编.徐志摩全集：6（书信）.天津：天津人民出版社，2005：265-266.

167 刘廷芳.追悼志摩[M]//刘廷芳著，方绍毅编.过来人言.北京：海豚出版社，2013：119.

的处理就可以看出这种区别。以爱情诗为例，赵紫宸除了一首神人互喻的《婚之夕》外没有任何爱情诗作品，而这首诗也是述神多过示爱；但刘廷芳单单写给妻子吴卓生的诗就有《你去罢》、《半夜对烛追忆南美留学往事》、《重游美南卓支亚省寄内子卓生》、《孝陵观梅寄内子卓生》等多首，其书写内容不仅包括"携着手——出险入险。/这半夜的小艰苦，/便领会'共当的价值。'"[168]等夫妻间信仰上的共勉，也颇多"这悲欢聚散的生涯，/剖年成岁，碎日成时，/纵然圆美，亦不过如此"、"你这欠健的身，/当何等自珍，/'欠健的身'你莫忘记！"[169]、"还是你好，/依旧知我心事，/悄然对我，/堕这许多同情泪"[170]等伉俪情深的表达，上帝之爱与夫妻之爱在交融中得以彼此印证。再如对耶稣之恸的理解，赵紫宸对望着耶路撒冷痛哭、在客西马尼的祈祷中体味孤独的耶稣更为敏感，倾向于宏观的体悟，而刘廷芳则更关注"为什么必有这个——客西玛尼"[171]、"那求免的苦杯/所装满"的"这般蹧践爱情/不愿谅解的残忍"[172]所带来的无可避免的痛苦，充满人性化的同情。总之，在对宗教情感的处理上，刘廷芳采取了一种更为普世诗人所熟悉的人道主义立场，将宗教情感寄于普世情感之中传达，着重展示"大主教"们"Human"的一面，无形中缩短了事工诗人与普世诗人的距离。这也是刘作比赵作受众更广的原因。

　　刘廷芳这种情感融合的尝试使他有相当比例的事工新诗带有双关意味，尤其是收在《山雨》中的诗歌，极具双重解读的空间。"风满楼丛书"选择北新书局而不是广学会作为出版单位，就清晰地表明了刘廷芳以普世文学爱好者为主要读者的预设。风满楼丛书是一系列基督性作品的集合，而不完全是宗教丛书。《山雨》中的作品也保持了这系丛书刻意淡化神学倾向但又不放弃宣教努力的整体风格。《山雨》中有部分诗歌以"你"称呼抒情对象，而诗中的"你"究竟为谁则颇值得探究。如《半夜对烛追忆南美留学往事》中给予诗人无限安慰和理解的"你"，最明确的所指固然是吴卓生，但"伴我终夕"、"给我光"、"体恤我的心事"等字句，也对全知全能的神有所暗示；《未完的信》中的作者祈求询问的对象"你"，既指收信人，又指祛迷解惑的上帝；《去

168　刘廷芳.你去罢！[M]//刘廷芳.山雨.上海：北新书局，1935：4.

169　刘廷芳.你去罢！[M]//刘廷芳.山雨.上海：北新书局，1935：8-10.

170　刘廷芳.半夜对烛追忆南美留学往事[M]//刘廷芳.山雨.上海：北新书局，1935：37.

171　刘廷芳.客西玛尼[J].真理周刊，1926，3（52）：2.

172　刘廷芳.被卖的那一夜[J].真理周刊，1925，3（4）：2-3.

年今日》中时隐时现飘忽不定而又令人怀念的"你"具体所指不明，抽象的
指向则颇有圣灵之嫌；《明珠》、《你的》、《依稀》中那位光明美好无所匹及而
又无处不在、使诗人魂牵梦绕的"你"更不可能仅指 M.H.君，其明显的属灵
特征只可能属于作者心中的神；《归来》中的"你"上帝的指向最无争议，既
是无限包容的倾听者，也是软弱疲乏者的安慰。诗人以这些具有双关意义的
"你"意象，使遥远缥缈的上帝实现了具象化与人格化，变得切近可感又亲
切可人，带上了若隐若现的神秘美感。这种抒情策略使读者能够在解读和品
味诗歌双关意义之时，感受到上帝从神学领域向诗学领域的行走过程。

除有意回避上帝在诗歌中的直接出场外，刘廷芳对于个人宗教经验和宗
教体悟的表述也追求意象化和审美化。基督教的宗教经验与禅宗的参悟偶有
相似之处，故而刘廷芳对宗教经验的叙述也极注重瞬间感悟的捕捉。《去年今
日》远近虚实画面的连续快速切换启示了诗人"看见"的唯美与难得，《依稀》
中"接近"、"焚烧"、"追忆"、"狂恋"、"沉醉"[173]等词语逐渐地深化了诗人
对神的领悟，春水中的浮萍带给诗人"片刻相逢，/刹那欢娱，/其中便是真永
生"[174]的点化，"Illusion"[175]的咫尺天涯点化了诗人对追求真理之艰难的体会，
燕子"梁间恩爱的呢喃"给予了诗人"我忘却了我心中的烦恼，/也再不介意
足上的汗泥"[176]的超脱，《青春》中诗人与花草童话般的戏剧化沟通虽稍显生
硬，却也加深了诗人对造化之功的领会与崇敬。

不过文学效果虽是刘廷芳追求的重点，但他也并没有因此放弃证道的努
力。他对一些与时事相关的内容，如非基运动中基督徒的艰难处境与这一处
境下百折不挠的奋斗，常用自然意象加以隐喻。这种托物言志的为诗方法得
自传统诗词的熏陶。刘廷芳的身上虽然和胡适一样打上了很深的美国化烙印，
但他在进入温州艺文中学之前，已有深厚的国学底蕴，9 岁即能背诵全部礼记，
10 岁已能阅读大部分中国经典名著[177]，所以他的不少诗篇也得了古典诗词意
境无限的长处。如他打动了徐志摩的前半阙《山中半封短信》，便是这类古典
手法借景喻境的实践："长江万叠的轻波，/被好事的太阳，/无端相迫。/化作

173 刘廷芳.依稀[M]//刘廷芳.山雨.上海：北新书局，1935：132-133.

174 刘廷芳.沪杭道上[M]//刘廷芳.山雨.上海：北新书局，1935：140.

175 刘廷芳.依路纯（Illusion）[M]//刘廷芳.山雨.上海：北新书局，1935：120.

176 刘廷芳.呢喃[M]//刘廷芳.山雨.上海：北新书局，1935：142-143.

177 陈丰盛.诗化人生——刘廷芳博士生平逸事[M].上海：中国基督教协会，2013：40.

白云，/飞入乱峰幽壑。/多劳的明月，/负着新愁万斛。/悄然几度穿林，/静照寒泉空谷"[178]。以诗歌中各种恶劣自然意象的隐喻，刘廷芳建构了一个悲剧英雄式的自我形象：面对"但如今阴霾四布，/午后的北风未静。/怕今宵如水的月光中，/酣雪比前朝还竞"[179]、"猖狂的白云，/紧压着她心胸，/好事的天公，/张起无缝的素幕。/多情的老婢——山风，/紧守着车门"（1927）[180]的敌意威压，他以小桔自喻，"几度和北风死斗，/昂头南望，/因他爱阳光如命，/要藉她的煦照，/化满腹的酸辛"[181]，有"再经过七重火焰"[182]的觉悟；然而他自己虽能承受"热闹场中的萧瑟，/　　无边春色里的秋声"[183]，却无法容忍人们对自己信仰"无爱的批评"[184]，并为之献上了"海风莫乱吹，/让留恋的离云暂住。/真个把她吹散了，/当空的赤日将奈何？""凄风休乱吹，/容碎烛的残光留住。/真个把她吹黑了，/漫漫长夜将如何？"的《临风的哀祷》[185]。

　　刘廷芳的证道努力还在于对一些宗教理念的诗化阐释和见证性展示。他很强调耶稣"八福"教训之一的"温柔"，他视"体贴入微的温柔"为"生活原来是一堆败絮"[186]中唯一的例外，并将其诠释为"当两颗心儿烧得最热时/能征服烈火还是那不灭的火焰。/当狂风猛吹着急流，/打得粉碎，铁制的梢头，/能喝平巨浪，控制洪涛，/还是那弱不禁风的温柔"[187]。他入选《中国新文学大系 1927-1937·诗集》的作品《秋林》，则在对秋林美景的描摹中展示了由信仰带给垂暮老者的安详心境。有别于普通人对死亡迫近的恐惧，诗人视"人生暮年的晚景"是"何等可羡慕"的，老人的"岁月如小溪流水一般，/有无限奥秘的平安"与"金色辉煌的美丽"，这种平安与美来自"青春记忆之杯所斟，/青春早忘的乐境"的燃烧，他们"要孤单便如中天的明月！/要老迈便如万岁的恒星！"在充实的、奋斗的一生结束后恬然走向天父怀中的安息，是刘

178　刘廷芳.山中半封短信[M]//刘廷芳.山雨.上海：北新书局，1935：40-41.

179　刘廷芳.赴沪舟次天津观冰[M]//刘廷芳.山雨.上海：北新书局，1935：99.

180　刘廷芳.过美洲新大陆即景[M]//刘廷芳.山雨.上海：北新书局，1935：134-135.

181　刘廷芳.小桔[M]//刘廷芳.山雨.上海：北新书局，1935：108.

182　刘廷芳.明珠[M]//刘廷芳.山雨.上海：北新书局，1935：127.

183　刘廷芳.归来[M]//刘廷芳.山雨.上海：北新书局，1935：145.

184　刘廷芳.你要批评她吗[J].生命，1924，4（6）：3.

185　刘廷芳.临风的哀祷[M]//刘廷芳.山雨.上海：北新书局，1935：128-129.

186　刘廷芳.快乐[M]//刘廷芳.山雨.上海：北新书局，1935：79.

187　刘廷芳.温柔[M]//刘廷芳.山雨.上海：北新书局，1935：118.

廷芳贯彻始终的死亡观。他以实际的人生诠释了自己的认识：刘廷芳在多年高强度的工作与宣教中积劳成疾，1947 年，这一辆"有七处发生了毛病"的"破车子"终于"拉碎为止"[188]了。

在面向教内信徒的基督教刊物上，刘廷芳所发表的事工新诗采用了更简单直接的抒情手段，甚至写下过《只有由我》、《圣诞寄友人》这类较为空洞的口号诗，加之偶尔出现的《中央公园夜中的柏树》等结构处理有问题的作品，难免给人留下诗歌质量不稳定的印象。但《不敢》、《还有数千》、《战壕中遗嘱》、《人力车苦力的心事》、《狮子山坡》等作品，依然采取了双关性写作的方式，保留了较高的艺术水准，甚至《狮子山坡》中"数千茅檐下战栗的春联，/在冷风中不住地点头受安慰"、"仪凤门口两坡上的坚冰，/悄然向行路者洩漏了，/昨宵背地的哀泣，/原来饱经世故的青山，/泪河还比大江深"[189]等诗句流露出对宗教安慰有效性的反思，已经超越了事工的界限，上升到对宗教本体的思考。

不过刘廷芳虽在自己的创作中为打通普世新诗与事工新诗两个领域做出了各种尝试，但效果并不很理想，如刘廷芳自己所说，基督教"教规和社会的风俗人情相背，相差得太远"[190]，他自幼生长在宗教氛围中，又长期接受美式教育，思维方式与当时的普通中国人差距也较大，造成理解上的隔膜。就如他在《大连旅次》中所提及的"把四万万人不共戴天的大仇，/　用麻绳捆起"、"在敌人园里，/也欣赏造物者美丽的化工"[191]，恐怕就很难被绝大多数深具民族情结的东北人所接受。刘廷芳的时局观是世界"不是一日造得成"、"要有千百世的经营，/方能得一个完备的魂灵"，故而痛苦是暂时的，所以不要被一时之痛蒙住双眼而忘却世上仍存的美好，而要对"金钱和自由，/互相冲突，互相争战"[192]的世界怀有宽容和悲悯之心，这种宽容并非出于懦弱，而是出于爱。不过在当时，时代语境能否容忍这样的观念，着实是一个未知数。

---

188 原文为"我是一辆破车子，不能躺下，躺下就完了，东走走，西转转，为主作作工，到还痛快！反正是辆破车子——有七处发生了毛病，赶着拉吧，拉碎为止。"见：马鸿纲.悼前协进主编刘廷芳博士[J].协进，1947，6（6）：5.

189 刘廷芳.狮子山坡[J].真理周刊，1926，3（49）：4.

190 刘廷芳.中国基督徒爱国问题评议（续第四卷第八册）[J].生命，1924，4（9-10）：6.

191 刘廷芳.大连旅次[M]//刘廷芳.山雨.上海：北新书局，1935：85-86.

192 林锐作，刘廷芳译.春田城[J].生命，1921，2（2）：诗 4-6.

比起普通中国基督徒，刘廷芳受美国社会福音派思想影响更重，与以司徒雷登为代表的西方教士关系也更为密切一些，甚至超过了一些华籍教职人员。他也因此招致了一些非议。以爱国问题为例，身为本色化运动的倡导者之一，刘廷芳也曾义不容辞地在诗歌中张扬国族之爱。他借行路者之口发出过"我不能来求救我个人的灵魂，/忘却了我祖宗辛苦开辟的园地，/　和在水深火热中的同胞"[193]的表白，但他对狭隘民族主义式和自我陶醉式的爱国表演并不认同，"听饱了，/　'爱国者'呐喊的卖身"[194]，相比于以暴制暴的战争手段，他更愿意选择如耶稣"为他祖宗的国都耶路撒冷，/作哀泣涕零的晚祷"[195]那样组织国难祈祷或"三万里外求学，/嚼三千年前的古文章，/还要为国家同胞挣口气，/明朝在白皙儿童前，/把黄黑的高低分清楚"[196]等温和方式。相比于被打着正义之名的话语暴力束缚，他更愿意关注一切弱势群体，而不在乎这种底层关怀的对象是不是本国的同胞，《金陵道上》、《矿中》、《工厂的大钟》等作品及《山雨》中的部分述诗都体现出了他的世界主义意识：他将对弱者的怜恤与同情由一国一族扩展到整个人类，然而对于在救亡为第一需求的中国探讨世界之爱是否奢侈，刘廷芳似乎未作太多考虑。

二、赤子之心的自然流露——刘廷藩与刘廷蔚的创作

刘氏三兄弟其他二人中，刘廷藩的诗作目前笔者见到的仅有《小说月报》13卷6期上的两首，一为追忆学生时代的普世新诗《回忆的惆怅》，一为化用了"活水"典故、带有一定爱情诗与宗教诗双关意味的《盘门路上》[197]，都是青春气息洋溢的清新小诗。其中《盘门路上》后来被陆志韦加工续写为《流水的旁边》，收入诗集《渡河》之中。鉴于刘氏兄弟与陆志韦的姻亲关系和频繁交往，我们无法得知《渡河》中是否还有其他创意出自刘廷藩的诗歌。不过刘廷藩虽然诗作不多，却是第一次对事工新诗的出现给予关注和评论的诗人。他在倡导基督教新文化运动的《教会文字事业的问题》一文中肯定了冰心与赵紫宸两位诗人的事工新诗成就："近来如谢婉莹女士和赵紫宸君所登载在生命月刊上的几段圣经小诗，真真是清颖可爱，较之诵读一段圣经的原文，

---

193 刘廷芳.行路者[J].生命，1924，4（8）：诗4.

194 刘廷芳.归来[M]//刘廷芳.山雨.上海：北新书局，1935：145.

195 刘廷芳.行路者[J].生命，1924，4（8）：诗5.

196 刘廷芳.半夜对烛追忆南美留学往事[M]//刘廷芳.山雨.上海：北新书局，1935：35.

197 刘廷藩.盘门路上[J].小说月报，1922，13（6）：诗15.

其滋味诚有浓淡的分别"[198]，体现出文华图书科出身的诗人高度的文学敏感。后来刘廷藩将全部精力投入了清华学校的图书馆建设，中断了文学生涯。

三兄弟中最年轻的刘廷蔚才华横溢，能诗善画，惟其创作生涯较短，留美后即专攻昆虫学不再写诗。不过在20世纪20年代中他留下的作品已经不少，除结有《山花》与《我的杯》两本诗集外，还有作品散见于各大刊物。并且他的诗不只发于《生命》等宗教刊物中，《小说月报》、《晨报副刊》、《京报副刊》、《燕大月刊》上亦不少见。刘廷蔚在现代诗坛有一定的知名度和影响力，其《野柴之火》、《献诗给母亲》曾入选《中国新文学大系一九二七——一九三七年·诗集》，《献诗给母亲》还被收入现行人教版八年级语文课本。无疑，他是三兄弟中新文学界认可度最高的一个。

刘廷蔚的知名度很大程度上得益于文学界好友的鼓吹。孙伏园在《晨报副刊》上曾专为他开设《庐山小诗》专栏，陶行知也曾在信中介绍刘廷蔚是"一位最可爱的少年诗人"、"诗山里的诗人"[199]，不过在这其中出力最大的还是沈从文。沈从文初入京时投考燕大未果，但与燕大的部分学生成为了好友，刘廷蔚就是这些学生中的一个[200]。受到过高校学子冷遇的沈从文对这些不带偏见和功利色彩的真诚友谊非常珍视，直到成名后也依然如此。刘廷蔚的《山花》出版后，沈从文特意写了《〈山花集〉介绍》，从形式价值和审美价值两个角度，赞其"能以明慧的心，在自然里凝眸，轻轻的歌唱爱和美，同时在第一期的中国诗歌成绩里，使诗的文字非常丰富，使无韵的体裁，不至因失去脚韵，同时便失去诗的精神"，并"有一种东方的秀气惊人的美，以及地丁翠菊的扑鼻的香"，能使人"静味自然的美，体会纯真的爱"[201]。这样高的评价固然部分出于爱屋及乌，但对刘廷蔚诗歌闪光点的捕捉还是相当准确的。

刘廷蔚自认是一个"专讲'感受''欣赏'的少年人"[202]，"极欣赏柔织的美很爱静寂的安宁"，"觉得世界有欣赏不尽的可爱的东西，什么事物对我

198 刘廷藩.教会文字事业的问题[J].生命，1922，3（2）：教会文字事业的问题2.

199 方韶毅.刘廷蔚：昆虫学家，诗人[J].方韶毅主编.瓯风：第六集.北京：中国文史出版社，2013：37.

200 参见沈从文.我所见到的司徒乔先生[M]//沈从文.沈从文全集：12卷.太原：北岳文艺出版社，2002：248.

201 沈从文.山花集介绍[J].文艺月刊，1932，2（7）：125-126.

202 刘廷蔚.晚间的信[J].燕大月刊，1927，1（3）：99.

都带看（原文如此，应为"着"，笔者注）几分神秘，已经是离童年时代狠远狠远的成年人了"，"还往往按不住捉迷藏捻泥菩萨的心情"[203]。这段自白道出了他诗歌中清新脱俗、纯真可爱气质的源头，即不随时间推移而淡化的赤子之心。作为家中的幼子，刘廷蔚在模范母亲[204]的关爱呵护、如父长兄的荫蔽保护下健康成长，相对无忧无虑的他最大程度地保留了天性中的率真。在爱中成长起来的孩子往往富于追寻爱与美的勇气，也更能在挫折与逆境中保持正直与乐观的心态。故而刘廷蔚即使在患了凶险的肺痨到庐山养病期间，仍能苦中作乐，能懂得欣赏自然的美、孩童的天真与友谊的珍贵。

　　赤子之心给刘廷蔚的诗歌带来一种直觉性的灵气，使他能够注意到许多易被成年人忽略的小细节，比如山尖上的小野花[205]、山路上的蝴蝶[206]、石缝里蜥蜴的尾巴[207]、蔷薇丛里的蛛蜘、柳堤下的黛螺、苗圃的青蛙[208]等等。他对这些小生命不仅仅是看到，还将它们视作可交流的朋友，尊重小野花"使劲钻着"的奋斗和选择，对让路的小蝴蝶道声"客气"，好心地提醒蜥蜴尾巴还露在石缝外，并为蛛蜘、黛螺、青蛙献上祈祷。赤子之心也使他常常冒出许多充满诗意的念头，会幻想西风做红娘成全爬山虎与溪水的恋爱[209]，会猜测"扑水的春燕"是要在湖水里裁一匹翠罗给柳树做衣裳[210]，会想要"年年要到黄龙寺/　　来过清明""带把锄头/前山后山/　　到处掘笋吃"[211]，有时还会付诸行动，"起早到溪上来，/草是这般深路又是这般滑，/为昨宵入梦的朋友，/采一掬沐露的地丁花"[212]。诗人这些孩子气的所见所行并非是未经

203 刘廷蔚.晚间的信三[J].燕大月刊，1927，1（3）：101.

204 民国报人朱镜宙语"如言模范母亲，真足当之无愧"，见朱镜宙.梦痕记[M].台北：文海出版社，1977：182.据方绍毅考证，回忆录中的柳母即刘氏兄弟的母亲李玺，柳舫即刘廷芳，柳寰即刘廷藩，柳会即刘廷蔚，柳仪即刘文端，柳庄即刘文庄，罗先生即陆志韦。参见方韶毅.事无春梦了无痕——朱镜宙的婚恋[N].温州晚报，2011-01-01（15）.

205 刘廷蔚.山路之上（五）[M]//刘廷蔚.山花.上海：北新书局，1930：64.

206 刘廷蔚.山路之上（二）[M]//刘廷蔚.山花.上海：北新书局，1930：11.

207 刘廷蔚.山路之上（四）[M]//刘廷蔚.山花.上海：北新书局，1930：49.

208 刘廷蔚.心愿[M]//刘廷蔚.山花.上海：北新书局，1930：3-4.

209 刘廷蔚.红叶[M]//刘廷蔚.山花.上海：北新书局，1930：26-29.

210 刘廷蔚.雨夜[M]//刘廷蔚.山花.上海：北新书局，1930：62-63.

211 刘廷蔚.游庐山黄龙寺——十三年寒风[M]//刘廷蔚.山花.上海：北新书局，1930：46.

212 刘廷蔚.青早[M]//刘廷蔚.山花.上海：北新书局，1930：25.

世事的天真，他也经历过"愤强邻之无道，努力奔走，宣传抗日"[213]的斗争生涯，"'人情''生计'亦狠了解而且是眼里的砂石似的理会着了"[214]，然而对上帝造化之功由衷的感恩与对一切生命无差别的尊重，依然还能使他在每一次感触到自然与生命时，都生发出如初见般的惊喜与赞叹，故而庐山的景物在刘廷蔚的诗中能够展示出纯真圣洁的美与倔强茁壮的生命力。

然而单单对创造之妙的真诚礼赞还不足以使刘廷蔚侪身事工诗人的行列，即使无信仰的诗人也不吝于抒写自然之美；赤子情怀也不独为事工诗人所有，无信仰的诗人如顾城等，作品中也常能充满童趣。在事工新诗的写作中，刘廷蔚最显著的特征是能够怀着赤子式的孺慕、信任与真诚同上帝对话。这一点在《山花》集中体现并不明显，因为《山花》整体而言当归入普世诗集范畴，集子中仅有数首带有事工意味的诗歌，如《傍晚》以对生命形式流动与变化的感悟侧面透露出作者的永生观、《芦苇》背后隐现着一个绝对公平全知全能又悯恤慈慰善解人意的上帝形象、《野柴之火》展示了既厌恶置身于污浊世界又不愿放弃入世救世之心的矛盾、无奈与坚韧、《献诗给母亲》以《圣经》经典的麦种比喻颂赞了爱的承续与传播、《受难节》批判了流于形式缺乏爱心的信仰、《郁金香——给三一八殉难的同学》以淡化仇恨、节制愤怒、侧重安慰的哀思方式传达了基督教的死亡观，这些诗歌质量较高但数量终归有限，并不能成就刘廷蔚事工诗人的身份，真正奠定他在事工诗歌界重要地位的作品还是《我的杯》集中的几十首诗作。

《我的杯》与《山花》都得益于庐山的恩赐，"庐山激发了刘廷蔚的灵感，他的新诗大多创作于这个时期"[215]。刘廷芳在《我的杯》的序言中介绍了这些诗的写作背景，"五四运动时，东瓯一少年，刚入大学预科，愤强邻之无道，努力奔走，宣传抗日，有一天与同志们在街上工作，为警察所包围，刺刀枪柄之下，受了内伤。但他依旧继续工作，夏月赤日当空，日行数十里，组织青年团，到处讲演，夜间露宿江边，检察商船，抵制日货，某日下午回家，方抵门，口喷鲜血，卧病半载，变成肺痨，一年后病益加剧。到庐山养病去；一共三年，才痊愈"[216]。刘廷蔚对庐山怀有复杂的情感，一方面他爱

213 刘廷芳.序[M]//刘廷蔚.我的杯.上海：女青年会全国协会，1932：序1.

214 刘廷蔚.晚间的信三[J].燕大月刊，1927，1（3）：101.

215 方韶毅.刘廷蔚：昆虫学家，诗人[J].方韶毅主编.瓯风（第六集）.北京：中国文史出版社，2013：37.

216 刘廷芳.序[M]//刘廷蔚.我的杯.上海：女青年会全国协会，1932：序1.

庐山的自然之美，一方面又"常觉得牺牲了五年最宝贵的青春，是平生一件伤心事"[217]。病愈回到燕大读书之后，他在写给女友吴元俊的信中忆及山中岁月时还会透露出这种矛盾的心态："我在热烈地想念庐山的雪，'忽似一夜春风来，千树万树梨花开'，回忆中那一身缟素的她！我们曾做过四年关切的伴侣，在那寂廖的山路上，我散布了我青春的年华……"[218]然而虽遗憾于美好年华的流逝，在灵命的成长方面刘廷蔚还是很感激庐山的给予。他在《野宿之夜》中借雅各之口感慨"耶和华竟在这里"，庆幸于自己在"这极目无际的荒郊远野，/无意中竟踏进上帝之殿"，并深深感谢"沐殊恩者的步履，/冥冥中，全能者已在导领"[219]的奇妙恩典。根据前述刘廷芳的记载，初入社会时的刘廷蔚俨然与其他"忧愤填胸，奔走国事"的五四爱国青年无异，若无此一病，或许他也会走上更为激进的文学甚至政治道路。然而他"虽未入战场，也几乎丧命"的境遇截断了这种可能性，将他置于虽不至称为世外桃源却相对清净的庐山牯岭，与激进隔绝，得以停下脚步来到上帝面前回顾、反省自己的经历，并与诗歌亲近、进入创作勃发期。这或许也是一种因祸得福。

　　如果说《山花》是莲谷纯净山泉浇灌出的异葩，《我的杯》就是庐山凛冽山霜历练出的硕果。民国基督徒或许都有些不同程度的庐山情结，因为庐山是中国基督教气氛最浓的名山，就如刘氏兄弟的故乡温州被称为中国的耶路撒冷一样，庐山可以被称为中国的西乃山。自1895年英国传教士李德立在牯岭开辟租界以来，教堂、学校、医院纷纷在此兴建，新教各教派纷纷聚集至此开班培训传道人，使庐山成为中国基督教的活动中心。从庐山中汲取写作灵感的信徒诗人为数不少，杨益惠、刘廷芳、蔡锡山、赵紫宸、刘子静、任大龄等人都在此留下过自己的诗章。刘廷蔚养病期间庐山的宗教活动很多，在这里基督教的活跃度并没有因非基运动而减少，反而在运动进行得轰轰烈烈时还有针对性地举办了一些以教会本色化运动为主题的宗教会议，刘廷芳、赵紫宸、许地山等都与会并发言。刘廷蔚写作组诗《我的杯》的时间大致与非基运动第一次高潮同期，其中很多诗句如"修理绷断的琴弦，/弹一曲欢乐

217　刘廷芳.序[M]//刘廷蔚.我的杯.上海：女青年会全国协会，1932：序 3-4.之前刘廷芳所说的三年是指第一次在庐山疗养，后来回校后病情有所反复，又休学两年左右，从五四运动后病倒到1925年痊愈成为燕大正式生，一共五年多时间。
218　刘廷蔚.晚间的信三[J].燕大月刊，1927，1（3）：100.
219　刘廷蔚.野宿之夜[M]//刘廷蔚.我的杯.上海：女青年会全国协会，1932：野宿之夜 1-5.

的歌，/起来罢！/把你的幽咽，/ 换作欢唱。/把你的悲哀，/ 变为忿怒。/要在荆棘纵横的荒野，/ 修造平坦的路"[220]、"手扶着犁的，/ 为什么要回顾？/ 努力罢，/ 耕种的人，/上帝的园地"[221]、"傍晚我在田里，/ 看葱茏的稗禾，/ 高过麦子。清馨的百合都/ 随风枯萎，/日头沉落以后，/黑云聚拢来，/风雨一阵紧一阵………""主啊！/似这般悽凉冷寞的夜里，/真不知道是你站立着敲门"[222]等，都在自我勉励之余带有于危机中坚立信仰的色彩，可以看作是对非基运动诗歌形式的回应。

诚然在创作这些诗歌的时候，刘廷蔚主观上并没有文字事工的意识，只是真诚记录下个人的宗教经验、以诗代信寄与刘廷芳作信仰上的交流。由于这些诗本是兄弟间的私密通信，刘廷蔚毫无顾忌地将自己极具个性的信仰思考和盘托出，其中部分内容甚至与主流价值观出入极大。写于牯岭病院的《铐镣》一诗就明显地带有对从前热血经历的反省意味，他视自己的病为"手足上的铐镣"，并将上帝如此安排的用意理解为"疼爱"与"痛惜"的"惩戒"，而自己之所以受此惩戒的原因在于对"强忤"的迷信，他请求上帝"怜惜少年人的灵魂，/饶赦他们的愚昧"，并愿意在上帝的"慈悲"中寻找"安息"之途[223]。在无信仰者看来，宣传抗日是正义之举，因之受伤罹病也颇有受难般的悲壮意味，甚至可引为自豪；但病中的诗人由于与政治拉开了距离，开始跳出时代的局限审视过去的行为，他的沉思延展到了另一方向：自己从前的宣传是否有鼓动仇恨之嫌？无爱的抵制是否治标不治本？以眼还眼以牙还牙是否与爱的诫命相悖？他认识到以自己的有限与渺小无法给出真理性的回答，但他愿意让信仰在自己身上作工，愿意到上帝的爱里去寻找答案。在《我的杯》中，他延续了这种追寻，任自己的心灵跟从耶稣走纯爱之路，无论"是山巅，/是海涯，/是耶路撒冷的京城，/是无人的旷野，/ 焦赤的沙漠，/是伯大尼，/是耶利哥城外的风砂，/是客西马尼幽凄的月夜"[224]，甚至一度抱了"今

220 刘廷蔚.我的杯（五）[M]//刘廷蔚.我的杯.上海：女青年会全国协会，1932：我的杯 7-8.

221 刘廷蔚.我的杯（九）[M]//刘廷蔚.我的杯.上海：女青年会全国协会，1932：我的杯 13.

222 刘廷蔚.我的杯（十）[M]//刘廷蔚.我的杯.上海：女青年会全国协会，1932：我的杯 15-16.

223 刘廷蔚.铐镣 [M]//刘廷蔚.我的杯.上海：女青年会全国协会，1932：铐镣 1-6.

224 刘廷蔚.我的杯（三）[M]//刘廷蔚.我的杯.上海：女青年会全国协会，1932：我的杯 4.

夜里，/ 星光底下，/海上打鱼去"[225]的决心。在寻求中他似有所顿悟，听到了"你站立着敲门"，并因这种顿悟得到了极大的欣喜，"有了这一刹那灵的幻现/'生'纵然是痛苦的，/劳疲的心灵，/ 也就够得安慰了。/让人家说死后上天堂，/我的天堂就在这一刹那"[226]。他从小孩子的学步中得到了爱的启示：上帝就像"他的保姆，/ 在竹荫里坐着，/ 遥遥地看望着"，任人类像小孩子一样"走几步跌仆了，/ 挣挣扎扎地起来再走/又仆倒了，/ 起来依旧往前走"[227]，上帝的爱在于给予了人类自由发展的空间和证误的机会，在错误中体验成长，但他的看顾一刻不曾远离，不会让人类真正遭到无法承受的伤害。这种认知极大地坚定了诗人的信仰，他呼吁"上帝！/为我解开疑惧的带，/在生命的路上，/使我立起脚部来走，/让我受一点轻微的损伤，/给我自由地，/ 探索这佳美的世界，/只是，我求，/总要常在你的看顾之中"[228]，并能够再无顾虑"要抬头，/要自傲，/要放胆无畏地，/ 表显你的尊荣"[229]。刘廷蔚在庐山这个生命中的休憩小站里完成了对信仰的清理与升华，终能再次面对"茫茫去路"毫无犹疑地"迈步前奔"[230]。

刘廷蔚的事工新诗与其他信徒诗人最大的区别在于其私人写作气质，于他本人而言，这些只是宗教经验的记录，没有任何宣教色彩，它们的事工意义开始于刘廷芳将其发表于《生命》并结集出版的行为。与为福音奔走一生的长兄不同，刘廷蔚虽本人信仰虔诚，却并不把宗教理念的刻意宣传看得很重，甚至对自己的孩子，他都"从来没有强迫过我们信教"，而是通过讲《圣经》故事、扮圣诞老人、唱诗等游戏以及诚恳、爱人、爱家、爱故乡的作风潜移默化地带领孩子走近了信仰[231]，这种对待信仰一以贯之的态度也同样延

---

225 刘廷蔚.我的杯（四）[M]//刘廷蔚.我的杯.上海：女青年会全国协会，1932：我的杯 5.

226 刘廷蔚.我的杯（十一）[M]//刘廷蔚.我的杯.上海：女青年会全国协会，1932：我的杯 17.

227 刘廷蔚.我的杯（十三）[M]//刘廷蔚.我的杯.上海：女青年会全国协会，1932：我的杯 21-22.

228 刘廷蔚.我的杯（十三）[M]//刘廷蔚.我的杯.上海：女青年会全国协会，1932：我的杯 23.

229 刘廷蔚.我的杯（十四）[M]//刘廷蔚.我的杯.上海：女青年会全国协会，1932：我的杯 25.

230 刘廷蔚.野宿之夜[M]//刘廷蔚.我的杯.上海：女青年会全国协会，1932：野宿之夜 9.

231 刘荣恩（荣黔）.回忆大伯刘廷芳及家族往事[M]//陈丰盛.诗化人生——刘廷芳博士生平逸事.上海：中国基督教协会，2013：16.

续到他的诗歌创作上。赤子般的单纯、对私密宗教情感纯粹而真诚的抒发与表达，使刘廷蔚的事工新诗比为宣传而为诗的事工作品更多了些感人的力量。

在刘氏兄弟中，即使是深受社会福音思想左右的刘廷芳，比之绝大多数事工诗人，其作品也以"自然"为最明显特征。对刘氏兄弟而言，信仰经由家族数代积淀已深入骨髓，故而基督教典故的化用、基督教情感与精神的流露于他们而言是无需穿凿雕琢的。比起赵紫宸、陆志韦因信仰受到家族侧目的遭遇，刘氏兄弟要幸运得多。家族传统与故乡习俗在他们的信仰上起到的都是积极作用，他们的祖母刘叶氏为信仰放弃丰厚遗产、协助内地会兴办女校并独立抚育独生幼子成才的传奇经历在温州被传为一代佳话，刘廷芳曾在1938年2月写给刘廷蔚的信中提及，"伏念吾家自视线大人皈依圣教不畏万难打破一切旧礼教之束缚屏除屏除社会之一切迷信创办女子教育开故乡风气之先声毕生虔诚笃信励志守道懿范在人间至今为乡里所传颂。祖母遗训嘱吾家子孙须世世信奉圣教。母亲大人早岁守节谨遵祖训努力奋斗使吾辈得有今日并使刘家垂绝之支得复而盛。饮水思源，不能不使吾辈激励孝恩"[232]，可见祖母对子孙信仰坚立作用之巨；同时，温州自晚清起就比较浓郁的基督教氛围也辅助了他们灵命的成长。温州的传教事业得益于曹雅直、李华庆、苏慧廉等几位真正贯彻了基督精神的西教士，他们以高尚的牺牲精神与无私的奉献赢得了当地人的好感，引导温州走上了"中国的耶路撒冷"之途。他们所创办的艺文学堂与崇真学校不仅走出了刘氏兄弟，还走出了郑振铎、朱维之等很多文坛风云人物，这些精神中带着深刻基督教文化烙印的温州诗人们，都在文字事工领域做出了自己不同的贡献。得天独厚的优势使刘氏兄弟能够全力担当起沟通文学界与基督教界的重任，而不是将精力内耗于与敌基督之亲眷友人的斗争。其实具备相似先天优势的诗人还有一位陈梦家，然而后者却并未侪身事工诗人的行列，反而在信仰上走了一条更为曲折的道路。

应该承认，刘氏兄弟沟通文学界与基督教界的努力收获了一定的成果，但这种成果主要得自刊物出版，他们自己的创作在其中的作用客观说来仍是比较有限的。在现代诗坛上，刘氏兄弟的地位并不算很高，他们诗歌的艺术水平比起新文学诗坛的一流诗人还有一定差距，其作品在纯诗学领域的建构意义不是很大，也未提出自己的诗歌理论，未创造出能够引发讨论的诗艺话题。他们的

---

232 方韶毅.刘廷蔚：昆虫学家，诗人[J].方韶毅主编.瓯风（第六集）.北京：中国文史出版社，2013：35.

诗集也属自费出版，发行量不大。如《山雨》，首印仅一百册，且赠阅较多，而受赠者绝大多数又不是文学界中人，极大地限制了读者范围。虽在此书 1935 年曾有过一次再版，但由于未进行过闻一多《死水》式的有效宣传，仍未能赢得广泛的受众。然而他们的创作为艺术上略显贫乏的事工新诗引入了更富文学性的表现手法，同时，也作为事工新诗在现代诗坛上第一次集中而系统的亮相，突破了事工新诗囿于教徒范围的独语局面，具有不容忽视的开创性意义。

第四节 事工诗坛边缘的"蒲公英"——论陆志韦的事工新诗

无论是陆耀东还是赵思运，评价陆志韦时的一个关键词都是"独立"：不加入任何社团，不属于任何流派，诗歌理论自成体系，诗歌实践苦心孤诣，诗歌成就为人忽略。不过这些都是从纯文学史的角度审视而得的结论，倘若将陆志韦放在事工诗界，就可以发现他还是有归属的。陆志韦是生命社社员[233]，又在中华基督教文社中担任过审查员和执行委员[234]，与刘廷芳、赵紫宸、洪业、朱味腴、钱保和等信徒私交甚好，他具有事工意义的诗歌作品常首发于《生命》、《紫晶》、《燕大月刊》等基督教相关刊物，其宗教观与诗歌精神追求与刘廷芳、赵紫宸等事工诗人相似。1927 年前他能够在身处"国学大本营"、学衡派主场的东南大学期间保持住对新诗的长久热情，很大程度上得益于与生命社同人的交流酬唱。陆志韦在离开东南大学后到燕京大学执教长达 25 年之久，期间又有很多重要诗作问世，加之此前他已与燕京大学及生命社建立的密切关系，将陆志韦归入燕大诗人群是不为牵强的。

不过即使在燕大诗人群中，陆志韦也时常游离在群体边缘，"独立"仍是他的主要精神特征。无论在诗歌理论上还是信仰探索上，他都远远走在时人之前，"大家处于把白话当作某种宣传工具的时候，陆志韦已经开始新诗形式的探索了"[235]，大家还在探索本色化教会实现途径的时候，他已经进入了处

---

233 证道团成立初期，成员中并没有陆志韦，他是后加入的。具体时间笔者尚未确定，但在《真理与生命》2 卷 12 册所公布的生命社社员名单中已有陆志韦，说明陆志韦加入时间至少是在 1927 年 10 月之前。许地山的名字也在《真理与生命》期生命社社员的名单中。

234 周蜀蓉.本色化运动中的中华基督教文社[J].宗教学研究，2005，4：88.

235 赵思运.诗人陆志韦研究及其诗作考证[M].南京：东南大学出版社，2012：29.

境神学[236]的思考，这种超越性决定了他的孤独。陆志韦的诗歌常不能为他的信徒诗人朋友所理解，朱味腴曾专门写过一首揶揄气十足的《读渡河有感》向他泼了好大一盆冷水："领教过了，/惜乎我不知音！/你仿佛对着——/　聋子唱春，/　瞎眼放灯，/　没有周郎癖的梅芳兰演天女散花，/　泥菩萨念般若波罗密多心经。/我想你的艺术太深了，/我太愚蠢"[237]。正如陆志韦在自喻诗《一朵蒲公英——调 The Groves of Blarney》中所说，"这单独的冷生涯/谁能怜惜你？/若论春日的先锋，/你原在一切花前"。不过虽然"你就没有个知己人"，然而"你有爱你的日光"[238]，孤独在关闭了他与平庸者交流大门的同时，加强了他与上帝的个体联系，使他能够获得一种局外人特有的清醒。陆志韦之所以能耐住寂寞、持守住这种超越性的孤独，他的基督教信仰在其中起到了莫大的作用。

　　燕大诗人群中成就最高的诗人多来自四个互有姻亲关系的基督教知识分子家族，它们是刘廷芳三兄弟所属的刘氏家族、赵紫宸赵萝蕤所属的赵氏家族、陈金镛陈梦家所属的陈氏家族与陆志韦所属的陆氏家族。与其他三大家族数代沿袭或信众甚多的宗教背景相比，"半路出家"并曾因信仰遭到族人排斥的陆志韦与基督教的渊源似乎较浅。但正应了耶稣的那句"在后的，将要在前"（马太福音 19 章 30 节），陆志韦的宗教情感丝毫不逊于刘廷芳赵紫宸等，比游移徘徊的"牧二代"陈梦家还要坚定得多。陆志韦对信仰的热心体现于他在《少年中国》宗教问题论争中的表现，在非宗教的声音占主导的情

236 处境神学是指从一定范围的生存处境出发，努力发掘包括政治、经济和文化诸领域的生存处境的神学意义，并力求对这种处境中的深层问题作出神学回答的神学。它的任务是在中国的处境发展中国的基督教神学，反对把在其他处境中发展的神学作为中国教会神学实践的标准，强调中国的基督教神学必须立足于中国的处境；反对那种没有选择的沿用和不假思索的套用，不是在本国中找到基督教的特色来代替基督教而丧掉圣经，而是要在自己的处境寻找沟通的对话，用自己的背景和处境来理解它，诠释它，用适合自己的方式和形式来表达它，以让人能理解和接受。有别于从前的本色化神学、乡土神学等强调自我的洁身自好的思潮，它更多关注神学与传流的结合，从根本上反省福音本身的内涵，更看到神学与所处现实社会的关系，使人看到上帝在中国的时代信息和恩典。参见青岛上杭路教堂牧师董延奎文章《中国教会的处境与处境神学的浅思》。

237 味腴.读渡河有感[J].青年进步，1925，84：101-102.

238 陆志韦.一朵蒲公英——调 The Groves of Blarney[M]//陆志韦.渡河.上海：亚东图书馆，1923：11-12.

势下，他站出来发表了《科学与宗教》的演讲，为自己的信仰做出了合法性辩护。陆志韦本人是个态度严谨的心理学家，熟悉并尊重科学拥趸者"分析毫厘，甚至于吹毛求疵"[239]的思维逻辑，不过，比之通常以论证信仰之科学性的护教辩论逻辑，陆志韦的角度稍有不同。尚科学反宗教者所发起的论争常常试图把已经突破了二元对立思维模式的思想者拉回到这一较低层面的念头纠缠之中，因为针锋相对的辩论总能迎合很多看客的心理，也更易被当时精神深度尚嫌不够的中国民众所理解，符合他们营造科学压倒宗教舆论氛围的需求。这种策略总会奏效，非宗教思想在现代知识分子中的流行让包括刘廷芳赵紫宸在内的很多信徒无法淡定，也没能避免被卷入这种二元对立的论争语境中。但陆志韦却没有中招，他虽然密切关注着这场论争，却并未因此放弃自己个人化的思考，而是站在更高的层面上审视这些观点。这种高姿态并非事不关己的高冷，他并非不关心中国基督教的前途及基督教徒的处境，而是真正想超越这种永远不可能得出一致结论的争执、将有限的精力投诸于探索各领域中有价值的思想。"我所信仰的，就是一个人的精神可以超出世界上一切不必调和的价值；把他们概括起来，变成一个人的经验。旁观者以为矛盾的，在他一些都没有冲突"，虽然"我当然没有达到这种地步，我只是向上跑"[240]。不过理解这一宗教观的前提是能够同时对科学理性与宗教虔诚都存有客观公允的认识与评价，不抱情感上的偏向。这个要求未免过高，因此他自己也明白这种理想难于实现，因此在演讲最后发出了"现在世界，果有此宗教否""科学家有此需要否"[241]的疑问。所以陆志韦的宗教思想不仅在当时，即令现今仍然和者廖廖，人们在谈及《少年中国》宗教论争时，他的声音经常被忽略。

在文字事工方面，陆志韦虽然没有丢开心理学研究工作以主要精力从事宣传性写作，但对事工新诗也颇为重视，仅在《生命》中所发表的诗歌就有十首。抛开宣教作用不谈，陆志韦的诗歌在 20 年代的现代诗坛具有一定影响，其《渡河》是新诗草创时期颇有影响力的丛书"新诗集十种"之一，朱自清选编的《中国新文学大系诗歌卷》中选入了他的《航海归来》、《摇篮歌》、《忆 Michigan 湖某夜》、《又见一种青的野花》、《杂感》、《小船》、《小溪》等七首

---

239 陆志韦.自序[M]//陆志韦.渡河.上海：亚东图书馆，1923：自序 1.
240 陆志韦.自序[M]//陆志韦.渡河.上海：亚东图书馆，1923：自序 4-5.
241 陆志韦.科学与宗教[J].少年中国，1921，2（11）：12.

诗，其中《航海归来》、《忆 Michigan 湖某夜》包含了"世上的劳碌乃是虚空"、原罪等宗教理念，具有一定事工意义，是为数不多的受到新文学界认可的事工新诗，在其精神内涵和结构形式上都有自成体系的特点。

一、由自救到救世的救赎观

陆志韦在《渡河》自序中声明了他对无功利写作的推崇，也向好友钱保和宣告过要"到功利的园里/采一篮最不值钱的花果"[242]的写作立场。然而作为燕大诗人群中的一员，他也受到了流行在燕大基督徒知识分子中的美国社会福音派神学观影响，注重信仰对人类和社会的改良作用。所以他的初衷虽是"决不敢用我的诗做宣传任何主义或非任何主义的工具"[243]，但社会福音派思想在客观上已与他原有的底层关怀意识结合，为他的诗歌注入了现实批判与改良的成分。

作为一个拥有坚定信仰的基督徒和富有社会责任感的知识分子，陆志韦也有救世的激情，愿意"在困苦的生命里/做登天的事业""靠这已经死去的希望/同山下的人相接"即使"我的失败就是我的事业"[244]，他甚至自比摩西[245]，深以带领苦难中的民众出离痛苦为己任。然而在救世之途上，陆志韦不认同暴力破坏式的变革手段，并在《某车夫言》、《竹枝》等诗作中对革命、战争的武断与粗暴多有批评。他更倾向于宗教式的救渡，呼吁人们"还是舍去了狼虎的心肠，/忍一刻精神上的痛苦罢"，"这生吞活剥的世界/是永无挽回的死路"，只有"去到生命路上"，才能"把我的肌肠充满"[246]。他曾说"在民族求生存的途径上，我宁愿像老戆赶大车，不开坦克车"[247]，体现出对温和改良手段的偏好。

陆志韦相信"凡是带了同情的眼泪来的/那我们应当深深崇拜的"[248]，他富于怜悯之心，也坚信爱的力量可以救世。但在对弱者抱以关怀同情的同时，

242 陆志韦.献诗于保和[M]//陆志韦.渡河.上海：亚东图书馆，1923：1.

243 陆志韦.自序[M]//陆志韦.渡河.上海：亚东图书馆，1923：自序6.

244 陆志韦.我的事业[M]//陆志韦.渡河.上海：亚东图书馆，1923：65-66.

245 陆志韦曾在《向晚》中写及"我前年在向晚的时候默想，/确实摸得到他们的痛苦。/上帝就派我做他们的人，/我不应该再想埃及的肉粥"，其中有摩西救百姓出埃及的隐喻。

246 陆志韦.又是一条路[M]//陆志韦.渡河.上海：亚东图书馆，1923：127-129.

247 陆志韦.杂样的五拍诗（三）[M]//赵思运.诗人陆志韦研究及其诗作考证.南京：东南大学出版社，2012：221.

248 知为.黎明听见一声催耕叫[J].生命，1922，2（9-10）：诗6.

他的情感中还糅和了五四启蒙者对麻木大众"哀其不幸怒其不争"的因子。陆志韦不主张过多地施舍"不劳而得的爱心",因为"春天没田种,夏天不灌水。/秋来折着腰,到处拾剩穗"的人"吃的是哀怜不是爱心",终有饿死的危险;他也不过多提倡赵紫宸、朱味腴多给车夫两倍车钱式的形而下之爱,更推崇自尊自强有风骨的爱。这种爱于自己,能以"晓星种起直种到黄昏星"的自立方式"救性命";于他人,则能挺生出"种豆一万石,种稻一千顷,/逢到大荒年,散与陌路人"的大气魄[249]。

对于如何获得这种有自尊的爱,陆志韦给出的答案是靠信仰更新一个人的灵魂,继而改变他的行为。如《黑影儿》[250]中的烟鬼感于牧师"你完全悔改,/神不要你别样献祭"的圣诞布道,在"做人只要立定主意"的激励下战胜了"带着死的形状来"的烟瘾,到卖春卷的摊上做工换了八十个钱,为妻子孩子买了两个蜜桔作为过年的礼物。或许"以前三十多年罪孽"尚不能因一次的行为完全得赎,但这个悔改自救的开端,给家人带来的安慰与喜悦远非"昙花一现的济贫捐"所能企及。陆志韦对两种爱的褒贬态度体现得很清楚,"年前教里人送干果来"这种流于形式的浅薄之爱只能"反惹得小孩子一夜哭",但悔改重生后的自尊自爱却是"当年蒯辙喜封侯,/比不到今年今日"的。

陆志韦将个人的救赎视为基督教社会改良的起点,这种观念部分得自东吴大学的校训"为社会造就完美人格"(Unto a Full-grown man,取自以弗所书4章13节),部分得自当时中国基督教界"人格救国"思潮的影响。陆志韦很重视自我人格的完善,时常通过与上帝的沟通与自省坚立信仰,拷问自己是不是"这几天离你更远了",有没有"忘了他们的苦乐""看惯了,冷心了,随便了,/世上的虚华就来牢笼我"[251],真正做到了欲立其言先正其身。在他的救世体系中,首先要靠信仰改变一个人的观念与行为,继而推及周边群体,直至使整个社会得到更新。《王三死了》[252]一诗即是以戏剧化的方式完整呈现这一救赎过程的作品。最初,王三由于被仇恨辖制,听到"湖上有号哭的声音""冷笑说:'好呀!阿严是我的怨家。/好大风!我今天借你的刀

249 陆志韦.爱心[M]//陆志韦.渡河.上海:亚东图书馆,1923:25-26.

250 知为.黑影儿[J].生命,1921,2(1):诗2-4.

251 陆志韦.向晚[M]//陆志韦.渡河.上海:亚东图书馆,1923:60.

252 陆志韦.王三死了[M]//陆志韦.渡河.上海:亚东图书馆,1923:42-44.

杀了他'"。这种喜悦无辜者被害的态度令他的妻子"像快刀割破了良心"，并用苦劝的方式启动了王三的道德自救。这个过程很短，整个复杂的心理斗争全在"电光一闪，王三见他张了怪眼，/一丛乱发衬贴了死灰色的脸"一个场景之中完成。在将自己救拔出私欲与仇恨的泥潭之后，王三毅然"跳进活地狱去"。王三死了，阿严的父亲也并没有救活，这似乎是一场无意义的牺牲，然而王三的死如同落在土里的麦子，确实结出了爱的子粒，不仅消泯了阿严的仇恨，也叫"打鱼的人说：'我们的骨肉王三哥，/我们有良心的，总不教你的妻子受苦。'/就进城典了衣服，买了一口棺木"。一个人战胜自我、牺牲赴死的结果，是爱在他周围的生发，这正是基督精神的力量所在。这首诗虽无一字直接写到信仰，但所叙的事件本身即是一个象征，信仰在诗中无处不在。首先王三"打鱼"的职业就是《圣经》隐喻系统中一个极重要的符号，传达了"得人如得鱼"的暗示；其次，诗中与王三对话的声音也不完全来自于他的妻子，尤其具有决定性的"王三！一生一死，都是在这一刻工夫"一句；还有最明显的一个情节，"王三的神呀，来护卫王三的一家！/他的妻子晕过去了，你来保护他"，引入了上帝随时随地的看顾。不过，如果此诗的内容仅止于此，也不过流于对教义的图解，陆志韦的深刻之处全在诗歌的最后一句："王三的妻子不能哭，所以他们不敢哭"，这一句解除了全诗以理想主义想像遮蔽真实处境的危机，重新唤起了读者对牺牲之残酷性的正视。陆志韦绝不以道德意义掩饰个体在现实中必须承受的痛苦，而是去诚实面对牺牲存在的事实，以此向读者发问：爱的传播与牺牲不是动嘴说说那样轻松，而是要伴随着沉重的代价与真实的痛苦，你是否真的做好了吞下眼泪背负十字架的准备？这种追问使诗歌的思想性提升了一个境界，也拉近了信仰与现实的距离。

在基督大爱观和救赎观的传达上，陆志韦受基督徒群体重视"见证"的传统思维影响，对戏剧化手法体现出强烈的偏好，多选择叙事诗的形式，《爱心》、《黑影儿》、《王三死了》都是 5W 结构较为完整的叙事诗，追求"表现上的客观性与间接性"[253]。这种创作手法在信徒诗人中具有一定普遍性。

---

253 袁可嘉.新诗戏剧化[M]//袁可嘉.论新诗现代化.北京：生活·读书·新知三联书店，1988：25.

二、批判与儆醒的信仰态度

　　陆志韦的个性刚烈耿直，敢说敢为，他的同事兼好友洪业评价他"嫉恶如仇，没有妥协的余地"[254]。在日军占领燕大期间，他曾因不妥协被打脱了门牙，系狱半年病重濒死[255]之时，面对狱卒递来的纸笔依然只书"无过可悔"四字[256]。这种性格决定他不会对自己看到的不尽人意处保持沉默，即使对待他信仰的载体"教会"也是如此。和刘廷芳、赵紫宸等燕大诗人一样，陆志韦也将基督信仰与基督教会视为两事。他对当时中国教会的不满处甚多，这或许是他未多涉足宣教事业的原因，但对信仰的忠贞使他无法对教会的前途漠不关心，所以他的诗歌中经常包含着对教会乱象的批判。这种来自教会内部有识之士的批评与非基同盟恨不能将一切社会问题都归责于基督教的批评不同，是刘廷芳所谓"有爱的批评"。

　　陆志韦对教会的批评涉及到多个方面。对于基督教第四次入华挟带的文化侵略意图，他和一切具有民族气节的知识分子一样持抵制态度，陆志韦虽然也是美国高等教育体制培养出来的现代知识分子，文化倾向上却并无胡适、刘廷芳那种对美国模式的偏好，反而觉得"父母之邦死也是个好去处"[257]。对于以基督教元素给自己镀金的假洋鬼子式伪信徒，陆志韦曾给以一通京味十足的嘲讽："吃马拿（mana）的小天使会吃面包啦/为什么不吃锅饼，吃大米饭呀？/留过外洋的，喝过浑水咖啡的/尽对着酸豆汁的锅子发呆/豆汁的摊儿上，好罢，你来下海罢！/嚷嚷的，书本子里的，镰刀，锤子"[258]。《节奏的素描——结束　哀江南》一诗则触及到了宗教文化与西方文明的入侵对中国固有文化传统的破坏："过去了快要过去了水国的和谐/耕读渔樵的境界/江南又舶来纸醉金迷/和满口的新天新地/也许将来有人重写水乡的韵节/只是我们不能听见而已"[259]，在痛心于宁静和谐丧失的同时，也不无恢复民族辉煌的希冀。

254　陈毓贤.洪业传[M].北京：北京大学出版社，1995：113.

255　赵紫宸.系狱记[M]//燕京研究院编.赵紫宸文集：第2卷.北京：商务印书馆，2004：475.

256　项文惠.广博之师——陆志韦传[M].杭州：杭州出版社，2004：145.

257　陆志韦.有忆[M]//陆志韦.渡河.上海：亚东图书馆，1923：24.

258　陆志韦.杂样的五拍诗（八）[M]//赵思运.诗人陆志韦研究及其诗作考证.南京：东南大学出版社，2012：222.

259　陆志韦.节奏的素描——结束　哀江南[M]//赵思运.诗人陆志韦研究及其诗作考证.南京：东南大学出版社，2012：214.

　　除了历史因素的排斥外，陆志韦对教会的不满还针对信徒的鱼龙混杂、良莠不齐状况。很多人不是怀着信仰而是怀着吃教混教的心理加入教会，或死守僵化教义，或仅有形式上的礼拜而无灵魂上的更新，或只沉醉于虚幻的天国想象中自我麻痹。他很擅长铺陈教会的怪象，《如是我闻》一诗多被理解为宣扬耶稣之爱的事工新诗，但其实这首诗中对各色信仰不纯粹的伪信徒的批判远远超过了对爱的颂赞，他深知那些只盯着耶稣的"大有神通"、"供奉他同上帝一样"的拜偶像派信徒、"苦苦的要他复活/又只顾自己的私心欺侮他"将耶稣视作图解附会一块砖、哪里需要哪里搬的实用派信徒、"受了三十块钱把他卖了"的墙头草派信徒都"总不会体贴耶稣的爱子"。信仰本是"不必同你辩论""只要你自己来看一看"的，然而如果教外之人看到的基督徒是如此一番面貌，自然"他们白白的说了一番话，/其实一些都没有帮助他"，反而会让人"在城门口一定错过他"[260]。这种对信徒素质的担忧不仅属于陆志韦一人，一切具有精英意识的本色化神学家，尤其是生命社社员都深深为此焦心。在中国，人们对行为的重视程度远远高于理论，所以在他们看来，吃教混教者要对普通民众对基督教的反感负上很大一部分责任，要改变基督教的公众形象，必须从根本上革除这些行为。本色化运动对信徒行为的强调与对教育的强调，都是他们试图改变现状的努力。

　　陆志韦也格外反对没有行为的信仰，他曾在《永生永死——一名唯识论与启示录》极生动地刻画了一位"不要死的圣徒"："从前有四个白发的圣徒/每在五更来此地祈祷/后来有三个走上了天路/留他一个人在天天的起早/'神呀，我的主呀，天国快来唉/像经上说太阳要变血/你放火烧尽这战争的世界/来接我进永远太平的神国/你把这根白发变成黑/让我睡在亚伯拉罕的胸前/天使的洋喇叭不停一刻/圣徒的赛会不间断一天'"[261]诗歌祷词中感叹词的选择和对《圣经》左拉西扯的拼凑营造出了令人忍俊不禁的喜剧效果，狠狠地嘲讽了那些只知呼吁天国却毫无奋斗意识的基督徒。和所有信徒一样，陆志韦对天国也有执着和盼望，"只是我活，我做梦，单为将来"，"总望得到这迦南福地"[262]，然而他不会逃避现实，尤其反对那种将希望寄于天国和永生而置现实痛苦于罔顾的陈腐救赎论。信徒们在强调上帝的全知全能时，往往会忽略

260 知为.如是我闻[J].生命，1922，2（7）：诗3.

261 知为.永生永死——一名唯识论与启示录[J].生命，1923，3（7-8）：诗1-2.

262 陆志韦.将来[M]//陆志韦.渡河.上海：亚东图书馆，1923：28.

一点：上帝从来不会使时间倒转，去改变过去之事。陆志韦却敏锐地意识到了这一点，看到"就有造物者把这世变重新卷起，/也救不得一个已死之鱼，一件已成之事"[263]，所以能够对现实与盼望的冲突不作丝毫回避。他在持守信仰之余对宗教的麻痹性怀有深深的警惕，在"为了将来的你""多发些快乐的声音"、指示人们"这几棵松树梢头""还剩些将去未去的红光"[264]的同时，也不忘记提醒"我劳苦倦极的中国人""但是现在呢？但是现在呢？"，时刻警诫人们不要沉醉于"我们总有一天到这迦南福地"[265]的美好想象中而带着虚幻的笑容任"快刀刺到你心头"；他明知做敲钟人不讨好，但还是要"惊破了你的梦"、"我把我震天响的皮鞋声来救你"，发出"梦中人，醒来罢"[266]的呼声。然而他虽然不赞成向宗教中逃遁的行为，但有时出于人道主义的同情，却宁可备受苦难的人接受宗教以享受临终前的最后慰安，如他在《爱莲》一诗中为痛苦的女主人公安排的结局："到他油火烧尽的那一天/听说还同看护妇接了吻/模（应为"摸"，原误）了他胸前绣的红十字/受罪的羔羊从此闭了眼"[267]体现出陆志韦对宗教临终关怀作用的肯定。但是这种肯定是有保留的，他并不认为宗教能够安慰所有的痛苦。身为心理学家的陆志韦能够深刻理解苦难对于信仰的双向作用，它既使人敏感也使人粗砺，一定程度内的痛苦可以引导人走向宗教，而超越了某一心理临界点，则会使人失去接受任何信仰的能力，正如《"弟子也晓得了"》之中"可怜虫"的道白："你不必牵涉感情来欺侮我。/经过患难的人管什么赴汤蹈火。/你还是富贵场中去说自由，谈因果。/你解放了别人，再来解放我"[268]。

科学家的理智在陆志韦的信仰中也起到一定作用，不是像周太玄那样的反向作用，而是使他能对宗教的局限性存有清醒认识的信仰辅助作用。基督教的救世虽是试图从人心、从根本上解决问题，但它的作用过程是缓慢而易被破坏的，在当时的社会谁也无法提供能够容许这种救赎作用按部就班进行的平稳环境，尤其在战乱频仍的中国。生存才是战争年代的第一需求，也是

---

263 陆志韦.有忆[M]//陆志韦.渡河.上海：亚东图书馆，1923：24.

264 陆志韦.又是心里的冲突[M]//陆志韦.渡河.上海：亚东图书馆，1923：125.

265 陆志韦.将来[M]//陆志韦.渡河.上海：亚东图书馆，1923：27-29.

266 陆志韦.破晓自马府街步行至花牌楼[M]//陆志韦.渡河.上海：亚东图书馆，1923：30-31.

267 知为.爱莲[J].生命，1924，4（4-5）：诗4.

268 陆志韦."弟子也晓得了"[M]//陆志韦.渡河.上海：亚东图书馆，1923：38-39.

救赎能够进行和完成的前提，一颗子弹可能使数十年的救赎化为泡影，"南山种树五十年/做成礼拜堂的门"，但战争却会使这一爱与善的栖息地变为死荫的幽谷，"枪珠穿透的大门/压扁了一只骷髅"[269]。面对这样的悲剧，在基督教的宣传中被过分夸大的属世与属灵、世界与天国的对立往往能令人生出对现实生活的厌倦情绪，即使冷静理性如陆志韦也偶尔会有矛盾与回避的心理。当他在冬至日的朝阳门外见识了"共和国民的一群野狗"般既可怜又可恨的奴颜婢膝、索求无度、挣扎求存，这种厌世情绪便会作祟："我的心像丧失了信仰的不安/怎样能回家过加利利人的圣诞/然而我总不免下山去/除非我不做这神明华裔"，"但愿有力之神/灭绝了我的天真/塞住了我知觉之路/我再不能对这寂寞的南京城/像那加利利人/望着耶路撒冷而哭"[270]。他并不讳言自己信仰中曾有过困惑与动摇，甚至会以隐喻的方式忠诚地记录下自己的心理历程："朋友，我的心是一堆大磐石。/到我这里山洞水左右分。/前几年秋水发，把藤根冲去了，/这一块磐石也险点儿站不稳。又过几年，逢到大旱，/那藤根一丛丛变了枯柴。/赤裸裸的一条大路上，/几次革命，把我磨刀坏。/只是我仍旧站着，/眼巴巴望到开春，/野风吹得种子来，/教我怎能不长藤根？"[271]他最终没有偏离信仰，而是找到一种用以对抗这种厌世情绪的途径，即"该撒的物当归给该撒，神的物当归给神"式的搁置。这种搁置不是逃遁，它一方面源于诗人对宗教在特定时期内局限性的清醒认识，他不企图以信仰作为万能的法宝，强求它在止战止杀方面给出一个立竿见影的药方，而只希望它在力所能及的范围内发挥最大作用，"所以我定要使我的睡眠/降到杀人流血的心里。/我的疲劳，带一刹那的梦，/隐现在杀人犯的灯影里"[272]，至于其他的自会有该做者去做；另一方面，陆志韦也与赵紫宸一样能够理解上帝的时间观，也相信"河水去，沙滩变；海水来，石子动；/总逃不了对了青天过日子"[273]，上帝终必不会坐视罪恶的肆意发展，而是会有他的安排，只是这安排人类不知道。所以，"向前去还有多少路，/我们大约是知道的。/向前的日子怎样过，/不是我自己引导的。/我只要远远的观看，

269 知为.战后——同日听霍德进博士 Hodgkin 演说后[J].生命，1922，2（7）：诗 3-4.

270 知为.冬至日朝阳门外[J].生命，1924，4（4-5）：诗 1-2.

271 陆志韦.晚上倦极听 Schubert 的 Ave Maria.[M]//陆志韦.渡河.上海：亚东图书馆，1923：18-19.

272 陆志韦.黑夜[M]//陆志韦.渡河.上海：亚东图书馆，1923：112-113.

273 陆志韦.青天[M]//陆志韦.渡河.上海：亚东图书馆，1923：9-10.

/现在所经过的一里/有没有淡淡的青山/可以供将来的回忆"[274]，这种忠诚于信仰而又不纠结于信仰的态度，是陆志韦一以贯之的超越性思想的体现。

三、由合乐性到音乐性的格律探索

新诗界对陆志韦的关注更多集中于诗歌形式探索与节奏韵律理论建设方面。诗歌研究者都会注意到陆志韦在诗歌节奏与音律方面的特别兴趣，诚然致力于新诗形式探索的诗人并不少见，但理论重于实践者多，阶段性的研究多，但持久钻研二十余年、挖掘深度直达语言本体、并真正进行了大规模创作尝试的诗人却或许只有陆志韦一人，虽然他后期的钻研已经从诗学上走偏到了语言学上，以致未能在诗歌界引起较大的反响。

陆志韦对诗歌节奏的执着与基督徒的歌咏赞美习惯不无关系。对于诗歌音乐性的敏感是所有信徒诗人的共同特征，刘廷蔚《郁金香——给三一八殉难的同学》、《哀吁——为魏士毅女士作》、赵紫宸《破碎的国旗》、刘廷芳《你莫忘记》、朱维之的思乡诗[275]等作品中，都有歌诗习惯的无意识迁徙。朱维之曾指出"就新诗说，她底出路须是和新乐合流"[276]，并认为"新诗和新乐脱节的现象，亟须改正，否则两者都踌躇不前，不得进步"。虽然朱维之的理论正式提出已是 1940 年之后，但在此之前，致力于歌诗合流探索的事工诗人已为数不少，但他们努力的方向却总是集中于赞美诗的翻译与创作，真正对纯诗创作中的合乐性进行过潜心研究并付诸实践的，似乎只有陆志韦。

陆志韦在开始新诗音节探索之前，就已经注意到西方诗歌的合乐性，也尝试写了一些依调填词式的诗歌，如《一朵蒲公英》借用了爱尔兰民歌《布拉尼的小树林》的乐调，《麋侬 Mignon》借用了歌德《迷娘曲》的乐调，《壮士之归》借用了美国俚歌 *The e's a Long Long Trial Awinding* 的乐调，《子夜歌》

274 陆志韦.一九二三元旦[M]//陆志韦.渡河.上海：亚东图书馆，1923：201.

275 瞿光辉.朱维之：从天堂到人间[J].方韶毅主编.瓯风：第二集.合肥：黄山书社，2011：99.文中所引诗歌无标题，为略带回旋特征的三段体格律诗，全诗如下："虽是天南地北路遥遥，／ 青山隐隐海水迢迢；／然而我们祷告的时候，／ 圣坛面前仍可相邀。//不要愁望云山的苍苍，／ 不要独对暮霭茫茫，／我们静心祷告的时候，／ 圣父膝前依旧一堂。//何必频劳魂梦夜未央？／ 醒来倒更使你失望！／不如诚心祷告的时候，／ 在圣爱中契合深长。"

276 朱维之.基督教与目前中国文学[J].天风，1946，46：5.

借用了歌德《流浪人的夜歌》的鲁宾斯坦版本乐调，《摇篮歌》的乐调无从查考，但据诗跋看来是可以歌唱的，则也应当有原曲。通常歌曲的作法是先作词后谱曲，但陆志韦受宋词元曲启发，发挥逆向思维反其道而行之，以曲为律而填诗。从结构上来说，乐曲与诗自有天然的对应关系，诗有字、词、诗句、诗节、诗篇，乐曲有乐汇、乐节、乐句、乐段、乐章，一般而言，诗句、乐句以上的单位往往对应得较为严整，但字、词与乐汇和乐节间的对应则相对自由，像乐汇虽是音乐中的基本单位，但一个逻辑强拍与一个逻辑弱拍的组合使它具有包含两个以上音符的容量，所以在诗句中也完全可以对应两个字甚至更多，制造出节奏上的急促紧密效果，同样，在有延宕需要的场合它也可以对应单字，这种灵活性刚好符合自由诗的需求。这样看来，合乐诗可以认为是一种具有一定灵活性的格律诗，不过这种格律更多是情感律。

基督教赞美诗在音乐上也自有其特点，由于反复颂赞的需要，赞美诗多采用主副歌形式，由主歌到副歌间存在一个旋律上的转折或跳跃，对应到诗歌之中则为情感上的升华。这种音乐格式在普世乐曲中也有使用，如《一朵蒲公英》的原调《布拉尼的小树林》。《蒲》诗每一诗节的前四句，对应《布》曲每个乐段的前四个乐句，其中三四乐句基本是一二乐句的变奏，第三乐句稍有上扬，但变化不大。但从第五乐句起，乐曲进入了副歌，即高潮部分，而七八乐句又稍有舒缓。反观《一朵蒲公英》，也可以发现这样的情感格律："春天一朵蒲公英/开在榆钱的旁边。/那冰天雪地的威权/变成树里的青烟。/这单独的冷生涯/谁能怜惜你？/若论春日的先锋，/你原在一切花前。"

在新诗合乐性的探索上，陆志韦的妻子刘文端[277]应在其中起到过一定作用。刘文端是刘廷芳的长妹，曾在温州市花园巷教堂担任司琴，又曾经就学于燕京大学，有较高的文学、美术及音乐素养。陆志韦于新婚后初次小别时写给刘文端的诗，就是一首极具旋律性的主副歌式作品："我要静静的想他，/车声辘辘转，车声辘辘转。/我要亲热的想他，/浮云如此淡，浮云如此淡。/从我们成为骨肉，/今夜是第一次月圆。/我们别的不能爱人，/献这十分明月，

---

277 在《广博之师——陆志韦传》、《诗化人生——刘廷芳博士生平逸事》中，陆夫人的名字被记载为刘文瑞。但据方韶毅曾就此专门与刘廷蔚之子刘荣黔通信考证，依据陆志韦写给夫人之信的题头称呼，正确的名字应为刘文端，考虑到刘家还有一女刘文庄，笔者以为刘文端的说法足信。司琴及就学事据朱镜宙《梦痕记》。

了了心愿。"[278]此诗在情感格律上也采取了与《一朵蒲公英》相同的前主后副八句的体式。事实上这两首诗的情感律与中国古典诗歌中的律诗也非常接近，这大约也是陆志韦格外钟情于这种格式的原因。

不过也不宜过分夸大基督教音乐对陆志韦诗歌音乐性的影响，与刘廷芳、杨荫浏、赵紫宸一系歌诗双攻的诗人不同，陆志韦诗歌的音乐性来源极为丰富，除音乐的影响外，尚有部分来自于中国古典诗词的音乐传统。他最欣赏李贺诗歌"空将汉月出都门，忆君清泪如铅水"的无穷音乐性，欣赏他的诗叫"歌诗"[279]，在《我的诗歌躯壳》一文中他也提到过，"唐代乐府的曲调现在已是寻求不到的了，仍不由我不企慕长吉。我前一年做白话诗，有时为了一个字的声调把全首更换了好几次，那是长吉害我的"[280]。唐诗之外，他的音乐性还能溯源到更久远的时代，如《苜蓿五章》、《忆乡间》的结构形式、民歌风格就几乎是《诗经》中《芣苢》、《采蘩》的翻版。此外更有一部分来自自然的拟音，如《笋》中对竹笋生长声音的模拟、《电线上的燕语》对燕子叫声的模拟，也形成了很有趣味的韵律，这些都是不能够忽视的。

长期以来，学人对陆志韦诗歌的解读大多还在普世文化的范围内，虽有赵思运等学者已注意到了他精神人格中的基督教因素，但对其估计尚嫌不足。对于陆志韦这位新诗界中少有的虔诚信徒，若不能将他的诗歌置于基督教的精神文化背景之下，则可能会对很多诗歌的理解产生偏差。虽然陆志韦的无功利取向与大多数事工诗人有意识的宗教宣传不同，但他的作品却有着不输于他们的严肃宗教态度，也在客观上产生了值得关注的事工意义。为此，笔者将其作为事工诗人的代表之一加以探讨，希冀能发掘出陆志韦被人忽略的诗歌宗教基因及其作用方式，以使这一重要诗人的精神形象在世人面前得到更为丰满的展示。

事工新诗的创作整体上呈现出明显的非职业写作特征，大部分诗人没有经过特别的文学训练，创作有较大的随意性，又因宣教思维的影响导致理念性作品较多，艺术上存在不够成熟之处，更匮乏于诗歌理论的探索与艺术、形式方面的创新。不过事工新诗的平均水准有限虽是事实，但也并不代表其中没有杰出的诗人和诗作，如赵紫宸以他深沉的思考寻求着耶稣对人类的启

---

278 陆志韦.新婚后又须仆仆从公[M]//陆志韦.渡河.上海：亚东图书馆，1923：100.
279 赵思运.诗人陆志韦研究及其诗作考证[M].南京：东南大学出版社，2012：19.
280 陆志韦.我的诗歌躯壳[M]//陆志韦.渡河.上海：亚东图书馆，1923：自序11.

示，刘氏兄弟以他们广阔的视野开拓着上帝的文学领地，陆志韦以他超越的境界为信仰探索着更多可能，堪称事工诗坛的翘楚。此外，其他事工诗人也创作有一些兼具可读性与智识性的作品，像董曦缙的《不成的儿戏》、《岁月老人》、彭善璋的《小诗》、柯家龙的《悔》、《永恒之乐》、越坚的《苦海中的珊瑚》、《死亡》等，都是可以进入现代诗坛而不显逊色的作品，同时吴雷川之典雅、米星如之丰富、蒋振翼之激情、田韫璞之清新等也都在各个枝蔓上装饰着事工诗坛的艺术之林。笔者能力有限，所掌握的事工新诗文本还只是冰山一角，或许随着更多诗歌史料的发掘，会有更多兼具神学意义与美学意义的事工新诗进入研究者的视界，诗歌界对于事工新诗的美学价值与诗歌史意义将会给出一个更公允的评判。

第三章 基督之光的普照——普世新诗的基督性书写

新诗发端时正值基督教在中国的办学与宣教高潮，设若没有非基运动，不排除基督精神在中国新诗中有被进一步强化的可能。不过非基运动在先，救亡运动在后，二者共同压抑了这种可能，使得基督精神的诗性发展被压缩在以事工新诗为主的狭小范围之内，在普世新诗中，则整体呈现出从灵魂探索向实际社会功效的偏移。不过即使如此，基督性依然在非基运动前打下的精神基础之上，以其独有的方式救渡着普世新诗逐渐流失的终极性追求。

第一节 麦种式的辐射——普世诗人基督性书写的群落特征

新诗的诞生适逢基督教在华传教事业尤其是教会教育事业的辉煌期，传教士们以办学、办刊、提供文化活动场地等多种方式，悄然在现代诗人之中撒下了一把基督性的种子。这些生命力顽强的种子以散点辐射的方式播散开来，虽然在萌发过程中遇到非基运动与救亡思潮等多股寒流，依然见缝插针地发苗成长，成为普世诗坛中不容忽视的一种点缀。之所以仅称之为点缀，是因为在普世诗坛中，基督性从未如现实主义、象征主义、浪漫主义等成为一面旗帜，能吸引一个社团或一个流派的诗人围绕在它周围进行有计划有组织的创作活动。基督性参与中国新诗的方式是以精神文化元素或符号代码形式零散地渗透进诗歌，而非强势地居于核心世界观的位置。然而，在新诗发展各个阶段影响较大的社团中，都能够发现基督性此起彼伏的闪现。

一、渊源辐射——以文学研究会诗人群为代表

文学研究会（以下简称"文研会"）与基督教渊源颇深，前文中笔者已谈及商务印书馆与美华书馆的关系以及《小说月报》改版过程中前基督教出版社编辑的重大作用，除此之外基督教对文研会尚有一次更为直接的促成事件。在 1921 年文研会正式成立之前，其同人已在北京有过一次集合办刊的经验，而这次集合则是由北京基督教青年会发起并组织的。

基督教青年会是典型的基督性而非基督教团体，它与教会有所不同，本身并不进行宗教活动，更侧重于社会服务，故而拥有较为广泛的群众基础[1]。北京基督教青年会位于米市大街，成立后即成为北京的文化活动中心，除了提供求学指导、职业介绍、夜校等服务性工作外，还向社会开放图书馆和活动场馆。受丰富的中外文书籍资料所吸引，许地山、郑振铎、沈从文、刘廷蔚、杨子敬（冰心的舅舅）等都是那里的常客，闻一多等也曾在青年会的剧场里演出过五幕剧《都在我》[2]。1918 年秋，北京基督教青年会下属团体"社会实进会"以"联合北京学界，从事社会服务，实行改良作风"为宗旨，有心为基督教文字事业注入新的血液，遂增设编辑部，先后约请常在青年会图书馆看书的郑振铎、许地山、耿济之、瞿秋白、瞿世英为编委，并由郑振铎担任编辑部部长，共同创办了《新社会》旬刊。这份旬刊于 1919 年 11 月 1日创刊于北京，共出 19 期，1920 年 5 月 1 日被查封，其主要撰稿同人除了以上五名编委之外，还有王统照、张晋、宋介等。《新社会》属于社会学刊物，其发刊词中有"我们是向着德莫克拉西一方面以改造中国的旧社会的。我们改造的目的就是想创造德莫克拉西的新社会——自由平等，没有一切阶级一切战争的和平幸福的新社会"[3]等宣告，透露出明显的基督教思想影响下的改良主义与理想主义倾向。该刊的文章多以社会改造为主题，也刊登了一些体现有一定基督教观念的诗歌作品，如郑振铎的新诗《我是少年》、《灯光》、耿济之的译诗《往前》等。

在参办《新社会》及《人道月刊》（即被查封后重新更名出版的《新社会》）过程中，这些主要编撰者从基督教理念和西方译著中汲取了博爱、自由与人道主义等观念，并渐渐形成了"为人生"的文学观。青年会在被勒令停刊两

1　杨靖筠.北京基督教史[M].北京：宗教文化出版社，2013：230.

2　闻黎明，侯菊坤编.闻一多年谱长编[M].武汉：湖北人民出版社，1994：45.

3　振铎.发刊词[N]新社会，1919-11-01（1）.

次后有所顾忌不再创办新的替代刊物，于是这些主要编撰者郑振铎、许地山、耿济之、瞿世英、王统照等在寻找下一个发声平台的过程中组建了文学研究会，延续并发扬了"为人生"的文学，其他同人后来也陆续加入。可以说，《新社会》是这些文学青年小试身手的平台，他们在此积累了一些办刊经验，形成了较为成熟的文学观，为文研会的繁荣打下了坚实基础。

　　由于有这重渊源，加之文研会与燕大的密切交往传统，在所有的新文学社团中，文研会是对基督教态度最为友好的一个。改版后的《小说月报》首期第一篇理论文章即是周作人的《圣书与中国文学》，同期还刊发了许地山的《命命鸟》和冰心的《笑》两篇宗教气息浓郁的作品。在人员交流上，文研会的成员与生命社同人多有重合，并且在《小说月报》、《诗》中也可见到屠孝实、刘伯明、张鹤群等宗教界尤其是基督教界名流的作品，其中甚至包括一些如张鹤群的《你真迷惑了》[4]之类的事工新诗。文研会内部的诗人中受过洗礼的基督徒也为数不少，如冰心、梁宗岱、刘廷芳、刘廷藩、老舍、庐隐、顾毓秀、叶启芳等（后二人主写旧体诗词）。在非信徒中，文研会发起人中周作人、朱自清、郑振铎、王统照等人的作品中都透露出较强的基督性，周作人曾在《小孩》（共 3 首）、《对于小孩的祈祷》等诗作中不止一次地礼赞了孩子的天真，视其为能够涤荡成人心灵的"赎罪者"，也一度因耶稣和摩西的人格之光而自愧于自己的怯懦[5]；朱自清虽也埋怨过上帝安排命运时的过分随意[6]、撒旦对"人间底花"的夺取[7]，却仍向往着乐园[8]、并愿意安睡在上帝温柔的慈怀之中[9]；郑振铎在《祈祷》、《脆弱之心》中表现出的弱势群体关怀方式、在《微光》、《侮辱》、《温柔之光》中表现出的对爱的盼望与追寻，与事工新诗的境界非常接近；自言"不知何为上帝，我在心灵中，却有个秘密与神奇的崇敬"[10]的王统照以《悲哀》对同情发出召唤、以《未来的阴影》对人生安慰发出寻求之时，也常不自觉地呼求上帝的帮助。此外，很多普通会员收在诗集中包括发表在《小说月报》与《诗》中的许多诗作，如徐玉诺的《与愚

4　张鹤群.你真迷惑了[J].小说月报，1923，14（3）：诗 4-5.

5　周作人.歧路[M]//朱自清等.雪朝.上海：商务印书馆，1922：41.

6　朱自清.旅路[M]//朱自清等.雪朝.上海：商务印书馆，1922：11.

7　朱自清.自从[M]//朱自清等.雪朝.上海：商务印书馆，1922：19-23.

8　朱自清.不足之感[M]//朱自清等.雪朝.上海：商务印书馆，1922：5.

9　朱自清.睡罢，小小的人[M]//朱自清等.雪朝.上海：商务印书馆，1922：2.

10　王统照.为什么[M]//王统照.童心.上海：商务印书馆，1925：129.

笨的劳动者》、《人类的知慧》[11]、李圣华的《杂感》[12]、仲言的《洪水世界》、《泪湖》[13]、俞平伯的《呓语》[14]、许地山《女人我很爱你》[15]等，也多含有基督精神的自然流露。甚至文研会内部还有一个"爱的哲学"创作团体，这个常被理解为冰心专利的"爱的哲学"理念在提出后，又吸引了包括了冰心、王统照、叶圣陶等多位成员，并产出了一系列优秀作品。

不过我们也必须承认，许多文研会诗人对基督教的理念也并非毫无保留地认同，郭绍虞就以为"上帝不过给人个安慰罢了"[16]，周作人对基督教"完全的爱"之说也有"虽然不全憎，也不能尽爱"[17]的不同见解，但在文研会氛围中，持异议者大多能在探讨中秉持温和态度，极少有激烈的颠覆性话语。这些诗歌的创作时间与非基运动重合，但在知识界尤其是文学界，非基运动意外地促进了基督教文化的普及，知识分子是出于对时事的敏感而关注非基问题，在或声援或反对的过程中对基督性的积极意义、消极影响进行思考，而思考结果就会或多或少地在诗歌中留下一些痕迹。相比之下，对基督性起到实际遏制作用的，是收回教育权运动。由于减少了学校教育的基督教色彩，新一代学生对基督教的情感逐渐淡漠，进而第二个十年和第三个十年的基督性诗歌创作受到了一定影响，包括文研会诗人作于民国后期的诗歌，基督性也大为减弱。

文研会的著作工会性质决定了它结构的松散性，会员集中交流机会仅有读书会，因此成员间宗教信仰和写作风格相互影响并不大，纵然有，也主要依托于刊物上的交流。基督性在各诗人作品中的表述方式也不尽相同，如周作人不会过多提及宗教意象，更多着意于基督精神的内涵；王统照对基督精神比较懵懂，却颇喜呼求上帝或神的名号；俞平伯诗中哲思更多得于佛禅，却对基督教题材有一定兴趣；王以仁、梁宗岱等则更偏爱祈祷的意象和语体等。但不可忽视的是，几位核心成员及创作主力的诗歌写作，在被效仿的过程中确实起到了一定的辐射效应，最典型的例子就是冰心体小诗的泛滥。在

---

11 以上诗作见徐玉诺.将来之花园.上海：商务印书馆，1933.

12 李圣华.杂感[J].小说月报，1923，14（8）：诗2.

13 仲言.洪水世界，泪湖[J].小说月报，1923，14（1）：诗4.

14 俞平伯.呓语[J].小说月报，1923，14（3）：诗1.

15 落花生.女人我很爱你[J].小说月报，1923，14（11）：文学17-19.

16 郭绍虞.上帝[M]//朱自清等.雪朝.上海：商务印书馆，1922：108.

17 周作人.爱与憎[M]//朱自清等.雪朝.上海：商务印书馆，1922：34.

上帝、天堂、地狱等宗教意象的普及过程中，文研会诗歌的作用实不可低估。同时，文研会的一些诗人还会参加其他文学社团，这种交叉辐射效应也是较为可观的。

二、教育辐射——以绿波社为代表

关于教会学校对新诗发展的影响笔者在第一章中已稍有提及，在早期诗坛中，教会学校孕育的文学社团、诗歌社团亦扮演了一个不容忽视的角色，其中最值得注意的就是绿波社。文研会与绿波社是现代中国普世诗坛中基督性色彩最为浓郁的文学团体，二者在成员上与文学理念上也多有重合之处。如果说文研会的宗教辐射源是基督教青年会，那么绿波社的主要宗教背景则是教会学校。

早期绿波社的成员多是天津教会学校的学生，万曼来自天津新学书院，焦菊隐、于赓虞及其他成员多来自天津汇文高中[18]。年长的赵景深早年毕业于安徽芜湖圣雅各教会小学，他所就读的南开中学虽不是教会中学，但校内宗教气氛也较为浓郁，由于是私立学校，身为基督徒的校长张伯苓有较多的自主权，故而基督教青年会在南开中学的活跃度要远高于国立学校，南开校内办有查经班、祈祷会等，穆木天即是在南开中学接受了基督教洗礼并担任过两年的校青年会干事[19]。赵景深对《圣经》极为熟稔，他在《妇人》、《园丁的变像》中对基督教典故的化用极为圆融，这其中应不无校园环境的影响。焦、于二人后来考入燕京大学并参与了《燕大周刊》的编辑，于是绿波社的成员中又加入了于成泽、姜公伟等《燕大周刊》同人，后期绿波社成就最高的诗人之一徐雉也来自教会学校东吴大学，无须社成立后还吸纳了崇德学校的胡也频和仗一《史记》一《圣经》闯北京的沈从文。可以说，绿波社是以教会学校学生为主力的诗歌社团。

不过教会学校的宗教传统对于绿波社诗人们的影响在他们创作初期体现得并不明显。或许是因为汇文中学过于沉寂的气氛与这些青春期诗人的气质相悖，他们在中学期间对基督教的好感都相当有限。但基督性的种子已然播下，虽一时处于休眠期，一旦遇到适宜的环境或心境，终会有勃发之时。在

---

18 据许凤才称，绿波社社员除赵景深之外，都是汇文高中学生。此记录应有误，因万曼即非汇文学生。见：许凤才.诗人于赓虞传略[J].河南文史资料，1985，14：126.
19 穆木天.学校生活的断片 [M]//穆木天等.我的学生生活.上海：光华书局，1933：15-16.

绿波社主要阵地转移到北京之后，焦菊隐、于赓虞等诗人很快融入燕京大学自由而健康的宗教气氛中，诗作中也开始大量出现宗教意象与场景。然而相同的宗教意象却在二人的诗作中展现出完全相反的风貌，焦菊隐笔下的基督教意象无疑是正面的，如"胸里回旋着如腾燃的焦思，我又猝然匍匐在祭坛上，流着悔感的热泪。终夜默祷之后，我颤颤地微微发出一声'阿们'！"[20]式的祈祷意象在《母亲的病》、《人间》、《夜祷》、《长夜》等散文诗中得到反复书写，这意味着他宗教情结的逐渐形成。焦菊隐日后时常为《女铎》撰稿、并与基督徒秦瑾组成家庭等行为即是这种宗教情结的表现。但于赓虞则不然，他延续了自强制受洗时就开始的对基督教的反感。在他的诗中神多是"无温情"[21]的，天使是"惨病"[22]的、"恶魔的"[23]，"神与魔鬼"是"联舞"[24]的，天堂与地狱、上帝与魔鬼的界限是模糊的，"无人知我的天堂即人间悲惨之地狱"而"我这惨寂的地狱已开遍了蔷薇"[25]，"慈悲的上帝，将微笑的伸出双手"做出"抱死尸于怀中，并赐一长吻"[26]这样令人毛骨悚然的举动，而"足踏上帝之背"亦可以"悄悄走入死渊"[27]。宗教意象在于赓虞诗歌中的反常组合构筑出一个充斥着"我不相信"之呼声的黑暗世界，因为"所谓天堂并不是那样辉煌"、"上帝亦不是无偏心的明主"，所以"渴望天国就成了愚昧"[28]、"无情之魔与神"都是诗人"在梦中杀死"[29]的对象。如是观之，于赓虞确不负"恶魔诗人"之名。

20 焦菊隐.夜祷[M]//焦菊隐.他乡.上海：北新书局，1934：37.

21 于赓虞.孤灵[M]//于赓虞.孤灵.上海：北新书局，1930：2.

22 于赓虞.骷髅上的蔷薇[M]//解志熙、王文金编校.于赓虞诗文辑存.开封：河南大学出版社，2004：97.

23 于赓虞.惨笑之梦痕[M]//解志熙、王文金编校.于赓虞诗文辑存.开封：河南大学出版社，2004：122.

24 于赓虞.梦痕[M]//解志熙、王文金编校.于赓虞诗文辑存.开封：河南大学出版社，2004：145.

25 于赓虞.只我歌颂地狱[M]//解志熙、王文金编校.于赓虞诗文辑存.开封：河南大学出版社，2004：102.

26 于赓虞.悲剧[M]//于赓虞.孤灵.上海：北新书局，1930：17.

27 于赓虞.惨笑之梦痕[M]//解志熙、王文金编校.于赓虞诗文辑存.开封：河南大学出版社，2004：123.

28 于赓虞.病中的幻想[M]//于赓虞.世纪的脸.上海：北新书局，1934：39-40.

29 于赓虞.疲惫的旅人[M]//解志熙、王文金编校.于赓虞诗文辑存.开封：河南大学出版社，2004：115.

后期绿波社的诗歌大将徐雉也是基督徒，还担任过上海基督教青年会干事。他在东吴大学就学期间和20年代末30年代初时，都是《青年进步》、《兴华报》等基督教刊物某一时段内的活跃作者，直到1932年从军之后，他还在《青年进步》重发了基督教圣剧《复活》。不过可以肯定的是即使他有过信仰也不会十分坚定，因为他后来也如高兰、柯家龙、董曦睿一样，因各种原因放弃了宗教信仰而改投了马列主义的怀抱，因此唐弢将他作品中基督性特征概括为"他不相信世上有什么上帝，却又始终期待着上帝的出现"、"他的心里有一个永生的上帝"[30]。诗歌之于徐雉，是他"短小的生命树上""累累的果子"，他化彼得"金银我都没有，只把我所有的给你"（使徒行传3章6节）的典故，以"山珍海馐，我都没有"，仅将"这些酸涩的未熟之果，/我把来装在玉盘上，/并高擎着两手，敬奉献给你们"[31]申明了自己出版诗歌的目的。基督教在徐雉诗歌创作中的地位不逊于被唐弢和徐雪寒所强调的母亲、爱情，诗人视自己的灵魂"一半儿属于我爱，/一半儿是在上帝的掌握中"[32]，宗教式的宿命感是造就了徐雉《熄了的心灵的微光》、《黄金与石头》、《孤独者的烦闷》中哀婉悲剧之美的主要因素，宗教的慰安作用节制了《在母亲的坟墓前》、《死的究竟》、《我的母亲》中的悲恸或恐怖气氛，宗教的盼望为他《一篮花》、《上帝》等诗作注入了乐观的色彩，《圣经》的语言更为他《风儿呵》中的女性描写带来了《雅歌》般的典丽。可以说，若无基督性特征的融入，徐雉诗歌的艺术个性和艺术价值将大打折扣。

主张"开门"办社、广交文友[33]的绿波社吸引了曦社、蔷薇社、星星社包括后来的无须社的诸多外围诗人，其中石评梅、胡也频、沈从文等人的诗歌也带有各具特色的基督性特征。石评梅在《罪恶之迹》《流萤的火焰》《"我已认识了自己"》等诗中体现出对基督教罪恶观、天国构想、祈祷功用的认同，胡也频的诗中则充满了"赞颂毁灭，谪贬上帝"[34]、"去判决'上帝'乃罪人"[35]式的非基督情绪，沈从文则更多着眼于《圣经》本体，巧妙地编织出如《旧约集句》这样令人拍案叫绝的奇诗和《我喜欢你》、《X》、《絮絮》、《曙》

30　唐弢.《徐雉的诗和小说》序[M]//徐雪寒编.徐雉的诗和小说.北京：人民文学出版社，1982：序3.

31　徐雉.《酸果》序诗二[M]//徐雉.酸果.上海：光华书局，1929：9-10.

32　徐雉.一切都不是她的[M]//徐雉.酸果.上海：光华书局，1929：35.

33　殷子纯.天津绿波社[J].新文学史料，1994，2：199.

34　胡也频.悲愤[M]//周良沛编.胡也频诗稿.成都：四川人民出版社，1981：28.

35　胡也频.颠沛的人类[M]//周良沛编.胡也频诗稿.成都：四川人民出版社，1981：4.

之类的现代雅歌。虽然基督性不可能是绿波社发展社员的标准，但它却可能成为一种文学交流中的共同语言，包括绿波社对文研会理念的深切认同，也不无这方面的吸引力。

除绿波社外，新月社的基督性诗歌创作也颇为集中，且除陈梦家是家族传承之外，其他社员的基督性创作也具有较明显的教育辐射特征：徐志摩曾就学于沪江大学，而其他主力诗人如闻一多、刘梦苇、饶孟侃、朱湘、杨世恩、曹葆华、孙大雨等都来自清华。这些清华出身的新月诗人作品中都多少带有一定的基督教元素，其中尤以闻一多对上帝与天国欲信不能欲弃不舍的矛盾[36]、曹葆华对永恒与神秘的不懈探索与追问[37]、孙毓棠与上帝抗争的桀骜不驯的生命野力[38]最为显著，也具有较高的艺术水准。为何并非教会学校的清华学校会产生出这么多具有基督情结的诗人？这是由于清华学校作为留美预备校，自建校之初美式气氛即较为浓郁，虽然学校并无宗教背景，但校内颇多身为基督徒的美籍教师，客观上形成了一定的宗教氛围。清华籍新月诗人的辐射源最早可以追溯到闻一多等人在校内组织的社团"⊥社"。在"⊥社"这一以读书与问题讨论为主题的社团中，宗教探讨一度颇为热烈，以闻一多为首的社员在对基督教命题的思考过程中大多成为了基督徒[39]，并且这一宗教性传统在由⊥社社员主办的《清华周刊》中得到了一定程度的发扬。虽然成为新月派主将的闻一多后来与基督教信仰渐行渐远，但他对于基督精神依然保持着亲近和认可，故此基督性在他诗歌中的继续发展并未受到明显影响，甚至他去世后仍被《天风》赞誉为"基督的同志"[40]。闻一多归国后主办《诗镌》数年后留校任教，朱自清也到清华中文系任教，再次同时成为清华诗人的基督性辐射源，影响直至辛笛、陈敬容、穆旦一代。除燕大等教会大学外，如清华这样催生出较为集中的基督性诗歌书写的高校，还有张伯苓任校长的南开大学、陆志韦、闻一多、刘伯明任教过的国立中央大学和沿继了清华宗教性传统的西南联大。但由于战争的干扰，第三个十年它们的创作规模都已无法与二三十年代的清华时代相比拟，然而艺术上仍各自有可圈点之处。

36 参见《时间底教训》、《花儿开过了》、《初夏一夜底印象》、《祈祷》、《奇迹》等诗。

37 参见《生命之歌》、《十四行》、《我的生命》、《寄诗魂》、《无题草》、《呼祷》、《天呵》、《献》、《黑暗》等诗。

38 参见《乌黎将军》、《城》、《野狗》、《劫掠》、《涤罪》、《舞》等诗。

39 闻黎明，侯菊坤编.闻一多年谱长编[M].武汉：湖北人民出版社，1994：124-126.

40 陆佳士.基督的同志闻一多[J].天风，1946，50：11.

三、情感辐射——以常任侠、阿垅为代表

在现代诗坛中，由于亲情、爱情等感情因素而与基督教结缘的诗人为数不少，如冰心、徐雉、梁宗岱、郭沫若、常任侠、阿垅等。他们中的大多数人并未真正接受信仰，后期的基督性发展道路也各不相同，有冷情如梁宗岱、郭沫若者，一段感情结束即与基督教形同陌路；有痴情如常任侠者，在诗歌中甚至人生中一直保留着对基督精神的坚守；也有苦情如阿垅者，其宗教情感随着爱情的得失而大起大落。由于感情的多样性，基于情感辐射而产生的基督性在各人的诗歌中也呈现出不同的景观，颇值得细细玩味。

作为《诗帆》主将之一的常任侠对多种宗教都有深入研究，他与基督教的初次直接接触是经由时任基督教青年会干事的李公朴介绍去庐山莲谷参加了南京励志社组织的"培养领袖人才"训练[41]。然而这一次表面化的接触并没有使他跨进宗教的门坎，他的心灵真正感受到信仰的触动是在恋爱开始之后。青年常任侠的多情与忘我并不亚于徐志摩，他的每一段恋情都造就了一部诗集，赴日前对汪绥英的暗恋与思念加上与湖南姑娘"友人以上恋人未满"的复杂情感催生了《毋忘草》，在日期间与前野元子的恋爱催生了《收获期》，重庆时期与汪绥英的恋爱催生了《蒙古调》，而在这三部诗集中，基督性呈现出逐步深化的趋势。

在诗集《毋忘草》中，常任侠多是以文学家的眼光欣赏并借鉴着《圣经》，基督教元素只是诗歌语言中的装饰，在《千代子的忧郁》、《相见欢》、《丰子的素描》中协助勾勒出健康鲜活、明媚可人的女性之美。不过常任侠对基督教典故的选用不仅局限于《雅歌》等热门章节，有时还颇为剑走偏锋，像《西风歌》中的"四骑士"、《低诉》中的"猫头鹰"等都是较为生僻、不常为现代诗人所用的典故。这些富于个性的《圣经》意象极大地扩张了诗歌的承载力，造成了陌生化的审美效果，也从一个侧面证明了他对《圣经》文本的熟悉程度。

在与信仰虔诚的前野元子交往过程中，常任侠明显受到了元子及其母亲的影响与感化[42]。写于这一时期的《收获期》集中，可以看出诗人对于基督教的理解已进入了精神层面，悔改意识、悲悯态度、永生盼望、原罪观念等都在他这一阶段的《忏悔者之献辞》、《列车》、《武藏野》、《挽歌》、《红字》等

---

41 郭淑芬，常法韫等编.常任侠文集：卷六[M].合肥：安徽教育出版社，2002：31.
42 郭淑芬，常法韫等编.常任侠文集：卷六[M].合肥：安徽教育出版社，2002：46-51.

诗作中有所体现。而作为一名独立而多思的知识分子，常任侠并未因爱情的冲动而盲从妻子的信仰，而是在认同之余也保持了反思的态度，如《人与神之恋》即质疑了宗教对人欲的压抑，肯定了人的力量与爱欲的合法性。这种信人力多过神迹但崇基督精神甚于世俗道德的宗教观从此在常任侠的思想中定了型并延续下去，作于《收获期》与《蒙古调》之间的长诗《创世纪》，也是基于这种观念，构想了以"巨人"之力屠神灭魔创造理想世界的过程，虽然神的存在被否定，但基督性却藉由创世话语的保留得到延续。

在诗集《蒙古调》的写作阶段，诗人的基督精神在痛苦的情感经历中得到空前升华，甚至逸出诗歌直接参与进生活。客观地说，《蒙古调》集子中的诗歌于诗人之前的作品相比并无太大突破，基督性表现也仅限于《雅歌》风格的浪漫爱情书写，但它的史料意义与情感意义大于艺术意义。这部诗集的结构极为特别，两万余字的自传式序言占据了整部诗集的四分之三，是对常任侠这一时期精神历程最直观真实的记录。在扉语和长序之中，诗人多次引用《圣经》，并以耶稣的教训自勉自慰、指导行为，表现出对女性的原罪、对"富人想进天国，比骆驼穿过针孔还难"等基督教观念的深刻认同。然而极为可贵的是，诗人在被一再欺骗背叛之后，仍然坚持"我热爱我的爱人，我也热爱这社会，我愿尽我的力，去加以洗涤治疗"[43]。在整个事件中常任侠表现出了即使基督信徒也会自叹弗如的忍耐、宽恕与怜恤，亲身践行了耶稣"饶恕七十个七次"、"为恨你的人祷告"等教训。了解这篇长序所记常氏的精神背景，便不难理解他写于同一时期的抗战诗歌中所表现出的信、望、爱理念。尤其是他《胜利的史迹——台儿庄大捷周年纪》中"为狂暴的强盗，你们困苦，/你们饥饿，你们死，/你们离开你们和平的生活，/踏上我们的国土，/做着火与血的游戏，/杀了人也杀了自己，/一个痛苦的忏悔，/永远在你们的灵魂里回旋"[44]等叙述，显示出将侵略者的罪恶与普通日本兵士分别视之的清醒与理智，而这种胸襟则与基督教理念中将罪与罪人分别、怜悯罪人而恨恶罪恶的思维方式影响不无关系。

相较于常任侠，爱情之于阿垅的基督性书写影响更为复杂。阿垅诗中的基督教元素最初并非来自爱人的影响。由于生平资料的缺乏，今日我们已无

---

43 常醒元.蒙古调[M].昆明：百合出版社，1944：49-50.

44 常任侠.胜利的史迹——台儿庄大捷周年.纪见：郭淑芬，常法韫等编.常任侠文集：卷五[M].合肥：安徽教育出版社，2002：437

从得知阿垅何时开始接触《圣经》与基督教，但可以肯定的是，阿垅诗歌的宗教气质源头与穆旦有一定相似性，宗教天性以及生死之际的生命感悟对诗人基督性的觉醒有一定促进作用，尤其是在他的早期诗集《无弦琴》中。作为科班出身的正规军人，阿垅对于基督性的认识主要集中于牺牲、受难、复活、罪恶、审判、救赎、人道主义等极易在战争中彰显的方面，如《小兵——为保安十二团五连二等兵赵云南作》中的孩童关怀、《犹大》中的必胜信心与光明盼望、《街头》中的牺牲觉悟、《纤夫》中的受难书写、《末日》中的罪恶审判、《再生的日子》中的享难心态与重生救赎观等。爱情的介入对于阿垅诗歌基督性书写的主要意义在于扩大了他的写作范围，将他过度集中于战争与救亡主题上的视野拓展开，开始包容进生活中柔美的一面。《无题》集中的作品基本作于诗人与张瑞相识之后，风格与《无弦琴》有较大的差异。在这一阶段，突破时代局限的人生问题思索在阿垅诗歌中有了较为集中的出场，爱与永恒成为新增于诗人恋爱之后作品中的常见颂咏主题，"先知"、"麦种"、"重生"、"活水"等基督教常见命题得到富于个性的创新式解读，将耶稣降生、受难典故与苏格拉底、项羽事迹的并举也极具特色。然而这创作种景观并未持续很久，爱人的死亡终使诗人走向了反基督的道路，他与一度愿意信奉的大爱观决裂，对于原本就未曾认可的忍耐、饶恕、原罪等教义更发出了针锋相对的否决。他痛惜于"宗教，不能够解脱你"[45]，要"结算我们一代底冤仇"[46]，发誓"'我必报应！'没有'饶恕'！——"[47]，并坚信"我无罪，我会赤裸着你这身体去见上帝"[48]。诚然，张瑞之死仅是一个偶然事件，但这个事件激化了阿垅身上宗教性与斗争性的矛盾，事件中体现出的宗教局限性使阿垅在灵魂内战中彻底倒向了斗争性一方，终结了他对终极命题进一步思考的可能，不能不说是种遗憾。

四、文学传承辐射——以现代主义诗人群为代表

并非每一位现代诗人都有兴致去读《圣经》，但却都会在对西方文学的阅读过程中间接接触到《圣经》与基督教文化，这种接触成为一种必然，即使

45 阿垅.悼亡（节选）[M]//林希编.阿垅诗文集.北京：人民文学出版社，2007：128
46 阿垅.笑着吧，好的[M]//林希编.阿垅诗文集.北京：人民文学出版社，2007：99
47 阿垅.悼亡（节选）[M]//林希编.阿垅诗文集.北京：人民文学出版社，2007：144
48 阿垅.无题[M]//林希编.阿垅诗文集.北京：人民文学出版社，2007：84

是非基斗士也无法回避。因此，一些基督徒诗人如冰心、刘廷芳、陈梦家、赵萝蕤会有意识地接受与译介纪伯伦、白朗宁等宗教诗人，普世诗人也常会在宗法西师的过程中使自己的创作无意识地沾染上一些宗教或反宗教气息。精神导师的宗教性特征在那些与欧美诗人有较为明显的传承关系的诗人身上尤其体现为一种气质，如雪莱之于郭沫若、瓦雷里之于梁宗岱、济慈之于朱湘、里尔克之于冯至、波德莱尔之于李金发和汪铭竹、但丁之于郑思、普希金之于七月诗派、艾略特和奥登之于中国新诗派等。在这些成为中国现代诗人精神导师的西方诗人中，艾略特与波德莱尔的宗教书写影响特色最为鲜明，他们从一正一反两个角度，为中国新诗的基督性表达提供了重要参照。

作为现代派诗歌鼻祖的波德莱尔进入中国现代诗人视野为时很早，早至新诗发轫初期的周作人和田汉，不过波德莱尔风格在创作中的大规模植入则开始于李金发。李金发学自波德莱尔的，不仅是丑怪意象和颓废诗风，还有对于上帝与人类紧张关系的关注。《恶之花》中诗歌排列的逻辑顺序正遵循了波德莱尔宗教情感的变化，自信而疑直至走向信仰的反面，从"祝福你，天主"、感谢"你赐与的苦闷"[49]发展到祈祷撒旦这位"我的痛苦的主保"[50]。这一逻辑尤其是最终的结论深深地影响了以李金发为首的中国现代主义诗人。李金发的诗歌中麻木随意的上帝、腐朽的十字架、沙漠、飘流的犹太人等意象，都可以在波德莱尔的诗中找到出处。与李金发风格极为相似的汪铭竹，也同样对波德莱尔"多着了迷"并曾专门为诗致敬[51]，其诗作《乳·一》中已经升华到燔祭高度的官能美崇拜和《蛇》中对撒旦化身之蛇的同情与感谢，显示出他正是波德莱尔的直系传人。其他诗人继承自波德莱尔的，则大多是一股比波氏本人有过之而无不及的渎神叛神势头，如穆木天的《复活日》对神性败给欲望的嘲讽，便甚有《献给一位圣母》中神化女性之美的神韵；艾青的《没有弥撒》中苦难者"不信"的觉悟，也颇得《亚伯和该隐》的深意；邵洵美笔下充满了"颓加荡"之原罪气质的女性形象，可以说就是《首饰》中女性模板的复刻；包括穆旦最为引人注意的"丰富和丰富的痛苦"中，

49 波德莱尔.祝福[M]//波德莱尔.恶之花　巴黎的忧郁.钱春绮，译.北京：人民文学出版社，1991：14.

50 波德莱尔.跋诗[M]//波德莱尔.恶之花　巴黎的忧郁.钱春绮，译.北京：人民文学出版社，1991：506.

51 汪铭竹.致波特莱尔[J].枫林文艺丛刊，1994，6：7.

也不无波德莱尔"痛苦是唯一的高贵之宝"[52]的笔意。可以说，波德莱尔为中国新诗注入了一股异化变形的宗教气息，这种气息长久挥之不去，一直延续到当代诗歌之中。

艾略特的信仰历程很戏剧性地与波德莱尔呈现出一条完全相反的轨迹。与波德莱尔从耶稣会士发展到撒旦信徒的惊世骇俗一样，独神主义家庭走出的艾略特对英国国教高派教会的皈依也令很多人大跌眼镜。艾略特对于宗教的论述在40年代就已经受到中国诗人的关注，王佐良未完成的《艾略特传》中即有《宗教的回想》一节。正是基于对艾略特基督理念的深入了解，王佐良才能在面对穆旦的诗歌时，极为敏锐地发现他"创造了一个上帝"的创作亮点。艾略特的基督观贯穿于整个创作与批评生涯中，较能自成体系，尤其对于文学与宗教的关系提出了独特的见解。他的重要观点"基督教思想感情"应"不自觉地、无意识地表现"[53]，在以穆旦为代表的中国新诗派诗人作品中得到了一定程度的贯彻。同时，艾略特的《传统与个人才能》一文对于英国十七世纪玄学诗派将宗教精神与人文精神融合的尝试颇为推崇，他的褒奖也大大激起了西南联大诗人对于玄学诗派的兴趣，甚至袁可嘉受此启发，在《论新诗现代化》中整理提出了"现实、象征、玄学"的新诗综合传统，"玄学则表现于敏感多思、感情、意志的强烈结合及机智的不时流露"[54]。艾氏的诗歌杰作《荒原》不仅为中国现代派诗人提供了一种从绝望中生发希望的"荒原意识"，而且其中对乐园荒芜之伤感、对火与水之洗礼的呼唤、对复活的暗示、对平安的企盼及对上帝的直接呼吁，也都以意象源和模仿范本的形式参与进了中国新诗的营造，戴望舒的《乐园鸟》、陈敬容的《帆》、《归属》、《生命的雨滴》、杭约赫《火烧的城》、《拓荒》、《复活的土地》、唐祈的《时间与旗》、《最末的时辰》、《你走了》、辛笛的《休战纪念日所见》、《寂寞所自来》、郑敏的《来到》、《爱的复活》、《寂寞》等诸多诗作中，都可窥见《荒原》中宗教原型的影子。综合多方面的受益状况，称中国新诗派是从艾略特的《荒原》上生长出来的诗派也不为过。

---

52 波德莱尔.祝福[M]//波德莱尔.恶之花　巴黎的忧郁.钱春绮，译.北京：人民文学出版社，1991：15.

53 艾略特.宗教与文学[M]//托斯·艾略特著.艾略特文学论文集.李赋宁，译注.南昌：百花洲文艺出版社，1994：242.

54 袁可嘉.新诗现代化[M]//袁可嘉.论新诗现代化.北京：生活·读书·新知三联书店，1988：7.

西方文学的宗教性对中国新诗的影响兼具普遍性与复杂性，无法一一细陈，不过整体而言，中国的普世诗人主要还是将基督教文化作为其创作的灵感触媒和精神资源之一而加以吸纳，被人们接受得最为普遍的主要还是基督大爱中与中国民族性相契合的部分，如同情、怜悯、牺牲、宽恕等。在吸纳的同时，非基之风也一直同时存在于创造社、太阳社、中国诗歌会等新诗社团之中，形成一种多面性的景观，极大地丰富了中国新诗的生态。

必须承认，普世诗人创作的侧重点并不在基督性书写上，所以基督性诗歌虽然绝对数量不少，但若按比例统计，它们所占的诗坛份额并不算高。不过依然存在一些诗人，他们将基督性化为了自己诗歌创作的一大亮点，进而获得了独特的诗坛地位。

第二节 "上帝是爱的上帝"——冰心诗歌的基督性

就诗歌创作的精神内核而言，在中国现代诗人中，冰心无疑最适合成为基督性诗歌的代言人。诚然她不是严格的基督教诗人，但对于以"爱"为首要标签的冰心而言，基督之爱是她"爱的哲学"的重要源头之一，同时《圣经》文学也从技术层面到精神层面全方位地滋养了她的诗歌。在承认冰心诗歌资源丰富性的同时，决不可轻忽或低估基督性之于冰心创作无可替代的地位，而应给予它一个准确的定位与客观的评价。

冰心的故乡福建是中国的基督教大省，林语堂晚年曾对晚清民国时期福建浓郁的基督教氛围作如此评价："基督教社会在厦门及漳州和当地人亲密地相处，像所有人都是一个教区的分子一样，他们进步而成功，他们的孩子，不论男孩或女孩，求学都有较大的便利"[55]。这种开明的宗教环境为福建世俗社会带来的影响就是重视女子教育，民国时期的优秀女作家来自福建者不少，如冰心、庐隐、林徽因等，并且她们的创作都或多或少地带有些基督教文化的因子。冰心本人在福建生活的时间虽然只有几个月，但其家族对基督教文化的首肯态度和尊重女子受教育权的良好传统，使她得以接受了从中学到硕士的系统教会学校教育。

不过谢氏家族虽对基督教有一定的认识和接触，但毕竟不是基督教家族，冰心也并非自幼受洗。不过可以肯定冰心在青年时期是有基督信仰的，但她

---

55 林语堂.从异教徒到基督徒[M].谢绮霞，译.西安：陕西师范大学出版社，2004：15.

对基督教的接受从最初即有所保留，对三位一体、复活等观念缺乏根本认同，她的信仰不是指向彼岸天国的宗教信仰，而是基于审美情感的诗性信仰，即"依文学及美学做导线，得享受灵性上的陶养"[56]。在贝满女中时期，冰心对学校的宗教活动最为认可的是《圣经》课，对查经班和大礼拜则怀有非信徒学生所常有的不情愿。前者渐渐引起她对耶稣人格的景仰，也为她"爱的哲学"打下了资源基础，而后者则只是挤占了她与家人同聚时间的"负担"。从这种心态之中就可以看出冰心一以贯之的情感位序，于她而言，基督教从接触之初，其重要性就要排在家人之后。进入大学后，冰心接受英语教师包贵思的劝说受洗归主，在此事中起作用的除了师生情谊之外，还有一次艺术化的情感高峰体验[57]。1919 年冬，冰心补考《圣经》课时看到安老师房中的宗教画，从中得到了"暗示"、"教训"及"安慰"。这次可以被视为宗教经验的高峰体验她在《画——诗》一文中有过详细记述，可见此经历给予冰心的巨大灵魂涤荡和冲击。这一事件在她的文学生涯中影响远比现今学者们所认为的更为深远，在冰心的信仰经历中，需要特别注意的就是此次宗教经验的时间点：1919 年冬也正是冰心开始她的新诗创作、在小本子上陆续写下《繁星》小诗的时间。现已无从确定到底是诗情使冰心的感触更加敏锐以至于能对宗教画作产生深刻的共鸣，还是从那幅画中得来的宗教经验激发了冰心的诗歌灵感，这两个事件的先后或许将是无解的谜，但不可否认的是，对冰心而言，诗思与信仰间，确实有着不可忽略的相通之处。

一、十字架前的十字架——通往基督之爱的亲情之爱

自幼多得爱的灌溉是冰心得以对基督之爱迅速认同的必要积累。在信徒

---

56 刘廷芳.圣经——诗[J].生命，1921，1（8）：社论 5.

57 高原体验是宁静而深思的而非顶峰的存在认知，高峰体验包括神秘感、神圣感以及心醉神迷的状态，它们都受超越性认知所驱使，具有统一的意识，伴随着启迪、顿悟、了然于心等感觉，甚至时常改变人们对世界和自己的看法。这两种体验的最典型表现即是宗教体验，但又不局限于宗教体验。超越性认知常出现在具有创造性或天赋的人、具有高度智慧的人、性格极坚强的人、强有力的富有责任心的领导者和管理者，至善的人，以及历经劫难、意志弥坚的英雄。他们经常地意识到存在这一领域，因此能够达到生命的更高境界，对统一与神圣有更深刻的领悟，对美更为敏感，更易产生无差别之爱。见马斯洛.Z 理论（两种不同类型的自我实现者）[M]//马斯洛.自我实现的人.许金声，刘锋等，译.北京：生活·读书·新知三联书店，1987：58-61.

眼中，耶稣基督是人类感受上帝之爱的途径，而于冰心而言，亲情则是冰心理解基督之爱的途径。冰心笔下的家庭呈现出近乎童话般的幸福完美，母亲温柔慈爱而又开明理性，父亲英勇廉正而又体贴顾家，兄弟爽朗可爱而又和睦友好，还有才识兼备的族中长辈、勤劳善良的乳娘等。这些描写中可能有诗人的理想化加工，但她整体家庭环境的美善和乐是毋庸置疑的。冰心诗歌的三大主要题材母亲、小孩子与自然究其根源都与亲情有关，其中她对母爱的感悟直接得自于母亲，小孩子诗歌的灵感常来自三个弟弟，而对自然景物如星空、大海、山峦的书写则更多得益于父亲，尤其是多首诗歌中的大海意象直接指向她的父亲。对亲情之爱与基督之爱的合一理解使冰心诗歌对两种爱的书写经常呈现出糅合与互现的特征。

（一）母亲的慈怀与上帝的恩慈

在亲情中被冰心置于首位的无疑是母爱。冰心笔下的母亲形象随时流溢着浓浓的爱意，带有理想母亲的一切美德，故而能被子女视为心灵港湾。她对母亲的爱之深挚已臻极至，甚至可以因"这病是从母亲来的"而能"爱母亲，也并爱了我的病"[58]。单论安抚与慰藉的作用，母亲与上帝具有一定可比性，对家庭幸福如冰心的孩子而言尤其如此。"月明的园中，/　藤萝的叶下，/　母亲的膝上""永不漫灭的回忆"[59]和对母亲的无限依恋造就了冰心在接受基督教信仰后对"极乐的应许"独树一帜的想像："我在母亲的怀里，/　母亲在小舟里，/　小舟在月明的大海里"[60]。在当时的基督徒知识分子中，天国想像多基于对现实的不满，因而多含有对社会体制、意识形态等问题的批判性构想。但冰心的天国想像没有挟带这类怨气，只是侧重对天国第三重含义的强调，即重视个人内心愉悦平安的体验。这是她结合个人经验对基督教终极理想的独特认识：天国就是爱的国度，所以天国无关生死、无关此世彼世，只要处于纯爱的氛围之中，即是身在天国。

母亲除了以其慈爱的形象参与了冰心天国想像的构建外，还作为基督之爱的表征，在冰心的信仰道路上起到类比引导的作用。可以说，在认识上帝之前，母亲是冰心的神；即使在接受洗礼之后，母亲依然未完全走下她心中

58　冰心.寄小读者（通讯九）[M]//卓如编.冰心全集：二.福州：海峡文艺出版社，1994：91.

59　冰心.繁星（七一）[M]//冰心.繁星.-5版.上海：商务印书馆，1925：37.

60　冰心.春水（一○五）[M]//冰心.春水.北京：新潮社，1923：73.

的神坛，而是站在一个中保的位置联系着冰心与信仰。经由母亲"使她终于沉默"的"深厚的恩慈"[61]，她认识了上帝能"融化了我冻结的心泉"的"仰天的慈像"[62]；经由母亲的"含泪的凝视"，她认识了上帝的"万全之爱无别离，/万全之爱无生死"[63]；经由母亲能够让她躲避"心中的风雨"[64]的怀抱，她认识了"造物者无穷的安慰"[65]；经由对母亲"只要归依你"[66]的孺慕情感，她培养了对上帝的"虔诚静寂"[67]与"仰望"[68]。冰心不是从《圣经》的理论阐述中、而是从自己对母爱的体验中领会了上帝"母亲怎样安慰儿子，我就照样安慰你们"（以赛亚书66章13节）的恩惠与慈爱，并以孩子对母亲的孺慕方式来回应上帝。这种思维甚至使她笔下的上帝也带有较多母性特征。冰心对上帝的这种理解与基督教话语系统中上帝的男性位格神定位有较大的出入，更接近于一种原始母神崇拜的集体无意识，当然冰心的选择更多源于她自己的女性身份及学生时代以女性为主要对象的社交经验。她的诗中不仅有时会将上帝称为"天母"[69]，文艺也"好像射猎的女神"[70]，春也是着"美艳的衣裳"、展"轻俩的笑语"的"她"[71]，还有"诗的女神"[72]、"'将来'的女神"[73]、"病的女神"[74]等等，这些意象的出现归根结底都是母亲的神圣性在她心中先入为主的结果。

---

61 冰心.繁星（一〇二）[M]//冰心.繁星.-5版.上海：商务印书馆，1925：54.

62 冰心.繁星（一五三）[M]//冰心.繁星.-5版.上海：商务印书馆，1925：84.

63 冰心女士.致词[N].晨报副镌，1923-02-15（3）.

64 冰心.繁星（一五九）[M]//冰心.繁星.-5版.上海：商务印书馆，1925：87.

65 冰心.安慰（一）[N].晨报副镌，1922-10-13（2）.

66 冰心.春水（九七）[M]//冰心.春水.北京：新潮社，1923：66.

67 冰心.晚祷（一）[M]//许正林，傅光明编.冰心诗全编.杭州：浙江文艺出版社，1994：158.

68 冰心.晚祷（二）[M]//许正林，傅光明编.冰心诗全编.杭州：浙江文艺出版社，1994：172.

69 冰心.我再也不能承受这样的温存[M]//冰心.冰心诗集.-3版.上海：北新书局，1934：113.

70 冰心.信誓[N].晨报副镌，1923-03-18（2）.

71 冰心.迎"春"[M]//许正林，傅光明编.冰心诗全编.杭州：浙江文艺出版社，1994：148.

72 冰心女士.诗的女神[N].晨报副镌，1921-12-24（2-3）.

73 冰心女士."将来"的女神[N].晨报副镌，1922-02-21（2）.

74 冰心.病的诗人（三）[N].晨报副镌，1922-05-11（3）.

（二）孩童的纯真与上帝的圣洁

正如耶稣曾不止一次谈及"你们若不回转，变成小孩子的样式，断不得进天国"、"凡自己谦卑象这小孩子的，他在天国里就是最大的"（马太福音 18 章 3-4 节）、"在天国的，正是这样的人"（马太福音 19 章 14 节）一样，冰心也曾反复将天真的孩童置于与上帝无限接近的位置。不过相较于书写母亲时对话体的形式偏好和遣词造句的感性趋向，她在描摩孩子时多采取第三者的视角、使用判断的句式，就如同她面对弟弟成长的态度，是在窗内的欣赏与爱怜[75]，而不是横加干涉或限制，以求最大程度地保护孩子可贵的天真。

依冰心在《可爱的》与《回顾》中的记述，孩子的可爱得于他们"和他说话不必思索，/态度不必矜持。/抬起头来说笑，/低下头去弄水。/任你深思也好，/微讴也好；/驴背上，/山门下，/偶一回头望时，/总是活泼泼地，/笑嘻嘻地"[76]的无心机的宽容，以及"在满街尘土/行人如织里，/他们已创造了自己的天真的世界"[77]的旁若无人的坦荡，这种天然的宽容与坦荡能使人获得成人世界中所没有的轻松感，进而对成人的灵魂起到近乎救赎般的奇妙果效。冰心的诗歌中常表现出一种由基督教世界观衍生出来的逻辑：由于世界是罪恶的，所以降世时间越短的孩子受到的污染越轻，与上帝的距离也越近，然而随着孩子的成长，"烦闷也已经隐隐的来了"[78]，甚至"天真已被众生伤损，/ 大人的罪过摧毁了你无辜"[79]。所以冰心笔下的"婴儿，/是伟大的诗人，/ 在不完全的言语中，/ 吐出最完全的诗句"[80]，"在他颤动的啼声中/ 有无限神秘的言语，/从最初的灵魂里带来/ 要告诉世界"[81]，而成长到十来岁的弟弟已经是"杀机里却充满着/热爱的神情"[82]、带着一种天真的残忍了。

---

75 冰心女士.纪事——赠小弟冰季[N].晨报副镌，1922-08-27（2）.

76 冰心.可爱的[M]//许正林，傅光明编.冰心诗全编.杭州：浙江文艺出版社，1994：120.

77 冰心.回顾[M]//许正林，傅光明编.冰心诗全编.杭州：浙江文艺出版社，1994：153.

78 冰心.繁星（五八）[M]//冰心.繁星.-5 版.上海：商务印书馆，1925：31.

79 冰心.《往事》以诗代序[M]//许正林，傅光明编.冰心诗全编.杭州：浙江文艺出版社，1994：207.

80 冰心.繁星（七四）[M]//冰心.繁星.-5 版.上海：商务印书馆，1925：38-39.

81 冰心.春水（六四）[M]//冰心.春水.北京：新潮社，1923：38.

82 冰心女士.纪事——赠小弟冰季[N].晨报副镌，1922-08-27（2）.

　　值得注意的是，冰心与耶稣对小孩子的关注方向有明显的差异，耶稣能够直接透过孩子天然的、真实的生存状态看到孩子内心的谦卑品质，而冰心虽然也有"真理，/在婴儿的沉默中，/不在聪明人的辩论里"[83]这样触及到谦卑的诗句，但强调得更多的还是更为表面的天真外象。究其原因，还是爱的源头问题。冰心之爱孩子，是先爱自己的弟弟，在目睹弟弟逐渐从婴儿成长起来的过程中，进而爱了和弟弟同龄的、或是处于弟弟过去时的孩子，这一逻辑顺序是典型一己之爱的生发与扩散，爱的维系点是普天下的孩子与弟弟共同的、给她感触最深的、让她最觉可爱可贵的特征——天真。周作人将这种"为了自己的儿女才爱小孩，/为了自己的妻才爱女人，/为了自己才爱人"的爱视为"偏私"，然而他也承认除此之外"没有别的道路了"[84]，因为这正是以人类之有限性所能发展出的最具合理性的博爱。冰心之重视孩子的天真甚于谦卑，也正是她精神结构中的人性多过宗教性的表征之一。

（三）自然的神奇与上帝的能力

　　冰心对自然的特殊敏感得益于她的父亲。幼年时因母亲体弱，冰心在"七八年山耶海隅的生活"中，"整天跟在父亲的身边"，养成了"野孩子"的气质。父亲的引领在冰心的个性塑造中起到了极大的作用，他给予了冰心广阔的视野，使她"游踪所及，是旗台，炮台，海军码头，火药库，龙王庙"甚至军舰，能够接触到"兵士，水手，军官""农夫和渔人"等，听得到"海上新奇悲壮的故事"和"山中海上的家常"；父亲更培养了她对于自然的热爱，常带她"到旗台上去看星"，"指点给我各个星座的名称和位置"，待她稍大后还能允许她"一个人走到山上海边去"，看草木沙石和潮水海浪[85]。冰心在父亲的引导和支持下接触并感受到了自然，尤其对山、海、星等自然景物产生了特殊的情感，这种情感顺理成章地浸入了她的诗作之中，就如她在《安慰》（二）中的自白："二十年的海上，/　我呼吸着海风——/我的女儿！/　你文字中/　怎能不带些海的气息！"[86]由于父亲的引领作用，冰心对自然的理解带有一定男性或曰父性特征，而在接触基督教尤其是基督教的创造论后，她童年时代对自然"亲切的'伟大'"感性印象找到了理论依托，她也得以藉对父

83　冰心.繁星（四三）[M]//冰心.繁星.-5版.上海：商务印书馆，1925：23.

84　周作人.小孩[M]//朱自清等.雪朝.上海：商务印书馆，1922：48.

85　冰心.我的童年[M]//卓如编.冰心全集：三.福州：海峡文艺出版社，1994：235-237.

86　冰心女士.安慰（二）[N].晨报副镌，1922-10-13（2）.

爱与自然的理解顺利认同了宗教的观念，"谈到我生平宗教的思想，完全从自然之美感中得来"[87]。自然在她笔下出现了泛自然神论式的与上帝合一的现象，进而又获得了神性的特征。

　　父性与神性的合一使冰心诗歌中的自然首先展现出威严而神圣的一面，"繁星"的"闪烁"带有"互相颂赞"[88]、"指示了你威权的边际，/ 表现了你慈爱的涯际"[89]的意义，"滚滚的波浪"下"细小的泥沙"中蕴藏着"创造新陆地"[90]的力量，"自然的帘儿"如父亲的臂膀一般荫蔽着"艺术的婴儿"和"真理的娘"[91]，自然甚至能使诗人"微微的觉悟了"乃至"深深地承认了""我携带的使命"[92]。在这些诗歌中，一方面自然作为上帝造化的证明而被讴歌和赞美，一方面自然本身又蕴含着深刻的真理性与感化力，这二者又反作用于自然、给自然以尊严，使自然之美具有公正以及不可挪移、不可改变的特征，所以即使"春花自由的开放"会"无意中愁苦了你"，人类也只能接受"自然的指挥"[93]。作为诗人，与自然交通时乃应采取尊重的态度，"你可以进我的园，/ 你不要摘我的花"[94]，"静下心潮"聆听"自然命令着你"[95]。以人类的局限性无法理解自然"太深微了"[96]的话语，人类一厢情愿的改造与描画也只会"委屈了自然"[97]，或"隔绝了她（玫瑰，笔者注）和自然的连结，/ 这浓红便归尘土"[98]，因为"世人的临照，/ 只可以指拭镜上的尘埃，/ 却不能增加月儿的光亮"。然而即使自然不会为取悦人类而呈现它的美好，自然的博大仍然具有与宗教相似的慰藉人心的力量，自然虽"何曾说话呢"，但"那伟大潜隐的力量，/ 已这般的/ 温柔了世界了"[99]，"自

87　冰心女士.赞美所见[N].晨报副镌，1925-03-10（2）.

88　冰心.繁星（一）[M]//冰心.繁星.-5版.上海：商务印书馆，1925：1.

89　冰心.晚祷（二）[M]//许正林，傅光明编.冰心诗全编.杭州：浙江文艺出版社，1994：172.

90　冰心.繁星（三四）[M]//冰心.繁星.-5版.上海：商务印书馆，1925：18.

91　冰心.春水（一四三）[M]//冰心.春水.北京：新潮社，1923：107.

92　冰心女士.使命[N].晨报副镌，1922-08-26（2）.

93　冰心.春水（七三）[M]//冰心.春水.北京：新潮社，1923：45-46.

94　冰心.繁星（一五）[M]//冰心.繁星.-5版.上海：商务印书馆，1925：9.

95　冰心.春水（三一）[M]//冰心.春水.北京：新潮社，1923：26.

96　冰心.春水（一二二）[M]//冰心.春水.北京：新潮社，1923：89.

97　冰心.春水（六）[M]//冰心.春水.北京：新潮社，1923：8.

98　冰心.春水（七〇）[M]//冰心.春水.北京：新潮社，1923：43.

99　冰心.春水（四三）[M]//冰心.春水.北京：新潮社，1923：34.

然的微笑里"可以"融化了/　人类的怨嗔"[100],"将你的笔尖儿/　浸在我的海里"也可以拯救人类枯燥的心怀[101]。不过自然的安慰作用方式与宗教的安慰不同,不是以神力或应许成为人类精神的支撑、使人摆脱无助感而得到心中的平安,而主要是靠美的光照驱赶人们心中的阴暗、萌生对于真与善的向往。

　　纵观冰心对基督精神的接受状况,可以发现她是以亲情的十字架为中保而走向了基督的十字架。在亲情的十字架中,母爱是根基和砥柱,兄弟之爱及衍生出的孩童之爱与父爱及衍生出的自然之爱是十字架的两翼,藉此走向基督的冰心必然会对基督之爱的光明美好面有更为深彻的体悟,更注重它感化和安慰的效用,而对基督的受难、牺牲等蕴含着痛苦的侧面则缺乏体验,在诗中涉及得也较少。虽然冰心尊敬牺牲,也不回避将牺牲作为写作题材,却甚少张扬与升华牺牲的痛苦,即使到必写不可之处也往往一笔带过。她的文字洁癖甚至到了要将受难节称为"基督殉爱日"[102]的程度。因为这种趋避,不少"对于作者几乎是丝毫不负责任的"、"抱定这个心境和成见,不假思索的向前走,去批评文学作品"[103]的主观评论家争相诟病,给她扣上了"小姐"、"市侩"、"贵族"[104]、"离实际太远"[105]、"对于社会的幼稚病"[106]的帽子。在母亲去世后,冰心的亲情十字架根基不再完整,连带使她的基督教信仰也发生了极大的动摇,她甚至一度觉得"其实所谓之'神秘''伟大',都是未经者理想企望的言词,过来人自欺解嘲的话语"[107]。在冰心唱出"我已是没娘的孩子,/我再也不能承受这样的温存"[108]哀音后的十数年间(1930-1946),她除了一篇反思对华传教的小说《相片》外,再没有直接涉及信仰的作品,

100　冰心.春水(四九)[M]//冰心.春水.北京:新潮社,1923:37-38.

101　冰心.春水(一四)[M]//冰心.春水.北京:新潮社,1923:14.

102　冰心.忆淑敏[M]//卓如编.冰心全集:二.福州:海峡文艺出版社,1994:159.

103　冰心.论"文学批评"[M]//卓如编.冰心全集:一.福州:海峡文艺出版社,1994:339.

104　蒋光赤.现代中国社会与革命文学[M]//范伯群编.冰心研究资料.北京:知识产权出版社,2009:173.

105　陈西滢.冰心女士[M]//范伯群编.冰心研究资料.北京:知识产权出版社,2009:174.

106　贺玉波.歌颂母爱的冰心女士[M]//范伯群编.冰心研究资料.北京:知识产权出版社,2009:202.

107　冰心.南归——贡献给母亲在天之灵[M]//卓如编.冰心全集:二.福州:海峡文艺出版社,1994:437.

108　冰心.我再也不能承受这样的温存[M]//冰心.冰心诗集.上海:北新书局,1934:111.

直到战后旅日时期才再次提及耶稣之爱。而这时，她对基督教的心态或许已是实用的考量多过理念的认同了。

二、难于捕捉的神秘——指向诗歌经验的宗教体验

关于宗教与文学在精神上和情感上的相通性，周作人很早就在"宗教问题"演讲与《圣书与中国文学》一文中有过详细的论述。不过于冰心而言，这两方面的相通还不足以概括基督教背景于她的影响。冰心的诗歌中表现得更多的，是宗教经验与诗歌经验的相通。

冰心的诗歌创作始于杂感，直到"繁星体""春水体"小诗风靡整个文坛后，她还坚决认为"《繁星》,《春水》不是诗"而只是"小杂感一类的""零碎的思想"[109]。在她自己意义上正式的诗歌写作开始之后，仍沿续了《繁星》、《春水》偏重说理的传统，这与基督教文学的说教体影响不无关系。与现代文坛上的诸多大家相比，冰心的文学理论文章并不多，也未形成体系，她似乎更乐于以诗歌形式表达自己零散的文学观念，就如她著名的《哀词》一诗，就直接批评了功利性写作要求对创作者的桎梏。当然她探讨文学的诗歌不仅限于表达文学观念，还包括捕捉瞬间写作经验、记录创作感悟、反思文学价值等，而在这些方面冰心的思考都呈现出一定基督性特征。

基督教尊重个人宗教体验的独特性，所以教牧人员对于个人的指导多半也是方向性的，适宜的道路要靠每个人自己去探索，这也是为什么宗教的教训会显得空泛的主要原因。在经验个性化这一特征上，文学与宗教具有极大的相似性。冰心能够坦然面对各批评家基于各种不同理念的评论、在创作中坚持"爱的哲学"，与这种"琴儿"，"你的弦，/本弹不出笛儿的声音"[110]的认识不无关系。与宗教经验最相近的文学经验莫过于灵感，冰心不止一次地感慨它的"无迹微妙，/ 无限神奇"[111]，它是"思想的神，/ 在不意中要临到了"[112]、"只容心中游漾。/刚拿起笔来，/ 神趣便飞去了"[113]，由于灵感具有难于预测、难于捕捉把握也难于表达的特征，所以"最沉默的一刹那顷，

109 冰心.我的文学生活[M]//卓如编.冰心全集：三.福州：海峡文艺出版社，1994：9-10.

110 冰心.繁星（一一一）[M]//冰心.繁星.-5 版.上海：商务印书馆，1925：60.

111 冰心.谢"思想"[M]//许正林，傅光明编.冰心诗全编.杭州：浙江文艺出版社，1994：141-142.

112 冰心.繁星（四一）[M]//冰心.繁星.-5 版.上海：商务印书馆，1925：22-23.

113 冰心.繁星（一四一）[M]//冰心.繁星.-5 版.上海：商务印书馆，1925：77.

/ 是提笔之后，/ 下笔之前"[114]，就如同宗教经验的瞬间性，"无限的神秘，/ 何处寻他？/微笑之后，/ 言语之前，/便是无限的神秘了"[115]。由于意识到了灵感与宗教经验相似的神秘特征，冰心能够保持对创作的敬畏心理，她对于被"需要"束缚的文学怀有直觉性的反感，也对文学功利化充满警惕，都是出于这种敬畏心理。

对写作灵感神秘性的感悟，使冰心能够强烈地意识到人类语言的有限性。仅在面对思想时，她已有了"只容我心中膜拜。/难役使世间的语言文字，/说与旁人"[116]的无力感，而在面对上帝的无限神秘与自然的"繁枝密叶为琴弦，/雨丝风片为钩拨"时，这种"小小琴儿，/如何比得你"[117]的无奈便更显突出。她在《春水（一六〇）》中形象地记载了自己对于语言局限性的遗憾："自然无声的/ 看看（原误，应为"着"）劳苦的诗人微笑：/ '想着罢！/ 写着罢！/ 无限的庄严，/ 你可曾约略知道？'/诗人投笔了！/ 微小的悲哀/永久遗留在心坎里了！"[118]相较之下，"我不会表现万全的爱，/ 我只虔诚的祷告着"[119]的谦卑或"诗人自己/便是诗了"[120]的自嘲倒显得比勉强的"空写"[121]更上乘，所以面对婴儿"天真的颂赞"，诗人"无力的笔儿，/真当抛弃了"[122]；面对"写不出来的，/ 是绝对的美"，诗人理应"缄默罢"[123]；即使定要动笔，也只当"淡淡的描"[124]，以避免人为的雕琢破坏了自然本身的魅力。其实对语言表达的不满足感存在于每一个写作者心中，但绝大多数文人却并不甘于承认役使文字过程中的力不从心。但冰心由于宗教精神的影响，能够选择以诚实与谦卑的态度面对这一问题，这为她进一步的语言探索提供了发展的可能。

---

114 冰心.繁星（六二）[M]//冰心.繁星.-5 版.上海：商务印书馆，1925：33.

115 冰心.繁星（一一）[M]//冰心.繁星.-5 版.上海：商务印书馆，1925：7.

116 冰心.谢"思想"[M]//许正林，傅光明编.冰心诗全编.杭州：浙江文艺出版社，1994：142.

117 冰心.天籁[M]//许正林，傅光明编.冰心诗全编.杭州：浙江文艺出版社，1994：103-104.

118 冰心.春水（一六〇）[M]//冰心.春水.北京：新潮社，1923：123-124.

119 冰心.春水（九八）[M]//冰心.春水.北京：新潮社，1923：67.

120 冰心.春水（五〇）[M]//冰心.春水.北京：新潮社，1923：38.

121 冰心.春水（一四四）[M]//冰心.春水.北京：新潮社，1923：107.

122 冰心.春水（一八〇）[M]//冰心.春水.北京：新潮社，1923：144-145.

123 冰心.繁星（六八）[M]//冰心.繁星.-5 版.上海：商务印书馆，1925：36.

124 冰心.春水（六）[M]//冰心.春水.北京：新潮社，1923：8.

在文学价值和功用的问题上，冰心前期的观点存在一定矛盾性。一方面，她的创作在五四启蒙思潮的催生下开启，必然要面向现实问题，事实上她也是"问题小说"的开山作家之一；另一方面，受宗教文化的超脱性影响，她又深感文艺的急功近利有所不妥，希求能摆脱功利需要对写作的牵累。所以，她一方面希望文学家的写作能像耶稣撒种的比喻一样，"着意的撒下你的种子去，／　随时随地要发现你的果实"[125]，一方面又觉得他们以"人们的泪珠"为"收成"的结果是一种缺乏怜悯的"不情"[126]；一方面认为诗人承担着"众生的烦闷／　要你来慰安呢"[127]的重任，一方面又感到"一点心灵——／何曾安慰到／　雨声里痛苦的征人"[128]。这种矛盾在《假如我是个作家》中达到了高潮，诗人既想让自己的作品在"痛苦，或快乐临到时，／他便模糊的想起"、激起"'同情'在他们心中鼓荡"，又希望它"在世界中无有声息／没有人批评，／　更没有人注意"、"在人间不露光芒，／　　没个人听闻，／　　没个人念诵"，只享受"自由书写"、任"积压的思想发落到纸上"[129]的创作快感。这种矛盾是信仰与现实的冲突在冰心文学思想上的投射，父亲遗留给她的儒家思想传统和文学研究会对"为人生的文学"的提倡让她视"文以载道"为天经地义，而信仰带给她的宏远又使她对眼下众生痛苦的理解无法真正深入，所以在这二者的争战没有分出高下之时，冰心文学思想的矛盾也就无法真正得到解决，直到她的"爱的哲学"逐渐成熟，才探出了自己独特的文学之路。

三、参与那造化的妙工——指向人格救国的泛自然神观

在燕大读书期间，冰心信仰正笃，又身处基督教新文化运动的核心区域，必然会直面流行于基督徒知识分子中的"人格救国"思潮。冰心当时也的确深受时任燕大教授与《生命》月刊主编的刘廷芳影响，形成了自己的人格救国观，这些观念集中地体现于她的事工新诗《人格》之中。冰心在这首诗中将流行于社会上的"主义"与"学说"都置于否定地位，而只将"你那纯洁

---

125 冰心.繁星（一八）[M]//冰心.繁星.-5 版.上海：商务印书馆，1925：10.

126 冰心.繁星（三一）[M]//冰心.繁星.-5 版.上海：商务印书馆，1925：17.

127 冰心.春水（一九）[M]//冰心.春水.北京：新潮社，1923：18.

128 冰心.春水（一四四）[M]//冰心.春水.北京：新潮社，1923：107-108.

129 冰心.假如我是个作家[M]//许正林，傅光明编.冰心诗全编.杭州：浙江文艺出版社，1994：143-145.

高尚的人格"提升到"要参与那造化的妙功"的高度。不过这一时期的冰心已在理念中将自然与上帝同一化，所以她的救赎方式与大部分事工诗人直接祈祷上帝洁净自己的灵魂或以耶稣为榜样向着标竿直跑不同，是祈求"万能的上帝""藉着无瑕疵的自然，/造成了我们高尚独立的人格"[130]。这种愿望与其说是出于基督教的救赎论，倒不如说更接近泛自然神论[131]的观念。

在冰心的普世新诗中，塑造人格的力量藉由自然而来的表述很常见。纵观冰心明确以"创造人的人格"为主题的几首小诗，可以发现自然或表现为"轻云淡月的影里，/ 风吹树梢"[132]一类具有宗教肃穆气息的特殊环境，或表现为"枯冷的环境中""微绿的小草"[133]所代表的有生命勃发之力的春光，或表现为"大刀阔斧""何等的建设，/何等的破坏"地"造出了海阔天空的世界"、并以"刚强的手腕"与"朗洁的心胸"带领青年"一齐打起精神来，/跟着他走"[134]的秋色。冰心对于各情境下自然对人格的塑造作用有不同的理解，当自然与宗教气氛融为一体、潜移默化地影响人格时，由于受宗教的终极性与渺远性影响，这种影响作用较为宽泛，方向不很明确；而具体到"春"与"秋"这种有较为固定象征意义的季节意象，自然的意义也随之落实到塑造"于艰难中寻找希望"或"勇于破坏也勇于建设"的具体人格之上。当然中国文化中季节意象的内涵从来不像俳句的季语那般绝对，在这两首诗中冰心独特的自然感悟也使她对"春"、"秋"意象的阐释突破了古典诗词中常见的苏生、肃杀等层面，带有一定青春写作的特点。

在倡导自然塑造人格的同时，冰心对基督教塑造人格的作用也持赞赏态度。她会刻意在诗歌中直接表现追随耶稣、改良自我的观念。她承认"我只是一个弱者"，并愿意背负"光明的十字架"，"抛弃了性天里/ 暗淡的星辰"[135]，同时她也认同"我真是太微小了"[136]的基督教式自我观，并将"深深的

---

130 谢婉莹女士.人格[J].生命，1921，2（2）：诗1.

131 泛自然神论指神创造宇宙万物后，与自然合一，化身为自然，无处不在。它与将自然界与神等同的泛神论有本质区别。前者属于有神论，后者接近于无神论。

132 冰心.繁星（六〇）[M]//冰心.繁星.-5版.上海：商务印书馆，1925：32."梢"原文为"稍"，应为笔误。

133 冰心.春水（五三）[M]//冰心.春水.北京：新潮社，1923：40.

134 冰心.秋[M]//许正林，傅光明编.冰心诗全编.杭州：浙江文艺出版社，1994：101-102.

135 冰心.春水（二六）[M]//冰心.春水.北京：新潮社，1923：22-23."性天"应为"天性"，原误。

136 冰心.春水（九）[M]//冰心.春水.北京：新潮社，1923：11.

低首" [137]的谦卑视为必须的美德。对于曾带给她极大感动的基督之爱，她的颂赞和宣扬更为直接和不遗余力。她曾发出过"人类呵！/相爱罢" [138]的直白呼召，也努力寻求愿"从白茫茫的地上/ 找出同情来罢" [139]的志同道合者，更强调身为"先驱者"的青年"也应念着山下/ 劳苦的众生" [140]的社会责任感等。此外，冰心还试图以"圣书"原则为参照，将基督教的道德标准引入实际生活，以反拨思想解放带来的某些负面效应，这一点主要体现于她的爱情诗歌中。基督教神人互喻的传统赋予爱情崇高神圣的意义，接受了这种爱情观的冰心无论是在小说中或个人恋爱经历中，所持守的都是"自己选择、理性裁决、父母俯允"的"渐进主义"爱情观[141]，因此她的爱情诗歌如《相思》等，也都带着古典诗词的含蓄端庄。相应地，她便无法接受"调弄着剧意诗情"、"逗露着游戏的真诚" [142]的所谓"自由"爱情，并在《我劝你》中作出过谴责。可见在冰心的人格塑造过程中，基督教的宗教性虽也起到一定作用，但效果更直接的还是作为美育和道德教化内容的个别教义。

作为诗人的冰心兼具理智与感性双重特征，在信仰抉择中，感性使她接受爱的感召而走近基督教，理性则让她在骨子里仍认同战争年代宗教应退位等流行于新文学启蒙者中的观念，因此她尚不能称为一个典型的基督教诗人。由一时感性经验生发出来的信仰通常无法坚定持久，因为经验会随时间地点的挪移而发生变化，冰心自己对此也有觉察，并曾进行过自我拷问："我的心呵！/你昨天告诉我，/ 世界是欢乐的，/今天又告诉我，/ 世界是失望的，/明天的言语，/ 又是什么？/教我如何相信你" [143]。所以冰心不太希望别人效仿自己的宗教信仰，她告诫朋友们"不要随从我，/我的心灵之灯/ 只照着自己的前途呵" [144]，即使在信仰较为虔诚的时期，她也会时常发出"青年人！/信你自己罢！/只有你自己是真实的，/ 也只有你能创造你自己" [145]之类悖信

---

137 冰心.春水（八一）[M]//冰心.春水.北京：新潮社，1923：52.

138 冰心.繁星（一二）[M]//冰心.繁星.-5版.上海：商务印书馆，1925：7.

139 冰心.春水（三四）[M]//冰心.春水.北京：新潮社，1923：27-28.

140 冰心.春水（一五二）[M]//冰心.春水.北京：新潮社，1923：115-116.

141 方锡德.五四爱情故事的另一种叙述——介绍冰心未收集的短篇小说《惆怅》等佚文[J].中国现代文学研究丛刊，2005，1：236-240.

142 冰心.我劝你[J].北斗，1931，1（1）：54.

143 冰心.繁星（一三二）[M]//冰心.繁星.-5版.上海：商务印书馆，1925：71-72.

144 冰心.春水（一一四）[M]//冰心.春水.北京：新潮社，1923：82.

145 冰心.繁星（九八）[M]//冰心.繁星.-5版.上海：商务印书馆，1925：52.

之谈。在遭遇其他思想或残酷现实的冲击时，她的信仰尤其容易发生动摇，例如她归国后就曾面对满目烽火心痛地哀叹："我曾梦游天国，/   醒来一片片山河破碎；/觉悟后的虚空呵，/   叫我如何不怨望？"[146]在母亲去世后，她更与基督教渐行渐远，甚至晚年认为自己并不能算入教做了信徒。此外，和一切身处儒家传统思想体系内的中国人一样，冰心对其他宗教也有包容和融合的态度，有时她的一句话里就会参杂多种宗教的观念，如"天国泥犁，任她幻拟：是泛入七宝莲池？是参谒白玉帝座？是欢悦？是有天上的重逢，有人间的留恋，有未成而可成的事功，有将实而仍虚的愿望；岂但为我？牵及众生，大哉生命！"这也从另一个侧面展示出冰心信仰状况的复杂性。但不管怎么说，冰心着眼此世、糅合博纳的信仰丰富了她的诗歌创作，她的诗歌贡献，绝不仅限于小诗体式方面，更在精神境界方面独辟一隅，在现代诗坛上留下了非常独特的诗歌景观。

第三节 "他与主的神光相遇"——陈梦家诗歌的基督性[147]

无论陈梦家如何宣称"我不信仰任何的神"、"惭愧不能守奉父亲的宗教"[148]，都无法掩饰牧师家庭的宗教熏陶为他渲染的精神底色。这种底色调和着他诗歌作品的艺术色彩，使之散放出若隐若现的神性光晕。纵观陈梦家在其诗歌创作鼎盛时期（1929-1936）[149]的116首作品[150]，不难发现，他这些"不朽的诗"中"超乎一般的灵魂"[151]，正是令他有所回避的"父亲所遗传下来的宗教情绪"[152]。这种情绪在情感本质上与诗歌精神有相通之处，陈梦家曾言"一位朋友指示我说，我的诗有与别人不同的，只在这一点"[153]。然而30年代以来，"这一点"多被理解为陈梦家诗歌思想的局限性，它在诗美构建中

---

146 冰心女士.我曾[J].燕大月刊，1929，4（3-4）：4.

147 本节曾全文发表。

148 陈梦家.青的一段[M]//陈梦家.梦甲室存文.北京：中华书局，2006：91-93.

149 1929-1936是陈梦家创作的主要时期，在此后他又写过《述庄子"方生方死"惠施"日方中方睨物方生方死"》（1937年）、《纪游三首》（1948、1951、1953年）、《过北海三座门大街》（1953）、《悼闻一多先生》（1954）等作品，不在本书考察范围之内。

150 本统计数据依据中华书局2006版梦家诗集（陈梦家著作集）与郑蕾的《〈梦家诗集〉版本考》。除四部诗集的108首诗之外，尚有长诗和未入集诗歌若干。

151 陈梦家.诗的装饰和灵魂[J].国立中央大学半月刊，1930，1（7）：886.

152 陈梦家.《歌中之歌》译序[M]//陈梦家.歌中之歌.上海：良友图书印刷公司，1932：1.

153 陈梦家.《歌中之歌》译序[M]//陈梦家.歌中之歌.上海：良友图书印刷公司，1932：1.

的积极作用却常为研究者所忽略。事实上，基督性从自我观、爱情观、死亡观三个角度，在陈梦家诗歌内省自身、外察世界的思维模式和语言系统中都起了不可忽视的作用。

一、"我是渺小"[154]——谦卑自尊的自我观

陈梦家最初的世界观来源于他自幼生长的金陵神学院，尤其来自身为著名传教师、神学讲习兼《神学志》编辑的父亲陈金镛。日常《圣经》诵读、安息日默想、礼拜祷告及《小莫小于沙粒》等赞美诗[155]的教化都传达着"上帝造我，我显主荣"的神本主义世界观，使得陈梦家即使在偏离信仰道路之后，也能于激进主义与个人主义膨胀的时代保持清醒的自我定位，承认个人的有限性，并从不以书写自己的渺小为耻。与郭沫若的天狗、郑伯奇的太阳、田汉的火等相比，陈梦家用以自喻的意象如野花、燐火、红果、雁子等，往往显得极为平凡微小，而他的自我认知、自我意向和自我情感等自我观念都是通过这些微小意象得以呈现。

《一朵野花》是统摄陈梦家一生诗歌创作的开篇之作，从这首成名作开始，他就以基督性的谦卑和自爱确定了个体的自我认知：微小却珍贵的"人"。诗中，诗人创造了一个自信、从容、乐观的"野花"形象：

> "一朵野花在荒原里开了又落了，
>
> 不想到这小生命，向着太阳发笑，
>
> 上帝给他的聪明他自己知道，
>
> 他的欢喜，他的诗，在风前轻摇。
>
> 一朵野花在荒原里开了又落了，
>
> 他看见青天，看不见自己的渺小，
>
> 听惯风的温柔，听惯风的怒号，
>
> 就连他自己的梦也容易忘掉。"[156]

此诗对生命状态的自陈中流露出平和、安宁、恬静的宗教气质，这些气质首先来自于诗歌中心意象所传达的代码信息。《新约》中的一个典型艺术代

---

154 陈梦家.歌[M]//陈梦家.梦家诗集.-3版.上海：新月书店，1933：29.

155 陈梦家.青的一段[M]//陈梦家.梦甲室存文.北京：中华书局，2006：97-98.

156 陈梦家.一朵野花[M]//陈梦家.梦家诗集.-3版.上海：新月书店，1933：3.这首诗并非是陈梦家最早发表的诗歌，但现今流传的陈梦家诗歌中已知写作时间最早的即是这首《一朵野花》。

码即是"野地里的百合花",它在《圣经》隐喻系统中的特定含义为"被上帝所珍惜并看顾的受造者"。这个含义出自耶稣在《登山宝训》中劝慰世人的一段比喻:"何必为衣裳忧虑呢?你想野地里的百合花怎么长起来;它也不劳苦,也不纺线;然而我告诉你们,就是所罗门极荣华的时候,他所穿戴的还不如这花一朵呢!"(马太福音6章28-29节)。自此,"野地里的百合花"便成为信徒常用的自喻之一,本诗中的"野花"也是对这一自喻的直接借用。对造物者上帝而言,人类不过如一朵野花一样微忽其微。然而"耶和华虽高,仍看顾低微的人"(诗篇138章6节),正因为怀着这样的信任,陈梦家的"野花"才能"也不种,也不收,也不积蓄在仓里"却安享"你们的天父尚且养活它"的平安喜乐(马太福音6章26节),不求"用思虑,使寿数多加一刻"(马太福音6章27节),顺自然规律展示"他的聪明"、"他的欢喜"、"他的诗",拥有"在荒原里开了又落了"的自然坦荡与从容闲适。

诗歌的两节分别展示了生命状态的两重境界:一是因感恩而认识自我,二是因忘我而认识终极。在第一节中,作为诗人化身的野花怀着感恩之心"向着太阳发笑",欣然接受神的赐予,故而"上帝给他的聪明他自己知道",产生欢喜之情,进而发言为诗,乃至手之舞之,足之蹈之,"在风前轻摇";而进入第二节后,野花的视野超脱了自身,在感受到大爱的基础上,开始认识神与人之间的关系。这个认识的升华,在第一节末已有一个铺垫,即"风"意象的出现。《圣经》隐喻系统之中的"风",常与上帝的能力联系在一起。陈梦家的野花既认识了"风"所启示的上帝,"看见"了"青天",明白自己被看顾的事实,故而能够不以自己的渺小为意。这种坚定的信念使他能够坦然接受降临到自己身上的一切命运,既能"听惯风的温柔",也能"听惯风的怒号",好运噩运都泰然处之,甚至由于触及终极而进入神人同一的境界,以至自我意识也显得不再重要,"就连他自己的梦也容易忘掉"。

如果说"野花"意象的内涵直接取用了《圣经》艺术代码,那么对于基督教语境下的另一个经典譬喻"羊——信徒",陈梦家则不满足于单纯的援引,而是在大致认同的基础上进行了一定程度的加工。在《秋旅》一诗中,他对羊羔与牧羊人的关系进行了再书写,赋予"小羊"意象以全新的涵义:

"……我比是一只小羊

迷了路,星子下惊惶,等着天明

我想见牧羊人四处不分方向

> 寻他的羊子，比不曾失掉的更爱
>
> 更宝贝——我要回去，等不到鸡鸣，
>
> 我的眼睛镇夜里望着天睁开，
>
> "快回家阿，乖！"我想着你的叮咛。
>
> 九溪十三湾的水流，我不爱看，
>
> 还有两岸的绿树；在我心里
>
> 不是天，不是江上的水，不是山，
>
> 　　我的主宰，我的乖，是你！"[157]

诗中那只"心要着新鲜，要着亮"[158]的小羊与"野花"一样，都是诗人的自比。但《秋旅》中的小羊经过作者的升华之后，突破了《圣经》隐喻中的懵懂失语状态，其逆来顺受、被动待援的软弱性被大大削减，而中国文化中"很如羊"[159]的抗争精神被大大强化，向着《启示录》中作为耶稣化身的那只"有七角七眼""站立"着的"羔羊"[160]更接近了一步。在由懦弱到刚强的觉醒过程中，小羊获得了个体生命的主体性：虽然它也曾惊惶、坐等，却终因对"牧羊人""比不曾失掉的更爱、更宝贝"的感恩之心而获得了勇气和信念，放弃了毫无意义的苦等，在"等不到鸡鸣"、"眼睛镇夜里望着天睁开"之时，便念着"你的叮咛"，拒绝"九溪十三湾的水流"、"两岸的绿树"的诱惑，踏上回归与寻求的道路。

然而除了这只有着明确寻求目标的小羊之外，陈梦家诗歌中其他用以自喻的"渺小"意象大都带着一丝盲目感。他们的存在模式是"等待+寻找"，却未必知道自己所求为何。基督教文化推崇"那没有看见就信的，有福了"（约翰福音 20 章 29 节），信心的确凿与对象的朦胧有种不对等的失衡感，所以难免让人疑惑。陈梦家是"迷惑于宗教的解释"但又"不敢有一言冲犯基督教的教旨"[161]的，所以他笔下的微小意象也带上了如他本人一般的迷茫气

---

157 陈梦家.秋旅[M]//陈梦家.梦家诗集.-3 版.上海：新月书店，1933：82-83.

158 陈梦家.秋旅[M]//陈梦家.梦家诗集.-3 版.上海：新月书店，1933：82.

159 全文为"猛如虎，很如羊，贪如狼"，参阅司马迁.项羽本纪[M]//杨燕起.史记全译.贵阳：贵州人民出版社，2001：354.

160 依据基督教两会出版社提供的大卫·鲍森《新约纵览》音频资料，在希伯来文《启示录》中，此处的"羔羊"应译为"（成年的）公羊"，"羔羊"系英文《圣经》钦定译本之误，我国和合本圣经由英文圣经翻译而来，故也保留了这个误译。

161 陈梦家.青的一段[M]//陈梦家.梦甲室存文.北京：中华书局，2006：93-98.

质。比如他的野花"连自己的梦都忘掉",枯花"总得望着太阳笑","谁知道就要变泥"[162],小羊要寻找的牧羊者正"四处不分方向",雁子"终夜不知疲倦","只管唱过,只管飞扬"[163],磷火"在旷野里"引人"只顾赶着"[164],红果"只/让自己长起,到时候成熟"、"等着吹落"[165]等。故而有些诗评家如穆木天者认为,陈梦家的诗歌是"宿命主义"的和"幻灭"[166]的,甚至陈梦家自己也茫然地反省过:"人,都有他梦想中的天堂,指盼的方向。但是我没有。……从来没有寻到自己的歌","不该再容许我自己在没有着落的虚幻中推敲了"[167],越发坐实了这种判断。

　　但事实上,细读陈梦家的这些作品,可以得出一个他自己没有认清或者不想承认的结论:虽然对于信仰他存有迷惑甚至悖离,但他的精神依然指向宗教性的终极真理,即他自己后来在《〈梦家存诗〉自序》中所说的"我心中盘旋着一个大爱,这美几乎是万仞的石级,需要一层一层爬,仍旧是一种类乎理想的真理能安居"[168]。由是,陈梦家在生活中特别注意捕捉给他带来感动的微小细节,将它们视为指向深刻内涵与终极真理的一级级台阶,注重从"一流小河,一片叶子,和一架风车"上"听见那些东西美丽和谐的声音"[169]。这种个人气质决定了他的长项在于"见微知著",这种特殊的关注习惯并非穆木天等所指责的逃避现实于一花一鸟之中,而是怀着基督性的人道主义去捕捉这些微小意象易被他人无视或视为无意义的瞬间情态,用自我代入的方式想象之、共情之、勉励之,导演出一个戏剧化的情境,以映射自己的内心世界。越过表面的迷茫,可以发现自尊是他笔下一切微小意象的共同特征:野花有乐天知命的自尊,小羊有独立自主的自尊,雁子有宠辱皆忘的自尊,红果有耐心等候的自尊。这些微小形象的生命价值和审美价值,在诗人的升华之下,无一不得到了最大化的体现,诗歌的联想空间也随之得到了极大的扩充。

---

162 陈梦家.歌[M]//陈梦家.梦家诗集.-3 版.上海:新月书店,1933:24.

163 陈梦家.雁子[M]//陈梦家.梦家诗集.-3 版.上海:新月书店,1933:67.

164 陈梦家.像一团燐火[M]//陈梦家.梦家诗集.-3 版.上海:新月书店,1933:59.

165 陈梦家.红果[M]//陈梦家.梦家诗集.-3 版.上海:新月书店,1933:70.

166 穆木天.《梦家诗集》与《铁马集》[J].现代,1934,4(6):1065-1066.

167 陈梦家.再版自序[M]//陈梦家.梦家诗集.-3 版.上海:新月书店,1933:2-3.

168 陈梦家.《梦家存诗》自序[M]//陈梦家.梦家存诗.上海:时代图书公司,1937:6.

169 陈梦家.再版自序[M]//陈梦家.梦家诗集.-3 版.上海:新月书店,1933:2-3.

二、悔后之回——灵肉交融的爱情观

与充满安详气息的自喻小诗相比，陈梦家的爱情诗中忧郁、彷徨、挣扎等负面情绪要浓重很多，而且其中有相当一部分在咏叹爱情的中途转而探寻友谊、人生甚至死亡。在盛产爱情诗的新月诗坛中，陈梦家只奉献了十几首并不纯粹的爱情诗[170]，在他的全部诗作中占有比例不到六分之一，不能不说是一个值得注意的现象。

这种现象的出现应部分归因于诗人不如意的恋爱经历。在诗人创作初期，他没能体味到爱情的美好，两段短暂而失败的尝试留给诗人的更多是对女性善诱多变的体认和对自己软弱意志的痛恨[171]。前者加深了他对《圣经》隐喻系统中女人罪性的认同感，后者则强化了他对"立志为善由得我，只是行出来由不得我"（罗马书7章18节）这一人性弱点的认知，这二者又共同加强了诗人的挫败感：理想爱情应是笃深久长、纯洁美好的，"是永远的阳春和光"[172]，现实的爱情却是虚幻多变、庸俗堕落的，"'短促'像阵风吹落幸福的彩"、"让一点昏迷麻醉两条舌尖"[173]；理想的爱人应是热情坚贞的苏拉密女，现实的爱人却是荒淫无度的阿荷拉与阿荷利巴[174]；理想的自己应是智慧的所罗门王，现实的自己却是"太愚拙的人"[175]……理想与现实之间的巨大落差为陈梦家带来了挥之不去的沉郁和痛苦，充斥着他为数不多的爱情诗歌。

相比徐志摩笔下集爱与美于一身的女性形象，陈梦家诗中的女性则是神性与魔性的统一体，"好比古圣摩西的杖"，"法老王前变成了一条毒蛇；/点化清水的江河流着红血"，"也击打旷野里坚硬的石头，/流出那止喝[176]的活命的

---

170 因各人对诗歌的解读不同，这个数目或许值得商榷。

171 杨振华曾提到陈梦熊的回忆："三哥那里确实有过恋情，并且是两次，后来都吹了"。通过他同期的小说《不开花的春天》《某夕》《一夜之梦》《七重封印的梦》，以及与方令孺的通信、《青的一段》开头"可鄙弃的与耻辱的正多"等内容可以推知恋爱失败的大致原因。参见杨振华.陈梦家的生命地理[M]//江南杂志社编.文史我鉴.北京：作家出版社，2009：427.

172 陈梦家.往日（三）陆离[J].学文，1934，1（3）：12.

173 陈梦家.歌[M]//陈梦家.梦家诗集.-3版.上海：新月书店，1933：26-27.

174 《圣经·以西结书》中曾以两个淫妇阿荷拉与阿荷利巴的淫荡比喻以色列和犹大两国信仰上的不贞。

175 陈梦家.某女人的梦[M]//陈梦家.梦甲室存文.北京：中华书局，2006：49.

176 原文如此，疑应为"渴"之误。

泉水"[177]，带有更多夏娃的代码含义。具有神魔二重性的现世女子自然无法成为新耶路撒冷般圣洁的"新妇"，意识到这一点后，诗人虽能够放下家族信仰中重灵轻肉的爱情传统，却仍试图以基督性的"大爱"作为背景，贯彻"凡事包容；凡事相信；凡事盼望；凡事忍耐"（哥林多前书 13 章 7 节）的爱德信条。但是，他的"只是容忍"[178]，换来的是"再没有眼泪可流"和"秋风里无依的飘零"[179]；他"拿我的胸膛给你，给你听"[180]、"挝碎了我的心胸掏出一串歌"的真诚与信任，换来的是"在爱的戏台上不拣角色调情"[181]；他"想留住这刹那的时候"的简单期盼，结果却是"但这终于过去，不曾停留"[182]；他为保守"爱她像天样久远"[183]的誓言而压抑自己"碰见了你这般多情"时的爱欲，然而现实是"分明爱她的事在昨天，/今朝她忘了我像隔别多年"。当然陈梦家也没有将自己美化为背负十字架的情圣。他不能算虔诚的信徒，五四以降的反礼教思潮于他亦是一种冲击巨大、影响甚笃的流行文化，基督教的保守主义爱情观与维特式的放任主义爱情观在诗人头脑中的争斗是互有胜败的。如在《叛誓》中，诗人虽然在经历一番挣扎之后，最终还是告诉自己"这过错不在我"并"怯懦地走在你跟前"，然而诗人心中的罪恶感却一刻也没有停止过，令他"看着自己的影子也够发抖"。

　　不过从"叛誓"的心理过程可以发现，对于将基督式利他主义铭刻于心的诗人而言，来自他人的欺骗与背叛对他伤害始终有限，惟有违背自己的良心和信念才会带来精神上的巨大折磨。恋爱中的痛苦经历经过艺术加工，在《迟疑》、《那一晚》等诗中还能演化出徐志摩式"蜜甜的忧愁"，而《悔与回》[184]中"但是我太软弱我终抵不过/那些惑人的甜蜜紧身的拥抱/鲜红的嘴唇舐进我的舌尖只教我/一刻间推翻我的信念我的坚强"的身心双重失足，造就的则是无法抑制的自我谴责。他因在灵与肉的冲突中败给了

---

177 陈梦家.女人摩西的杖，转引自郑蕾.《梦家诗集》版本考[J].新文学史料，2008，1：159.

178 陈梦家.你尽管[M]//陈梦家.梦家诗集.-3 版.上海：新月书店，1933：11.

179 陈梦家.为了你[M]//陈梦家.梦家诗集.-3 版.上海：新月书店，1933：13.

180 陈梦家.往日（三）陆离[J].学文，1934，1（3）：13.

181 陈梦家.自己的歌[M]//陈梦家.梦家诗集.-3 版.上海：新月书店，1933：4-6.

182 陈梦家.迟疑[M]//陈梦家.梦家诗集.-3 版.上海：新月书店，1933：10.

183 陈梦家.叛誓[M]//陈梦家.梦家诗集.-3 版.上海：新月书店，1933：16-17.

184 陈梦家.悔与回——献给玮德[M]//陈梦家.梦家诗集.-3 版.上海：新月书店，1933：95-105.

肉身的欲望而忏悔不已，甚至以常人无法企及的勇气，使用了大量诸如"我的丑恶"、"我的罪恶我的无可挽救的堕落"、"我的卑鄙"、"我的残缺的/烧尽的灰"、"我不纯良的放肆"、"我的蒙混中蛇蝎一样的花纹"、"欺骗的线勾通了黑暗"、"我把灵魂/撕碎了交付在罪恶的称上取回/这一把不能忏悔的污浊"、"一身的丑恶"等极尽凌厉刻薄的恶毒语词，喷涌式地铺排出对自己的咒诅和贬损。此类以强有力的语言进行自我惩罚的方式是"语言创世"式基督教世界观投影在思维习惯中的产物，痛骂与咒诅式的真诚忏悔于诗人自身就如同一场自我洗礼和自我疗救，能够洁净欲望的污点，找回纯净的灵魂，并将自己从极端的自我厌恶中拉出。这种自我厌恶源于清教徒式"崇拜纯洁神圣"、"最高尚的人格"[185]的道德完美主义，由道德完美主义投射出的至纯至圣爱情观无法与肉欲相容，但青春期的热情又总是伴随着激情与欲望的涌动，这二者间的矛盾使得陈梦家的爱情观在他创作初期表现出极不稳定的灵肉冲突特质。

这种冲突的最终解决不是通过创作实践，而是通过对《圣经·雅歌书》的翻译。在告别两段无果恋爱后的 1932 年，"从小就不曾读过《圣经》的全部"的陈梦家在"常为不清净而使心如野马"的失意中，以"多看《圣经》"作为"惟一的活疗"，并用新诗的形式重译了托为所罗门王所作的《雅歌》，定名为《歌中之歌》。在译序中诗人充分肯定了这首"朴素又浓密"的"最可撼人的抒情诗"，对其中的浪漫主义色彩进行了阐释和赞美，尤其赞扬了"有膂力的，强蛮的，而且是信仰"[186]的希伯莱民族之爱。在翻译过程中，他渐渐意识到"愿他用他的口与我接吻"、"让他的左手枕着我的头，/他的右手把我紧搂"、"你的美唇像一条朱红线"、"你的双乳像双生的小鹿"也可以与"爱如死一般强蛮；/妒嫉像地狱一般毒狠"、"众水不能把爱冲灭，/洪水也不能把它停息"[187]相处和谐，进而将灵肉之爱的关系统一为"固然不能避免求纯肉体的快感"，但"仍然主张灵的"，并对希伯来人"赞美爱如像赞美上帝：上帝是他们灵魂上的爱，他们肉体上的上帝是女人"[188]的态度深为赞赏。但遗

---

185 陈梦家.青的一段[M]//陈梦家.梦甲室存文.北京：中华书局，2006：98.

186 陈梦家.《歌中之歌》译序[M]//陈梦家.歌中之歌.上海：良友图书印刷公司，1932：10.

187 陈梦家.《歌中之歌》[M].上海：良友图书印刷公司，1932：12-52.

188 陈梦家.《歌中之歌》译序[M]//陈梦家.歌中之歌.上海：良友图书印刷公司，1932：2-3.

憾的是，这种爱情观的升华并未带来新的创作高潮，1932 年后陈梦家几无爱情诗新作问世。这或许缘于他"没有写过一行平庸的诗"[189]的求新精神，在完成了对两性关系的诗学探索后，便不再满足于停留在书写二人世界的阶段，开始关注更高层次的人类生死等终极问题。

三、归向永国——向死而生的生死观

有别于某些诗人笔下"狞恶的死的魔鬼"[190]，在陈梦家诗作中，死亡往往是自然的、平静的，甚至带有令人向往的诗意之美。陈梦家的死亡意象有"也许下一回月亮的底下，/野草盖黄土做了我的家"[191]的亲切，有"在人间受些苦难，都不必悲伤，/天上为你们造了美焕的楼台"[192]的可羡，有"你不用拣一块山或是一块土，/随处都是你的家，你的归处；/你憩下来睡着，我告诉你：完了，/什么都齐全，有蝴蝶，还有野草"[193]的温馨，还有"太阳的影子向平原/　流下时的雍容，/在紫金色的山坡下，/　翁仲[194]望着翁仲。//湖上的风朝山野吹，/　群草轻轻的涌；一样是秋天的下午，/　翁仲望着翁仲"[195]的静美。基督教式死亡观对天堂世界的美好想像与安息主怀的长久期盼，在这种宁静婉约的死亡书写中展现得淋漓尽致。

陈梦家的死亡观应奠定于他对于死亡的初次记忆。他是极少数曾在诗作中直接记载个人宗教经验的诗人，而他反复写及的一段经验是一次充满属灵气息的死亡——小妹余妍之死，可见这一事件对诗人影响之深远。在长诗《昧爽——〈往日〉之二》中诗人以哀而不伤的笔触记载了这段经验：

> 在最后下雪的礼拜六，你说
>
> 你要回去了，在天上过圣日，
>
> 你知道自己的命数，你的福分
>
> 原在天上，地下五周年是寄身；

189　蓝棣之.《梦家诗集》前言[M]//陈梦家.梦家诗集（陈梦家著作集）.北京：中华书局，2006：前言 2.

190　张鹤群.烦恼的夜里[J].小说月报，1923，14（2）：诗 4.

191　陈梦家.无题[M]//陈梦家.梦家诗集.-3 版.上海：新月书店，1933：36.

192　陈梦家.古先耶稣告诉人[M]//陈梦家.梦家诗集.-3 版.上海：新月书店，1933：40.

193　陈梦家.古战场的夜[M]//陈梦家.梦家诗集.-3 版.上海：新月书店，1933：51.

194　诗中提到的翁仲是大型陵墓前把守墓道的石像。

195　陈梦家.太平门外[M]//陈梦家.铁马集.上海：开明书店，1934：25.

阿，你弥留时一个圆光的微笑，

你眼睛也笑了，透明的微笑，

那笑是一种神圣的消息，你说：

"天使的脚步在窗门外等你。"[196]

若本着 20 世纪以来流行于中国知识界的实证主义原则去审视这样缥缈唯美的死亡过程，极易将其误认作诗人对往昔素材的艺术化处理。"圣日"、"福分"、"天使"等宗教意象与巧合出现的白雪自然意象都携带有纯洁、安详的气息，使余妍的形象与圣子的形象有了一定程度的重合。然而诸如余妍对自己准确死亡时间"礼拜六"的预知、临终时欣慰微笑等细节，又确是未经加工的真实记忆，陈梦家在回忆录《青的一段》中对当时的情景有更详细的记述可作辅证：

"几天后，我母亲在清晨问她昨夜可有梦，她坐起来认真的说，昨夜耶稣召我去，给我糖果，要我长久住在那儿。她并描摹耶稣的样子，众天使的神态。……我父亲看她无望了，问她哪天回家。她决断的说：'礼拜六！'……她于临终时极安详极愉快，肉体上的苦痛全无知觉了，那小小的脑子最后得着圣灵的接引，平安上天。……就这样留在人间一副喜快慈祥的小圆脸，美丽又神圣，天使的化身。她的一双小眼睛自然合上，依然是笑容散在苍白的两颊上。去了，小天使！"[197]

宗教经验的神秘性与偶然性决定了它的无可复制性，故而与讲究因果律和普遍适用率的科学主义思维无法相容，只能以审美眼光和敬畏心态去理解和接受。无须追究余妍的童言童语究竟是真实还是巧合，至少对诗人而言，这经验真实地给过他"更大的信心，更真确的消息"，引导了"我对于梦不实的信依"：肉体的死亡不是真的死，而是前往永生天国的必经之途。抱有这样的信心，陈梦家对死亡的恐惧感并不强。常人的死亡恐惧究其根源其实是对于未知的恐惧，但于诗人而言，死亡已不是未知，并且其幸福指征大于痛苦指征。虽然基督教的死亡观也有恐怖的一面，但缘于早期记忆的前摄抑制，地狱所代表的死亡另一元并未在他诗歌中留下太多痕迹。总体看来，陈梦家是怀着一种乐观乃至期待的态度来审视死亡的，甚至生的抑郁和痛苦也可以通过死亡想象来排遣：对死亡的思索可以成为现实中的休憩手段和摆脱世俗纷扰的途径。

---

196 陈梦家.往日（二）昧爽[J].学文，1934，1（2）：22.

197 陈梦家.青的一段[M]//陈梦家.梦甲室存文.北京：中华书局，2006：104-106.

　　《葬歌》[198]一诗是陈梦家死亡想象最系统全面的展现。诗歌开篇就吟咏道："我贪图的是永静的国度，/在那里人再也没有嫉妒；/我坦然将末一口气倾吐，/静悄悄睡进荒野的泥土。""荒野的泥土"与"睡"字的遇合营造了极强的亲切感和安适感，昭示出诗人"我"面对死亡时的平静"坦然"甚至向往态度。泥土在《圣经》隐喻系统中具有回归的意味，"因为你是从土而出的。你本是尘土，仍要归于尘土"（创世纪 3 章 19 节），故而诗人在"睡"下时才会产生近乎"贪图"的归属感。死亡的恬静可以战胜属于此世的各种诱惑，"花"、"杨柳"、"鸟"、"清溪"、"野虫"、"云"、"星"等种种意象都不能唤起诗人对生的怀想，甚至最终，他发出了与中国传统祭祀观截然相反的呼声："我从此永久聒静的安睡，/不用得纸灰乱在墓上飞；/再没有人迹到我的孤坟，/在泥土里化成一堆骨粉。"泰然接受"归于尘土"的命运，不渴望人们的祭扫和打扰，以"永久的安睡"为最大的慰藉和快乐。

　　即使涉及到战争或灾难，死亡意象无可避免地要带上痛苦色彩时，陈梦家也秉持着"怨而不怒"的节制态度，同时依然会在语词的选择上透露出"不如归去"的死亡观。像乞丐饥寒交迫的死亡被描绘为"但夜来的雪斩断了你穷鬼的梦，/听银辉的天空里嘹亮的一声钟"[199]，于同情与怜悯之余表示了对他终得摆脱"只留剩一口气的各样痛苦"、脱离"寂寞的人间"的欣慰；《在蕴藻滨的战场上》[200]一诗中虽有"血花一行行"、"纸幡儿"、"吊丧"等意象出现，战士的死亡却仍被表述为"歇"、"躺下"、"睡倒"，冲淡了惨淡和悲壮的意味。然而陈梦家并没有刻意回避战死所独具的残酷性与痛苦性，并对战争的意义进行了严肃而深入的反思。在《陆离——〈往日〉之三》中，他以60 行的巨大篇幅[201]再现了《在蕴藻滨的战场上》、《老人》和《哀息》中描绘过的战争场面，全方位地展示了"恐怖的颜色""以杀戮为耕作的沙场"："我看见眼中游红丝的弟兄们/在凄凄一号戍角里向前俑，仆；/他们上前去的去，倒下的埋了，/也参差有一行纸幡凄凉的队伍；/天空中飞的，嘘的，黑黑的，像蝗虫/一排一阵汗水似的来，嚼烂雪泥/嚼破无论那一处的竹枝，'别'的/一声穿过濠沟上士兵的斗笠"。只不过与"红色三十年代"为国捐躯死而无憾的

198　陈梦家.葬歌[M]//陈梦家.梦家诗集.-3 版.上海：新月书店，1933：44-45.

199　陈梦家.丧歌[M]//陈梦家.梦家诗集.-3 版.上海：新月书店，1933：46.

200　陈梦家.在蕴藻滨的战场上[M]//陈梦家.在前线.北京：北平晨报社，1932：1-2.

201　陈梦家.往日（三）陆离[J].学文，1934，1（3）：17-21.

激昂共名不同，陈梦家最终没有肯定战死的价值，而是跳出了战争的正邪之辨，站在神性的高度对战争这一存在进行了本体上的审视，并极大的勇气与责任意识发出了在当时显得极为另类的声音：墓碑上"勤恳的生活，忠心的死，和气的爱心"及"忠勇的向前，悲壮的死，伟大的爱心"固然令人动容，却都染满了"光荣的血痕"；更何况，"……我们战场上/每一个弟兄有灿烂的凶心，如浪，/如浪上的金光，我们胜利的战争，/不是胜利，而是私心和仇恨的得胜；/私心和仇恨的得胜，（光荣的得胜）/它是人类可耻的无休的纠纷！"这种观点包含了基督性的恩慈、怜悯与正义，它从普通民众的立场出发，推翻了一切战争冠冕堂皇的籍口，从根本上否决了所有战争的合法性，对战争荼毒生灵、失丧道德的本质给予了深刻的揭露。

对于战争持有如此认识的陈梦家，自然不会认同战场上的死亡。在南翔从军生涯之前，陈梦家就对战争与死亡有过类似的叙述，如"这是英雄，英雄的事业，/杀的是弟兄，不是仇敌。"[202] "但更多的是杀不完的人，/每个人几千回的隐忍。"[203]然而理想主义的诗人虽有发现问题的能力，却并不擅长提供切实可行的解决方案。对于战争的终结，他有一种基于末世情结的近乎天真的盼望：渴望以基督式的"恒久忍耐"等到"那日子"的到来，真正地结束这些无意义的死亡。陈梦家认为"战争的胜利属于那'更能忍耐的一方'，但这忍耐，不是容忍，是积蓄着更大的气力，等到那日子来到。地土要变颜色，河里流的不是雨水。在这流血的意义上，是死亡抵御死亡，生命换生命。""我相信一种日子会来到，那些日子将不是我们所可想像的，也不是我们甘愿的，但是我们热烈盼望它来。我晓得不久，这地土上的人会觉悟自己的不对，觉悟往日的惩创还是太浅，觉悟自己的皮肉里的颜色还再有一次大大的涂满这可羞耻的地土。"[204]这段充满了《末世录》意象的文字，虽极尽地表现了诗人对于属世战争的深恶痛绝，然而对于不属于同一语言系统下的人而言，却是无法沟通和理解的，甚至被评价为"喋血"的、"最卑污的说教"[205]。这意味着陈梦家指向彼岸世界的死亡观，于认同者个人虽可起到安慰与鼓励

202 陈梦家.马号[M]//陈梦家.梦家诗集.-3 版.上海：新月书店，1933：49.

203 陈梦家.炮车[M]//陈梦家.梦家诗集.-3 版.上海：新月书店，1933：50.

204 陈梦家.《在前线》序[M]//陈梦家.在前线.北京：北平晨报社，1932：序 3.

205 陈均.喋血诗人陈梦家.文学杂志（北平左联机关刊物），1933，1（2），转引自史玉辉.陈梦家研究综述.山东师大学报（社会科学版），1999，（2）：80.

的效用，但在面对亟待解决的复杂社会问题时，必然会显得空洞无力而遭到摒弃。

　　纵然有其无法逾越的局限性，基督性依然是陈梦家最宝贵的精神资源。它为陈梦家的诗歌提供了与众不同的形而上学视角和神性隐喻特征，使之无论是在谦卑自尊的自我观、灵肉交融的爱情观还是向死而生的死亡观上，都展示出丰富的象征意蕴、深刻的精神内涵和神秘的审美趣味，尤其是直抵灵魂的穿透力。基督性于陈诗的积极作用给予研究者一项宝贵的启示：宗教性是诗人探索自我、宇宙、人生的重要动力，如能继续对宗教与诗歌间的作用机制作更深入的研究，将为诗歌的解读与研究开拓出更广阔的空间。

第四节　受难情结与受难书写——穆旦诗歌的基督性

　　穆旦诗歌的基督性一直不乏关注，因为最早的穆旦研究文章王佐良的《一个中国诗人》就提出了穆旦"创造了一个上帝"[206]的观点。虽然由于战争时局所限他无法对当时的诗界作出自上而下的统览，将穆旦的灵魂探索视为"在中国几乎完全是新的"[207]之说尚值得商榷，不过王佐良的学术水平及他与穆旦的亲密友谊无疑为这种说法增加了许多权威的意味。自他而起，对穆旦诗歌与宗教文化关系的探讨逐步深入到了精神、意象、话语等多个方面，可谓蔚为大观。为何穆旦在生命历程中并无多少宗教痕迹的前提下，会如此钟情上帝、并一再在诗歌中展现出浓郁的宗教气质，即使经过多年探讨，依然是一个耐人寻味的话题。

　　穆旦早年对宗教的印象多半是负面的，因为那时传统中国大家族中的所谓宗教多为儒释道混合后的迷信。而穆旦所接受的新式教育为他的个性中注入了反传统的因素，所以他很反感旧式大家庭的敬神传统[208]，"每逢过年（春节）大家庭中要祭祖先，摆供桌，子孙们要磕头，轮到他，他就不磕头"[209]。虽然他就读于南开中学，但也未感受到多少基督教的氛围，因为三十年代的

206　王佐良.一个中国诗人[M]//穆旦.穆旦诗集（一九三九——一九四五）.自印，1947：附录8.

207　王佐良.一个中国诗人[M]//穆旦.穆旦诗集（一九三九——一九四五）.自印，1947：附录10.

208　易彬.穆旦年谱[M].北京：中国社会科学出版社，2010：11.

209　查良铃.怀念良铮哥哥[M]//杜运燮等编.一个民族已经起来.南京：江苏人民出版社，1987：145.

南开中学已经历了非基运动的洗礼，青年会在校园中的势力已远不及穆木天等人就读之时。就目前的资料来看，他只有在阅读冰心的诗歌时有可能间接接触到基督教的某些思想，因为当时冰心《繁星》、《春水》中的部分作品已入选中学国文课本，穆旦很喜欢这些诗并且曾仿作过一些小诗[210]。不过纵观他在南开中学期间留下的作品，并看不出有明显的基督教文化影响痕迹，像《神秘》一诗更表达了"宇宙间本没有什么神秘，/要记住最秘的还是你自己"[211]的反宗教观念。不过，从1934年的《流浪人》和《前夕》[212]中，已经可以窥见贯穿于穆旦整个创作生涯的"在路上"式探索意识和"拿生命铺平这无边的路途"式受难情结。《流浪人》中"一步，一步，一步""没有目的"地"运动着"的行走者意象和《前夕》中颇有"脚前的灯"、"路上的光"（诗篇119章105节）意味的"飘摇的野火"、"无尽处的一盏灯"意象，都是极具穆旦特色的诗歌原型。在他后来的作品中，这两个意象前者以"默默地从大街步进小巷"、"把天边的黑夜抛在身后，/一双脚步又走向幽暗的三更天"[213]、"总是以同一的进行的节奏，/把脚掌拍打着松软赤红的泥土"[214]、"哪里是方向？方向的脚步/迟疑的，正在随我而扬起"[215]等形式，后者以"摒挡我所嫉妒的时间的黑影"的"新的火"[216]、"那就要燃尽的蜡烛的火焰"[217]、"黑暗的孤独里"的"一线微光"[218]、"在有行为的地方"就有引导之"光"[219]、"心灵的微光"[220]等形式不断再现。这些尚未受到文学理论暗示的原生态诗歌传达了一个重要的信息：穆旦的宗教天性在

---

210 赵清华.忆良铮[M]//杜运燮等编.丰富和丰富的痛苦——穆旦逝世二十周年纪念文集.北京：北京师范大学出版社，1997：192.

211 查良铮.神秘[M]//李方编.穆旦诗全集.北京：中国文学出版社，1996：5.

212 良铮.前夕[M]//李方编.穆旦诗全集.北京：中国文学出版社，1996：11-12.

213 慕旦.更夫[M]//李方编.穆旦诗全集.北京：中国文学出版社，1996：23.

214 穆旦.原野上走路——三千里步行之二[M]//李方编.穆旦诗全集.北京：中国文学出版社，1996：84.

215 穆旦.神魔之争[M]//穆旦.穆旦诗集（一九三九——一九四五）.自印，1947：178.

216 穆旦.赠别（二）[M]//穆旦.穆旦诗集（一九三九——一九四五）.自印，1947：109.

217 穆旦.线上[M]//穆旦.穆旦诗集（一九三九——一九四五）.自印，1947：119.

218 穆旦.祈神二章[M]//穆旦.穆旦诗集（一九三九——一九四五）.自印，1947：100.

219 穆旦.隐现[M]//李方编.穆旦诗文集：1.-增订本.北京：人民文学出版社，2014：236.
在《华声》杂志上首发的《隐现》初版本中并无"在有行为的地方，就有光的引导"一句。

220 穆旦.诗2[M]//李方编.穆旦诗文集：1.-增订本.北京：人民文学出版社，2014：278.

其精神结构中的比重远大于常人。宗教天性带来了他对宗教意象的格外敏感与使用偏好，所以一旦融入清华外国文学系的环境，接触到朱自清、闻一多、冯至、闻家驷等对基督教文化颇为认同的教师，短暂居留于南岳圣经学校分校的校园，结交燕京大学的女友万卫芳，学习并研读《圣经》文学[221]，最重要的是深切感受到了艾略特、威廉·布莱克、霍甫金斯等诗人诗作中的宗教气质之后，他的宗教天性被进一步激发，遂很自然地将基督教元素接纳进了自己的诗歌创作。

　　不过单纯西方文学的滋养并没有立刻引发穆旦诗歌中宗教性的集中展示，充其量在其诗中投下了一些诸如"圣殿"、"虔诚"、"魂灵"、"地狱"、"极乐"之类的语词。纵观穆旦几次宗教性诗歌的喷发式创作，可以发现，它们多与痛苦的经历相关。对于常人避之唯恐不及的痛苦，穆旦不仅未采取一味的反感和抵制态度，反而愿意细细品味，并从中提取诗意，甚至有陶醉于痛苦书写的嫌疑。虽然在 1949 年以前的作品中，穆旦对痛苦的执着尚未发展到晚年"享虐心理"[222]的程度，但他仍然将"丰富，和丰富的痛苦"[223]作为上帝的赐予而接受，并从痛苦中生发出或激昂、或欢欣、或愤怒、或超脱的情绪。这种对痛苦书写的爱好，可以理解为穆旦潜意识中"受难情结"的外在表现。根据穆旦缅甸战争亲历者的特殊经历，可以将他民国时期受难情结的发展过程分为校园、军旅与社会三个阶段。

一、浪漫主义想像中的受难书写

　　穆旦的受难情结第一发展阶段自开始创作起，至赴缅从军止。在此阶段，他的绝大多数人生轨迹都局限于校园之内，西南联大毕业后他就任外文系助教，也未离开学校，故而对于痛苦和受难的认识始终未能突破校园视野。校园生活与战争、与社会存在一定距离，所以即使全面抗战爆发之后所有中国人都无可避免地产生了强烈的被难感，但学生可以直接触及到的战争之痛，仍局限于校舍条件的艰苦、教学资源的匮乏、空袭的频繁等，反不如亲人离

---

221 圣经文学时为西南联大三四年级必修课"欧洲文学名著选读（一）"的主要内容之一，参见西南联大北京校友会编.国立西南联合大学校史——1937 至 1946 年的北大、清华、南开[M].北京：北京大学出版社，1996：133.

222 巫洪亮.心灵的后花园——穆旦晚年诗歌创作享虐心理探析[J].龙岩学院学报，2005，23（2）：76.

223 穆旦.出发[M]//穆旦.穆旦诗集（一九三九——一九四五）.自印，1947：92.

世、爱情失意来得刻骨铭心。在校期间穆旦虽然参与了"湘黔滇旅行团"的大徒步，但当时也是处在学校和军队的军事化管理之下，又受到各地群众的欢迎和照顾，所谓"体验到人民群众的困苦生活"[224]也必然是流于表面的。联大就读后期抗战失利造成的物质生活水平飞速下降，算是令他对民生疾苦有了一些感同身受的体认，但这种物质困难也仅是与先前比较而言，而非真正威胁到生存的困苦。这种对于痛苦的间接认识不仅未使他产生畏惧心理，反而更激发了他的受难欲求，使他对于为信仰、为国家而牺牲的行为产生了唯美浪漫的想像与近乎宗教虔敬的认同态度。

穆旦早期诗作中较成功的受难书写多为自然物象的受难隐喻，如野兽的"在坚实的肉里那些深深的/血的沟渠，血的沟渠灌溉了/翻白的花，在青铜样的皮上"、"风在鞭挞它痛楚的喘息"[225]，土地的"死寂中充满了苦痛的呻吟，/平原上裂出新的血痕"，国旗的"低垂了头"、"屈辱地，向别处爬行"[226]，古墙的"苍老的胸膛扎成了穴洞"、"憔悴的瓦块倾出了悲声"、"怒号的暴风猛击着它巨大的身躯"[227]等，其中包含的坚忍、顽强、抗争、牺牲等意味，极为形象地透过对这些受难意象的独到观察与人性化描摹而得到展示，颇具悲剧庄严的美感。相应地，诗人对民众受难的直接书写却常失于浅白直接，诸如"广博的人群再受一次强暴的瓜分"[228]、"祖国的孩子们丧失了生命"[229]，"祖国的男儿如火样焚烧"、"在搏斗里他们染红了你，桑干河"[230]等，或如蜻蜓点水般缺乏重量，或因过分慷慨激昂而耽于悲壮。然而无论成败，这些苦难书写尤其是涉及到普通民众的部分都有一个共同特征，即更多是出于诗人之想像而非切身感悟。

224 西南联大北京校友会编.国立西南联合大学校史——1937至1946年的北大、清华、南开[M].北京：北京大学出版社，1996：30.

225 穆旦.野兽[M]//李方编.穆旦诗文集：1.-增订本.北京：人民文学出版社，2014：3.

226 慕旦.我们肃立，向国旗致敬[M]//李方编.穆旦诗文集：1.-增订本.北京：人民文学出版社，2014：185-186.

227 慕旦.古墙[M]//李方编.穆旦诗文集：1.-增订本.北京：人民文学出版社，2014：194-195.

228 良铮.哀国难[M]//李方编.穆旦诗文集：1.-增订本.北京：人民文学出版社，2014：182.

229 慕旦.我们肃立，向国旗致敬[M]//李方编.穆旦诗文集：1.-增订本.北京：人民文学出版社，2014：185.

230 穆旦.祭[M]//李方编.穆旦诗文集：1.-增订本.北京：人民文学出版社，2014：198.

这种写作特征与穆旦早期的英雄主义倾向和浪漫主义情怀不无关系。在爱国一事上，穆旦向来激进，中学时代抵制日货，“不允许母亲买海带、海蜇皮”，“要是买来，他不但一口不吃，后来还把它倒掉”[231]。进入清华后，受北京高校热衷国事的传统与雪莱、华盛顿·欧文、惠特曼等文学家的影响[232]，他的爱国情感益发糅和进了英雄主义和浪漫主义成分，爱国激情有增无减。在京期间，他一改中学时代连球都不打的文弱书生风格，参加了“一二·九”游行和“一二·一六”游行[233]，在清华南迁长沙时加入了护校队[234]，还一度产生过去陕北闹革命的念头[235]。穆旦后来参加“湘黔滇旅行团”大徒步，以及怀着摆脱“沉寂，没有刺激”的教书生活、“去军队体验生活”、“想抗日”[236]的动机申请加入远征军，都有由英雄主义和浪漫主义派生出的受难与牺牲情结在后催动。它们之于早期穆旦诗歌的作用方式，除决定了《野兽》、《古墙》、《祭》、“三千里步行”系列诗作中的想像方向外，还影响了他在诗歌中对于涉宗教观念和题材的处理方式。如“人们痛哭，死难”被描述为“睡进你们的胸怀，/摇曳，摇曳，化入无穷的年代，/他们的精灵，O你们坚贞的爱”[237]，使罹难的生命在自然博大的爱中获得永远的安息，痛苦瞬间转为安慰；“丢失的爱情”所带来的暂时痛苦在“千年后的光辉”[238]映照之下，消解于一招手之间；承受着被驱离乐园之恸的“亚当和夏娃”，在时代宏大的“歌唱”、“欢笑”声中，“忘了文明和野蛮，生和死，光和暗”，所剩下的皆是“用粗壮的手，写出我们新的书页”、“要有光，就有了光”[239]创世豪情。

231 查良铃.怀念良铮哥哥[M]//杜运燮等编.一个民族已经起来.南京：江苏人民出版社，1987：146.

232 赵瑞蕻.南岳山中，蒙自湖畔——记穆旦，并忆西南联大[M]//杜运燮等编.丰富和丰富的痛苦——穆旦逝世二十周年纪念文集.北京：北京师范大学出版社，1997：179-180.

233 易彬.穆旦年谱[M].北京：中国社会科学出版社，2010：27.

234 李方.穆旦（查良铮）年谱[M]//李方编.穆旦诗文集 2.北京：人民文学出版社，2006：350.

235 易彬.穆旦年谱[M].北京：中国社会科学出版社，2010：32.

236 易彬.穆旦年谱[M].北京：中国社会科学出版社，2010：67.

237 穆旦.合唱[M]//穆旦.穆旦诗集（一九三九——一九四五）.自印，1947：4.

238 穆旦.劝友人[M]//李方编.穆旦诗文集：1.-增订本.北京：人民文学出版社，2014：13.

239 穆旦.一九三九年火炬行列在昆明[M]//李方编.穆旦诗文集：1.-增订本.北京：人民文学出版社，2014：202-203.

这些激昂化处理体现出这一阶段的穆旦勃发的青春活力与强烈的担当意识，以及对于人力不无盲目的信任。激进风格的受难书写与宗教精神无疑相去甚远，但穆旦却是怀着与宗教虔诚类似的膜拜心理面对着他所记录下的牺牲与抗争。

随着阅历的增长，穆旦的受难书写逐渐从浅表走向深刻。之前，他一度试图在创作中追求外张性的博容，然而这种追求其实与他内敛的气质相悖，因此大时代的影响在穆旦创作中的表现始终无法像个人的微末感触那般来得传神。彼时的穆旦只有"要写出有时代意义的内容"的觉悟，尚缺乏成熟期"首先要把自我扩充到时代那么大，然后再写自我"[240]的技术意识，所以早期的浪漫主义之作并算不得穆旦的一流作品，他的自选诗集极少收录1939年前的作品，这也是他对自己创作状态的一种公允判断。

为穆旦诗歌注入了诸多丰富性的，除了对生存危机的体悟外，还有对爱情失败之痛苦的咀嚼。穆旦前期创作中的痛苦体悟之作涉及到爱情的比例不低，然而似《夜晚的告别》、《诗八首》这样纯粹的爱情诗歌却并不多，如《窗》中对女人淫荡多变的谴责勿宁说是失望于人性的轻信，《我》试图从恋爱中寻找救赎却只是更深刻地感受到人类的孤独与绝望，《华参先生的疲倦》也更多着力于人类交往中的虚伪与隔膜，都掺杂了生命认知的成分。爱情之痛于他的意义在于加强了他与自己的交流，恋爱的受挫捎带打击了诗人与他人深入交流的积极性，而使他更多地致力于内观灵魂，于是有了更多对人性复杂性的理解与指向人生终极问题的思索，穆旦的宗教天性也是在这一过程中得到了进一步的升华，他在诗歌中对上帝痛苦赐予者形象的塑造，即初步成型于他最成功的爱情诗《诗八首》中。

在创作风格的转变过程中，穆旦并没有放弃对社会时局发声，但他对时局之苦的宏大叙事方式因爱情诗歌的写作突破而触类旁通地得到了改观。昆明的"跑空袭"经历使穆旦对生命有了更深的体悟，如在《防空洞中的抒情诗》中，穆旦的受难认知便发生了明显的变化，此前倾向于他者的受难书写正逐步缩短着与本体的距离，"我"与"他"、生与死的界限开始变得暧昧不明。越来越明显的贫富差距、理想与现实的冲突使他的诗歌情绪也由高昂和确信转为冷静与怀疑，如《国际歌》激扬的旋律不再高唱在1939年的火炬行

---

240 郭保卫.书信今犹在 诗人何处寻——怀念查良铮叔叔[M]//杜运燮等编.一个民族已经起来.南京：江苏人民出版社，1987：180-181.

列[241]中，而沉寂于埋头入手的迟疑之中[242]。同时他对宗教意象的加工也不再以人类力量的张扬为目的，席卷一切的洪水[243]同时具有了创世与末世的双重可能，撒旦手中的智慧之果既意味着温暖、舒适、安逸也代表了寂寞、疲倦、隔膜[244]，神的公义与秩序、魔的抗争与毁灭各有其不容退让的坚持，宁静和谐与战斗革命对诗人各有不同层面上的吸引力，展示出诗人内心对于受难既愿担当又心怀恐惧的客西马尼式挣扎。诚然深入的体悟并没有消解穆旦的英雄主义与浪漫主义情怀，只是让这种情愫沉潜下来退居二线，在矛盾与挣扎之后，穆旦还是对受难作出了与耶稣相同的解读，视受难为重生之前的必经阶段，"漫长的梦魇"之后，"一切的不幸汇合"而成的"汹涌的海浪"必然会成为"解救我们的猖狂的母亲"[245]，"无言的痛苦"之后，必将迎来"一个民族已经起来"[246]的曙光。

二、战后自我疗救的受难书写

　　穆旦诗歌受难情结的第二发展阶段是自 1942 年 3 月赴缅从军始，至《森林之歌——祭野人山死难的兵士》创作完成结束。在现代诗人中，穆旦的参战经历尤其是野人山经历极具特殊性，对他的写作甚至他的性格都造成了极大影响。这个事件可视为穆旦诗歌创作的转折点，一个典型证明即是这一阶段他诗歌中基督性表达出现了阶段性的陡然提升，其诗中的上帝形象也从之前俗化改造的舞台上回归了神坛。然而长期以来，人们对这段经历之于穆旦诗歌的影响往往无从探讨。这主要缘于穆旦本人的讳莫如深，致使后来的研究者除了从王佐良和吴宓的简单记述中可简单了解之外无法得知更多的信息。确实，在当事人的陈述仅止于对自然的惧怕之时，后来者出于对诗人及

241 穆旦.一九三九年火炬行列在昆明[M]//李方编.穆旦诗文集：1.-增订本.北京：人民文学出版社，2014：200.

242 穆旦.从空虚到充实[M]//穆旦.穆旦诗集（一九三九——一九四五）.自印，1947：13.

243 穆旦.从空虚到充实[M]//穆旦.穆旦诗集（一九三九——一九四五）.自印，1947：13.

244 穆旦.蛇的诱惑——小资产阶级的手势之一[M]//李方编.穆旦诗文集：1.-增订本.北京：人民文学出版社，2014：26-27.

245 穆旦.不幸的人们[M]//李方编.穆旦诗文集:1.-增订本.北京:人民文学出版社,2014：34.

246 穆旦.赞美[M]//穆旦.穆旦诗集（一九三九——一九四五）.自印，1947：74.

亲属情感的尊重便不宜做出过多的追问，因为这毕竟是一段痛苦的回忆。然而不开口本身就是一种态度，笔者以为，穆旦对这一段让他"从此变了一个人"之经历的态度绝非王佐良所说的"淡漠而又随便"[247]，恰恰相反，他由于伤害太过深刻而表现出了回避与麻木类创伤后应激障碍。

在二战时期人们对战后心理创伤的了解还远远不够，全球大战的背景也让人们没有余暇去对数量庞大的军人群体进行心理关怀，到 20 世纪 70 年代的越战之后，人们才逐渐意识到这些后来被称为 PTSD（创伤后压力心理障碍症）的战后创伤对军人心灵的伤害。作为战争亲历者之一的穆旦，他的自缅归国后的性格剧变、对缅甸战事避而不谈、对痛苦经历表面上的淡漠、离开能够引起从军记忆的联大、回归日常生活的恐惧与障碍（穆旦的求职困难即日常生活能力退化的一种表征）、对罗又伦等同生共死者的下意识依附等一系列表现，也涉嫌轻度的慢性 PTSD 症状。身为感情丰富、观察力敏锐的诗人，穆旦对战争惨烈刺激的感应力本就高于普通军人，而野人山撤退四月有余的漫长过程又加剧了外界恐怖给予人们的心理压力，事后国民政府当局对缅甸真实战况的封锁与隐瞒[248]轻易地否定了他基于"民族——国家共同感"的受难神圣性认知[249]，更对他的世界观与价值观构成了摧毁性的打击。那个年代，创伤者没有从外界获得援助的条件，纵然有真心关心他的朋友，但未有过相似经历也无法理解他的心灵困境。因此初回昆明的穆旦经历着极度的孤独与痛苦，恐怖的经历虽然已经结束，但心中的恐惧却还在继续，可以说他的人虽然走出了野人山，但是灵魂却仍然迷失在野人山之中。由于没有他人能对他施以救赎，他唯有靠自我疗救方能解开心结、回到正常人群之中。穆旦是幸运的，他有诗歌来转移心灵的压力，并因之前对基督教文化的接触，能够对上帝产生假性皈依以获得心理支撑。在将一系列异化和变形的恐惧、迷茫、愤怒倾泻入诗之后，诗人经过近三年的缓慢恢复，终于能够正视这段经历，以一曲《森林之歌》为这段噩梦般的心理历程画上了一个休止符。

---

247 王佐良.一个中国诗人[M]//穆旦.穆旦诗集（一九三九——一九四五）.自印，1947：附录 3.

248 参见易彬.从"野人山"到"森林之魅"——穆旦精神历程（1942-1945）考察[M]//李怡，易彬编.穆旦研究资料（下）.北京：知识产权出版社，2013：485.

249 段从学.穆旦的精神结构与现代性问题[M].北京：人民出版社，2014：103.

穆旦走出野人山后的第一首作品《阻滞的路》中已表现出回避痛苦记忆的倾向，虽然这首创作于 PTSD 延迟期的诗作中尚无太多异化的痕迹，其中对故乡的思念、新生后的憧憬、死里逃生后的豁然开朗感抒写还都符合逻辑，不过诗人对受难书写的激扬化选择、对受难经历的一带而过、以及非常态的乐观与兴奋情绪都仿佛回返到浪漫主义时期，透露出刻意掩饰恐惧的意图。到写作《自然底梦》[250]时，诗人的恐惧发生了进一步的变异，就如他在《隐现》中的自述"他的囚禁，他的回忆/成了他的快乐"[251]。在《自然底梦》中他对自然记忆进行了意念里的美化，试图藉此驱散真实记忆中的恐怖。这首诗主观上描绘的并不是野人山的自然，但诗中语词的选用却仍带有野人山挥之不去的阴影，除了"迷误在自然底梦中"等较明显的暗示之外，还有很多描述性文字都能从《森林之魅》[252]中找到呼应，如《自》诗中"我底身体由白云和花草做成"与《森》诗中"飘来飘云的白云在我头顶"、"无名的野花已在头上开满"，《自》诗中"那不常在的是我们拥抱的情怀，/它让我甜甜的睡"与《森》诗中"黑夜带来它嫉妒的沉默/贴近我全身"、"从此我们一起，在空幻的世界游走"，《自》诗中"一个少女底热情，/使我这样骄傲又这样的柔顺"与《森》诗"它的要求温柔而邪恶"、"要我依从"、"瘫痪了我的血肉和深心"等，都对自然有"美丽"、"温柔"、"憩静"、"虚幻"等相当一致的概括，所不同的只是《自然底梦》回避了自然残忍邪恶的一面。同时诗人也表露出对被美化后的受难记忆扭曲的怀念心态："美丽的呓语把它自己说醒，/而将我暴露在密密的人群中，/我知道它醒了正无端地哭泣，/鸟底歌，水底歌，正绵绵地回忆"。这种怀念部分出于对战后日常生活的适应不良，部分是为减轻常存在于幸存者身上的强烈负罪感。本能恐惧衍生出的回避心理与幸存者自我惩罚式的受难重温之间存在着的巨大矛盾，使得诗人精神的割裂状态在诗歌中以一种吊诡的、甚至可以说与初衷相悖的调和方式得以呈现，因此给予《自然底梦》一诗难以言喻的不和谐感。

离开丛林后的穆旦最初的心灵负担或许只是恐惧和负疚，然而，缅甸战况被官方封锁的现实消解了他所经历并见证的受难与牺牲之意义，这一事实

---

250 穆旦.自然底梦[M]//穆旦.穆旦诗集（一九三九——一九四五）.自印，1947：93-94.

251 穆旦.隐现[J].华声（半月刊），1945，1（5·6）：30.

252 穆旦.森林之魅——祭胡康河上的白骨[M]//穆旦.穆旦诗集（一九三九——一九四五）.自印，1947：172-177.

带来他对普世价值的空前怀疑，使他在《幻想底乘客》等作品中表现出极强的幻灭感。对现实荒诞性的进一步认知促使穆旦与"领我来到绝顶的黑暗"的"发光的"[253]英雄主义和浪漫主义决裂彻底，完成了对现代主义的彻底皈依，同时也加重了他的自我封闭倾向。在痛苦与茫然中他借《合唱二章》（《祈神二章》）和《隐现》转向上帝，为这"未曾存在的出现了，出现的又已隐没"、"我们认为真的现在已经变假，/我们曾经哭泣过的，现在已被遗忘"[254]的荒谬寻求解释。在此之前，穆旦与上帝在诗歌中基本处于平等的对话关系，他虽能认识到上帝所赐"丰富，和丰富的痛苦"，但接受之中多少带有不甘的情绪。而在这一时期，《圣经》"虚空的虚空，凡事都是虚空"（传道书1章2节）的观念却深深为穆旦所认同，虚空之于此时的诗人有一种解脱的意义，因为在基督教的话语体系之中，承认个人的无力即意味着救赎的开端。摆脱了英雄主义的自大，诗人才得以在上帝面前谦卑下来，将"我们小小的恐惧我们的惶惑和暗影/放在大的光明中"，进而"投回他慈爱的胸怀"[255]。在"大的光明"映照下诗人获得了宽恕自己与他人的能力，作为幸存者的负罪感因溶解在罪的普遍性中而减轻了对心灵的威压，而对于"不幸的家系"施加给他及相同遭遇者的痛苦，他也愿意尝试以同情与悲悯的心态来包容与原谅。从未聆听过牧师教训的穆旦对于上帝赐予苦难的理解与宗教解释惊人地一致，他说，"在寻求你的时候，主呵，让我们忍耐而且快乐，/因为谁能无视呢？每个挫折带我们更近你一步/我们失败了才能愈感到你的坚真和完整，/我们绕过一个圈子才能在每个方向里和你溶合"[256]。在承认了"丰富和丰富的痛苦"的必然性与客观性后，诗人得到了某种程度上的释然，能够以一种从容平静甚至欢迎的姿态面对受难，像耶稣和使徒一样在逆境中体味"你给他的欢乐"。

不过穆旦对上帝毕竟没有宗教上的信仰，这决定了他在皈依与怀疑之间长久的动摇，也意味着上帝给他带来的救赎注定是反复的、不彻底的。他的诗歌真实地呈现着这种钟摆式的精神历程，《隐现》中耶稣的欢乐一个月后就变成了《诗（2）》中人子的悲剧，他时而对"容忍又容忍"[257]的力量产生怀

---

253 穆旦.隐现[J].华声（半月刊），1945，1（5·6）：30.
254 穆旦.隐现[J].华声（半月刊），1945，1（5·6）：29.
255 穆旦.隐现[J].华声（半月刊），1945，1（5·6）：30-31.
256 穆旦.隐现[J].华声（半月刊），1945，1（5·6）：32.
257 穆旦.被围者[M]//穆旦.穆旦诗集（一九三九——一九四五）.自印，1947：124.

疑，时而以"黑色的生命和主结合"[258]，然而他毕竟能渐渐坦然记录自己"徒然"而"曲折的感情"[259]、"烙印/终于带着伤打上他全身"[260]、"弥留在生的烦扰里，/在淫荡的颓败的包围中"[261]、"他一生担当过的事情/碾过他，却只碾出了一条细线"[262]、"在阴影下/你终于生根，在不情愿里，/终于成形"[263]等丰富的受难体验。在 1945 年 4 月穆旦写下正面记录战争归来者心境、本着切身体验对退伍军人进行心理关怀的《退伍》一诗，可视为他改变一味的回避心态、心理平衡逐渐恢复的阶段性标志。不过这首诗中依然表达出诸如"战争太给你寂寞，可是回想/那钢铁的伴侣也给你欢乐"、"你也许不能//立刻回到和平，在和平里粉碎，/由不同的每天变为相同，/毫未准备，死难者生还的伙伴，/你未来的好日子隐藏着敌人"、"要换下制服，热血的梦想者//虽然有点苍老，也许反不如穿上/那样容易；过去有牺牲的欢快，/现在则是日常生活"[264]等对战争之殇某种意义上的怀念与享受于受难记忆的倾向，可见此时他仍对日常生活存在一定程度的不适应，恐惧日常甚至多过恐惧战争。但他对这一问题已经认识得较为清醒透彻，加之战争结束胜利曙光的良性刺激，使他随后又写出了《忆》这样的清理性作品和《旗》、《给战士——欧战胜利日》、《先导》、《奉献》、《良心颂》等基调相对积极的作品。

到了抗战胜利后的 1945 年 9 月，穆旦终于解开心结，能够直面对自己当初的痛苦经历，写下《森林之歌——祭野人山死难的兵士》，对自己压抑三年的情绪做出了一次彻底的清理，将自己的恐惧、负疚与战友的白骨一同埋葬在野人山的森林中，并献上郑重的祭奠。虽然诗人笔下的森林仍带着"温柔而邪恶"的魔性之美，但已不再回避"血肉脱尽"、"饥饿"、"疾病与绝望"、"毒虫的啮咬和痛楚的夜晚"等残酷与痛苦的特征。几年时断时续的宗教陶冶使得这首祭歌的受难书写极为可贵地免去了滥情的流俗，没有悲流成河的伤痛之泪，没有慷慨激昂的英雄赞颂，没有痛心疾首的历史谴责，无论是"你们的身体还挣扎着想要回返，/而无名的野花已在头上开满"的委婉死亡表达，

258 穆旦.忆[M]//穆旦.穆旦诗集（一九三九——一九四五）.自印，1947：134.

259 穆旦.赠别[M]//穆旦.穆旦诗集（一九三九——一九四五）.自印，1947：108.

260 穆旦.成熟（二）[M]//穆旦.穆旦诗集（一九三九——一九四五）.自印，1947：112.

261 穆旦.活下去[M]//穆旦.穆旦诗集（一九三九——一九四五）.自印，1947：116.

262 穆旦.线上[M]//穆旦.穆旦诗集（一九三九——一九四五）.自印，1947：119.

263 穆旦.被围者[M]//穆旦.穆旦诗集（一九三九——一九四五）.自印，1947：124.

264 穆旦.退伍[M]//穆旦.穆旦诗集（一九三九——一九四五）.自印，1947：126-128.

"过去的是你们对死的抗争，/你们死去为了要活的人们的生存"的价值赋予，还是"你们受不了要向人讲述，/如今却是欣欣的树木把一切遗忘"、"没有人知道历史曾在此走过，/留下了英灵化入树干而滋生"的哀而不伤、怨而不怒的批判性暗示，都带有历尽沧桑后的豁达与节制，呈现出一种"悲剧的'缓和'"[265]。"他把原是痛苦的死亡说为掌握美丽的一切；死是代替生的另一个梦；死不是一切的完结而是一个长久的生命的开始"[266]，这种领悟中固然有不可否认的基督教永生观影响，然而穆旦能以一己之力在孤独而长久的心灵搏斗后成功脱困、并获得这种超脱的彻悟，足见其精神的坚韧与顽强。这种完成于灵魂内部的受难与复活过程，赋予穆旦更直接更敏锐的发现目光，从而使他下一阶段的受难书写获得了更多的承载力。

三、希望幻灭后的受难书写

穆旦受难情结的第二阶段末期和第三阶段初期有部分的重合，因为他对新天新地的盼望还未正式成形就遭到了打击，饱含幻灭色彩的受难书写也就提前开始于抗战尚未胜利时。欧战的胜利为穆旦诗歌注过一抹亮色，但转瞬即被毫无改观的现实苦难再度涂抹殆尽，《七七》、《农民兵》、《通货膨胀》、《苦闷的象征》等诗作中所展示出的不公、丑恶、混乱甚至疯狂，带领诗人开始投向"信仰背面的力量"，也"枯干"了他的"信念"[267]。作为一个现代主义情绪满怀的诗人，穆旦注定无法长久地安居在上帝的怀里享受遥渺天国的安慰，之前"病急乱投医"式的假性皈依必然是暂时的，一旦重新获得反抗的勇气和力量，就会以一种过河拆桥式的绝决姿态转离。尤其英雄主义与浪漫主义所提供的美丽幻象已让诗人付出过沉重的代价，对于宗教这种多少带有类似基因的训诲，头脑已经历过受难与复活的诗人会很自然地怀有深深的警惕。与其抱着浮于云端渺不可及的期待，他宁愿选择"一个希望，/它说：我并不美丽，但我不再欺骗"[268]，选择"镜子"一般"单纯，肤浅，诚实，专

265 唐湜.搏求者穆旦[M]//唐湜.新意度集.北京：生活·读书·新知三联书店，1990：98.

266 周珏良.穆旦的诗和译诗[M]//杜运燮等编.一个民族已经起来.南京：江苏人民出版社，1987：22.

267 穆旦.苦闷的象征[M]//李方编.穆旦诗文集：1.-增订本.北京：人民文学出版社，2014：167.

268 穆旦.时感四首 4[M]//李方编.穆旦诗文集：1.-增订本.北京：人民文学出版社，2014：246.

断"的"眼睛信仰"[269]。

在空洞的承诺与冠冕的说辞漫天飞舞的年代，"镜子"的"单纯，肤浅，诚实，专断"正是不可多得的深刻，尤其穆旦的镜子映出的还是现实与灵魂的双重真实，而这些真实的残酷足以击溃穆旦原本似是而非更遑谈坚定的宗教虔诚。故而在穆旦1947-1948年的作品中，《圣经》话语的崇高与神性特征被近乎报复地拆解，其意义仅在于制造诗歌的反讽效果和增强语言的张力。如"多谢先知的你们"[270]用霸占着话语权、号召群众受难却永居幕后的"先生"形象摧毁了上帝代言者"先知"的权威感，"残酷从我们的心里走出来，/它要有光，它创造了这个世界"[271]以负性情感对上帝的替代蔑视了神的化工，"耳朵听见上帝在原野上/在树林和小鸟的喉咙里情话绵绵"[272]指责了"无忧"的"上帝"之爱的片面与虚伪、"从我们今日的梦魇/到明日的难产的天堂"[273]驳诘了宗教无力的安慰、"那和神一样高，和蛆一样低的肉体"[274]更是以落差巨大的并举彻底抹除了神的尊严，这些基督教语汇都因与之共生的意象和语境而被加诸了尖锐的批判意味，诗人"我不相信"式的愤怒在这些反差强烈的语汇间得到了过饱和式的表达。

不过在穆旦的批判中，上帝只是一个替罪羊，祂只是因与当权者相似的权威性和被信徒崇信的全能性而具有了被迁怒的条件与资格。穆旦在《时感四首》、《胜利》等诗中将民众的受难归咎于当政者，但在《诗四首》、《饥饿的中国》等作品中，他又清楚地意识到这种"全体的失望"绝非几个掌权者能够造成，而是所有"跳不出的人群"[275]人性之恶的集体投影，甚至诗人经由《三十诞辰有感》的反省后发现自己也是荒诞的随波逐流者甚至助推者。他悲哀地发现，自己的追问和鞭挞走到最后，只能姑且去谴责上帝的不作为。

269 根子.致生活[M]//郝海岩编.中国知青诗抄.北京：中国文学出版社，1998：58.

270 穆旦.时感四首1[M]//李方编.穆旦诗文集：1.-增订本.北京：人民文学出版社，2014：244.

271 穆旦.时感四首2[M]//李方编.穆旦诗文集：1.-增订本.北京：人民文学出版社，2014：244.

272 穆旦.他们死去了[M]//李方编.穆旦诗文集：1.-增订本.北京：人民文学出版社，2014：247.

273 穆旦.暴力[M]//李方编.穆旦诗文集：1.-增订本.北京：人民文学出版社，2014：260.

274 穆旦.我歌颂肉体[M]//李方编.穆旦诗文集：1.-增订本.北京：人民文学出版社，2014：269.

275 穆旦.牺牲[M]//李方编.穆旦诗文集：1.-增订本.北京：人民文学出版社，2014：263.

可见上帝之于穆旦，无论是作为上一阶段的皈依对象还是这一阶段的反叛对象，都有着不容忽视的救赎意义，只是其救赎的形式不同而已。

当穆旦不再刻意追求以自己的受难书写为民众与时代代言、开始专注于内省、并力求准确地表现自己的情绪时，他的诗反而获得了更广泛的普适性和代言性。如他这一时期的《他们死去了》、《牺牲》等作品，依然在以独特的方式替被刻意遗忘的战争受难者发声。完成了自我疗救的诗人将对痛苦的记忆化为对欺骗与漠视的声讨冲动，并在他的诗歌中重新找回并彰显着这些受难的意义。他所清扫并收集起来的日常生活中琐碎的痛苦体验，也在《时感四首》、《饥饿的中国》、《我想要走》、《手》、《世界》、《城市的舞》等诗中扩大化为全体民众的受难群象，成为对一段刻骨铭心的苦难史的独特记录。

穆旦三个时段的受难书写中贯穿着始终如一的独立思考精神，包括他在受难书写过程中对宗教的趋离也未受到任何人的直接引导，完全是出于个人意志的自由选择。然而，独立的思考与成熟的思考并不能简单地画上等号，拥有并珍惜这种能力也未必一定意味着诗人与真理更为接近。仔细考察穆旦三个阶段对受难的认识，可以发现他的受难观很不稳定，非常容易随时地背景的变迁而变化，他虽然能够做到不被他人的声音和权威的声音影响自己的思考，但极度敏锐的感受力与丰富的情感又使他对客观现实对于个人情绪的掌控缺乏足够强的抵抗力，换而言之，他的敏感使他无法在心态上达到超然的境界。在这一点上，宗教精神没能给他太多的帮助。基督教之于穆旦的意义，还是更多地停留在实用层面上。故而我们可以说，这位早早就被批评家与上帝捆绑在一起的诗人，其实在精神上距上帝还有着相当远的距离。

经过笔者对三百余册个人诗集及诗歌总集、数十种文学刊物的浏览，基本可以认定，基督性在普世新诗中的存在已是一个现象性的事实，普世诗人中极少有从未在诗歌中留下基督性痕迹者，尤其是作品数量较多的诗人。这一现象之所以长期未得到研究者的足够关注，原因是多方面的。创作方面的原因主要是基督性写作在普世新诗中的分布较为零散，与宗教的关系也呈现或亲近或疏远或认同或反对等诸多复杂状况，并且很多诗作中的基督性特征并不典型，在解读上尚有可商榷之处，还有些诗人使用较为生僻的宗教典故，或采取将基督教文化与传统文化融合的表述策略，对基督教文化不够熟悉者极易忽略；而在研究者方面，新诗研究常以社团流派为单位，基督性书写作为一种普遍存在但是缺乏集中性和整体性规律的散点现象，不容易引起研究者的重视。但事实上普世新诗的基督性研究大有可为，与事工新诗相比，普世新诗的创作者中不乏文学相关专业领域的高手，不少诗人经过专门的文学训练，作者群中亦不乏一流诗人，诗歌艺术水平普遍较高，如冰心，陈梦家，穆旦，阿垅，曹葆华，汪铭竹等诗人的基督性诗歌创作都能够代表他们的最高水准。还有些遗世独立、苦心孤诣的独行侠派诗人，如汪震、汪玉岑等，之前常因无所归属而被暂时搁置，对于他们而言基督性解读不失为一个较好的研究切入点。如能以基督性为线索去打捞中国新诗未得到足够重视的艺术侧面，必将为新诗研究打开一座尘封已久的艺术宝库。

第四章　上帝话语的魅力——基督性与诗歌美学

　　基督性作为基督教文化在中国传播与影响的主要起效方式，必然不会仅在精神层面对中国新诗发生作用，而是会体现为一种整体化的原则渗入到诗歌创作的各个层面。应该说，基督精神的传达是诗人对基督教文化有意识地接受与移用，而在诗歌审美、语言艺术层面的接受则更多属于无意识或半意识的范畴，是将一种整体性、有形的语言原则接纳进自己原有语言体系之内的行为。这种有形的原则包括一些固定的隐喻习惯、特殊文体、语体结构等，其中，人们对隐喻习惯即意象传情方式的接受介于有意识于无意识之间，句式、语词和诗体结构的接受则自觉度更低。

　　在中国新诗的实际创作之中，诗人们对基督性意象的接受最为多见，或许因为意象作为诗的灵魂与生命，是一种富于暗示力的情智符号，也是富于诱发力的期待结构，体现着诗歌的生命的基本结构和功能单位[1]，意象抒情也是诗歌的最重要特征之一。文化交错的大背景下，基督教意象与普世意象在新诗创作之中产生了互动，一方面基督教文化为普世意象带来了新的内涵，一方面基督教意象也在诗歌应用中逐渐有了普世的所指。

第一节　普世意象的宗教化

　　普世意象是来源于日常生活中的意象，它们常被置于宗教意象的对立面。

1　王泽龙.中国现代诗歌意象论[D].武汉：华中师范大学，2004：1.

其实二者的关系并未那般紧张，普世意象固然带有其天然的世俗牲，但它们也曾在《圣经》中出现，不过《圣经》只是为它们赋予了一部分新的所指，并未修改它原有的意义，也未将宗教性所指固定为它的主要义项。熟悉《圣经》的诗人经常能够从中普世意象的宗教所指中发掘出灵感，并作出进一步引申，使意象所指涵容达到无限量的扩充。

一、自然意象的两极化

在各种话语系统之中，自然意象都有其独特的文化意义，如中国文人眼中的梅兰竹菊常象征君子品行、杨柳新月常代表离愁别绪等。在基督教文明之中，自然意象也有其特殊的内涵。首先基督徒眼里的自然是上帝造化的明证，对自然天地风物的描写和赞美也就是对上帝造化之功的赞美。面对自然之美，虔诚的信徒会"心是整个地变了""只好深深地低头""只有惊愕""只有叹息"[2]，并体验到"造物的慈爱深深，/心灵的感觉深深"[3]。然而仅是对创造的感谢还不能完全概括自然意象在基督教文化中的全部意义，它们在基督教语境中也有类似中国古代咏物诗中的岁寒三友一样较为固定的隐喻意义。这些自然意象大致可分为元素意象和动植物意象两类，其中元素意象多与上帝的力量有关，而动植物意象则多为人类自身的隐喻。

（一）元素意象

希腊哲学体系中的风、水、火、土等元素意象在《圣经》中都有其对应的象征内涵[4]。其中最广为中国诗人接受的乃是土意象的"生命"义项，这或许是因为中国也有与亚当出世相似的女娲抟土造人传说和"入土为安"的丧葬习俗。不过在基督教语境中，土不仅被用来造人，野地各样走兽和空中各样飞鸟也都是神以土造成的（创世纪 2 章 19 节），人与其他生物在属肉体的意义上是平等的，本质区别仅在于上帝所赋予的是灵还是魂。可见土所代表的生命是属世的、昏噩的，与属灵的生命相对，含有更多虚空的意味。《圣经》中提及土意象的生命所指时，往往与生命的终结有关，如"都是出于尘土，也

---

2 李树芳.春日杂咏[J].青年进步，1926，92：107.

3 梁宗岱.星空[M]//梁宗岱.梁宗岱文集：1.北京：中央编译出版社，2003：35.

4 朱西女士曾注意到陈敬容与阿尔达·梅西对"水"、"土"意象的不同解读，并认为这是不同文化影响的结果。参见薛媛元."中国现代诗歌语言"国际学术研讨会综述[J].文学与文化，2011，4：132.

都归于尘土"（传道书 3 章 20 节）、"尘土仍归于地，灵仍归于赐灵的神"（传道书 12 章 7 节）等。与土相关的神迹和习俗也以破坏与毁灭为多，如出埃及记中亚伦伸杖击打尘土使之变成虱子、利未记中给被疑不贞的女子喝加了尘土的诅咒苦水、作恶者被抛弃如尘土、悲伤的人们撕裂衣服把灰土扬在头上等。中国新诗对这一意象的认同涉及不到神迹习俗层面，仅限于与中国文化相通的部分，最常见的是用于"自尘土化生的亦归入尘土"[5]等指涉死亡或牺牲的诗句，偶有其他用法，例如尘土与俗世存在一定可替换性，如"生命的晚已到了，/诸工的终点近了，/我们快离这尘土，让这舞场与后进的人罢"[6]一句中的尘土即带有"虚空的虚空"之暗示。由于大多数土意象的宗教义项在使用中常与中国传统文化意义相糅合，所以土意象是这四大元素意象中宗教感最弱的一种。

而其它三种意象风、水、火都有指代上帝某一方面的能力，在"以风为使者，以火焰为仆役"（诗篇 104 章 4 节）的上帝施展大能之时，经常伴有风、水与火的出场。它们常用以彰显上帝的威严，如袖的圣所锡安山环绕着"火焰，密云，黑暗，暴风"（希伯来书 12 章 18 节）；也多出现于惩罚与审判的时刻，当袖愤怒之时，将"象一阵冰雹，象毁灭的暴风，象涨溢的大水"（以赛亚书 28 章 2 节），"显他降罚的膀臂和他怒中的忿恨，并吞灭的火焰与霹雷、暴风、冰雹"（以赛亚书 30 章 30 节），尤其在以西结书和启示录中的末世审判时，这些意象更是密集出现。中国新诗对元素意象的力量意义曾有多种的承袭方式，如"风，那上帝凶横的坐骑，/以庞大的蹄子/践踏这世界"[7]等是借《圣经》典故直接书写自然之狂暴，"满天是厚密的灰尘火云，/时生狂风暴雨冲刷地面，/更时有地层昇降的狂震"[8]则是借末世审判的场景影射世界更生变革之波澜壮阔，而上世纪的 20 后"你们火焰，/你们海"[9]和对战斗机"你是风之精灵，你是/火焰之孪生兄弟"[10]的比喻则分别以水火意象与风火意象烘托了青年与空军战士"燃烧啊！/澎湃啊"和"卫戍着祖国之空中/堡垒；在敌人心上，你是/个红色之惊讶符号"的朝气和英武。在这种承袭过程中，力量

5　刘廷蔚.哀吁——为魏士毅女士作[J].生命，1926，6（6）：哀吁 2.

6　陈得源.秋声[J].生命，1922，2（6）：诗 5.

7　炼虹.松[M]//孙党伯编.中国新文学大系 1937-1949：第十四集 诗卷.上海：上海文艺出版社，1990：651.

8　越坚.宇宙线之歌[J].天风，1948，5（3）：11.

9　路易士.致二十代的群[M]//路易士.出发.上海：太平书局，1944：107.

10　汪铭竹.空军颂[M]//汪铭竹.纪德与蝶.昆明：诗文学社，1944：19.

的象征意义被保留，但已不再局限于上帝之力。诗人对力量的范围进行了拓展，进而达到了一种对普世对象的神圣化赞颂。

除了共性之外，这三种元素意象也各有自己的独特所指。其中风意象特有圣灵[11]、上帝座骑[12]、上帝之手[13]等意义，在普世新诗中可见"上帝之手"义项的使用，多用于感慨世事的无常、命运的捉摸不定，"我的运命"会"让我闭眼在你的胸上安眠，/然后醒来，被风吹到遥不可知的天边"[14]，"远方的风"也会"带给我永恒的安眠，/或吹我去/布满火焰的岩边"[15]；事工新诗则对这几个义项都有原文引用式的涉及，而且信仰者的感慨中带有更多感恩和谦卑的姿态，刘廷芳在《你去罢》中曾以风喻神，以云自喻，告诫恋人们珍惜缘分，因为每一次的相遇都是上帝的恩赐，尤树勋的《风》则更多着眼于"仆人"的身份，强调"恪尊厚生利用的定旨，/为生物施无量的恩宠"[16]的原则。火意象的特有内涵更为丰富，与上帝的荣光[17]、悦纳[18]、惩诫[19]、净

---

11 参见约翰福音 3 章 8 节"风随着意思吹，你听见风的响声，却不晓得从哪里来，往哪里去；凡从圣灵生的，也是如此。"

12 参见撒母耳记下 22 章 11 节"他坐着基路伯飞行，在风的翅膀上显现"、列王记下 2 章 11 节"以利亚就乘旋风升天去了"等。

13 参见约伯记 30 章 22 节"把我提在风中，使我驾风而行，又使我消灭在烈风中"、约伯记 1 章 19 节"有狂风从旷野刮来，击打房屋的四角，房屋倒塌在少年人身上，他们就都死了"等。

14 吴兴华.Sonnet[M]//吴晓东编.中国新诗总系 1937-1949.北京：人民文学出版社，2009：546.

15 陈敬容.帆[M]//陈敬容.盈盈集.上海：文化生活出版社，1948：25.

16 尤树勋.风[J].生命，1921，2（3）：诗4.

17 《圣经》中对上帝形象的描述多是光与火的形态，如"我们的神乃是烈火"（希伯来书 12 章 29 节）、他的"眼目如火把"（但以理书 10 章 6 节）、"从他口中发火焚烧"（撒母耳记下 22 章 9 节）、"从他腰以上有仿佛光耀的精金，周围都有火的形状；又见从他腰以下有仿佛火的形状，周围也有光辉"（以西结书 1 章 27 节）、他的"宝座乃火焰，其轮乃烈火"（但以理书 7 章 9 节）、"又有七盏火灯在宝座前点着，这七灯就是神的七灵"（启示录 4 章 5 节）、"耶和华的荣耀在山顶上，在以色列人眼前，形状如烈火"（出埃及记 24 章 17 节）等。

18 依据《旧约》相关章节，上帝接受亚伯拉罕、基甸、摩西、大卫、所罗门、以利亚等人的献祭时都是以天降火焰烧尽祭物的形式。

19 上帝的律法被视为"烈火的律法"（申命记 33 章 2 节），上帝施行审判的武器是"火与刀"（以赛亚书 66 章 16 节），"永火"（马太福音 25 章 41 节）代表地狱的痛苦，包括所多玛蛾摩拉的毁灭、献凡火的拿答与亚比户的死亡等也都是天火惩罚的结果。

化[20]、试炼[21]都有一定相关性，除了"悦纳"义因宗教指向过强而被冷落外，其他几种解释在新诗中都有所体现，如"火的流"被视为"真理的流"[22]即显示出在郑思的理解中火与公义间存在某种连接，"我们底地球已经着火了/不是壮烈地扑灭这火就是刻毒地给这火焚烧而死"[23]也反映了阿垅心灵中未来展望与末世情结间存在纠葛斗争，在事工诗人辛莺子眼中"火是根除罪孽的利器"[24]、"爱火埋伏在每个人的心里，真理的主宰呵，愿你点燃它，让这罪恶的世界来个彻底的圣洁的洗礼"[25]，而后来与基督教信仰分道扬镳的前信徒诗人刘沧浪也依然盼望着"今天揪住燎原火/要它给一条生命来/誓以最强的热和光/熬炼新天地"[26]。水意象特有的赐生[27]、毁灭[28]、净化[29]、救赎重生[30]含义，也为中国新诗带来了一系列全新意境，由于水意象与属灵生命的密切关系，使得它包括"毁灭"在内的各种的义项都带有孕育希望的亮色。因此有人赞颂

20　参见民数记 31 章 23 节 "凡能见火的，你们要叫它经火，就为洁净"、马太福音 3 章 11 节 "他要用圣灵与火给你们施洗"等。

21　参见撒加利亚书 13 章 9 节 " 我要使这三分之一经火，熬炼他们，如熬炼银子；试炼他们，如试炼金子"、彼得前书 1 章 7 节 "叫你们的信心既被试验，就比那被火试验，仍然能坏的金子，更显宝贵"等。

22　郑思.火[M]//郑思.吹散的火星.桂林：耕耘出版社，1942：75.

23　阿垅.末日[M]//亦门.无弦琴.上海：希望社，1947：75.

24　辛莺子.神感[J].天风，1947，101：12.

25　辛莺子.爱的火[J].天风，1947，69：14.

26　刘沧浪.煤之歌[M]//孙党伯编.中国新文学大系 1937-1949：第十四集 诗卷.上海：上海文艺出版社，1990：285.

27　参见"神说，水要多多滋生有生命的物"（创世记 1 章 20 节）、"我要将生命泉的水白白赐给那口渴的人喝"（启示录 21 章 6 节）、"凡喝这水的，还要再渴；人若喝我所赐的水就永远不渴；我所赐的水，要在他里头成为泉源，直涌到永生"（约翰福音 4 章 13-14 节）等。同时上帝的恩赐也多以水的形式出现，如亚甲和以实马利在沙漠中遇到的水、摩西击打磐石时涌出的水、天降的露水变成吗哪等。

28　毁灭之水多为"洪水"（创世记 6 章 17 节、那鸿书 1 章 8 节等）、"诸水"或"众水"（诗篇 77 章 16 节、雅歌 8 章 7 节等）、"大水"或"深水"（诗篇 18 章 16 节、诗篇 69 章 2 节等）。

29　利未记中所记的诸多祭礼和医治都需要水的净化之力，毕士大池的医治也在于以水洁净病患，施洗约翰曾说"我是用水给你们施洗，叫你们悔改"（马太福音 3 章 11 节），耶稣受难时"惟有一个兵拿枪扎他的肋旁，随即有血和水流出来"的水也是洁净之水。

30　参见出埃及记 2 章 10 节、约翰福音 3 章 5 节等。

"水呀！你是何等清洁可爱，/你是至公无私的救主"[31]，由水意象而生的全新诗境也以积极乐观者为多见，如"又仿佛那凉而清的泉，/当沙漠行人/滴水活命之际，/涌出来"[32]的峰回路转、"心里的泉源枯干了两三年；/今朝忽然又得了新源头"[33]的欢欣鼓舞、"啊！自然底仁爱底结晶！他底足迹所到，就是光明。/世界底百恶，一经他底斋戒沐浴，/都可以重见天日，再造生命"[34]的激昂向上，甚至"但总有一日，这小小的牺牲，/会激起一场洪水，把那'荒淫'与'无耻'扫净！荡清"[35]的毁灭意象也暗示着重生的希望，人们不是憎恶而是"在祈求，在默默的召唤：/洪水的泛滥"[36]。

元素意象在整个《圣经》隐喻系统中是宗教色彩相对较淡的普世意象，因此若非熟稔《圣经》的诗人不会在诗作中化用其宗教内涵，普世诗人即使使用这些意象也多限于普世意义，偶与宗教内涵擦边也纯属巧合。所以这类宗教化的元素意象在事工新诗中更为多见，而在普世新诗中则局限在少数诗人的笔下，其广阔的艺术可能性未能充分展开，不失为一种遗憾。

（二）动植物意象

《圣经》一书中的动植物意象远比元素意象传播广泛，举世闻名的牧羊人与羊的隐喻即是一个证明，这组隐喻在事工新诗和普世新诗中的应用都极为普遍。在人们印象之中，《圣经》中的羊意象往往是柔弱的、善良的、顺从的，有时谦卑，有时富于牺牲精神，有时也是懵懂甚至略显愚昧的。但其实除了上述温顺小羊的形象外，《圣经》中还有另一种七头七角的站立之公羊意象，即启示录中指代再临之耶稣的"羔羊"。依据大卫·鲍森的《新约纵览》，希伯来文中"羔羊"的原词意义应为"有角的公羊"，是一个健美的威严的形象。由于英语《圣经》在翻译过程中误译了这个词，而中文《圣经》多由英文《圣经》翻译而来，故而保留了这个误读。于是在中国新诗对羊意象的书写中，少有"公羊"之雄健而多见小羊之顺服。

31 孙大雨.水[M]//孙近仁编.孙大雨诗文集.石家庄：河北教育出版社，1996：5.

32 常玉璋.忆含香的讲经台——忆北京的亚斯利堂而作[J].生命，1923，4（1）：诗1.

33 赵紫宸.一种经验[J].生命，1921，1（9-10）：诗6.

34 闻一多.雪[M]//孙党伯，袁春正编.闻一多全集：第1卷.武汉：湖北人民出版社，1993：177.

35 郑振铎."哀兵"咏[M]//郑振铎.战号.上海：生活书店，1938：30-40.

36 杭约赫.落潮以后——给王多多兄[M]//杭约赫.噩梦录.上海：星群出版社，1947：23.

新诗中的羊形象常常与中国民众的形象联系在一起。他们人数众多，"像羔羊/滋长，/滋长在数千年老壮的家乡，/在四百万方里的土地上" [37]；他们的生存状态温驯而又蒙昧，正如羔羊一般"纯洁良善"然而又是"不知危险""深深地在羊栏里睡着" [38]的；他们行事靠着古老的传统和本能的驱动，怀着善意的恶行往往造成恶意杀戮般的残忍后果，更可悲的是当他们为恶之时甚至不知道自己在做什么，就如陆志韦笔下的羊虽是"洁白""温厚"的，然而"这样洁白的东西/也和我们抢饭吃的么？/这样温厚的东西/也像我们杀豆苗的么？" [39]他们缺乏反抗的觉悟，在"宰割你的人"面前只能做出"叫芈芈" [40]的无力反应；然而，"但是'蚯蚓也有三寸气，'/可怕的是'赶狗入穷巷'"，在被逼到绝境之时，"十分爱好和平，/性格也万分驯良；/从不轻易得罪人家，/一切事情都很好商量"的羊族，也会"再也不愿低头"、"再也不愿退让" [41]，奋起一搏为自己的权益作出抗争。由于天性的纯洁善良和尚未泯灭的进取心，他们拥有觉悟的希望与被拯救的价值，因此就如耶稣在十字架上会祈求"父啊！赦免他们；因为他们所作的，他们不晓得"（路加福音 23 章 34 节），启蒙者也能原谅他们无意识地染在手上的鲜血，仍愿为他们生存境遇的改善与精神的觉醒奔走奋斗。

除了羊意象之外，花草意象也常拥有人的隐喻义。不过羊意象多指涉等待引导拯救的群体，如中国民众或整个人类，即使在信徒诗人的自比中，自我的意义也是作为整个人类的个体代表而得以呈现，个体的需求与全体人类完全保持着一致。但花草意象则多为诗人的自喻，这一点与传统诗词中的咏物言志诗有些相似，但它们的区别是，传统咏物诗常要追求以小见大，试图从对象的自然特征中引申出某种品质来歌咏或赞美，但基督性诗歌中则少见这种拔高，而是坦然通过对象的小来感喟个人的渺小，这是人本主义视角与神本主义视角最大的不同。

花草意象的基督性寄寓最典型的代表即是陈梦家处女作《一朵野花》，它直白地点出了赐予者的身份上帝，以及人类在神光普照下的安恬。在事工诗

---

37 黄宁婴.九月的太阳[M]//孙玉石编.中国新诗总系 1927-1937.北京：人民文学出版社，2009：224.

38 吴江冷.羔羊[J].青年进步，1922，53：79-80.

39 陆志韦.三疑问[M]//陆志韦.渡河.上海：亚东图书馆，1923：176.

40 沈尹默.宰羊[M]//书目文献出版社编.沈尹默诗词集.北京：书目文献出版社，1982：3.

41 任钧.羊和狼[M]//任钧.少年诗歌.重庆：文风书局，1944：34-40.

界，类似的花草形象表述为数不少，曹新铭的《莫负此生》[42]、朱味腴的《花》[43]前半阙都拥有相似的意境，赵紫宸的姿态放得更低，从自喻变成了艳羡，"深山石缝里的花，/我的眼睛看见你，/让我说句知心话，/我觉有些不如你！//清晨露水洗你脸，/太阳照你早梳妆，/微风与你来跳舞，/你穿红绿的衣裳"[44]。越坚则在野地百合的基础隐喻意义上，强调了"我们既健全发育，/同时不妨碍他人的生长"、"我们既增加这世界的美丽，/复相亲相爱乐陶陶"[45]的更高自我要求。普世诗人更乐于以花草与赐福者的关系及花草的自由为灵感的衍生点，在徐迟以野花自喻的诗歌《春烂了时》之中，他强调的是"野花想起了广阔的田野"[46]，阿垅则以"让野蔷薇开它自己底花——/让荆棘长它自己底刺——/让无花果结它自己底果子——"[47]的三叠句抒写了自己对于自由而有尊严的生活的追求。花草意象所天然具有的美好特质与宗教特有的感恩、谦卑、自由相结合，使得诗人在对这类意象的处理中，常态化地透露出浓厚的爱意。

被《圣经》赋予宗教内涵的自然意象种类极其繁多，除上述诸种之外，较为典型的还有光、闪电、荆棘、磐石、牛、驴子、苹果、葡萄等等，分布于自然界的各个领域。这些意象多成为现代诗人的宠儿，穿插于象征意义丰富的诗歌中，在诗句中点缀上隐约的凛然之气，造就了一种耐人咀嚼的艺术趣味。

二、哲学意象的超脱化

在可触可感的具体自然意象之外，抽象的哲学意象也在与《圣经》的化合过程中获得了新的魅力。在传达抽象概念时，无论是在善于说理的智性诗歌中还是在长于传情的主情诗歌中，诗人的处理方式都是借助于具体意象，诗人在对这些具体形象的修饰、限定以及组合搭配过程中，传达出对这一意象的情感倾向，进而展示出他们的世界观与人生态度。

---

42 曹新铭.莫负此生[J].天风，1948，6（6）：20.

43 味腴.花[J].青年进步，1925，84：100.

44 赵紫宸.山花[J].青年进步，1921，44：80.

45 越坚.旷野的百合花[J].天风，1948，6（3）：13.

46 徐迟.春烂了时[M]//孙玉石编.中国新诗总系 1927-1937.北京：人民文学出版社，2009：554.

47 阿垅.题册[M]//阿垅.阿垅诗文集.北京：人民文学出版社，2007：69.

（一）死亡意象

当人类对世界的思考达到一定深度之后，死亡就成为一个绕不开的话题。往往诗人对人生的最深刻感悟都产生于与死亡接近的时刻，如在病中、在战场、在狱中，或是亲友之中有人故去时。当此之时，人们会油然而生一种生存的危机感，从而在人生价值的探索上会更为深入。然而死亡的不可体验性使得对于死亡的一切解释都是信仰式的猜测与假说，未知诱惑着人们也让人们恐惧，而越是恐惧却又越忍不住去书写，这种悖论式的思维循环极大地增强了死亡意象在诗歌中的丰富性与复杂性。

在基督性诗歌中，死亡意象会或多或少地受到永生观的影响。依据基督教的世界观，死亡只是生命之曲的休止符而非终止线，死亡的人们在阴间居住或沉睡，等待着耶稣再来时的末世审判，以决定他最终的归宿是天国亦或地狱。故而在绝大多数承认基督教死亡观的诗人笔下死亡并不可怕，因为认同基督教对死亡的理解能够使死之未知在他们的认知范围内成为已知，就如徐雉所说"不过我是不怕死的，/因为我晓得死究竟是什么。//我晓得死就是休息；/死之高原就是休息的场所。/你若在生命的路上走得倦了，/便不由你不寻个地方休息！/不由你不叩死的门"[48]。这些诗人的作品常对死亡抱持一种相对平静的态度，或带着安息主怀的恬淡和安详，如常以"温柔"、"严静"[49]、"渊默"[50]、"安息"[51]、"安闲"、"快乐"、"长眠"、"美睡"[52]、"安适"[53]等偏于正面色彩的词语来修饰死亡；或视死亡为"可以爱你们这一刻"的"死趣"[54]，将对死亡的描述与对城郊夜景的勾勒合一，甚至可以用轻松恢谐的口吻幽死亡一默，"死活就算由天定/活着排场死了纪念/免不了的是人情/被你们捉弄了两天"[55]；或视死亡"静默得像我远方的故

48 徐雉.死的究竟[M]//徐雉.酸果.上海：光华书局，1929：87.
49 梁宗岱.散后[M]//梁宗岱.梁宗岱文集：1.北京：中央编译出版社，2003：27.
50 梁宗岱.暮[M]//姜涛编.中国新诗总系1917-1927.北京：人民文学出版社，2009：246.
51 冯乃超.死[M]//冯乃超.红纱灯.上海：创造社出版部，1929：72.
52 闻一多.印象[M]//孙党伯，袁春正编.闻一多全集：第1卷.武汉：湖北人民出版社，1993：40.
53 徐玉诺.墓地之花[M]//徐玉诺.将来之花园.上海：商务印书馆，1933：76.
54 陆志韦.夜半归自下关[M]//陆志韦.渡河.上海：亚东图书馆，1923：90.
55 陆志韦.十九纪念志摩二十某同学结婚[M]//赵思运.诗人陆志韦研究及其诗作考证.南京：东南大学出版社，2012：205.

乡"[56]，并以"带着神圣的喜悦/永远向那块墓地行进"[57]的向死而生态度走在人生旅途之上，"沉静地与死并排走着，/有如农夫伴着他的犁走进地里，/进入渺茫的国土"[58]，坦然甚至带着喜悦地拥抱死亡的到来，"我的心已敞开大门，迎接着你；/待鸡声叫白了东天，便相偕步入/阴暗的坟穴"[59]；或期羡着死亡给予人们的"这样寂寞的快乐"[60]和"'尊严'与'责任'与'饥饿'与一切束缚人类的身与心的恶魔都徘徊门外而不能进去；在那里一切都是寂静而平安，超脱了所有的束缚"[61]的自由；或憧憬于"死亡向新生祝福"[62]的孕化力，歌咏着"你在我心里投下温馨与希望，/将我从苍白的国度带向绿色的世界，/而你却在绿色的世界里凋谢"[63]的牺牲与能"把爱和恨提高到顶点"[64]的、"墓上也必开出更红色的花来"的"一个红色的死"[65]。诚然，秉持着这类死亡观的诗人并非皆是信徒，他们只是对于彼岸世界有自己的期盼，不过从这些死亡意象传达出的信息中可以确定一点：对死后的世界越是确信，面对死亡的态度便越举重若轻。这类基督性特征明显的死亡意象群，与普世观念中以悲哀、凄凉、恐惧为主调之死亡大相径庭。

一方面，认同基督教死亡观的诗人创造出了诸多正面的死亡意象。但另一方面，持保留态度者或反对者，则出于对宗教消极作用的警惕，有意识地对这种死亡观作出了探讨和反思。他们首先对赋予死亡过多美好想象的创作倾向提出了质疑，朱湘就曾明确表达过"虽然。生并不美满像天堂；/比起死

56 冯至.给几个死去的朋友[M]//孙玉石编.中国新诗总系1927-1937.北京：人民文学出版社，2009：170.

57 陈敬容.归属[M]//陈敬容.盈盈集.上海：文化生活出版社，1948：82.

58 邵子南.死与诱惑[M]//孙党伯编.中国新文学大系1937-1949：第十四集 诗卷.上海：上海文艺出版社，1990：545.

59 曹葆华.死[M]//陈俐，陈晓春编.诗人、翻译家曹葆华：诗歌卷.上海：上海书店出版社，2010：150.

60 沈尹默.白杨树[M]//书目文献出版社编.沈尹默诗词集.北京：书目文献出版社，1982：10.

61 郑振铎.自由[M]//朱自清等.雪朝.上海：商务印书馆，1922：155.

62 陈敬容.挣扎[M]//陈敬容.交响集.北京：中国文联出版社，1993：21.

63 杭约赫.六行——赠M[M]//杭约赫.噩梦录.上海：星群出版社，1947：25.

64 臧克家.照亮——闻一多先生周年忌[M]//吴晓东编.中国新诗总系1937-1949.北京：人民文学出版社，2009：92.

65 辛笛.休战纪念日所见[M]//辛笛.手掌集.上海：森林出版社，1948：38.

之国来。它总远强"[66]的观念；殷夫也以为"死亡，是以前美妙的诗景，/今日只是一个黑色的现在，/明日也只是一抔荒凉孤坟"[67]，相信当死亡近在眼前之时人们将会认清"天堂，地狱，和净修场，/都是我无记忆的心的家乡"[68]不过是一个幼稚的幻象。有些诗人更进一步，通过惨淡死亡意象与无情神明意象的组合织就了一幅讽刺的图景，在其中灌入对于死亡之美和上帝权柄的拒信态度，如唐祈曾以"这里从各方走来了世界底/旅客，上帝最后剩给一块沉默的/石头"[69]直申了神在死亡面前的无意义，成弦则更以"于是让你死，这是神的吩咐，/谢谢神，这是第一次赐与你的幸福"[70]斥责了神的不作为与不公正，借对宗教信仰的发难倾吐了对于人类境遇的不满。还有些智性至上的诗人不满足于基督教对于死亡过于固定化的解释，对死亡作出了如"你不会更深的领会到生的完全/若不是当它最终化成静寂的死"、"它不是穷竭，却用'死'做身体/指示给你生命的完整的旨意"[71]的价值定位以及"把残壳都丢在泥里土里；/我们把我们安排给那个/未来的死亡，像一段歌曲，//歌声从音乐的身上脱落，/归终剩下了音乐的身躯/化作一脉的青山默默"[72]的生命永恒性探讨，以理性的分析与陈述，发掘死亡书写更多的可能性。这些根植于非基心态的诗歌虽对基督教的彼岸信仰不能苟同，却未简单排斥《圣经》话语系统中的意象，而是以否决或转义的形式，在死亡意象的探索中开辟了一些新的思路，作出了自己的贡献。

（二）孤寂意象

孤独与寂寞两种意象经常伴生出现，然而二者间也有微妙的区别。严格说来，前者是一种生存状态，而后者是一种感觉体验。孤独未必导致寂寞，而寂寞也未必一定由于孤独。人可以享受孤独带来的感觉，但寂寞却难以让人愉悦。在新诗写作之中，不同的诗歌对这二者各有强调，但在某些场合下它们也是可以通用的。

66　朱湘.死之胜利[M]//朱湘.石门集.上海：商务印书馆，1934：11.

67　殷夫.现在[M]//殷夫.孩儿塔.北京：人民文学出版社，1984：75.

68　殷夫.幻象[M]//殷夫.孩儿塔.北京：人民文学出版社，1984：97.

69　唐祈.在墓园中[M]//吴晓东编.中国新诗总系 1937-1949.北京：人民文学出版社，2009：469.

70　成弦.祭文[M]//吴晓东编.中国新诗总系 1937-1949.北京：人民文学出版社，2009：607.

71　郑敏.墓园[M]//郑敏.诗集（一九四二——一九四七）.上海：文化生活出版社，1949：115.

72　冯至.十四行集（二）[M]//冯至.十四行集.桂林：明日社，1942：12.

享受于孤独感的记述颇多见于事工诗人之中，这或许与耶稣"进内室去祷告你暗中的神"的教训不无关系。而且耶稣本人在受难之时承受了最大的孤独，基督的附加属性使得孤独在基督教语境内获得了特定的灵修含义。孤独之中的信徒往往能够清醒地面对自己的灵魂，不为外界所打扰，进入一种类似于冥想的宗教沉思状态。这种沉思用杨益惠的话解释，是"似沉思而非沉思，意思好像官话'出神'一样。这种沉思是人人有的，而尤以我们这些人为最多"[73]，在《青年进步》上，"我们这些人"显然指基督信徒。在宗教性的沉思中，在"听不到甚么，/ 见不到甚么，/寂静，缄默，丝毫觉不到甚么"、"天地和万物仿佛在他眼前毁灭去了"的"淡漠，孤单，无生气"中，诗人却能达到"灵魂儿早已是飞越了：/经过清幽将黎明的原野，/到悠渺的海滨；/与超然的神握着手，/亲着吻"[74]的属灵境界。而普世诗人因多受现代性焦虑的感染，常有"我很寂寞，/很寂寞。我是一座太寂寞的/无人岛"[75]、"寂寞的，/寂寞的，/我们是寂寞的一群"[76]之类的感慨，偏好着眼于寂寞本体，以各种手段还原寂寞给人的最初瞬间感受，如"宇宙是庞大的灰色象/你站不开就看不清摸不完全/呼喊落在虚空的沙漠里/你像是打了自己一记空拳"[77]、"仅心儿之上，/已包罗万象之存亡，/灵魂之光与地狱之火焰交迸"[78]等。

如胡也频所说，"人间共弃之孤寂，终久使我深刻"。孤寂将人与世界分隔开来，于内，在自我灵魂的斗争中，人可以厘清自己的状态，排除干扰自己认识世界的杂念；于外，人以疏离的眼光审视世界，距离生清醒，而清醒又是通往自由思想与终极真理的必经之途，是以在孤寂中，人类的觉知力和感受力都会得到大幅提升。董曦瓒在日暮时的独游中感觉到了上帝博大如海的爱，因而"想要逃入这蔚蓝的海中居住。/那怕其中只有我一人，/我也不嫌孤单，——/我乐得——自由的来，自由的去"[79]；杜运燮的老人则在孤身一人与死亡同行的过程中悟到了"我将要喜爱他，/过于喜爱你们！/因为他才是

73 益惠杨絮.沉思——耳聋失明而麻木者跋[J].青年进步，1923，67：74.

74 益惠杨絮.沉思——耳聋失明而麻木者[J].青年进步，1923，67：73-74.

75 路易士.无人岛[M]//路易士.出发.上海：太平书局，1944：23.

76 路易士.云歌[M]//路易士.出发.上海：太平书局，1944：117.

77 辛笛.寂寞所自来[M]//辛笛.手掌集.上海：森林出版社，1948：103-104.

78 胡也频.孤寂者之歌[M]//周良沛编.胡也频诗稿.成都：四川人民出版社，1981：114.
下一处引文同出此诗.

79 曦瓒.日暮时的独游[J].青年进步 1923，63：88.

最长久的朋友"的悲哀事实，从而能够接受"但现在我要被厌恶，/孤独地，不安地，行走，/就因为我认识了应交的朋友"[80]的现状；寂寞带来的清醒让郑敏能够"自一个安静的光线里/看见世界的每一部分，/它让我有一双在空中的眼睛，/看见这个坐在屋里的我！/他的情感，和他的思想"、在寂寞的咬啮里"寻得'生命'最严肃的意义"[81]；也让阿垅透视到"寂寞/也不是出世之飘然而去的远想/却是对于人间的痛灼的爱"[82]的本质渊源。因此在孤独中，人类能够达到与自然的合一，进而体察到宇宙间不可言说的神秘，就如刘子静在自然中的独思，"万籁无声里，/单有个我横卧在这磐石上……万籁无声里，/只有天然占据了我灵魂的深处。/万物不在我的感觉中，/我也不在我的感觉中；/万籁无声里，/却领略了一个'不可思议'的奇妙"[83]，田韫璞在独钓时可以体味到"铁盒儿里的蚯蚓，/无知无识地蠕动着；/鱼篮儿里的鲫儿，/尽感受着'苦'，'孤'，'燥'"[84]，甚至冰心可以在"当我浮云般/自来自去的时候"[85]领略到宇宙的寂寞、杜运燮可以在夜幕渔火中看到大海"满怀的悲悯/便凝结成煤炭一般的寂寞"[86]，而这同情一切、悲悯一切的博大与超乎寻常的洞察力，都来源于一个遗世独立的孤寂时刻，孤寂之受诗人青睐，即在于它在觉悟方面的意义。

三、人物意象的投影化

《圣经》给中国诗歌注入了大量新的人物意象，这些人物意象以宗教人物为多，但有时宗教人物的多重身份会将此人的某些个人特质赋予他的所属群体，进而使拥有这重身份的人群如母亲、先知、漂泊者等成为一类携有部分宗教特质的普世人物意象；同时，耶稣所关注及强调的特定群体如税吏、妓女、儿童等，也极易被宗教化而带上某些象征意味。这些人物意象身上交汇了世俗性与宗教性，二者的碰撞与冲突使这些人物意象中传达出民国时期诗人特有的现代性焦虑。

80　杜运燮.老人[M]//杜运燮.诗四十首.上海：文化生活出版社，1948：66.

81　郑敏.寂寞[M]//吴晓东编.中国新诗总系1937-1949.北京：人民文学出版社，2009：121-122.

82　阿垅.寂寞[M]//亦门.无弦琴.上海：希望社，1947：90.

83　刘子静.万籁无声里[J].青年进步，1924，76：92.

84　田韫璞.失散[J].青年进步，1923，67：71-72.

85　冰心.春水（七一）[M]//冰心.春水.北京：新潮社，1923：44.

86　杜运燮.海[M]//杜运燮.诗四十首.上海：文化生活出版社，1948：90.

（一）漂泊者意象

耶稣一句"狐狸有洞，天空的飞鸟有窝，人子却没有枕头的地方"（马太福音 8 章 20 节）勾勒出一个风尘仆仆、浪迹天涯的旷野行旅形象，这一鲜明的漂泊者形象深深地引起了中国诗人的共鸣，并成为了他们诗歌灵感的重要源泉。漂泊者意象契合了中国知识分子自古以来"路漫漫其修远兮，吾将上下而求索"的探索者自我定位，又额外加添了"先知"的良性隐喻意义，赋予人们信心与盼望，虽然这种信与望是非宗教的，却并不影响它们成为奋斗的动力。

在中国新诗中，漂泊者意象常与旷野意象同时出现，这其中也有一定《圣经》行走和飘游场景的投影。在《圣经》中，旷野的漂泊常是希望的蓄积阶段，许多人与神的交通都是在旷野之中完成，如雅各在旷野中经异梦认识了上帝、摩西在旷野中见到了上帝在荆棘火焰中的显现、出埃及的以色列民众在旷野中漂泊了四十年后进入迦南福地、施洗约翰在犹太旷野中传扬悔改的道等，诸多先知们几乎都有旷野飘游的经历。因此在事工新诗中，漂泊者意象就常带有耶稣或先知的影子，"他只默默地，慢慢地前去，/不相干，万物的要求，/在行路的人，有什么相干"，"没有枕首处，/没有完工时，/任凭他走遍了山崖与海涯"，然而即使孤独，因为有着"这神志原要与人相共"的虔信与明确目标，漂泊者依然能够乐观地在"冷酷的石上，枕你的头，/呜咽的泉旁，曲你的肱，/把衣罩覆上，/让好诗入梦，/让好梦洗涤的神志"[87]。

与《圣经》或事工新诗中信念坚定的旷野漂泊者不同，中国普世新诗中的漂泊者形象往往更为迷惘，而且携带着浓重的苦行色彩，艾青就曾感慨过，"彷徨在旷野上的人们/谁曾有过快活呢？"[88]似乎旷野的广大与个体的渺小形成了过分鲜明的对比，使得诗人极易产生卑微感与孤独感，惹动一系列与存在主义、现代主义相关的消极情绪。如胡也频痛恨于上帝"铸成了我的今日之飘泊"[89]，拒绝"上帝如乳妪，/抚摸我因奔波而疲乏之手足"[90]，他的亦哭亦笑、与尸为友与墓为伴[91]的"黑夜荒漠之旷野"中的"踯躅"[92]是对命运

---

87 赵紫宸.行路者[J].生命，1922，3（1）：诗 1-3.

88 艾青.旷野[M]//吴晓东编.中国新诗总系 1937-1949.北京：人民文学出版社，2009：40.

89 胡也频.生之不幸[M]//周良沛编.胡也频诗稿.成都：四川人民出版社，1981：56.

90 胡也频.磨炼[M]//周良沛编.胡也频诗稿.成都：四川人民出版社，1981：109.

91 胡也频.誓[M]//周良沛编.胡也频诗稿.成都：四川人民出版社，1981：50.

92 胡也频.旷野[M]//周良沛编.胡也频诗稿.成都：四川人民出版社，1981：40.

的抗争而非对人生意义的追寻；冯至《北游及其他》中"飘流的游子"[93]们倾其一生"独自逡巡"[94]寻找着精神的故乡，拒绝空虚也不想选择阴沉，渴望平安却又对挫折心怀畏惧[95]，在矛盾的迷茫中充满了现代病患者的选择障碍；于赓虞的徘徊中绝望气息更为浓郁，他的身心"经过长途的追寻，病了，人间无药诊医此疲乏的失望的心头之伤痕"[96]，心灵尤其"已觉冰冷"[97]，然而他的反抗却仅限于渎神式地幻想"在梦中杀死你无情之魔与神"[98]、在酒醉中"诅咒赐我飘泊之上帝"、"以淡丽的花圈妆饰上帝之惨死"[99]。这些诗人的迷惘源于不知如何有效作为的无力感，这种无力感在思想和眼光超前、但体力和行动力远弱于脑力的知识分子之中颇有代表性：明知世道不该如此，但被问及"应该如何"时却又缺乏底气和胆量，不敢开口作一明确的回答或倡导，充满了不甘做无知顽民却又当不得先知救主的痛苦。

　　诚然，普世诗人并非不能理解意义在于过程的观念，施蛰存即乐于享受人人必走之途上的不同风景，情愿"在无尽的归程里""回旋着，回旋着"，甚至"祈求天，永远地让我迷路"[100]，于赓虞也知"从悲欢离合中"才能够"写出绝对的意义"[101]，然而似乎追寻这一行为带给大多数诗人的焦虑总要多过充实。究其根本，还是要归罪于功利主义心理：由于急欲找到对社会或个人立竿见影、效果切实的良方，诗人们执着于尽早抵达目的地，于是就难以承受探索的失败，苦恼于时间精力被无效占用，而无暇享受探索的过程。而且在此期间，他们极易在个人英雄主义的驱动下，产生牺牲者的自我定位。

---

93 冯至.礼拜堂[M]//冯至.北游及其他.北平：沉钟社，1929：57.

94 冯至.遇[M]//冯至.北游及其他.北平：沉钟社，1929：26.

95 冯至.北游[M]//冯至.北游及其他.北京：沉钟社，1929：48-53.

96 于赓虞.深山何处钟[M]//解志熙、王文金编校.于赓虞诗文辑存.开封：河南大学出版社，2004：149.

97 于赓虞.痴视[M]//解志熙、王文金编校.于赓虞诗文辑存.开封：河南大学出版社，2004：10.

98 于赓虞.疲惫的旅人[M]//解志熙、王文金编校.于赓虞诗文辑存.开封：河南大学出版社，2004：115.

99 于赓虞.春夜曲[M]//解志熙、王文金编校.于赓虞诗文辑存.开封：河南大学出版社，2004：128-129.

100 施蛰存.嫌厌[M]//孙玉石编.中国新诗总系1927-1937.北京：人民文学出版社，2009：452.

101 于赓虞.漂泊[M]//解志熙、王文金编校.于赓虞诗文辑存.开封：河南大学出版社，2004：7.

但实际上，他们的自我定位与所谓被拯救者给予他们的社会定位之间存在着较大偏差，这一偏差又加剧了他们心中的孤独感和焦虑感，越发容易将诗人引入颓废或自怜的情绪低谷。

（二）小孩子意象

基督性诗歌中对小孩子意象的塑造主要基于耶稣的两句教训："凡自己谦卑象这小孩子的，他在天国里就是最大的。凡为我的名，接待一个象这小孩子的，就是接待我"（马太福音 18 章 4-5 节）。中国诗人对这段教训的解读中，最值得注意的有两点，一是孩子的谦卑，二是对孩子的善待。在这两种解读中前者很容易令人心生困惑，因为似乎从诗歌中很难直接找到我们日常意义上的谦卑书写，这主要是由于孩子表现谦卑的方式与成人不同。孩子并非有意识地让对方居于交往中的主导位置，而是将谦卑作为了一种天然的真实的生存状态。在孩子身上，谦卑以无差别的善意、尊重与信任形式呈现出来，这种善意与信任能够创造出极富感染力的良好交往氛围，进而带给他们及进入这一氛围内的成人以无限快乐。所以可以说，谦卑是孩子一切可贵特质的生发之源。在中国人的语境中，谦卑这种天然、真实的生存状态更多被概括为天真，所以写儿童的诗歌中要数天真主题诗比例最高。

由于习惯性地居于观察者、受动者（而非干预者和主导者）的视角，小孩子的体察力和觉知力极强，他们完全出于自由天性的体验常常表现出与宗教经验惊人的一致性，所以孩子自然流露的童言童语可以突破成人的想象力而成为诗人的灵感来源，如《孩歌》中天真无邪的小孩子与皎洁的月亮的纯真互动之中包含着孩子丰富的想象："他指着你告诉我，/你说了些什么在他耳朵里？……他要梦里和你玩，/带些来——天上的伴侣！"[102]《小朋友》中不相识的孩子毫无心机的"一笑"和"我问他，'你是那个？'/他说，'我就是我呵。'/我又问他，'你姓甚？'/他说，'我忘却了。'/我想再问他，/他却回头走了"[103]的充满禅机的行为之中，也蕴含了无限的智慧。正如李树芳所言，孩子们的"每一微笑表达多少天语"，"每一转瞬洩露多少奥秘"，他们拥有直抵真理的启示力量，能够"从'幽默'中暗示你一切"[104]。对孩子日常行为

---

102 赵紫宸.孩歌[J].青年进步，1921，44：80.

103 冯雪峰.小朋友[M]//姜涛编.中国新诗总系 1917-1927.北京：人民文学出版社，2009：379.

104 李树芳.孩子的恩诏[J].青年进步，1926，92：106.

不加任何夸饰的直接描写，即能产生陌生化的审美效果，孩子的无心举动不须任何加工就可拥有深厚的象征意味和被无限解读的可能性，因此陆志韦才会祈祷说"诗仙，我不求别的，/单要一些孩子气"[105]。

不过并非所有人都能够理解和接受这些"孩子气"，很多诗人都不无心痛地注意到孩子的无功利思考方式与大人的实用主义思维方式间存在着巨大的代沟，并引发了严重的沟通障碍："老儿"们永远无法理解"岁半小儿""将老儿晒的——衣儿，——鞋儿，/一齐爬下地来；/——又耐烦的：/一件，——两件，……/一只，——两只，……/——累的，汗珠儿似雨，/一一的都又搬上"是"忙的甚么？/所为何来"[106]；小孩"要在果园的周围，/添种许多有刺的荆棘"的单纯愿望，更会招致"间壁的老头子发了恼，/折下一捆荆棘的枝条；/小孩的衣服掉在地上，/荆条落在他的背上"[107]的后果。由于"儿童世界的游戏队里，/世惯会仿效呵"[108]，经历了过多这样的沟通障碍之后，孩子的天真则会被逐渐磨光，变得"印入了社会的龌龊——卑污"[109]。

孩子的成长以及成长过程中无可避免的天真之流失也成为了诗人的伤感与负罪感之源。在孩子面前自感罪恶、真诚忏悔是很多诗人都曾有过的心理经历，徐玉诺曾因为自己讲述的成人世界过于凄惨恐怖吓哭了孩子而自责不已[110]，徐雉面对小孩子真诚献来的一篮花仅能"很婉转地谢绝……很惭愧地在他面前跪着"[111]，谢采江深感"孩子们仰着头望我，/是我最胆怯的时候"[112]，高长虹在"我所手造的罪孽，/为什么又驾在一个无辜者的身上"时更"只有深深的忏悔，/站在我孩子的面前"[113]。诗人由于比普通人更能认识到天真的可贵，也就格外容易因为"只已遗落的'童心'，不知藏在何处"[114]而伤感。

105 陆志韦.自负[M]//陆志韦.渡河.上海：亚东图书馆，1923：5.

106 刘薰.岁半小儿的忙[J].青年进步，1925，84：102.

107 周作人.荆棘[M]//朱自清等.雪朝.上海：商务印书馆，1922：35.

108 曦绻.不成的儿戏[J].青年进步，1923，67：72.

109 慧庵.秋潮儿周岁[J].青年进步，1925，82：101.

110 徐玉诺.没什么[M]//朱自清等.雪朝.上海：商务印书馆，1922：72-73.

111 徐雉.一篮花[M]//徐雉.酸果.上海：光华书局，1929：90.

112 谢采江.梦痕 58[M]//谢采江.梦痕.北京：明报社，1926：13.

113 高长虹.懊恼[M]//姜涛编.中国新诗总系 1917-1927.北京：人民文学出版社，2009：446.

114 王统照.童心[M]//王统照.童心.上海：商务印书馆，1925：1.

他们羡慕孩子"是天地间的活神仙！/是自然界不加冕的皇帝"[115]，盼望着"只让我们是一双儿童，/而有成人的本领，/所有的有本领的成人，/而又仍然是儿童，/有儿童的博爱与天真"[116]，却又无力保护孩子的天真，只能"借你们的欢愉来杀一杀我苦闷的心"[117]，以"哭得像婴孩，在一刹那间"作为"我最伟大的贡献"[118]，成人的悲哀，尤其是童心未尽泯的成人的悲哀，在这些无奈的叹息之中暴露无疑。

（三）母亲意象

中国诗歌中的母亲意象，一向以慈爱、勤劳为主要特征，是诗人童年记忆的聚合点，也是人们心灵的港湾。基督教文化则在中国传统的母亲意象之上增加了一重圣化的含义，《圣经》之中作为母亲代表的圣母马利亚身上最为突出的特征是顺服、隐忍、苦难，而这些特征与中国处于旧家庭位序底层的母亲不谋而合。艾青笔下的大堰河、徐雉笔下早逝的生母、王独清笔下在尼丘山哭泣的孔子之母[119]、殷夫笔下钉在三重十字架上的痛苦的母亲[120]无一不在同时承担着生活的重担、道德伦理纲常的束缚以及对于孩子的牵挂与担忧。在国人刚刚对女权有一朦胧认知的年代，圣母形象所具有的特质与女性主义思潮正巧汇成了一股合力，共同带领诗人以极度同情与悲悯的目光来审视中国的母亲，讶异于她们被长年视而不见的痛苦，发现了那些牺牲光环下的残酷真实，揭示出母亲作为女性缺乏关注的侧面。诗人在以自己的诗歌书写为改善她们的生存境遇而疾呼时，也深受着原罪感的折磨。

此外《圣经》中还偶见以母亲比喻上帝的情况，如上帝曾以生育人类的母神（申命记 32 章 18 节、创世记 3 章 21 节）、慈母（以赛亚书 66 章 13 节）和乳娘（以赛亚书 49 章 15 节）等方式出场。虽然人们更多地使用"天父"称呼上帝，但上帝实际兼具父亲的严格与母亲的慈爱，为罪恶而施惩戒是父

---

115 刘半农.题女儿小蕙周岁日造象[M]//姜涛编.中国新诗总系 1917-1927.北京：人民文学出版社，2009：21.

116 高长虹.献给自然的女儿（三）[M]高长虹.献给自然底女儿.上海：泰东图书局，1928：59-60.

117 钱杏邨.述怀[M]//钱杏邨.荒土.上海：泰东图书局，1929：6.

118 闻一多.贡献[M]//孙党伯，袁春正编.闻一多全集：第 1 卷.武汉：湖北人民出版社，1993：258.

119 王独清.圣母像前[M]//王独清.圣母像前.上海：创造社出版部，1927：2.

120 殷夫.东方的玛利亚——献母亲[M]//殷夫.孩儿塔.北京：人民文学出版社，1984：30.

性的张扬，为爱而施宽恕则是母性的体现。刘廷蔚与赵紫宸都曾将诗中的母亲与上帝同化。在儿女的眼中，母亲首先如上帝一样是大有能力的，刘廷蔚《献诗给母亲》[121]之中的母亲"当我像块峰岭的危岩/向着深渊崩跌的时候，/母亲，你是根坚韧的野藤   把我紧紧挽住，/母亲啊，/当我冷无知觉的时候，/你已经把我牢牢绑定了"，赵紫宸《梦》[122]中的母亲在"海底里来个鬼把我甩在珊瑚干上"的噩梦中，能够"把我手从胸前移开，/又轻轻地叫我一声，母亲，/我才能够醒回过来"；其次，母亲的慈爱也是上帝之爱的最好表彰之一，能够带给孩子们无限的安慰，"我知道你是慈爱的结晶；/是我灵魂的避难城，母亲，/我永远要倚旁着你的慈心"，不仅对于她自己的孩子是如此，还能够藉着自己的孩子将爱广泛地播散开来，"母亲啊！/爱是果粒/要分散在路上/一切饥馁孤独的人了"。因此人们有时会"曾祈祷过我心中的母亲，/象别人祈祷上帝一样"[123]，或向母亲作如向上帝一样的忏悔，"病疴中的母亲——是母亲/患难中的上帝——是上帝/母亲呀！ 上帝啊！/我在快乐和平之时，/我是你们的逆子呀！"[124]并在"扑在母亲的怀中，/热而颤的爱灌注满了我的全身"之时"自觉我是何等地狂妄与渺小"[125]。

在乏爱的中国社会，母亲是人们心中难得的爱之偶像。即使没有信仰的普世诗人，也不会拒绝将母亲的形象圣化。因此，虽然中国诗歌中已有无数母亲专属的经典譬喻，基督性赋予母亲的神圣特征依然甚至被无条件地接纳了，比之其他宗教理念的接纳要顺利得多。

普世意象的宗教化从整体上反映出了人们对于基督教理念中部分观念的认同态度，这种认同使他们能够在面对非宗教的写作对象时产生与宗教相关的联想。不过这些认同多是局部的和有限度的，以艺术层面的认可为多，宗教情感的同化较少。诗人为穷尽表达向来有英雄不问出处的豁达传统，所以向普世意象的宗教义项中寻求所指的扩张、以求给读者制造柳暗花明又一村的讶异阅读体验，只是他们无穷艺术探索的方向之一而已。

---

121 刘廷蔚.献诗给母亲[M]//刘廷蔚.山花.上海：北新书局，1930：21.

122 赵紫宸.梦[J].青年进步，1921，44：79.此诗在首发于《生命》1卷9-10期合刊时，"我才能够醒回过来"一句作"我才得了口气醒回过来"。

123 徐雉.我的母亲[M]//徐雉.徐雉的诗和小说.北京：北京人民出版社，1982：8.

124 彭善璋.小诗（七）[J].青年进步，1924，72：91.

125 田景福.青年的自觉[J].紫晶，1934，6（1）：114-115.

第二节　宗教意象的普世化

《圣经》语言是一种"被它所在的社会赋予了特殊权威的语言"[126]，属文化语言范畴，对信徒诗人而言，《圣经》语言和基督教意象是神圣、权威、不可更改的。但在迁徙到一个新的文化环境中时，由于原有语言系统所生成的思维体系不复存在，《圣经》语言必然要经历一个与新文化的整合过程。在这一整合过程中，宗教意象的神圣性会存在不同程度的流失，甚至变得与普世意象一样可以任意加工、重塑和使用。若对中国新诗加一纵览，不难发现，无论是上帝、基督等神明意象，天国、地狱、创世、末世审判、乐园等指向终极的基督教世界观意象，还是十架、教堂、祈祷、《圣经》等具有特殊宗教意义的此世意象，都已走下神坛，与其固有的神圣隐喻意义有了不同程度的脱离，而在普世新诗中获得了更多扩充和施展的机会。

一、神明意象的人化

五四以来的中国新文学始终高举着"人的文学"大旗，而人的觉醒向来伴随着神明的退隐，尤其中国新诗与基督教相遇之时正是基督教自身遭遇空前危机的年代。在基督教的故乡基督之为神的尊严尚且得不到保证，想在一块新的文化领域中挤占原有信仰的地位、获得新的信众，必然要走一条充满艰辛的道路。从这个意义上看来，上帝与基督在中国新诗中的人性化与世俗化正是一种折衷的融合策略，是不可避免的发展趋势。

（一）上帝意象

所有基督宗教意象之中，上帝意象在中国新诗中出现频律最高。诗人在需要选择某一神明作为诗歌内部的交流对象时，总会首先想到上帝，而不是观音、佛祖或其他宗教的偶像，民初基督教之扩散广度可见一斑。不过这种现象虽与基督教的入世性有不可分割的联系，也得益于基督教人神之间直接的交流方式与"祈求，就给你们；寻找，就寻见；叩门，就给你们开门"（马太福音 7 章 7 节）的承诺。然而诗人们在作品中所呼吁的上帝，显然已经与基督教意义上的上帝相去甚远。上帝只是作为所有神明的统称、作为终极大意志的人格化代表，而承担着人类一切不可能得到完满回答、或者可以说是根本不以得到答案为目的的行为艺术式追问。

---

126 弗莱.伟大的代码：圣经与文学[M].郝振益等，译.北京：北京大学出版社，1997：23.

在与基督教精义基本保持一致的诗歌中，拥有圣父之位格的上帝依然保留着父亲的形象，然而这一形象已不是创世记中全知全能、威严甚至严厉的天父，而是会"因他多说了，而且错了一句话，/又是对他孩子们说的"而"瞅着发愁，没有半点的办法"、"怎好意思去夺回娇痴小儿女手中底糖果"[127]的溺爱型猫爸，是面对着"拉着你的手不肯分离"的孩子，会"拍我的头，笑嘻嘻向我讲"并给予"你只要依着我的教训，/好好地跟着道儿走去"、"前途浩大，只是快乐的神灵等你"[128]耐心安慰的体贴型慈父。中国传统家庭伦理中父爱几乎缺席，这样的上帝形象塑造寄予了诗人对这种温情父爱的憧憬，同时，这也是以改写或外传等同人叙事诗形式[129]对旧约《圣经》文本中上帝形象的一种探讨。对于只将《圣经》作为文学作品阅读的非信徒诗人而言，将仅是吃了几颗分别善恶树果子的亚当夏娃逐出伊甸园、仅因拜拜偶像便对以色列人施以国破家亡之罚的上帝未免太不尽人情，于是想藉由自己的再创作而使上帝"残忍""冷酷"的形象得到一定程度上的扭转。这种误读出于非信徒的不了解与不信仰，但由此派生出的演绎在非宗教的普世背景下，逻辑并无甚不通之处，甚至还使上帝意象因凭添了些许烟火气和亲切感而显得更为丰满。

不过着眼于上帝父性的新诗为数不多，绝大多数诗人还是将上帝处理为高高在上的主宰者。在普世诗人眼中，上帝绝不完美。在某种意义上，上帝多少还算公正，"给了享受的人/一张口；/给了奴婢/一个软的膝头；/给了拿破仑/一口剑；/同时，/也给了奴隶们/一双反抗的手"[130]；他至少尚肯许诺人类自由与能动性，"你只能向他要机会：/他也把机会给你了，/这以后全是你的事了"[131]，但这些有限的恩赐并不能化解人们的不满。对这位全知全能、跳脱时空之外却未能赐予普天下生灵以一个完美世界的创世者与主宰者，非信徒多抱有的不同程度的不解和不忿。在人看来，上帝面对人间已臻极点的痛苦和罪恶却依然无动于衷，这态度实在不可理喻；但依基督教的观念，人类

---

127 俞平伯.呓语（7）[J].小说月报，1923，14（3）：诗2-3.

128 曹葆华.呼祷[M]//曹葆华.寄诗魂.北平：震东印书馆，1930：48-49.

129 参见薛媛元.视角转换：论同人小说与原著的"对话"策略[J].江汉大学学报（人文科学版），2012，31（1）：32.

130 臧克家.反抗的手[M]//孙党伯编.中国新文学大系1937-1949：第十四集 诗卷.上海：上海文艺出版社，1990：885.

131 傅斯年.心不悸了[J].新潮，1919，2（2）：260.

的痛苦均是"上帝许可的创伤"，人间的罪恶也"还没有满"，所以惩罚暂时并未降临。这种人与神容忍程度的差异是矛盾激化的主要原因，也使得人的不满更发展到愤怒乃至怨恨的地步。因此，现代诗人中能如废名般淡定地沿着"上帝之指手"品鉴"人间从天上看是一块草田"的风景后"一句话也没说，/我把我的礼物交给上帝"[132]者廖廖无几，称上帝为"不老的顽童/有一天会伸出手来"将灵魂的小皮球"抓去抛在荒远的天外"[133]，也已是对上帝操纵下之命运无常最为温和的叹息，"他只将你底灵魂引向天堂，/却忘掉了你还有个受罪的肉体"[134]也算是理性探讨上帝救赎局限性的冷静之作。多数诗人都更愿以冷酷、残忍、漠视等负面指责对上帝大加鞭挞，以至于在上帝意象的重塑中也可以看到大量非基情感的植入。非基诗歌中的上帝意象，多是"聋了耳，又瞎了眼"、"披着黑袈裟"[135]的，或是"以其慈悲之心怜悯世人之惨痛"[136]的，或是"呆笨而残酷"地"把痛苦的生命，/紧紧地缠在我的自由的身上"[137]的，或是闪烁着"眼中毒烈的恶光"[138]的，以及"不仁"的（朱湘）、"残忍"的和"全聋废了"的（李金发）、"玄虚"的（石评梅）等等。"理性的态度会把'上帝'看作是传统权威的象征"[139]，通过对作为权威代表的上帝施以语言暴力，诗人渲泻了对命运的不满，也完成了对当权者的控诉。还有如牛汉等革命诗人会再进一步与上帝进行正面的对决，以"滴血的庄严的十字架，/不在教堂里，/矗立在牢狱，/囚徒们是无神论者，/是敢于犯罪但决不忏悔的人。//上帝/在你的钟声里/我不忏悔"[140]剥夺了上帝的审判者和拯救者身份，将之推到被告席上，直面他治下的虚伪与不公；高长虹和于赓虞

---

132 废名.玩具[M]//废名.废名集（第三卷）.北京：北京大学出版社，2009：1521.

133 曹葆华.无题草（第三辑）十[M]//曹葆华.无题草.上海：文化生活出版社，1948：73.

134 杭约赫.撷星草（陆）[M]//杭约赫.噩梦录.上海：星群出版社，1947：18.

135 骆方.两世界底中间[M]//孙玉石编.中国新诗总系 1927-1937.北京：人民文学出版社，2009：387.

136 胡也频.假使有个上帝[M]//周良沛编.胡也频诗稿.成都：四川人民出版社，1981：38.

137 章衣萍.月下的伴侣[M]//衣萍.种树集.上海：北新书局，1929：46.

138 于赓虞.瓣瓣落花知此恨[M]//解志熙、王文金编校.于赓虞诗文辑存.开封：河南大学出版社，2004：444.

139 弗莱.伟大的代码：圣经与文学[M].郝振益等，译.北京：北京大学出版社，1997：35.

140 牛汉.控诉上帝[M]//牛汉.牛汉诗文集：诗歌卷 I.北京：人民文学出版社，2010：190.

甚至更直接地发出了"我曾创造了上帝，/我又曾毁灭了上帝"[141]、"倘上帝是人类的制造者，犹不悔改，我将踏毙他于足下"[142]的惊世之词，人与神、创造者与被创造者的地位在这些诗中发生了一个彻底的翻转。属于人的野力、战斗力、觉悟力，在对上帝的毁弃与践踏之中，得到了另类的发展。然而这种语言趋势的发展因为缺乏底线，也为建国后三十年诗歌的语言暴力埋下了无序和疯狂的潜在危机。

（二）基督意象

虽然基督教强调宇宙的创造主是三位一体的独一真神，但在中国新诗中，神的两种位格——圣父上帝与圣子基督有着相当清晰的界限，基本被视为两个不同的客体。相比于上帝意象概念范围的不断扩张，基督意象的所指一直趋于稳定。因为自基督教创立之始，这一特殊的弥赛亚头衔已固定在耶稣一人身上。耶稣虽与上帝同享神格，但其个人身份已从居高临下的审判者转变为无辜被杀的受害者。现代诗人们潜意识中对命运掌控者本能的反感已在这种身份转换中消失，反而会感于耶稣的传奇经历与悲剧命运而涌起同情心与创作欲。因此现代诗人们多对作为人子的耶稣抱以好感，肯定他跨越时空与文化的道德人格魅力。即使是多次在诗歌中亵渎上帝的李金发、于赓虞等，在提及耶稣时也会留几分口德，当然这种好感和尊重的前提是将耶稣理解为一位为真理献身的先哲，而非神子。

普世诗人普遍尊重耶稣麦种式的牺牲精神，由于耶稣所携带的牺牲特质，革命诗人尤其对基督意象显示出强烈的兴趣。以艾青和阿垅为代表的七月派诗人即较明显地体现出凸显基督革命性的创作趋势。艾青笔下病监中坚守自己信念的人们"都是拥抱着/我们的痛苦的基督"[143]，火把集会中进步青年的面容"每一个都像/基督一样严肃的脸"[144]。他还曾以《马槽——为一个拿撒勒人诞生而作》和《一个拿撒勒人的死》分别歌咏了耶稣之生与死的反抗意味。这两首诗从诗题到内容都明确地表明着诗人的立场：献诗与身为拿撒勒人、而不是神子的耶稣。前诗中全不见圣母圣婴的荣光、牧羊人的欢腾、三

141　高长虹.死的舞曲[M]//高长虹.时代的先驱.上海：光华书局，1928：99.

142　于赓虞.毒草[M]//于赓虞.孤灵.上海：北新书局，1930：22.

143　艾青.病监[M]//张凤洪等编.艾青全集：1.石家庄：花山文艺出版社，1991：58.

144　艾青.火把（4 演说）[M]//孙党伯编.中国新文学大系 1937-1949：第十四集 诗卷.上海：上海文艺出版社，1990：187.

博士的顶礼等温馨神圣的场面，只有马利亚凄惨痛苦的生育过程和一个"带着惶恐的哭叫/来认识这陌生的世界了"的普通"初生的婴孩"，马利亚对婴儿所说的一番话"今天起/你记住自己是/马槽里/一个被弃的女人的儿子/痛苦与迫害诞生了你/等你有能力了/须要用自己的眼泪/洗去众人的罪恶"[145]与其说是抚慰，倒不如说是一番战斗的号角；后诗之中艾青更为耶稣设计了《圣经》中并未记述过的丰富心理活动和胜利宣言，如入耶路撒冷前的受难了悟、逾越节夜晚"看明天/这片广大的土地/和所有一切属于生命的幸福/将从凯撒的手里/归还到那/以血汗灌溉过它的人们的"之演讲以及彼拉多面前"胜利呵/总是属于我的"[146]之预言，他还以其美术科班生的敏锐观察力，捕捉了一系列极富画面感的瞬间，尤其是最终钉十架的场景："在这最后的瞬间/从地平线的彼方/射出一道巨光/这巨光里映出/三个黑暗的十字架上的/三具尸身——/二个盗匪相伴着/中间的那个/头上钉着一块牌子/那上面/写着三种文字的罪状：/'耶稣，犹太人的王。'"整体营造出西洋雕塑般的视觉效果，最大限度地实现了耶稣牺牲之革命意义的直观化。阿垅也用"革命是无可出卖的，/胜利是无可出卖的，/世界是无可出卖的，/历史是无可出卖的，/人之子一个人/是无可出卖的"[147]一系列革命话语与宗教话语的五句并行体铺排，为耶稣之死赋予了革命牺牲的属性，他还以诗人对细节的敏感注意到一个普遍存在于中国新诗中的不合理现象，即把作为杀人凶器的十字架与作为牺牲者的耶稣笼统合一，并独一无二地对十字架加以"阴险"的修饰，将其与耶稣"无法杀害"的"不朽的光"相对照，传达出必胜的信心。对耶稣革命性的强调在事工新诗中也有相当广泛的存在，但事工新诗与普世新诗中对耶稣革命性的处理有本质的区别：前者是严格地从《圣经》关于耶稣生平的记载中分析提炼其富于革命意味的言行，是带着镣铐舞蹈的平行式书写或外传式书写；而后者因为不受信仰的约束，能够毫无顾虑地在再创作过程中加入更多想像和改写的成分。严格地说来普世诗人所刻画的已不是殉爱者耶稣，而是披着耶稣外袍的殉国者或殉党者。

145 艾青.马槽——为一个拿撒勒人诞生而作[M]//张凤洪等编.艾青全集：1.石家庄：花山文艺出版社，1991：114.

146 艾青.一个拿撒勒人的死[M]//艾青.大堰河.-桂1版.桂林：文化生活出版社，1942：28-37.

147 S.M.犹大[M]//亦门.无弦琴.上海：希望社，1947：60.

耶稣意象的其他泒生内涵也同样伴随着对原初所指有意或无意的偏移，如蒋光慈以对耶稣复活日中偶像崇拜式纪念场景的实录[148]婉讽了民众"得形忘义"之通病，郭沫若将"受磔刑的耶稣"[149]之痛苦俗化为自己被思念折磨的愁绪，俞铭传和玲君在"耶稣的胸膛仰卧在十字路口，/他的头上，他的脚上，/他的左右手上，/四连串的路灯/钉着四颗生锈的惊叹号"[150]、"复又藉霭霭云气以升华，/恍如受难的圣婴，/显灵于往日航行的海上"[151]等诗句中将耶稣的姿态与形象信手拈为写景的譬喻，罗念生以耶稣与苏格拉底的并举[152]赋予耶稣的殉道以去宗教化的真理探索意义，废名更是以"读圣经到耶稣钉上十字架的地方"与"偶然遇见被处死刑的强盗上杀场"时"感着种种不同的悲哀，/虽然苦，究竟是一种味道"[153]的认知消解了耶稣受难的神圣性。总之在普世新诗中，耶稣成为诗句中随需变化、灵活跳动的符号，在失落了荣光和冠冕的同时，收获了人情野趣，多面地展示了现代诗人穷尽意象承载力的诗艺诉求。

二、终极意象的此岸化

终极观念是各种宗教理念的根本差异所在，也是最能体现一种宗教核心文化特征的关键点。基督教之终极观念以末世审判、天国地狱之说为核心，这种论述与中国人所熟悉的儒释道终极观有极大的差异。儒教不是宗教而是礼教，其典籍中的"明则有礼乐，幽则有鬼神"[154]等说法虽承认死后幽冥世界的存在，但同时秉持"未知生，焉知死"、"未能事人，焉能事鬼"[155]的谨慎态度不去对彼岸世界多作论述，至多采取"知生之道，则知死之道；尽事人

---

148 蒋光慈.复活节[M]//蒋光慈.光慈诗集 新梦.上海：上海文艺出版局，1925：70-75.

149 郭沫若.沪杭车中[M]//郭沫若著，桑逢康校.《女神》汇校本.长沙：湖南人民出版社，1983：167.

150 俞铭传.郊[M]//吴晓东编.中国新诗总系 1937-1949.北京：人民文学出版社，2009：188.

151 玲君.古舟子咏[M]//孙玉石编.中国新诗总系 1927-1937.北京：人民文学出版社，2009：346.

152 罗念生.殉道[M]//罗念生.罗念生全集：第 9 卷.上海：上海人民出版社，2004：351.

153 冯文炳.杂诗 1[J].诗，1923，2（2）：59.

154 礼记·乐记第十九[M]//吕友仁，吕咏梅译注.礼记全译·孝经全译.贵阳：贵州人民出版社，1998：692.

155 论语·先进篇第十一[M]//杨伯峻译注.论语译注.北京：中华书局，2006：129.

之道，则尽事鬼之道"[156]的类比理解，但在对彼世之赏善罚恶意义持保留态度的同时，却又提倡"积善之家，必有余庆；积不善之家，必有余殃"[157]等限于此生及子孙范围内的因果报应观念和重视丧葬祭祀的礼俗方式；佛教与道教都持转世轮回之说，只不过前者是整个生命的轮回，后者是魂魄分散重组为新的生命，二者轮回的依据"因果报应"与"天道承负"其精义基本一致，而至诚至善至虔者又都有跳出轮回、成佛成仙、得享永福的可能。基督新教与儒释道在终极观上最大的区别是：认为人生仅有一次在世生活的机会，一旦下到阴间便再不可能有第二次的投生，只能等待最终的审判，唯有生前的信心和行为决定一个人最终是去往天国享受永生还是落入地狱承受永罚[158]。对这种极度强调恩典与信心、重视行为动机过于行为结果[159]的观念，普世诗人兴趣不大，但丰沛的想象力和敏锐的感受力使诗人们对于《圣经》中所描述的天国、地狱、创世与末世场景却情有独钟，并在此基础上进行了各种中国特色的演绎。

（一）天国与地狱意象

对于天国的涵义以及中国新诗中天国与天堂的混淆情况，笔者已在第一章中作过阐释。普世诗人中执着于天国者并不多，不过也偶有个别诗人对基督教意义上的天国作出颇为准确的图解，如曾留学莫斯科的蒋光慈曾在《昨夜里梦入天国》[160]中以"男的，女的，老的，幼的，没有贵贱；/我，你，他，

---

156 伊川先生语十一[M]//程颢，程颐撰；潘富恩导读.二程遗书.上海：上海古籍出版社，2000：378.

157 孙星衍撰.周易集解（一）[M].上海：商务印书馆，1936：55.

158 《彼得前书》3-4章曾提及在阴间曾有福音传给挪亚方舟时期未信主的人，不过这是极罕有的特例对于新约后时代的人不再有在阴间接受福音的机会。但是并不等于未曾听闻过福音的人就注定只能下地狱，《罗马书》中论及外邦人时说，"凡没有律法犯了罪的，也必不按律法灭亡。凡在律法以下犯了罪的，也必按律法受审判，（原来在神面前，不是听律法的为义，乃是行律法的称义。没有律法的外邦人，若顺着本性行律法上的事，他们虽然没有律法，自己就是自己的律法。这是显出律法的功用刻在他们心里，他们是非之心同作见证，并且他们的思念互相较量，或以为是，或以为非。）"在审判时"必照各人的行为报应各人"。

159 与佛教"行善积德"说不同，基督教认为拯救在乎上帝，单有善行不能得救，尤其是以得救为目的而不是由爱心生发出来的善行，更不能得到上帝的认可。当然，没有好的行为更不能得救。

160 蒋光慈.昨夜里梦入天国[M]//蒋光慈.光慈诗集 新梦.上海：上海文艺出版局，1925：53-54.

我们，你们，他们打成一片；/什么悲哀哪，怨恨哪，斗争哪……/在此邦连点影儿也不见。/……欢乐就是生活，生活就是欢乐啊！/谁个还知死亡劳苦是什么东西呢"叙述了自己的理想世界。只不过对于天国生活的细节，注重精神生活的诗人无视了精金、碧玉、各样宝石所筑的大城、神的光、生命河、生命树等，而设计了"广大美丽的自然"、"音乐馆"、"演剧院"、喧喧的鸟儿、香薰薰的花儿、青滴滴的草儿和"活泼地沉醉于诗境里"的"幸福而有趣"的人们。不过这个"不由得我不长思而永念"的美好天国是"位于将来岭之巅"的，诗末的追问"人间何时才能成为天上呢"在将人们从梦中带回现实之余，隐含了激励与呼召的意味。

　　但是并非每个诗人都能如蒋光慈一般将天国盼望作为奋斗动力。比如路易士，虽同样以天国之梦安慰"已染遍人间的痛迹"的心灵，却对"在不可知的天蓝之国土"上"徒然做了天国的主人"[161]所带来的一点快乐并不甚热衷。因为在眼下的世界，天国仅能存在于心中，而诗人并不满足于这一现状，以为"如今的天国是我之所有"的内心平安并不能对"哀烦的日子"的改变做出什么实质的贡献。天国的难于抵达使很多诗人产生了受挫与受骗之感，朱大枏看天国的实质是"凭你全意志的主宰，/造一座象牙的楼台"，"叫繁华来掩灭荒凉，/叫欢愉来消融忧伤"，然而"这不偿代价的极乐"只能存在于"幻想的天堂"[162]之中；柯仲平深感"这世界那一处不是鬼窟啊"，在这样的"人肉贩卖场"中"我的兄弟们，歌了一半天，/那天堂还不曾拿出来与你们会会面：/啊！敌人正当得意时，/　　那儿有个真天堂得见"[163]；于赓虞的耳中，夜鸟的鸣声是"故意到处飞游与惨叫，/使饮恨的人们明白，/人世并无到天堂的桥"[164]。诚然，不可抵达不能简单等同于虚幻，天国理想也并非毫无意义，然而对于内心充满焦虑的非信徒而言，当痛苦近在眼前时，他们往往很难静下心来思索一个带有终极色彩的理想之真正意义，即使他们的心底也存在"愿在天国里/得此同一之流泉"[165]之企盼。

161 路易士.烦哀的日子[M]//孙玉石编.中国新诗总系 1927-1937.北京：人民文学出版社，2009：371.

162 朱大枏.加煤[M]//姜涛编.中国新诗总系 1917-1927.北京：人民文学出版社，2009：565-566.

163 柯仲平.海夜歌声[M]//柯仲平.海夜歌声.上海：光华书局，1927：27-32.

164 于赓虞.夜鸟吟[M]//于赓虞.世纪的脸.上海：北新书局，1934：71.

165 李金发.秋兴[M]//李金发.食客与凶年.上海：北新书局，1927：134.

　　也是出于同样的原因，在普世诗人之中存在着一个极具代表性的现象，即对可触可见的世界之爱要远大过对虚无缥缈的天国之爱。他们担心对天国的追求会让自己忽略了当下的世界而落得两头空，就如李广田之"无心于住在天国里，/因为住在天国时/便失掉了天国，/且失掉了我的母亲，这土地"[166]。由于普世诗人骨子里缺乏对上帝的信任，所以会想当然地认为"大地上到处都是天堂，/天堂里也少不了愁怅"[167]，"天堂并不是那样辉煌；／因那里也有无知的圣徒，/上帝亦不是无偏心的明主"，进而觉得"渴望天国就成了愚昧，／不如在人间看落霞，山翠；/倘从一花一草看到了奇异，／那就是一个天大的欢喜。//　于是我将梦仍移植人间，/微笑的看人世舞台的变换。/　宁愿将苦水当作了甘觞，/也不再希望走进什么天堂"[168]。不过话虽如此，诗人所描述的此世幽境，却恰反映了一种"野花里见天国"式平安喜乐的宗教心态，这正体现了天国之第三重意义，即天国在我心中。

　　与天国相对应的地狱，则常被愤世嫉俗的诗人用以比喻人间。在战火纷飞的年代，诗人们很容易感到《圣经》中所描写的地狱场景似曾相识，而地狱终极之罚的意义又会激起人们对现实的不满及渎神的冲动。无论是"而今的世界是黑暗的地狱，凶残的屠场"[169]的直白斥责，亦或"多少渗出血痕的利牙，/到处伸张；/那处伸张，/末日的……/末日的人间变相！……地狱的人间，/宇宙之终古的地狱"[170]的泣血控诉，还是因"毒龙蒙之羊皮，/却使人间较地狱更为可畏了"而宁可"愿在地狱""愿见萨坦"[171]的无奈抉择，都饱含了诗人的愤怒和对末世审判的呼唤，甚至曹葆华《哀歌》中的地狱书写直接就带有了末世审判的意味。然而在愤怒背后，传达出的信息，是诗人对地狱之信超越了天国之信。如果说天国承诺的不可确知与陌生感使人心生疏离与怀疑，地狱惩罚的熟悉却很易被人理解甚至一定程度上被接受，即使仅是自以

166　李广田.地之子[M]//孙玉石编.中国新诗总系 1927-1937.北京：人民文学出版社，
　　　2009：278-279.

167　于赓虞.一阵风[M]//于赓虞.世纪的脸.上海：北新书局，1934：108.

168　于赓虞.病中的幻想[M]//于赓虞.世纪的脸.上海：北新书局，1934：39-41.

169　蒋光慈.哭诉——写给母亲[M]//孙玉石编.中国新诗总系 1927-1937.北京：人民文学
　　　出版社，2009：234.

170　王统照.独行的歌者[M]//王统照.童心.上海：商务印书馆，1925：192-198.

171　郑振铎.毒龙之国[M]// 刘英民，李艳明编.郑振铎全集：第二卷.石家庄：花山文艺
　　　出版社，1998：156.

为理解，之所以如此说，是因为中国人自认已承受了足够多的痛苦，由于对结束痛苦的期盼过于强烈，以至于总是会有意无意地忽略地狱惩罚的修饰语"永恒"，从而削弱了地狱的真正恐怖之处——永无止境的绝望。在"理解"的心境下，绿原在《给天真的乐观主义者们》中会视"地狱的牧者"统领下的死亡"比痛苦的生存要快乐十二倍"[172]，于赓虞更会用赞美天国的热情来歌颂地狱，将"我的"地狱塑造为一个"惨黑的天宇漫饰着恐怖的静寂，/似有鬼蛇联舞窗外，蛟龙哀泣于天际"、"已开遍了蔷薇，/无夜莺，杜鹃之音，亦无客人来叩柴扉"、而仅有一位诗人"赤足，散发在徘徊，长吁"[173]的异化空间，充满暗黑哥特风的颓废美，不枉魔鬼诗人的称号。

天国与地狱这两个对比鲜明的意象间存在一种非生即死的紧张关系，这种关系在一定程度上加深了诗人的不安与焦虑，而诗人们为了缓解这种焦虑，在将它们移植进入中国文化语境的过程中，在这二者间加入了许多在原来的文化背景下不曾有过的复杂纠葛。受中国《易经》文化中对立统一的辩证思想影响，中国新诗中的天国与地狱并没有形成基督教话语体系中那样针锋相对的紧张冲突，反而经常呈现出界限的模糊，甚至暗示了一系列转化的可能，如邵洵美看"天堂的边沿，将近地狱的中心"[174]，于赓虞视"人们畏避的地狱，谁知就是我友的天堂"[175]，朱英诞意识到"地狱反应出天堂"[176]、"幽美地以地狱为天堂底大门"[177]，曹葆华也在黑暗之中"走入/地狱，寻取钥匙去开启天堂"[178]。这种"一念成佛，一念成魔"的诗境，正是东西文化的碰撞夹缝之中生长出来的异葩。

172 绿原.给天真的乐观主义者们[M]//孙党伯编.中国新文学大系 1937-1949：第十四集诗卷.上海：上海文艺出版社，1990：764-765.

173 于赓虞.只我歌颂地狱[M]//解志熙、王文金编校.于赓虞诗文辑存.开封：河南大学出版社，2004：102-103.

174 邵洵美.洵美的梦[M]//孙玉石编.中国新诗总系 1927-1937.北京：人民文学出版社，2009：435.

175 于赓虞.万花山之夜[M]//解志熙、王文金编校.于赓虞诗文辑存.开封：河南大学出版社，2004：167.

176 朱英诞.赋得荷[M]//孙玉石编.中国新诗总系 1927-1937.北京：人民文学出版社，2009：666.

177 朱英诞.再见[M]//吴晓东编.中国新诗总系 1937-1949.北京：人民文学出版社，2009：530.

178 曹葆华.黑暗[M]//陈俐，陈晓春编.诗人、翻译家曹葆华：诗歌卷.上海：上海书店出版社，2010：143.

（二）创造与审判意象

创造是世界的开端，审判是世界的终末，这一组不完全对立的意象正体现了《圣经》中上帝"我是初，我是终"（启示录 21 章 6 节）的自我界定。现代诗人对这组具有极大演绎空间的意象同样充满了兴趣，他们不局限于创造与审判的终极原始意义，在对创造意象的使用中结合个人创作体验渗透了自己对上帝造物的个性化理解，在对审判意象的使用中则一并移置了审判者的审判模式，从而赐予了这组意象更多艺术层面的意义。

"诗人"在希腊文里就是"创造者"，因为他们拥有凭想象来创造的能力[179]。曾经亲自尝试过创造的人才能真正理解创造的意义与价值以及其中的艰辛与快乐，理解赋予作品生命的关键所在。在诗人充满发现力的细腻目光中，面对着一片混沌的上帝正如他们自己一样，是个沉浸在构思与创作中的伟大艺术家，他们以己度人地揣摩着上帝创造世界的心态和神态：那时，上帝应该是"在创造中/忘记一切：仿佛你跟着羽化飘扬/而去的"，脸上带着"所启示的圣洁的光芒"[180]，"造物者在沉思：丰厚的静穆！/他正凝神在修改他的创作。/至高的耐性与信心使他永远微笑，/为作品的完成，他要不倦地思索"[181]，"通过你两只温柔的手，/思想认出了它们固有的形体"[182]。诗人在将自己的艺术经验与上帝创世的过程作类比理解之时，也油然生出了对创造之功的敬畏，如从小漆匠对建筑的描画装饰中，诗人"记起一只永恒的手/它没有遗落，没有间歇/的绘着人物，原野/森林，阳光和风雪"[183]；从雄伟的山峦中，诗人感受了"不可摇撼的神奇，/　不容注视的威严，/……在无限广博的怀抱间，/　这磅礴的伟象显现！//是谁的意境？是谁的想象？/　是谁的工程与抟造的手痕"[184]；从超绝的艺术中，诗人领悟了"一切声音战栗地静息，/都在凝神倾听，生命，/你最初和最后的语言"、"庄严宇宙的创造本来/不是用矜持，是用爱"[185]和"它从创造者的

---

179 [意]维柯.新科学（上册）[M].朱光潜，译.北京：商务印书馆，1989：182.

180 杜运燮.小提琴家[M]//杜运燮.诗四十首.上海：文化生活出版社，1948：80.

181 杜运燮.登龙门[M]//杜运燮.诗四十首.上海：文化生活出版社，1948：75.

182 唐祈.雕塑家[M]//唐祈.诗第一册.上海：星群出版社，1948：30.

183 郑敏.小漆匠[M]//郑敏.诗集（一九四二——一九四七）.上海：文化生活出版社，1949：102.

184 徐志摩.五老峰[M]//孙党伯，袁春正编.闻一多全集：第 1 卷.武汉：湖北人民出版社，1993：347-348.

185 陈敬容.题罗丹作"春"[M]//吴晓东编.中国新诗总系 1937-1949.北京：人民文学出版社，2009：450.

/手里承受了更多的生，这严肃的负担"[186]。敬畏生谦卑，诗人因对创造的深刻体认而意识到自己的渺小与有限，但一切创造的相通性却又能保证他们不至于失去个人的价值感，反而能获得一种"迫切的创造的热情"[187]和积极良好的创作心态。

瑰丽奇谲的末世审判意象群对于现代诗人也具有相当的吸引力，这种吸引力不单纯来自《圣经》语言艺术上的成功，也来自它所包含的赏善罚恶、开启新生等令人振奋的隐喻意义。诗人借末世审判表达的不是绝望下的自毁倾向，而是在对自我言行之正义性怀有充分信心的基础上建立起对公义治世的盼望，只不过他们判断是非善恶的标准不是宗教律法，而是自己的良知。由于末日审判所拥有的惩恶性质，对《圣经》末世审判相关意象群的借用即直接表明了诗人的批判立场，如"宣判别人，就在他背后/时间吹起了审判的喇叭"[188]和"在它出来的日子，/将吹送出/对于凌侮过它的世界的/毁灭的咒诅的歌"[189]以天使之号的意象对旧时代及其当权者宣示了正义惩罚的宏伟开端；"飞行的正义书卷，在高空航行；/这是众秕穰从米粒中播去的日子。/你响应这号角之呐喊，去仇人血海中，/为万民洗下万代衣着，洁白如羊毛"[190]则以《启示录》系列意象的组合展示了借战争与杀伐施行拯救与惩罚的波澜壮阔；"现在我要拔下头颅，当作/末日的喇叭；扯破衣袍，从手中/发出雷响。在天地震撼中，突然/使人类毁灭，众生消亡，我满怀的/怨恨放出那万古不灭的红光"[191]更不惜以个体的牺牲为代价参与到大审判之中，以斩出伸冤辩屈的正义之剑。然而对于审判之后将何去何从，诗人们多半没有交待，显然他们不长于这个层面的思考，但革除旧弊的决心，已在这些审判意象之中铿锵有力地表明无遗。

值得注意的是，在中国新诗中存在一些对末世审判典故的误用，如把洪水意象误作末世意象之一、把阴间和地狱相混淆等，这些误用甚至出现在一

---

186 郑敏.荷花（观张大千氏画）[M]//郑敏.诗集（一九四二——一九四七）.上海：文化生活出版社，1949：135.

187 陈敬容.流溢[M]//吴晓东.中国新诗总系 1937-1949.北京：人民文学出版社，2009：451.

188 唐湜.背剑者[M]//吴晓东.中国新诗总系 1937-1949.北京：人民文学出版社，2009：475.

189 艾青.芦笛[M]//张凤洪等编.艾青全集：1. 石家庄：花山文艺出版社，1991：31.

190 汪铭竹.大战行进中一插曲[M]//汪铭竹.纪德与蝶.昆明：诗文学社，1944：59.

191 曹葆华.冤魂[M]//陈俐，陈晓春编.诗人、翻译家曹葆华：诗歌卷.上海：上海书店出版社，2010：145-146.

些著名诗人的作品中。如在艾青的《希特勒》中，他将希特勒称为"'四骑士'的先锋"，"在他的后面，像旋风似的/疾驰着：战争，瘟疫，饥馑，死亡"[192]。这里"四骑士"意象显然与诗人的写作意图存在错位现象，"四骑士"是上帝的使者，虽然他们将四样灾祸带到人间，目的却是为了施行惩罚、击杀罪人，而诗中的希特勒显然是一个滥杀无辜者，是应被审判和惩罚的对象，意象隐喻意义与现实所指出现了严重的悖反。这种误用不应单纯归结于对《圣经》熟悉程度不够，尤其对于曾改写过基督降生和受难故事的艾青而言。它更应视作一种刻意为之，缘于无信仰者对上帝审判权责和方法的不认可，故而他搁置了四骑士撒播灾难之行为的正邪问题，只保留了他们的灾祸属性。

无论是创造意象还是审判意象，都能够在一定程度上增加诗歌的力度：前者在心灵内部唤醒了诗人的自我认同，而后者则为诗歌的社会功能提供了另一种艺术化的承载方式。以这些终极意象作为载体，诗人在无意识中完成了一个融自我于超我的心理过程，获得了预言家与先知般的语言权威感和优越感，同时，也为读者提供了酣畅淋漓、充满快感的阅读体验。

三、此世意象的去符号化

不同于被宗教赋予了特殊意义的普世意象，此世意象是随基督教产生与发展而诞生的副产品，或是宗教仪式的某一项，如祈祷、祝福、洗礼、忏悔等；或是有特殊意义和仪式感的实体物器甚至人员，如十字架、圣杯、《圣经》、教堂、牧师、神父、修女等，它们的共同特征是与基督教文化的直接关联性。不过在热衷于将意象的能指与所指打乱重组的现代诗人手中，这些原本指向较为固定的符号式此世意象往往会出现向其他领域迁徙的使用现象。

（一）祈祷意象

祈祷在中国新诗中具有意象与诗体两个方面的建构意义。作为意象的祈祷，特指祈祷事件本身作为一个完整的意象进入诗歌，祈祷的内容是意象的一部分而非全部，也往往不是主要部分。以祈祷为主题的诗歌更多是以宗教仪式化场景书写编织特殊的诗境，以神圣氛围的营造来提升诗歌的感染力。如冰心的《晚祷》[193]，真正宗教意义上的祷告从诗歌第二节才正式开始，而

---

192 艾青.希特勒[M]//张凤洪等编.艾青全集：1.石家庄：花山文艺出版社，1991：506.
193 冰心.晚祷[M]//许正林，傅光明编.冰心诗全编.杭州：浙江文艺出版社，1994：157-158.

第一节对树影、草坡、月色、天空及祈祷者印象派油画式的细致摹写，则为全诗赋予了宁静肃穆的美感；梁宗岱的《晚祷》只表明了赞美、感恩和忏悔的主题，重心全放在"清婉潺湲/微飔荡着的/兰香一般缥缈的琴儿"、"安静的旷野，/无边的黑暗，/与雍穆的爱幕"[194]和"温软的影儿恬静地来去，/牧羊儿正开始他野蔷薇底幽梦"[195]上；刘廷蔚的《早祷》也仅将祈祷的内容一笔带过，反而靡细无遗地描绘了"繁枝上滴沥的雨珠"、"满山错杂的泉响"、"松针铺地的密荫"、"松林绿色的空气"，并将"这一刻美洁的时光"视为珍宝奉献给上帝[196]；汪震的两首《野祷》中都完全没有祷语，无论是前诗中的"茫茫的宇宙，/上帝的国；/阳光的和暖，/上帝的尊严；/煦煦的春风，/上帝的慈爱"[197]还是后诗中的"伟大的宇宙包着我，/蔚蓝的苍天盖着我，/嵯峨的高山迎着我，/广漠的大地铺着我，/晶亮的阳光照着我，/至高的上帝看着我"[198]，都是在借自然之美为上帝作见证，诗人的存在及其感悟即是无声的祝福。这些出现于信徒诗人笔下的祈祷意象虽然形式上不再拘泥于宗教仪式，但意义上大多还未脱离宗教而独立存在，只是将其升华、美化成为一种艺术性的情境。

普世新诗中的祈祷意象与宗教祈祷距离则相对远些，有时仅是一种展示女性圣洁美的外在姿态[199]或类比寒冬之严肃特征的参照物[200]，即使诗中出现有真正意义上的祈祷行为，对象、内容等也都比较复杂。诗人的祈祷可能是面向非神明的特定对象，如梁宗岱《晚祷》的真正对象其实是隐藏在上帝背后的爱人，冯至《十四行集（四）》中的祈祷也是献与了一株小草；也可能是泛化的对象，纯粹只是假定一个听者来倾听自己内心的愿望，如郑敏《最后的晚祷》全诗、石评梅在《别宴》中的祈祷、殷夫《夜起》中的默祷、焦菊隐《母亲的病》中小妹的祈祷等；还有可能以自己为对象，通过祈祷行为坚

194 梁宗岱.晚祷——呈泛，捷二兄[M]//梁宗岱.梁宗岱文集：1.北京：中央编译出版社，2003：31.

195 梁宗岱.晚祷（二）——呈敏慧[M]//梁宗岱.梁宗岱文集：1.北京：中央编译出版社，2003：32.

196 刘廷蔚.早祷[J].生命，1924，4（9-10）：97-98.

197 汪震.野祷[M]//汪震.伐木集.北平：北平著者书店，1946：15-16.

198 汪震.野祷[M]//汪震.伐木集.北平：北平著者书店，1946：42-43.

199 如辛笛的《姿》，见辛笛.手掌集[M].上海：森林出版社，1948：77-79.

200 如冯乃超的《默》，见冯乃超.红纱灯[M].上海：创造社出版部，1929：52.

定自己的信念，如牛汉《采色的生活》中的祈祷即是一种自我激励。这些祈祷意象的构筑更多是为了满足诗歌内在的对话性需要，也不乏想借助宗教仪式的神圣感传达诗人愿望之迫切的因素。书写这些祈祷的诗人中不乏无神论者，然而祈祷意象的选择却透露出他们潜意识中对宇宙间大意志的存在依然怀有一定期待。

而就祈祷内容而言，普世新诗的祈祷意象多是幸福、自由、平安、健康、爱情、宽恕甚至死亡等愿望的单纯陈述，而少见宗教祈祷中必有的感恩、赞美、交托、忏悔等，并且存在以祈祷的方式批判和讽刺现实、或向上帝挑战甚至审判上帝的书写现象。曹皖清的《晚祷》[201]中明显流露了对世界"黑暗和痛苦"的批判，任钧的《将军的晚祷》也对假信徒"从此每天虽然照常跳舞，抽大烟，/但他总不会忘记诚心的晚祷，/对着东方的'圣明'；/可是，同时，他也没有忘记/把眷属，财产移向南方"[202]的虚伪给予了辛辣的嘲弄，阿垅的《无题》以一句坚定的"我们无罪"[203]中断了向上帝的忏悔，于赓虞更是以"一方为他向天忏悔，/ 一方在编制高贵的花圈"的矛盾行为质疑了"上帝的不仁"[204]。结合上帝意象的负向书写趋势，祈祷意象中存在如许叛逆倾向也不难理解，这正是知识分子的批判性在面对特定对象时的表现方式。

（二）十字架意象

民国时期，十字架作为基督教文化代表性视觉符号，在知识分子之中有着比基督教本身更为广泛的影响力。由于耶稣的受难与十字架间焦不离孟的关系，十字架在作为基督教的象征时，主要强调了基督的受难意识与牺牲精神。在中国新诗中，十字架意象大致可分为对基督教的笼统指代与基督精神的专门指代，而这两种指代内涵的区别，直接决定了十字架在诗中所承担角色的正邪。

直接作为宗教符标的十字架，有时会和上帝意象一样，被贴上权威的标识，而后归入该批判与打倒的行列。其实作为权威象征的十字架更接近于受难的原义，在前新约时代，未获得宗教意义的十字架是恐怖和罪恶的标记。包括在耶稣受钉刑的过程中，十字架也是作为审判者的代码与刽子手的工具

---

201 曹皖清.晚祷[J].女铎，1947，32（9）：30.

202 任钧.将军的晚祷[M]//任钧.冷热集.诗人俱乐部，1936：79.

203 阿垅.无题[M]//林希编.阿垅诗文集.北京：人民文学出版社，2007：84.

204 于赓虞.祈祷[M]//于赓虞.世纪的脸.上海：北新书局，1934：49-51.

而在客观上助纣为虐共同完成了对耶稣的加害，只不过在耶稣受难后，十字架也因为救赎宝血的洗濯而成圣了。在新诗中存在少量对十字架前宗教原始义的接纳情况，如刘廷芳《今朝的十字架》，即通过"那一群制造十字架的人们"被"互相凶狠的抽打，/在高高的十架上，把同胞钉上；/他们到如今还被钉着"[205]的安排，传达了一种贬谪权威、惩恶扬善的愿望；在"我们岂不是/都在自己的年代里/被钉上了十字架么？/而这十字架/决不比拿撒勒人所钉的/较少痛苦。//敌人的手/给我们戴上荆棘的冠冕/从刺破了的惨白的前额/淋下的深红的血点，/也不曾写尽/我们胸中所有的悲愤啊"[206]中，十字架也作为冰冷的强权者和痛苦的施与者之替身成为人们怒目相向的对象；"叛逆的人全被钉上了十字架，/正人君子都戴上美丽的桂冠"[207]中的十字架，则更与人的觉醒呈紧张的对峙关系，充满了专制的暴力感和反讽的意味。在缺乏宗教传统的淡漠大环境中，纵然有并未完全剥离宗教神圣属性的诗歌，其中十字架的圣火也极易被不断泼以冷水、以至早早熄灭，留下脆弱无力的宗教躯壳。就如在"多情之上帝全聋废了，/耶苏之木架长朽在寂聊之乡"[208]、"逃遁在上帝/腐朽十字架之下，/老迈之狂士，/简单的心/充满着怯懦之急流"[209]等句中，宗教意象的组合最终营造了非宗教的情调，宗教的肃穆感也随着十字架的衰败一同消失殆尽，上帝与十架的负性并置产生了双重解构的效果，充满现代主义式的迷茫。

而含有受难与牺牲等基督属性的十字架，虽然在《十字架》[210]、《在这边，呼唤着……》[211]等诗作中被赋予了死亡的暗示，与墓碑意象同时出现，但其阴郁的气质往往会被更为激昂的正性指代所冲淡。如在"流十字架的血/击碎巴士蒂狱的铁门"[212]和"Socrates 像白痴一样勇敢地饮了那杯毒酒/Jesus 勇敢

205 刘廷芳.今朝的十字架[J].紫晶，1936，10（2）：287-288.

206 艾青.笑[M]//张凤洪等编.艾青全集：1.石家庄：花山文艺出版社，1991：142-143.

207 舒凡.奇迹[M]//孙党伯编.中国新文学大系 1937-1949：第十四集 诗卷.上海：上海文艺出版社，1990：798.

208 李金发.生之疲乏[M]//李金发.微雨.上海：北新书局，1925：115.

209 李金发.屈原[M]//李金发.微雨.上海：北新书局，1925：50.

210 于赓虞.十字架[M]//解志熙、王文金编校.于赓虞诗文辑存.开封：河南大学出版社，2004：177-178.

211 "呼唤着/战士的墓碑/和十字架"，见：彭燕郊.春天——大地的诱惑[M].桂林：诗创作社，1942：94.

212 阿垅.街头[M]//亦门.无弦琴.上海：希望社，1947：44.

得像白痴一样被钉上十字架”[213]等诗句中，现时的牺牲被置于由苏格拉底、十字架、巴士底狱所暗示的厚重历史背景之中，体现了一种延续了数千年的具有普世价值的精神传承，进而携带了希望的曙光。而受难途中耶稣背负十字架走向各各他的细节又为十字架增加了个人责任与负担的隐喻意义，因此曹葆华会坚持“扛着十字架仍向前走/寻梦，还是要寻找自己”[214]，阿垅会以“像斜插在地上的十字架”来描绘“徒然振奋地大张着两臂”的纤夫[215]，也会在无形中产生“不论我酣睡或者微醒之时/十字架底影子总是/和我自己底影子一样没有放松过我”[216]的紧迫感。受难觉悟与责任意识正是现代诗人所固有的精神气质，所以当他们接触到拥有这两种隐喻意义的十字架意象时，便产生了深深的认同感，并将之发扬于诗歌之中。

一方面，十字架意象取正义之象征含义；另一方面，变形的十字架意象则常带有魔鬼的暗示。如《飞龙与火网》中，既有“高悬起自由，博爱与真理的面像”的端正十字，也有“斜十字，怒红的血划破暗空，/高举出那把三尖的怪器，/三尖上的赠予是‘贪，恚，痴；’”[217]，形成了鲜明的对比。由斜（邪）入正的过程也是进化的过程，不过进化前后的十字架之三极其实都已被作者偷换成了更富人文主义色彩的理念；在《末日》一诗中，阿垅以他奇特的联想将十字架与卍字徽这两个处于善恶两极的符号吊诡地结合在了一处，“曾经活钉过圣者的/——那仅仅地一个的‘人’”的“无辜的橡木的”十字架，在法西斯主义横行的时代里“狞毒地抽搐着/痉挛起来/成为——唯一地一个的希特勒主义的恐怖至上的符号”，“这个卍字徽/这个由于神经崩坏的错乱和瘫痪而痉挛了的十字架/它要活钉多少人啊”[218]。十字架的变异现象在本质上与前述的衰朽出于相同的原因，都是信德缺乏的一种体现。然而现代诗人化缺陷为优势，毫无负担地摆脱了宗教真理的束缚，任想像力在神魔之间自由切换，最终在悖反意象的组合中实现了诗意与逻辑的和谐。

213 冀汸.我不哭泣[M]//孙党伯编.中国新文学大系 1937-1949：第十四集 诗卷.上海：上海文艺出版社，1990：925.

214 曹葆华.无题草（第二辑·九）[M]//曹葆华.无题草.上海：文化生活出版社，1948：41.

215 阿垅.纤夫[M]//亦门.无弦琴.上海：希望社，1947：22.

216 阿垅.三角[M]//亦门.无弦琴.上海：希望社，1947：82.

217 王统照.飞龙与火网[M]//王统照.江南曲.上海：文化生活出版社，1948：29-32.

218 阿垅.末日[M]//亦门.无弦琴.上海：希望社，1947：64-66.

在踏入诗歌的领地时，宗教意象必然要寻找出路以突破自己的局限，普世化即是他们获得新生的探索之一。宗教意象的普世化是诗人与《圣经》最直接的对话，藉由给予《圣经》中宗教意象以全新阐释，诗人表明了对《圣经》记载及宗教理念的疑惑、商榷和否定。当然，这种探讨不是他们的本意，而只是他们诗歌创作的副产品，难免偶尔会在诗歌中碰撞出如"忽然一位帝王显现，/举止有无限的华严；/最慈祥是他那吸人的目光，/绝不类幽灵，似圣像在天堂"[219]的生硬不和谐之感。不过处于饥渴中的现代诗人不会抗拒自己的思维在《圣经》的世界中奔突，将宗教材料打包回自己的精神大鼎中，加以个性化的调味，最终烹饪出了如许 Christ-ina 式的料理。而老坛酸菜比萨饼式的尝试固然对读者的味蕾是一个挑战，倒也有一番独特的酸爽，值得细细咀嚼一番。

第三节　诗歌语体的神圣化

作为"人们在完成特定的交际任务时所形成的语言运用体系"[220]，各种语体在不同的运用场合中必然有其独特的表现形式。然而各类语体虽然"以其自身的特点互相区别开来，具有一定的排他性"，但同时又具有着"多维的、立体的、动态的特征"，尤其"还存在着相互渗透、相互影响的关系"，即所谓的"语体的交叉"[221]。一般而言，诗歌语体属书面语体中的文艺语体，但若将其放置于人类文明的大背景中考量，它又应当被看作神话时代的主流语体（寓意文体）[222]。从这个意义上来说，诗歌语体与《圣经》语体就有了血脉上的相通性与彼此交融的可能性。不过除《圣经》文本之外，宗教仪式中所包含的诸多口头语体，也为中国新诗注入了不可忽视的新鲜血液。

一、礼拜化的结构特征

由于已远远越出了教堂界线的教会生活对诗人造成了潜移默化的影响，

219 蹇先艾.炉边[M]//孙玉石编.中国新诗总系 1927-1937.北京：人民文学出版社，2009：249.

220 胡裕树.现代汉语[M].上海：上海教育出版社，2011.495.

221 刘凤玲.试论语体的交叉[M]//曾毅平，刘凤玲主编.修辞·语体·风格——黎运汉教授 70 华诞纪念论文集.香港：文化教育出版社有限公司，2000：233.

222 参见弗莱.伟大的代码：圣经与文学[M].郝振益等，译.北京：北京大学出版社，1997：21；[意]维柯.新科学（下册）[M].朱光潜，译.北京：商务印书馆，1989：497.

基督教特有的礼拜式语体风格有意无意地渗入了大多数诗人的表达之中，无论是信徒诗人还是普世诗人。基督教活动中最为世人所熟知的是每星期日的主日崇拜。主日崇拜活动最主要的三项内容——祈祷、说教和赞美，分别从对话化、演词化和歌曲化三个角度影响着诗人对诗体结构的建设。

（一）祈祷体

祈祷是信徒与上帝最重要的交通方式，也是基督教信仰生活的重要组成部分。虔诚的信徒每天都会有多次祈祷。据胡适日记中的记载，"旧教之国教堂日祷三次，晨，午，薄暮。教堂鸣钟，闻钟声者皆祷，祷时默诵祷文，其首句云："Angelus Domini nuntiavit Mariae"故名"angelus""[223]。不过这里记载的是天主教的情况，我国的现代诗人接触新教者较多。新教在个人礼拜形式上并没有天主教严格，但从刘廷蔚的《早祷》、冰心和梁宗岱的《晚祷》中可以看出，早间和晚间的固定祷告还是有的，同时每餐前也应有谢饭祷告。所以在祈祷、说教、赞美这三项内容中，祈祷在信徒生活中占有更大的分量，对诗人语体的影响也最为深刻。在形式上，祈祷分为默祷和诵祷两种，默祷多为个人行为，使用内在语言，较为随意，而诵祷则更多地使用于团契或礼拜生活中。后者由于面对更大的受众群体，在语言上往往会精雕细琢，所以好的祷词往往就是一篇美文或一首好诗，比如《圣经》中的《诗篇》其中就有很多是祷词。"祈祷时候的心境既和唱读诗歌时候的心境和谐，也和写诗时的精神相通"[224]，在事工新诗中，也有很多作品直接写为祷词的形式，如《生命》、《天风》、《紫晶》等刊物中，都有专门的祷词专栏，虽然与诗歌分列不同版块，但详细品味，其中也多有诗的韵味，将其视为诗歌未尝不可。

基督教的祈祷不一定是要有所求，也可以是忏悔，或仅陈述心情。它有一套相对固定的结构形式，首先呼求上帝或耶稣的名字，继而是简单的感谢与赞美，接下来有一小段虚己谦卑之词，然后是祈祷的正文，视具体情况或作陈述、或作忏悔、或作祈愿、或作祝福、或兼而有之，也可以包括约伯式的追问甚至质问，在结束时以"奉耶稣基督之名所求，阿门"作为终了标志；其中感谢、赞美、虚己、祈愿的位置可能依各人习惯有所调节，比如闻一多的《南海之神——中山先生颂》的第三部分"祈祷"一节，就将"我们虽是

---

223 胡适著，曹伯言整理.胡适日记全编：1[M].合肥：安徽教育出版社，2001：320.
224 朱维之.基督教与文学[M].上海：上海书店，1992：153.

不肖的儿女，背恩的奴隶——/我们自身鄙吝反而猜疑你的恩惠，/自身愚蠢因之妒嫉你的聪明"等虚己谦卑的话语穿插在忏悔的过程之中，又与祈愿整体糅和，而"伟大的神！仁爱的神！勇武的神啊！/让我们赞美你！让我们礼拜你"[225]等赞美颂辞则被放置在整个祈祷的最末。祈祷形式移置到诗歌中时，未必会包括整个结构，例如高长虹的《给——》（17）仅保留了呼吁、一句简单的祈愿，侧重点全放在追问上；曹葆华的《呼祷》（一）在求告上帝的名之后，花大段文字陈述了自己的迷茫心境；焦菊隐的祈祷书写尤其特别，只关注最末的结语"阿门"。对于大多数普世诗人而言，感谢、赞美、虚己的意识往往会比较薄弱，他们的祈祷仅将祈愿截取为重点，如"上帝呀！/用你的手，悲哀底磁石，摄去人间一切的悲哀罢"[226]就是在呼求之后直接跳跃到祈愿部分的一个实例。在这种祈祷语体中，充斥着以"愿"、"请"、"让"开头的祈使句，透露出诗人强烈的焦虑感。

祈祷语体在语用功能上的最突出特征，就是隐藏了一种言说的低姿态，它预设了一个永不开口的听者——上帝，来完成表达上的对话需求。诗人在这个听者面前毫无保留地敞开自己的心扉，以虔敬的心、谦卑的态度、真诚的爱将自己的所思所想倾诉而出，情之所至，语之所至。由于这种表述方式与意识流文学有内在的一致性，所以逻辑性不是它的长项，其中经常有反复的语言，铺排的抒情，如于赓虞的"寂灭罢，寂灭罢，我的魂"[227]、蒋光慈的"哎呦，哎呦，……/我的生命的主宰呀"、"泪呀，泪呀"[228]、闻一多的"请告诉我"[229]等。并不是每首诗中的重复后都伴随着闻一多《祈祷》中那样能引发读者思考、情感递进或升华的追问，很多都是同级的回旋与反复，胜于情感充沛，失于琐碎随意。并且在祈祷过程中，诗人的思想有时会发生变化，故而偶然会出现如赵紫宸《破碎的国旗》一般前后不一致的情况，不过思想不一致未必会导致诗意连贯性的崩塌，一以贯之的情感可作为一种补救，反

---

225 闻一多.南海之神——中山先生颂[M]//孙党伯，袁春正编.闻一多全集：第 1 卷.武汉：湖北人民出版社，1993：247-249.

226 刘延陵.悲哀[M]//朱自清等.雪朝.上海：商务印书馆，1922：123.

227 于赓虞.晚祷[M]//解志熙、王文金编校.于赓虞诗文辑存.开封：河南大学出版社，2004：75-76.

228 蒋光慈.我应当怎样呢？[M]//蒋光慈.光慈诗集　新梦.上海：上海文艺出版局，1925：91-92.

229 闻一多.祈祷[M]//孙党伯，袁春正编.闻一多全集：第 1 卷.武汉：湖北人民出版社，1993：154-155.

而能够凸显诗人创作态度的真诚性。然而祈祷语体也有其缺陷，真诚有余，含蓄不足，抒情过于直白，在一定程度上导致了诗味的流失。

（二）说教体

在狭义的基督教文学之中，说教是一种单独的门类，类似于基督教主日礼拜中的宣道文稿。在《圣经》中它有散文体与诗体两种表现形式，摩西、耶稣的教训即多为散文体，《诗篇》中大卫、可拉后裔、亚萨、希幔、以探等人的训诲诗即属诗体，不过即使是散文体的说教也多有诗的意味，《约伯记》即是最为典型的一例，就如弗莱所说，"圣经的演说文体是诗和有关内容的结合"[230]。民国时期的基督教刊物里一般都会有专门的说教专栏，也同时采用这两种形式。

如果说祈祷语体体现的是自下而上的谦卑态度，说教语体则秉持自上而下的权威态度。但这种权威并非来源于言说者的傲慢，而源于对自己所要传达内容的确信甚至尊崇，因为说教的修辞模式"是隐喻的和'存在主义的'或有关的形式的混合体，……是我们传统称作启示的内容的传播媒介……指从客观的神圣的信息来源将信息传递给主观的人的接受者"[231]。一般而言，普世诗人不会轻易选择这种语体，因为作者和读者在真理认知上的差异往往会导致对接不畅，当读者不认可作者所传达信息的神圣性与权威性时，就会将这种笃定的口吻和上对下的姿态解读为傲慢，进而心生反感。但信徒诗人则不然，对他们而言，宣扬真理永远排在第一位，相比之下，被读者质疑则没那么重要。因此他们宁可牺牲读者的阅读体验，也不能在信仰问题上让步。

由说教文体演化而来的演词诗是事工新诗独有的一种形式。演词本意是演说词，它预设了宣教的场景，以信徒和相当数量的慕道友作为假想的现场读者，注重真理的传达与气氛的调动，因此可以理解为基督教语境中的朗诵诗。《真理周刊》中吴震春的《主祷文演词》系列长诗是最典型的《圣经》演词诗，除此之外，诸多公祷文、国难祷文、告别祷文等，如刘廷芳的《呼战声》、刘廷蔚的《哀吁——为魏士毅女士作》、贫子的《慰我国魂》、黄华节、吴雷川、蒋振翼等人的《国难祷文》之类，也属于演词诗范畴。这种演词诗

---

230 弗莱.伟大的代码：圣经与文学[M].郝振益等，译.北京：北京大学出版社，1997：74

231 弗莱.伟大的代码：圣经与文学[M].郝振益等，译.北京：北京大学出版社，1997：50

受《诗篇》中训诲诗的影响，多有较强的祈祷特征，具备一定对话性，出于阐释的需要，因此常有一系列不带过多修饰词的陈述句的连排，而且毫不避讳说明性的长句。从诸如"既是真我的根原，本不容易用一种名词或称号，来形容这关系，/但我们必要表明这关系，盼望我们共同儆觉，因此就不能不用语言"、"我们竭尽我们的敬爱，以及因敬爱你而发生的一切，只不过将你所给的复归于你"[232]等略显絮烦的长诗句中，可以读出诗人的恳切和自省。

在无强烈宣教色彩的诗歌之中，说教语体的教训口吻较弱，含有更多劝慰的意味，诗歌形式多为以过来人的身份对后来者提出的建议或劝勉。如冰心、何植三等人的说教对象多是"我的朋友"、"聪明人"、"青年人"等，在他们眼中这些人是代表着未来希望的、他们有责任去说教的对象，只有这些人才有可能聆听并接受"起来罢，/　晨光来了，/　　要洗你的隔夜的灵魂"[233]、"要隄防的是：/忧郁时的文字，/　愉快时的言语"[234]、"为免后来的忏悔，/好好的开你的花"[235]、"在这漠漠的世界上，/只能提着'自信'的灯儿，/　进行在黑暗里"[236]等虽未必顺耳却于之有益的说教；而陆志韦《弱者》，则充满了看破红尘者的沧桑，"坐着的人静静的背着说：/'凡是怨恨懦弱劳苦倦极；/欲火烧残以至长夜无明；/迷雾之中失去前程目的；/凡不得已而殉幻梦的人，/歧路彷徨，情场踟蹰的人，/回到此地来受个洗礼罢。/我们杀人放火，就义成仁，/踏进了盗跖孔丘的圣庙。/史上留名，心肺早已破碎。/这扎进了身腰的恶奋斗/岂是血肉的人久长之事。/回到此地来受个洗礼罢。'"[237]这类告诫虽然也是用心良苦，但由于字里行间的审判意味过强，难免造成接受障碍，这也正是说教诗体的局限。

（三）赞美体

赞美是基督教礼拜过程中极其重要的一环，它采取的主要形式是歌唱，此环节被诗人有意无意地移用到了诗歌创作之中，使得很多基督性诗歌在体式上呈现出一定歌曲化特征。笔者在第二章论述过新诗音乐性研究大师陆志

232 吴震春.我们在天上的父（主祷文演词之一）[J].真理周刊，1923，1（37）：3.

233 冰心.繁星（五四）[M]//冰心.繁星.-5 版.上海：商务印书馆，1925：29.

234 冰心.繁星（六四）[M]//冰心.繁星.-5 版.上海：商务印书馆，1925：34.

235 何植三.杂诗（二）[M]//何植三.农家的草紫.上海：亚东图书馆，1929：120-121.

236 冰心.春水（九〇）[M]//冰心.春水.北京：新潮社，1923：59.

237 陆志韦.弱者[M]//陆志韦.渡河.上海：亚东图书馆，1923：177-178.

韦的成就，而事实上，在基督性诗歌的写作中，在这一方向上进行过尝试的不止陆志韦一人。在新诗发展的第一个十年中，这种探索的积极意义不容忽视。新诗草创时期，在诗坛上一枝独秀的毫无疑问是自由诗体，它在普及白话、提倡诗体解放的年代自然有其特殊的意义，但自由诗体缺乏韵律美和节奏美也是一个不争的事实。在这一背景下，走在新月派的新诗格律化实践以先的基督性诗歌合乐性探索就显得尤为可贵。

受到过基督教赞美诗启迪的诗人小有规模，平行诗节、主副歌式的结构是他们从赞美诗中汲取的主要灵感，所以有些采取了或局部采取了主副歌形式的作品会直接在标题上有所体现，如曹葆华的《夜歌》、常任侠的《西风歌》、陈辉的《献诗——为伊甸园而歌》等。诚然，这种结构并非是赞美诗的专利，而是存在于很多歌曲之中的体式，但唤醒了诗人对这种体式之敏感的，则是在当时社会文化中存在感极强的赞美诗。这种格式赋予诗歌的格律美体现在视觉与听觉两个方面，同一歌曲中乐句长度基本均衡，这决定了诗句的相对整齐，而诗歌的单向阅读特征决定它不会像歌曲那样以"副歌堆叠＋主歌单列"的方式书写，仍要依次分段排列，因此呈现在书面上的视觉效果多是豆腐块式或准豆腐块式；因为歌唱需要，赞美诗一般沿用传统押韵方式，这一习惯也同样被移置在了基督性诗歌写作的韵律把握中。不难发现这种形式完全符合闻一多"三美"说的音乐美和建筑美要求。考虑到闻一多的信徒身份以及他对祈祷、赞美等形式的熟悉，很难说他的"三美"说中毫无赞美诗体式潜移默化的影响痕迹。

可以说，合乐性追求是中国新诗在赞美诗刺激下的一种寻根，然而这种寻根并非简单的回归原始状态，而是螺旋式的上升。这种"歌诗——诗歌"的思路发展到当代，给予新诗与歌曲以双向的启迪，以至于两种艺术形式间有了更多的交叉。

此外，赞美诗翻译还引起了小范围内的"述诗"繁荣。在西方现代诗歌的引进过程中，在"译述"二者的选择中，中国译者明显对"译"的重视程度远大于"述"。"述"是一种更为灵活的引介外国文学的方法，即不逐字逐句翻译，而用译述者自己的语言将自己理解后的原文含义转述出来。这种方法不拘于翻译"信、达、雅"原则的限制，而是本着"得意忘形"的原则进行的再创作，因此格外适用于诗歌这种体裁。在刘廷芳自己的诗集《山雨》和他主编的《紫晶》杂志中收有很多与译诗界限清晰的述诗，包括《阿佛莲菊骚》、《儿童》、《路西旦梦德洛》、《走进圣堂》、《知识》、《梦想是真》等，其作者群以刘廷芳、杨荫浏、沈子高、赵紫宸等事工诗人为主。这些述诗作者几无例外，都曾从事赞美诗的翻译。赞美诗的翻译对"韵译"的要求比较高，这就决定了字句完全对应有时是不可能完成的任务，而对作者的转述提出了较高的要求。"述"译习惯带入普通外文诗歌的翻译时，就会催生大批述诗。述诗会带上诗人的个人风格，但对原诗意味的传达则有些欠缺，甚至可能因诗人的理解与原作表述的差异而造成一定程度的误读，这大概也是述诗未能在整个文坛范围内获得普遍认可的原因。

二、经典化的句式特征

句式的选择与组织对诗歌的语气有决定性的影响，《圣经》全书的神圣庄严感除了由启示性赋予之外，还在很大程度上得益于译者的句式选择。称《圣经》采用的是"神圣文体"，倒不如说"神圣句式"来得更准确。这些极具个性的构句方式毫无悬念地引起了诗人的争相效仿。

（一）权柄句式

《圣经》语言被称为"话里有权柄"（路加福音 4 章 32 节）的教训，"A是B"式具有笃定感的判断句式是《圣经》权柄话语的代表句式。这种句式由于在人们日常语言中较为常见，对于它的文学表达价值人们反而不去多作留意，诗评家们也往往更关注将完整的句子割裂、将词语错位组合等手段带给读者的陌生化审美体验。《圣经》则提醒人们重新发现了这种"具有严肃庄重的色彩"[238]的、极简又极有力、有效的表达句式，上帝的代表性语言"我是自有永有的"（出埃及记 3 章 14 节）、"我名是奇妙的"（士师记 13 章 18 节）、"我是阿拉法，我是俄梅戛，是昔在、今在、以后永在的全能者"（启示录 1 章 8 节）、"我是初，我是终"（启示录 21 章 6 节）等，皆采取了这种句式。这种句式也颇符合诗歌的类比式思维习惯，"诗歌使语言的隐喻用法保持了下来，而且也保持了它在确定关系上的习惯思维方法：'这是那'的隐喻结构"[239]。判断句式作为一种权柄句式的基本形态，通过隐藏、省略等多种方式又衍生出很多变体，但需要注意的是，并非所有的"A是B"式句子都属于权柄

---

238 张学贤.现代汉语若干句式表达作用刍议[J].金华职业技术学院学报，2001，3：73.
239 弗莱.伟大的代码：圣经与文学[M].郝振益等，译.北京：北京大学出版社，1997：45.

句式，还需要联系上下文确定它是否能够提供庄肃的语感。这种非绝对性使得诗歌中的权柄句式很容易隐藏于一系列普通陈述句中为读者所忽略，但若对《圣经》话语习惯足够熟悉，则会对诗句中的权柄意味生出格外的敏感。

权柄句式在事工新诗和小诗的写作之中具有天然的优势。前者可以直接通过对上帝话语的模仿和借鉴来获得相似的权威感，以达到颂赞或宣讲氛围的营造；后者的凝炼性要求则对过多的修饰语构成了一定的排斥，因此多投向权柄句式寻求掷地有声的格言感，以传达富于理趣美的哲学情思。如冰心以"上帝是爱的上帝，/宇宙是爱的宇宙"[240]直接传扬了基督教的精义，刘赏宸以"日头啊！你是何等的信实——慈爱"[241]借太阳作比赞颂了上帝的信与爱，谢采江以"无始无终是你的寿命，/上下四方是你的身体"[242]写出了自然的永恒与博大，宗白华也以"我信仰/一切都是神！/我信仰/我也是神"[243]宣告了自己的泛神论信仰。这些判断句式所蕴含的权柄气质无形中放大了诗歌在读者内部言语[244]中的音响感觉[245]，进而加强了诗歌观念的传达效果。

（二）箴言体句式

在《圣经》中有几种文体在中国古代文学中可以找到准对应文体，一种是与骚体文接近的哀歌体，一种就是与骈文接近的箴言体。严格来说箴言体应属于文体而非句式，但在中国新诗中，它往往不独立成诗，而是作为构成诗歌局部的复句而存在，故而在本书中笔者将箴言体作为句式来探讨。诚然《圣经》中的箴言书除格言体外还有数字哲理诗、小型哲理论丛、贯顶体哲理诗等[246]，格言体也并非完全由骈文式的对句组成。格言体的准确概括应该是"并行体"，除了两句并行外还可能包括三、四、五、七、八句甚至几十句的并行体，即使是对句，也包括正对（一二句意思平行，既不加重，又不减轻）、反对（第二句反衬上句，成为两句反对的独立句子）、合对（第二句比较更精细地完结第一句，或用比较法，或用解释法。用这种对法时，两句中

240 冰心.夜半[J].生命，1921，1（8）：诗2.

241 赏宸.日头[J].生命，1921，2（1）：诗6.

242 谢采江.自然[M]//谢采江.野火.保定：三块协社，1923：41.

243 宗白华.信仰[M]//宗白华.流云小诗.上海：正风出版社，1947：5.

244 维果斯基.思维与语言[M].李维，译.杭州：浙江教育出版社，1997：52.

245 索绪尔.普通语言学教程[M].高名凯，译.北京：商务印书馆，1999.33.

246 梁工.圣经诗歌[M].天津：百花文艺出版社，1989：240.

有一句不能独立）等多种对应方法[247]，后两种对应方法的字数因翻译文字受表意需要所限而表现得不是十分严格，尤其是合对，如"我儿，要谨守你父亲的诫命，不可离弃你母亲的法则"（箴言6章20节）和"若被找着，他必赔还七倍，必将家中所有的尽都偿还"（箴言6章31节），一为反对，一为合对，都未严格遵守对偶的原则。受中国人长期以来的语言习惯约束，现代诗人接受度最高的仍是两句并行，其次是三句并行。

　　箴言书两句并行体式的三种具体形制在中国新诗中都有过仿效，正对的诗句有"人生：/你底今生若处女，/你底来生如新妇!"[248]、"生离——/　是朦胧的月日/死别——/　是憔悴的落花"[249]、"手所痛苦的脚不感觉么/肉所痛苦的心不跳动么"[250]等，反对的诗句有"真正的同情，/　在忧愁的时候，/　不在快乐的期间"[251]、"真理，/　在婴儿的沉默中，/　不在聪明人的辩论里"[252]、"因着世人的临照，/　只可以拂拭镜上的尘埃，/　却不能增加月儿的光亮"[253]等，合对的诗句如"没有雨滴/甚至一颗也没有"[254]、"没有消息。/什么消息也没有啊"[255]等。值得注意的是现代诗人对"正对"的理解糅和了传统诗词中"比兴"的观念，往往不能说是完全的"既不加重，也不减轻"，而是后句与前句间存在一种升华的关系。如"你底今生若处女，/你底来生如新妇"中，由"处女"到"新妇"的质变，即喻示了人类从属世生命进入属灵永生的飞跃，"手所痛苦的脚不感觉么/肉所痛苦的心不跳动么"一句也有从肉体感觉深入到精神层面的递进。在推动诗意和逻辑流转这重意义上，经现代诗人改良后的并行体比之传统的箴言正对体和比兴体都有优势。

　　对于这种并行体式的艺术效果，朱维之认为它"和我们所用的对偶，脚韵，平仄等功用是一样的"[256]，但他的这一观点颇值得商榷。新诗的自由诗

247 参见朱维之.基督教与文学[M].上海：上海书店，1992：17-18.

248 王书声.永生[J].生命，1924，4（9-10）：98.

249 冰心.繁星（二二）[M]//冰心.繁星.-5版.上海：商务印书馆，1926：12.

250 阿垅.无题[M]//阿垅.阿垅诗文集.北京：人民文学出版社，2007：81.

251 冰心.繁星（七八）[M]//冰心.繁星.-5版.上海：商务印书馆，1926：41.

252 冰心.繁星（四三）[M]//冰心.繁星.-5版.上海：商务印书馆，1926：23.

253 冰心.繁星（一五七）[M]//冰心.繁星.-5版.上海：商务印书馆，1926：86.

254 艾青.死地——为川灾而作[M]//张凤洪等编.艾青全集：1.石家庄：花山文艺出版社，1991：148.

255 路易士.消息[M]//路易士.出发.上海：太平书局，1944：19.

256 朱维之.基督教与文学[M].上海：上海书店，1992：18.

体追求已经使诗人不会过于在意诗行的视觉整齐，在两句并行之中常只保持着句式结构的对应，所以并行体的艺术效果绝不同于传统的骈句，其功用主要还是在诗意的逻辑推动层面。而且单单对格律功能的强调也不能解释中国诗人对三句并行体的喜好。三句并行比其他多句并行的箴言体句式有更高的接受度，首先是由于《主祷文》的影响力，因为"主祷文是由三组底三数并行体所成的"[257]，而从内容到体式上都被给予了足够的重视；其次，"三"虽然不符合中国传统诗歌的对称美和工稳美，但这种奇数分句组合会产生一种不完全、不稳定感，非常适合传达急促、激动、愤怒等激烈的情绪。最典型的应用即是郭沫若的《天狗》，"我飞奔，/我狂叫，/我燃烧。/我如烈火一样地燃烧！/我如大海一样地狂叫！/我如电气一样地飞跑！/我飞跑，/我飞跑，/我飞跑，/……/我在我神经上飞跑，/我在我脊髓上飞跑，/我在我脑筋上飞跑"[258]，一系列三句并行的组合成功渲染了躁动不安的氛围，包涵了极强的力量感。与此相似的还有宗白华的"你想要了解光么？/你可曾同那疏林透射的斜阳共舞？/你可曾同那黄昏初现的冷月齐颤？/你可曾同那蓝天闪闪的星光合奏？"[259]、吴耀宗的"爱就是宇宙的奥秘，/爱就是生命的原因，/爱是永远与我们同在"[260]、郑思的"拥一群杀砍的猛士来吧/骑一群喷气的马来吧/带一朵桃色的云来吧"[261]和巴金的"许多兄弟的工作白费了，/许多兄弟的房屋烧毁了。/许多兄弟的生命丧失了"[262]等，都是快进式的诗句。它们或以连续的追问激动读者的思考，或以权柄句式的铺展宣示了自己的信心，或以暴烈的呼召、残酷的现实传递了诗人的愤怒，字里行间都饱含了一种新世界甦生前夕特有的骚动。

箴言体句式的准格律性使它与中国新诗有了天然的契合。重复性、层次性、逻辑性兼具的特征充分赋予了这种句式视听双重的冲击力，在描述、抒情、说理等诸多方面都能产生精准、丰富而又气势磅礴的效果，尤其在与权柄句式结合的过程中，更能化合出瑰奇浩荡的艺术魅力。

257 朱维之.基督教与文学[M].上海：上海书店，1992：24.

258 郭沫若.天狗[M]//郭沫若著，桑逢康校.《女神》汇校本.长沙：湖南人民出版社，1983：54-55.

259 宗白华.春与光[M]//宗白华.流云小诗.上海：正风出版社，1937：43.

260 吴耀宗.我最好的朋友[J].生命，1921，1（9-10）：诗3.

261 郑思.夜的抒情[M]//郑思.夜的抒情.香港：草莽社，1948：18.

262 巴金.我说这是最后一次的眼泪了[M]//孙玉石编.中国新诗总系1927-1937.北京：人民文学出版社，2009：29.

三、陌生化的语词特征

纵览《圣经》不难发现，有些之前就存在于现代汉语中的语词，由于在《圣经》翻译过程中进入了基督教话语体系，有些如本章第一节所述成为了宗教化的普世意象，有些词句组合中蕴含了某种宗教典故，还有些原本意义并没有太大的改变，但形成了一些特定的搭配习惯与固定词组。在新诗中，这些带着《圣经》标签的特定用法以其独有的神圣语感，使诗歌语言与日常表达拉开了距离，从而产生了形而上的玄学气质。

倒置是和合本《圣经》语词的一种构建方式，这一方式将常见的名词、动词、形容词等进行词素顺序的倒置，在基本不改变原义的前提下，达到陌生化的效果，以区别于普世词语，如称"土地"为"地土"、称"羊羔"为"羔羊"、称"旨意"为"意旨"、称"兄弟姐妹"为"弟兄姊妹"、称"安慰"为"慰安"、称"喜欢"为"欢喜"等。中国新诗为追求神圣语体的庄严感，也在"自家担子担不起，难道空手占地土"[263]、"疑惧在她脸上，可怜的小羔羊"[264]、"谁的意旨，谁的手呵/将律动安排在/每一个动作/每一声音响"[265]、"那里倒许有自己的弟兄姊妹/切切地盼望着你"[266]、"请你忠实于时间的诗人/带给人类以慰安的消息"[267]、"我一看见你，/我就欢喜"[268]等诗句中借用了这类倒置词汇，尤其最后一句，可以说是对"他一见你，心里就欢喜"（出埃及记4章14节）的直接翻版。经过倒置后的词语在日常语言中其实也可单独成词，但使用较少，而且对应的含义常与诗句中的所指相去甚远，这种所指的滑动在客观上给予诗歌一种在圣与俗之间颠簸的、充满发现与惊诧的阅读趣味性。

有相当数量的基督教语汇在出现于新诗之中时，并没有经过任何加工，它们的宗教所指及特别的构成方式本身就是一个圣化的标签，使得相关诗句

---

263 何志新.朋友勿忧！[J].真理周刊，1924，2（40）：4.

264 徐志摩.在不知名的道旁（印度）[M]//徐志摩.猛虎集.上海：新月书店，1931：26.

265 陈敬容.律动[M]//盈盈集.上海：文化生活出版社，1948：158-159.

266 朱自清.毁灭[M]//姜涛编.中国新诗总系1917-1927.北京：人民文学出版社，2009：201.

267 艾青.黎明的通知[M]//吴晓东编.中国新诗总系1937-1949.北京：人民文学出版社，2009：74.

268 侯唯动.望阳葵[M]//孙党伯编.中国新文学大系1937-1949：第十四集 诗卷.上海：上海文艺出版社，1990：670.

在语感上即有别于普通诗歌。如冰心在"我灵魂中三颗光明喜乐的星"[269]中通过对"光明喜乐"这组基督教常见形容词的使用，在小弟弟身上贯注了耶稣恩典的可贵之处，也格外容易引起人们关于耶稣论小孩子经文的联想。新诗之中与此相似的高频词汇还有"祝福"、"福音"、"平安"、"安息"、"磐石"、"冠冕"、"涂抹"、"永生"、"异象"、"荣耀"等。有时基督教语汇密集的聚合可以产生"无处不《圣经》"的视听效果，如赵紫宸的雨景刻画即因连续的信仰术语而充满了宗教内敛的震撼感：

> 有许多灵魂在涂抹了的房子
> 外边，纵饮着湿丛丛的生意。
> 他们说肉臊的人如今堕入了
> 死静，天地的慷慨就只有海棠，
> 丁香，架上朦胧着含粉的藤萝
> 真切的领悟。明天花纷纷的瓣
> 疏疏密密地把泥沙打扮得秀——
> 不曾叹息，会须是安息归宁；
> 坡上的麦苗在迷离的异象中
> 披戴着荣华的润泽——温柔的绿，
> 死灭耳朵里顶撞着永生的话！
> 千万个时代过去了，还要过去，
> 无内无外的黑暗已在做见证，
> 描写着经验之外的那个天堂。[270]

从雨滴，到房屋，到花木，到田野，各种意象无一不在为上帝的存在而做着见证，无一不渗透着诗人对宗教特有的严肃思考。而除了能够营造宁谧、安详或肃穆的宗教氛围外，这些语汇还可以随着使用语境和修饰语的不同产生别具反差感的诗境，如胡风的"将带给你片片的福音"[271]、穆木天的"福音的孤独的凄鸣"、"福音的荒塚垒垒"、"福音的潜室的光明"[272]、"极端的匆忙携带着极端的安息"、"宇宙的玄机化成一阵儿啼，/一阵儿啼啼醒了新天新

---

269 冰心.繁星（四）[M]//冰心.繁星.-5 版.上海：商务印书馆，1925：3.

270 赵紫宸.一夜淫雨[M]//燕京文学院编.赵紫宸文集：第 4 卷.北京：商务印书馆，2010：621.

271 胡风.给——[M]//胡风.野花与箭.上海：文化生活出版社，1937：28.

272 穆木天.江雪[M]//穆木天.旅心.上海：创造社出版部，1927：11-13.

地"[273]、"我乃祝福于我的流浪的眼/开始了它的隐逸的新生"[274]等，宗教语汇与带有破碎感、阴郁感和荒凉感的形容词碰撞，引发了反宗教的器质性病变，而这种病态的诗美正是现代主义诗歌的典型特征。

广泛用作诗歌元素的另一基督教文化资源是《圣经》典故，它主要来源于《圣经》中的经典格言，尤其是耶稣本人的话语，如"也没有人把新酒装在旧皮袋里；若是这样，皮袋就裂开，酒漏出来，连皮袋也坏了；惟独把新酒装在新皮袋里，两样就都保全了"（马太福音 9 章 17 节，见用于郭沫若的《女神》"新造的葡萄酒浆/不能盛在那旧了的皮囊"一句）、"你们是世上的盐；盐若失了味，怎能叫它再咸呢？以后无用，不过丢在外面，被人践踏了"（马太福音 5 章 13 节，见用于陈敬容的《地狱的探戈舞》中"假若盐失掉了盐味/会变得比糖更甜蜜"一句）等。这些典故因含有西亚地区的俚语及民俗成分，在解读上具有一定探索趣味性，能够在诗歌中营造一种隐藏着曲径通幽之可能性的影壁[275]效果，兼之携带了《圣经》所传递的特殊宗教色彩，故而具有超强的信息传递能力。以"奶与蜜"的典故为例，由于奶与蜜是世界上唯二不需要伤害任何动物或植物就可以取得的食物，因此这一典故对上帝所赐予之迦南美地的形容除了富庶之外，还有和平的暗示。同样，牛汉的《歌》和《捕这只鼠》中"你们来信向我夸耀：/　　那边的土地上，/　　生活底/　　蜜和奶汁/　　流动着"[276]、"那里有密密的森林，/有熟透的果子掉到地上，/那里有蜜，有奶"[277]等句，也是借用了这一典故的多重义项，展示了诗人对北方根据地的丰饶与和平的美好想象。

《圣经》个别篇章的典故能够形成一个相对独立的体系，《雅歌》典故体系即是其一。在《圣经》中，《雅歌》具有最重的属世气质和牧歌风格，这使它更易被中国诗人所接受，可以说，在中国爱情新诗中的唯美派之下，存在一个以援引《雅歌》意象、典故或诗体为特征的支流"雅歌流"，以常任侠和沈从文为代表，还包括陈梦家、刘廷蔚等诗人。常任侠的《千代子的忧郁》

---

273 金克木.宇宙疯[M]//金克木.蝙蝠集.上海：时代图书公司，1936：85-90.

274 吴奔星.晓望[J].小雅，1937，5-6：108-109.

275 影壁，也称照壁，古称萧墙，是汉族传统建筑中用于遮挡视线的墙壁，它的功能是遮挡住外人的视线，即使大门敞开，外人也看不到宅内，可以烘托气氛，增加住宅气势。

276 牛汉.歌[M]//牛汉.牛汉诗文集：诗歌卷I.北京：人民文学出版社，2010：238.

277 牛汉.捕这只鼠[M]//牛汉.牛汉诗文集：诗歌卷I.北京：人民文学出版社，2010：177.

中以百合的香气形容少女的芳香，以小鹿形容少女的乳房，《相见欢》中更有"其聪明如一卷所罗门的歌，/一个字散发一滴熟葡萄的香气。/其眼如星中之星，其嘴如朱色的浆果，/生成一切知慧与蜜源的产地。//其腰如百合花束，其发如溪流，/其胸如盛满果篮之丰腴"[278]等一系列雅歌体的譬喻；沈从文受湘西方言与《雅歌》的双重影响，习惯于以"妹子"称呼自己的心上人，以树、小鹿等形象描绘青年男女之美，并对"你的一双眼睛能使人快乐，/我的心依恋在你身边，比羊在看羊的女人身边还要老实"[279]、"我嗅惯着了你身上的香味，/如同吃惯了樱桃的竹雀；/ 辨得出樱桃香味"[280]这类句式有格外的偏好。这些纯美而精巧的诗句摆脱了《雅歌》神人互喻解读的限制，却保留了对"爱情如死之坚强"的宗教式膜拜态度，在新诗爱情书写之中开辟了一条圣俗相交式的牧歌化道路。

基督教语体在诗歌作品中的融入，将宗教领域的交际规律引渡到了诗学领域，神圣化语体风格在不完全契合的表达场所出现，打破了固有的语言规范和界限，从而为诗境和诗艺的创新开拓了广泛的空间。基督教语体由于人神沟通的需要而携带了庄严肃穆的特征，这一特征最直接地将诗歌作品的风格拉到了圣化层面，但其语体自身的出尘离俗性质又因普世情感的传递需要而沾染了人间烟火气，两者的折衷与妥协造就了一系列游离在灵肉之间的诗句，在字面的不谐和下负容着精神上的默契。这正是国人中庸思想的又一如鱼得水之处。

如索绪尔所说，教会制度和一种语言的文学发展有密切的联系[281]，这种联系随着基督教在中国的传播，也因《圣经》的译介和教会的发展而一同扎根在中国文学之中。这种现象其实是文化碰撞中的必然，它也给新诗带来了不小的机遇。基督教话语充实了新诗意象群和语体特征库，《圣经》也为中国新诗提供了值得借鉴的成功范本。仅就诗歌领域而言，这些形式上的师承关系，意义丝毫不逊于诗歌精神上的影响与塑造，值得研究者投之以更多的关注和倾力的研究。

---

278 常任侠.相见欢[M]//常任侠.毋忘草.南京：土星笔会，1935：59-60.

279 沈从文.X[M]//张兆和编.沈从文全集：15.太原：北岳文艺出版社，2002：112.

280 沈从文.颂[M]//张兆和编.沈从文全集：15.太原：北岳文艺出版主，2002：128.

281 索绪尔.普通语言学教程[M].高名凯，译.北京：商务印书馆，1999：44

结　语

　　如同基督教历经两千余年依旧生机勃勃一样，基督性在中国新诗中也是几经浮沉却终未湮灭，无论是科学主义的排挤、民族主义的拒斥还是政治风波的打击，都仅能改变它的表述方式，却无法涂抹它的存在，一旦遇到趋于正常化的宗教生态，它又能生长得欣欣向荣。基督性的顽强生命力固然部分缘于基督精神不因时地变迁而改变的永恒性及超越性，但更多地却是因为它自身不同于基督教信仰的主观性、私密性、灵活性与适应性微妙地契合了国人的传统思维方式，以及它的具体精神内涵和语言思维方式顺应了中国新诗发展的自然规律和探索需求。基督性的上述特征在赋予了它强大生存能力的同时，也决定了它在中国新诗中的建树和局限。

　　基督性在相当有限的范围内为新诗注入了不拘于个人自我实现层面与社会价值层面的超越性精神追求，以及对内部外部世界的不同感知方式与表达方式。它所囊括的"信"、"望"、"爱"属灵三美德分别在真理探寻方面、终极理想方面和实际行为方面为诗人提供了一种方向上的参考，尤其是由基督之爱所派生出的谦卑（包括罪感）、感恩、悲悯、牺牲、悔改、救赎等理念。这些理念在进一步具备了诸多实际指导意义的同时，也丰富了中国新诗的精神生态。虽然它们未必会被所有诗人所接受，而可能仅作为一种话题成为诗歌探讨的对象，但基督性原始意义中包含的内容和原则，如先验式的思维方式、不执着于具体蓝图而更在乎平安喜乐与公平正义等存在状态的理想追求、对个人经验尤其是高峰体验和高原体验的尊重、对个体心灵的回归、对人与终极大意志之关系的重视、对周边人事的觉察和感知等，对过于强调一环扣一环的纯数理逻辑思维之风起到了一定程度的反拨，将人类从头脑念头的纠结中部分地解放出来，拉回对当下的关注和觉知，从而能够使人产生更多的感悟和诗思。这种在心灵觉察状态下生成的诗歌必然比理念化的呐喊更具有真实感，即使不能绝对排除私人非诗性目的之掺杂，这种对目的的言说和表述也会带着发自肺腑的真诚。而在重视个人感受与体验同时，基督教血统中的理性基因又不会使基督性诗歌像古代悟道诗般，因过于追求偈语式的禅机而失于晦涩难懂，反而更重视在不影响艺术性、不牺牲诗味的前提下，借助基督教语言系统特有的直观意象和半口头语体风格加强表述的清晰程度，这就使基督性诗歌在普通读者中的接受度要高于其他宗教性诗歌。

但必须承认，基督性在具体的写作实际尤其是在普世新诗的写作之中，没能真正发挥其巨大的潜力、施展其积极的作用，对中国新诗的精神气质、主流观念及表达体式形成本质上的影响，反而因为自身的合法性焦虑与中国新诗的身份认同焦虑产生了共鸣，导致其在诗歌中的表达也始终无法摆脱焦虑感的纠缠，甚至发生了内涵上的些许变异。

基督性在中国的诞生及演变就是一个在认同焦虑中寻找存在合法性的过程。基督教在中国的发展饱受着接受心态和时代思潮的牵累。民国时期的中国人对基督教接受方式的非常态导致了基督教在民众中被排挤被敌视的处境，不仅教义经受着传统目光的检验和挑剔，连耶稣本人也成为一个被观察的客体。当身为神子的基督高喊着"我就是道路、真理、生命"（约翰福音 14章 6 节）的时候，人们很难放下心结去先验地接受他，而是要依据自身经验去加以审视和评估，而在审视和评估的过程中，必然要以传统文化的道德标准和更易被接纳的西方科学人文思想作为准绳。这种被动状态引起了宣教者尤其是本土教徒和基督教同情者的焦虑，在信仰尚未升华到"任尔东南西北风我自岿然不动"的超然境界时，他们既不想放弃自己的坚持，又不希望被排挤出本国主流话语体系之外，因此寻求二者间的相通点和平衡点就成为了一个重要的途径。然而在民国时期的历史事实中，这种应激状态下的寻求其实谈不上平衡，而是神学不断向儒学与科学靠拢、神性不断向世俗性让步的过程。在这一过程中，基督性自动与国人的传统思维化合，调整自身到适应大众判断标准的状态，寻求与科学的和解、与传统文化的共识，在努力使自己与中国哲学系统中的"道"实现合一的努力中，完成了中国化的异变，以争取自身生存和发展的空间。

　　中国新诗也自诞生以来即生存在焦虑感之中，这种状态的形成有社会大环境的因素，也有现代诗人自身的因素。自从人类精神和心理的成长速度开始无法企及科技文化迅猛发展的速度，焦虑这种现代病就开始在现代人中滋生蔓延。而晚清民国时期的中国人是突然从之前缓慢发展、自我感觉良好的状态下猛地被强拉到一个快节奏的现代世界之中，遭遇了全然陌生的环境和人群，在这一过程中产生的适应不良、心理落差等问题，都足以使焦虑成为几代人精神中的顽疾。当时的人们寻求的疗法是着眼问题本身向外求索，将头脑的功能发挥到极限，一刻不停地追赶恶补，依靠知识的填充增强底气，而非向内心和灵魂中寻找动摇自己安全感的内在原因。诗歌界自然也被这种恶补之风所席卷，可以说，古典诗词的冠绝于世、西方诗歌的深刻广博都成为了现代诗人的龙文鞭影，使他们从 1917 年起一直在负重狂奔，人为地给自己施加了强大的压力。由于自设了太多使命，他们过分急于做出成绩、打拼出中国新诗的文坛领地、在国际诗坛上赢得声望、重现中国诗歌的辉煌，于是开始以大跃进的架势汲取着各种给养、进行着各种实践、提出着各种理论、与不同来源的非议进行着各种论争，还有些诗人试图以诗歌担当起各种社会功能。在这些纷至沓来的外部因素干扰下，写诗这种行为已经偏离了诗人最初"表达"的本心，而成了"为诗而诗"的文化行为。然而这种急躁却正在事与愿违地束缚着新诗的发展，太过在意他者的评价，既是现代诗人焦虑感的来源，也是中国新诗最大的枷锁。

　　当基督性与诗歌的双重焦虑相遇合，就导致了"信"、"望"、"爱"属灵三美德之精义在诗歌书写中不同程度的流失。在对信仰的书写中，很多诗歌中都存在着不开口的反基督对话者，这一点在事工新诗中体现得尤其突出，除了陆志韦对各种杂乱的声音采取了淡定搁置的处理方法，赵紫宸、吴雷川、刘廷芳等人的作品中都充斥着这种假想敌的声音。由于过多地被质疑者的问题所束缚，很多事工诗人有失明智地放弃了基督性之信的优势，而向充满危机与不稳定的此岸之信靠拢。其实信仰的真空存在于每个人的心中，人类会天然地产生寻求终极之信去填补这个空洞的欲望，而中国传统文化中宗教感的薄弱正给了基督教以施展的机会，这是基督性在中国得以生发的前提。不过在实际中，信仰的对象未必一定是超验的、永恒的，它也可以是物质的、现实的，而长久以来推崇实用主义的国人显然更习惯于后者（虽然这种短视之信保质期较短，对象需要不断更换），这是基督性生长的阻碍。信仰的对象越是切近可触，被证误和推翻的可能性就越大，而越是遥远的、不能以科学逻辑验证的信仰，就越容易激发人的宗教天性、给人们提供源源不绝的奋斗动力，这是终极信仰比之现世信仰最大的优势。但事工诗人对基督教接受度的焦虑使他们对这种优势缺乏足够的认识或信心，导致他们往往会屈服于科学主义的逻辑，进而试图在写作中通过去神性化的手段拉近耶稣与人类的距离，在这个意义上，本色化基督徒被斥为不信派也有一定合理性。而当耶稣或上帝的形象变得触手可及时，祂所具备的一些与现世道德具有相通性的特质就经常会被简单地同一化理解为普世伦理，失去真理性和终极性，而变得过于凡庸化、短效化，满足不了填补人心信仰空洞的需求，从而产生了更大的被抛弃或替代的可能。在不断寻求、失望与抛弃的循环中，人们的信仰能力被无意义地消耗，逐步向怀疑主义靠拢。同理，在"望"的世俗化诗歌书写中，原本居于天国想像核心地位的上帝和基督悄然退位，也使得基督性的永恒盼望彻底沦为乌托邦式的理想甚或祛昧强国、救亡图存、追求独立民族自由的阶段性理想，虽然经过降维的望实现难度大大降低，却也失去了绝对公平与恒久稳定的神圣特征。而在数量最庞大的"爱"之书写中，更普遍存在着狭隘化和刻意误读的倾向，对爱的完全性、普适性的怀疑与在爱的接受、给予时的犹豫和保留中都明显地体现出诗人的矛盾和焦虑，这种本质上仍在计较得失与平衡的有限之爱，终难达到基督之爱的高度。整体而言，属灵与属世意义的极大失衡，可以说是基督性在新诗书写中的最突出特征和最大局限。

由于焦虑感与认同渴求让中国现代诗人无法彻底放下心结、先验地接受基督，他们的基督性书写多得自经验和理性，事工诗人与普世诗人皆然。这种思路无助于诗歌灵性与超越性的达成，也就无法实现他们的写作初衷。在事工新诗中，基督性的有意识入诗挟带着事工诗人们以基督为所载之道、在中国思想文化领域破旧立新的野心，以至宣传诉求压倒了诗学诉求，虽不能否认优秀作品的存在，但整体上的诗味流失却已是一个既成的事实。传统诗歌史已证明了这种宣传努力多半是小圈子内的相互交流与表白，未曾真正实现他们所追求的力量和效能，赵紫宸、吴雷川急于借科学与逻辑解释基督教超现实内容的本色化探索焦虑和耶稣圣俗平衡焦虑、刘廷芳、朱维之急于借文艺魅力宣教的焦虑、陆志韦对教会乱象的焦虑都未在诗歌创作中得到纾解。相比之下，普世新诗的基督性由于彻底放弃了对宣传性和超越性的刻意追求，一定程度上摆脱了认同焦虑的束缚而获得了表达上的解放，能够更专注于审美和语言层面的探索，反而偶尔能在无意识间触碰到超验境界的边缘，获得艺术和灵性上的双丰收。但一旦基督性从精神领域的边缘回归到意识层面，焦虑感也会随之归来，冰心"爱的哲学"根基的动摇、陈梦家的信仰在爱情冲击面前的摇摆不定、穆旦由战争与死亡赋予的宗教气质被现实生活的一地鸡毛迅速瓦解，都是这种无法彻底摆脱的焦虑性在作祟。在本书对这两种不同创作心态的论述中，为求能对基督性书写的不同特征作以明晰的概括，笔者冒险采取了带有一定二元对立嫌疑的研究方式，人为地划分了事工诗人与普世诗人两个创作群体，分别考察梳理了他们的创作概况，并分析了重点诗人个案，对两个群体的共性尤其是共有的焦虑感强调似不够充分，这是本书需要改进的不足之处。

相较于在丰富中国新诗精神内涵方面的作为不足，基督性在诗歌语言建设层面的成就则较为显著，虽然这些成就之下也隐藏了一些问题。文化交流为新诗艺术发展带来的契机总归还是要多过负面影响，基督教文化背景的介入扩充了诗歌普世意象的内涵，而基督教特有的宗教意象则直接参与进诗歌的构建之中，充实了中国新诗的意象资源，基督性语体与诗歌语体的交叉更带来了不同领域语言逻辑与思维方式的有机结合，诗歌在对基督教语体特征的吸纳中实现了诗风和诗境上的创新。诚然，这种积极热情的技术引渡下依然隐藏有现代诗人强烈的危机感与焦虑感，但对不同环境中的焦虑心理应该具体分析、辩证看待。在纯知识技术领域内的学习中，焦虑的负面效应要远远小于在精神体系建构之中，程度以内的焦虑在客观上可以成为新诗自我充实与自我提升的动力来源，事实上这种由焦虑而来的动力在诗歌语言艺术的突破中也确实起到了相当可观的实际效果。不过焦虑也加剧了现代诗人对西方文明不无盲目的崇拜心理，包括加强了他们对基督教话语体系的热衷，对这种语言体系的欢迎即意味着对西方强势文化的入侵采取了一种认可的态度。这种心态必然导致接受和汲取过程中对鉴别环节的淡化，致使一些未必适合中国新诗的元素也被硬性移植入诗，造成诗歌的晦涩。尤其是语言元素的吸纳也不能说是纯粹技术层面的问题，它必然也意味着要接受隐藏在语言符号系统内部的宗教逻辑。当面对显在的宗教意识形态之时，人们往往会有意识地拒斥，但对于这种隐蔽的深层逻辑人们则常会放松警惕，任真实的向往心态主导精神活动。意识到这一点，再反观中国新诗中以基督性话语来非基督的吊诡书写景观，或者就可多一些理解。

　　基督教话语体系在中国新诗中的普遍存在其实是白话文欧化发展趋势在诗歌领域的诸多表现之一，而这种欧化的宗教语言符号系统必然会对中国新诗的民族性构成一定程度的冲击。表述的可能性本是无穷尽的，但一旦某一意义被某种意象固定下来，即意味着扼杀了其他的可能。偏于稳定的基督教符号系统正具有强大的排他性，而同时这一系统又天然地与中国文化存在着巨大隔膜，中国诗人在接受和使用这些意象之时，必然会不断地向西方语境靠拢，而疏远了本土的话语资源。这种现象很早就出现在以李金发为代表的象征诗人身上，在三四十年代的汪铭竹身上也表现得较为明显。为化解这组矛盾，中国现代诗人做出了宗教意象普世化的尝试，不过这种努力只是更多地消解了宗教意象的神圣性和永恒性，强化了宗教意象原有内涵中的某些世俗所指，却未能在本色化改良中生发出新的价值。

　　值得欣慰的是，新诗基督性书写的诸多问题并没有过多地延及当代诗歌。三十余年的强制中断对于基督性在诗歌中的发展其实是赛翁失马焉知非福，80 年代宗教生态回复正常之后，成规模地重启的当代基督性诗歌书写已呈现出与当年不尽相同的面貌。80 年代末以降，"文化基督徒"这一有争议的群体以他们的一系列宗教哲学、宗教美学研究著作和西方宗教哲学作品的翻译，从根本上改变了知识分子对基督教自第四次入华时期即开始的偏激认识；与此同时，渐次展开的基督教与文学研究也鼓励了诗人们对基督性进行更接近宗教本体意义的思考。当摒除了焦虑与偏见、平心静气地审视作为西方学术三大渊源之一的基督教时，诗人们开始能够真正地走近它超越与终极的一面，创作出大量周伟驰所谓"有基督性的诗歌"。基督性书写不再是散点分布，而开始成规模、成社团成流派地出现，如施玮等人的灵性诗歌、沙光等人的神本主义诗歌以及第三极诗群的神性诗歌等，都在众声喧哗的当代诗坛上正式占有了一席之地。有些诗人基于基督教思想提出了自己的诗歌理论体系，像刘光耀等人的神学诗学、沙光的神本主义诗歌美学、亚伯拉罕·蝼冢和陈仲义的神性诗学等。不过这些诗人似乎大多以基督精神发现者的姿态呈现在诗坛上，以为他们的创作实践是为中国诗坛开创了一片新疆域，却鲜少有人有兴趣发掘自身的创作与现代时期诗歌的血脉关系。其实灵性诗歌、神本主义诗歌与事工诗歌、神性诗歌与普世基督性诗歌都有着极为相近的血缘，甚至可以将前者视为后者的当代传承，虽然这种传承不一定是直系，而且这些当代诗歌的基督性表达具有现代诗歌难以望其项背的属灵高度与艺术水准，但它们所具有的关联性和可比性，其书写中所展示的精神、对同一意象与题材的处理等，都颇值得作为新的研究话题留待后来的研究者继续深入发掘与探讨。

附录　部分事工新诗作者名录

《生命》(1920-1926，全)：

胡适、冰心、陆志韦、赵紫宸、刘廷芳、刘廷蔚、吴耀宗、谢扶雅、米星如、洪业（洪煨莲）、刘赏宸、林鸿飞、逸荡、童星门、王书生（SSW）、彭长琳、常玉璋、太简、谛牟、杨益惠、尤树勋、李路德、佩之、谢敬业、陈得源、淳迟、皆平、陈彦良、王峻德、瑞棠、DTL。

《真理周刊》(1923-1926，全)：

吴耀宗、刘廷芳、吴雷川、张钦士、翟健雄、陈国梁、蔡锡山、何志新、许佐同、舒方止、觉华、悟华（疑与觉华为同一诗人的笔名）。

《真理与生命》(仅统计 1926-1932，不全)：

刘廷芳、赵紫宸、张钦士、郭本道、茅善昌、马鸿纲、史景成、蒋翼振

《兴华报》(仅统计 1922-1927，较全)：

冰心、徐雉、缪祖荫、陈士林、痴若。

《青年进步》(仅统计 1917-1932，较全)：

徐雉、赵紫宸、谢扶雅、缪祖荫、翟健雄、杨益惠、朱味腴、田韫璞、招桂熙、杨惠公、莫良夫、彭善彰、刘乃慎、刘子静、李树芳、俞翼云、许慕贤、章雄翔、董曦罄、潘慧庵、周德洪、毛伯廷、李藻云、胡新玉、李守成、刘儒、吴江冷、任夫、刘岷菴、李天铎、苏鸿图、宁素、胡乐世、真我、黄微雅、郝怀修、刘显亭、谢恩勤、周德洪、赵鸣鹤、刘藜、周南山、张兆荣、逸子、何德明、吴志中、张文昌。

《金陵神学志》（仅统计 1932-1940，不全）：

蒋翼振、黄敬三、张雪岩、余牧人、程伯群、程万里、石云汀、刘智光。

《紫晶》（仅统计 1934-1937，不全）：

刘廷芳、陆志韦、杨荫浏、田景福、柯家龙

《女铎》（1927-1947，不全）：

刘廷芳、陈纫梅、陈维姜、阿铁、刘沧浪、草菴、沪滨、曹皖清。

《田家半月报》（1934-1947 较全，1947 年后仅 3 期）：

本刊中有相当一部分诗歌无署名，已知作者有余牧人、陶行知、冯玉祥、老舍、罗家伦、马凡陀、于右任、贾家治、王凤翔、巨艾民、树人、王儒珍、路尔钰、裴清源、郎衡齐、名撰、王儒珍、里垣、傅仲贤、巴德绪、杨扶弱、沈熊飞、牧童、阮捷成、荆有麟、陈尚直、蒋先明、吴崇实、谢德宏、张承恩、李德馨、赵金声、余泽陶、自明、徐建甫、范怀德、孙既庶、杨克享、流亡人、王吉甫、王祐门、老向、李良义、谷懋、王效旭、杜新吾、徐建甫、龙启惠、许寿山、冯家莲、冯家英、吴新生、林艺圃、常鲁呆、张文郁、崔青、周慕愨、王悟真、李 XX（原文无法辨认）、刘学礼、执戈、宗国钦、王佑民、白廉洁、克寒、王绍菴、力夫、黄蕴华、晓歌、世煊、励群、许有为、徐芳、细民、洋风、陈步青、陈善浩、萧伟民、吴裕生、缪盘春、蒋木丰、火柱、罗泽民、云柱等。

《天风》（统计 1945.2-1949.9，全）：

沪滨、琹那、宗亮、严杰人、朱大心、潘维洛、丁露、曹新铭、何葭水、谢秉德、吴破我、崔之德、谭载德、张绍尧、黄稼、军旅诗人、辛莺子、辛鸿子（疑与辛莺子为同一人）、越坚、任大龄、亦可、陈葭莉、灰鹿、小满、向曙、敏柯、德地、戴宇明、铎、马成烈、程世贞、麦青、陈之毅、张绍宽、张家超、汪玉岑。

独立事工诗人：

汪震

参考文献

《圣经》：

[1] 中文圣经启导本编辑委员会 编.圣经（启导本）[M].南京：香港海天书楼授权中国基督教协会，1998.

[2] 中国基督教协会 编.圣经——中英对照（和合本·新修订标准版）[M].南京：中国基督教协会，2001.

宗教史类专著：

[1] 朱谦之.中国景教[M].北京：东方出版社，1993.

[2] 晏可佳.中国天主教简史[M].北京：宗教文化出版社，2001.

[3] 陈垣.陈垣史学论著选[M].上海：上海人民出版社，1981.

[4] 方豪.中国天主教史人物传[M].北京：中华书局，1988（据香港公教真理学会、台中光启出版社一九七零年九月再版影印）.

[5] 乐峰.东正教史[M].北京：中国社会科学出版社，1999.

[6] 中华续行委办会调查特委会编. 1901-1920 年中国基督教调查资料（下卷）[M].北京:中国社会科学出版社，2007.

[7] 杨天宏.基督教与民国知识分子——1922 年-1927 年中国非基督教运动研究[M].北京：人民出版社，2005.

[8] 叶仁昌.五四以后的反对基督教运动——中国政教关系的解析[M].台北：久大文化股份有限公司，1992.

[9] [英]约翰·麦克曼勒斯.牛津基督教史[M]张景龙等，译.贵阳：贵州人民出版社，1995.

[10] 周燮藩.中国的基督教[M].北京：商务印书馆，1997.

[11] [美]陈毓贤.洪业传[M].北京：北京大学出版社，1995.

[12] 王神荫.赞美诗（新编）史话[M].上海：中国基督教协会，1993.

[13] [美]何凯立.基督教在华出版事业（1912-1949）[M].陈建明，王再兴，译.成都：四川大学出版社，2004.

[14] 陈丰盛.诗化人生——刘廷芳博士生平逸事[M].上海：中国基督教协会，2013.

[15] 杨靖筠.北京基督教史[M].北京：宗教文化出版社，2013.

[16] 张西平，卓新平编.本色之探：20 世纪中国基督教文化学术论集[M].北京：中国广播电视出版社，1998.

[17] 章开沅.文化传播与教会大学[M].武汉：湖北教育出版社，1996.

[18] 黄新宪.基督教教育与中国社会变迁[M].福州：福建教育出版社，2000.

[19] 陶飞亚，吴梓明.基督教大学与国学研究[M]. 福州：福建教育出版社，2000.

[20] 史静寰，王立新.基督教教育与中国知识分子[M]. 福州：福建教育出版社，2000.

[21] 王立新.美国传教士与晚清中国现代化[M].天津：天津人民出版社，2007.

[22] 王治心.中国基督教史纲[M].上海：上海古籍出版社，2004.

[23] 张先清 赵蕊娟编.中国地方志基督教史料辑要[M].上海：东方出版中心，2010.

[24] [美]约翰·司徒雷登.在华五十年——司徒雷登回忆录[M].程宗家，译.北京：北京出版社，1982.

[25] [美]卢茨.中国教会大学史（1850-1950）[M].曾钜生，译.杭州：浙江教育出版社，1987.

[26] [法]谢和耐.中国与基督教——中西文化的首次撞击[M].耿昇，译.上海：上海古籍出版社，2003.

[27] [美]丁韪良.花甲忆记：一位美国传教士眼中的晚清帝国[M].沈弘等，译.桂林：广西师范大学出版社，2004.

[28] [英]李提摩太.亲历晚清四十五年：李提摩太在华回忆录[M].李宪堂，侯林莉，译.天津：天津人民出版社，2006.

[29] [英]苏慧廉.李提摩太在中国[M].关志远等，译.桂林：广西师范大学出版社，2007.

宗教学、心理学、哲学类专著：

[1] [德]西美尔.现代人与宗教[M].曹卫东等，译.北京：中国人民大学出版社，2003.

[2] 何光沪.月映万川——宗教、社会与人生[M].北京：中国社会科学出版社，2003.

[3] [瑞士]汉·斯昆.论基督徒[M].杨德友，译.北京：生活·读书·新知三联书店，1995.

[4] 刘小枫.走向十字架上的真——20世纪基督教神学引论.上海：生活·读书·新知三联书店上海分店，1995.

[5] [西]雷蒙·潘尼卡.智慧的居所[M].王志成，思竹，译.南京：江苏人民出版社，2000.

[6] 刘小枫编.苏格拉底问题与现代性——施特劳斯讲演与论文集：卷二[M].北京：华夏出版社，2008.

[7] [德]卡尔·拉纳.圣言的倾听者——论一种宗教哲学的基础[M].朱雁冰，译.北京：生活·读书·新知三联书店，1994.

[8] 刘小枫.这一代人的怕和爱[M].北京：生活·读书·新知三联书店，1997.

[9] [英]约翰·洛克.基督教的合理性[M].王爱菊，译.武汉：武汉大学出版社，2006.

[10] 刘家峰.离异与融会——中国基督徒与本色教会的兴起[M].上海：上海人民出版社，2005.

[11] [英]罗素.宗教与科学[M]徐奕春，林国夫，译.北京：商务印书馆，2010.

[12] 中国就业培训技术指导中心，中国心理卫生协会编写.心理咨询师——基础知识 [M].—2版（修订本）.北京：民族出版社，2012.

[13] 林语堂.从异教徒到基督徒[M].谢绮霞，译.西安：陕西师范大学出版社，2004.

[14] [意]蒙台梭利.3岁决定孩子的一生[M]马琴，译.北京：朝华出版社，2007.

[15] 刘廷芳著，方韶毅编.过来人言[M].北京：海豚出版社，2013.

[16] 赵晓阳编.中国近代思想家文库：吴耀宗卷[M].北京：中国人民大学出版社，2014.

[17] [意]维柯.新科学[M].朱光潜，译.北京：商务印书馆，1989.

[18] [美]马斯洛.自我实现的人[M].许金声，刘锋等，译.北京：生活·读书·新知三联书店，1987.

[19] 刘小枫编.20世纪西方宗教哲学文选[M].上海：上海三联书店，1991.

[20] 汉语基督教文化研究所编[M].文化基督徒：现象与论争.香港：香港道风汉语基督教文化研究所，1997.

[21] 夔德义.宗教心理学[M].上海：广学会，1936.

[22] 李泽厚.中国现代思想史论[M].北京：东方出版社，1987.

[23] 刘小枫.道与言——华夏文化与基督文化相遇[M].上海：上海三联书店，1996.

[24] 许志伟.基督教神学思想导论[M].北京：中国社会科学出版社，2001.

[25] 冯沪祥.中西生死哲学[M].北京：北京大学出版社，2002.

[26] 张宪.启示的理性——欧洲哲学与基督宗教思想[M].成都：巴蜀书社，2006.

[27] 刘宗坤.原罪与正义[M].上海：华东师范大学出版社，2006.

[28] 杨克勤.夏娃、大地与上帝[M].上海：华东师范大学出版社，2008.

[29] 李向平.信仰但不认同：当代中国信仰的社会学诠释[M].北京：社会科学文献出版社，2010.

[30] 高亮之.爱的哲学[M].杭州：浙江大学出版社，2011.

[31] [德]恩斯特·卡希尔.人论[M]甘阳，译.上海：上海译文出版社，1985.

[32] [日]幸德秋水.基督何许人也——基督抹煞论[M]马采，译.北京：商务印书馆，1986.

[33] [德]马克斯·韦伯.新教伦理与资本主义精神[M].黄晓京，彭强，译.成都：四川人民出版社，1986.

[34] [俄]列夫·托尔斯泰.天国在你们心中——列·尼·托尔斯泰文集[M].李正荣，王佳平，译.上海：生活·读书·新知三联书店上海分店，1988.

[35] [美]郭颖颐.中国现代思想中的唯科学主义（1900-1950）[M].雷颐，译.南京：江苏人民出版社，1998.

[36] [英]索珀.人道主义与反人道主义[M].廖申白，杨清荣，译.北京：华夏出版社，1998.

[37] [英]詹姆士·里德.基督的人生观[M].蒋庆，译.北京：生活·读书·新知三联书店，1998.

[38] [丹]克尔凯郭尔.基督徒的激情[M].鲁路，译.北京：中央编译出版社，1999.

[39] [加]J.G.阿拉普拉.作为焦虑和平静的宗教[M].杨韶刚，译.北京：华夏出版社，2000.

[40] [德]洛维德等.墙上的书写：尼采与基督教[M].田立年，吴增定等，译.北京：华夏出版社，2004.

[41] [美]彼德森.理性与宗教信念：宗教哲学导论[M].孙毅，游斌，译.北京：中国人民大学出版社，2005.

[42] [美]施密特.启蒙运动与现代性：18世纪与20世纪的对话[M].徐向东，卢华萍，译.上海：上海人民出版社，2005.

[43] [德]卡尔·洛维特.从黑格尔到尼采：19世纪思维中的革命性决裂[M].李秋零，译.北京：生活·读书·新知三联书店，2006.

[44] [奥]西格蒙德·弗洛伊德.论宗教[M].王献华，张敦福，译.北京：国际文化出版公司，2007.

[45] [德]费尔巴哈.基督教的本质[M].荣震华，译.北京：商务印书馆，2007.

[46] [荷兰]斯宾诺莎.神学政治论[M].温锡增，译.北京：商务印书馆，2009.

[47] [美]威廉·詹姆士.宗教经验之种种——人性之研究[M].唐钺，译.北京：商务印书馆，2011.

[48] Raymond Firth.(2004)Religion：A Humanist Interpretation. NewYork: Taylor&Francis e-Library.

[49] [瑞士]巴特.教会教义学[M].何亚将、朱雁冰，译.北京：生活·读书·新知三联书店，1998.

文艺学专著：

[1] 尼采.悲剧的诞生[M].上海：上海人民出版社，2009.

[2] 艾略特.基督教与文化[M].杨民生，陈常锦，译.成都：四川人民出版社，1989.

[3] [加]弗莱.伟大的代码：圣经与文学[M]郝振益等，译.北京：北京大学出版社，1997.

[4] [英]托斯·艾略特著.艾略特文学论文集[M].李赋宁，译注.南昌：百花洲文艺出版社，1994.

[5] 胡裕树.现代汉语[M].上海：上海教育出版社，2011.

[6] [苏]维果斯基.思维与语言[M].李维，译.杭州：浙江教育出版社，1997.

[7] [瑞士]索绪尔.普通语言学教程[M].高名凯，译.北京：商务印书馆，1999.

[8] 曾毅平，刘凤玲主编.修辞·语体·风格——黎运汉教授70华诞纪念论文集.[M].香港：文化教育出版社有限公司，2000.

[9] [加]弗莱.神力的语言[M].吴持哲，译.北京：社会科学文献出版社，2004.

[10] [加]弗莱.批评的解剖[M].陈慧等，译.天津：百花文艺出版社，2008.

[11] 赵毅衡.文学符号学[M].北京：中国文联出版公司，1990.

[12] 冯川.荣格：神话人格[M].武汉：长江文艺出版社，1996.

[13] 赵毅衡.新批评——一种独特的形式主义文论[M].北京：中国社会科学出版社，1986.

[14] 叶舒宪选编.神话——原型批评[M].西安：陕西师范大学出版社，1987.

[15] 刘小枫.圣灵降临的叙事[M].北京：生活·读书·新知三联书店，2003.

[16] 沙光.大地上的异乡人[M].北京：作家出版社，2010.

[17] 亦门.诗与现实[M].北京：五十年代出版社，1951.

[18] 阿垅.人·诗·现实[M].北京：生活·读书·新知三联书店，1986.

[19] 王生平."天人合一"与"神人合一"——中西美学的宏观比较[M].石家庄：河北人民出版社，1989.

[20] 王力.现代诗律学[M].北京：中国人民大学出版社，2004.

[21] 叶舒宪.神话意象[M].北京：北京大学出版社，2007.

[22] 吴道南编.神性诗学：现代汉语神性写作及其流派史[M].藏象书局，2011.

[23] [美]艾伯拉姆斯.镜与灯——浪漫主义文论及批评传统[M].郦雅牛等，译.北京：北京大学出版社，1989.

[24] [俄]维克托·什克洛夫斯基.俄国形式主义文论选[M].方珊等，译.北京：生活·读书·新知三联书店，1989.

[25] [德]黑格尔.美学[M].朱光潜，译.北京：商务印书馆，1996.

[26] [英]威廉·燕卜荪.朦胧的七种类型[M].周邦宪等，译.杭州：中国美术学院出版社，1996.

[27] [法]巴什拉.梦想的诗学[M].刘自强，译.北京：生活·读书·新知三联书店，1996.

[28] [美]帕利坎.历代耶稣形象[M].杨德友，译.上海：上海三联书店，1999.

[29] [美]韦勒克，沃伦.文学理论[M].刘象愚等，译.南京：江苏教育出版社，2005.

[30] [英]弗雷泽.金枝[M].徐育新等，译.北京：新世界出版社，2006.

[31] [美]M.H.艾伯拉姆斯.文学术语词典（第7版）（中英对照）[M].吴松江等，译.北京：北京大学出版社，2009.

基督教与文学研究专著:

[1] 刘光耀编.神学诗学十四诗人谈[M].北京：九州出版社，2012.

[2] 陈奇佳，宋晖.被围观的十字架——基督教文化与中国当代大众文学[M].北京：中国社会科学出版社，2010.

[3] 王列耀.基督教与中国现代文学[M].广州：暨南大学出版社，1998.

[4] 朱维之.基督教与文学[M].上海：上海书店，1992（初版影印）.

[5] [美]路易斯·罗宾逊.两刃之剑：基督与二十世纪中国小说[M].傅光明，梁刚译.台北：业强出版社，1992.

[6] 马佳.十字架下的徘徊：基督宗教文化和中国现代文学[M].上海：学林出版社，1995.

[7] 杨剑龙.旷野的呼声：中国现代作家与基督教文化[M].上海：上海教育出版社，1998.

[8] 王本朝.20世纪中国文学与基督教文化[M].合肥：安徽教育出版社，2000.

[9] 许正林.中国现代文学与基督教[M].上海：上海大学出版社，2003.

[10] 谭桂林.百年文学与宗教[M].长沙：湖南教育出版社，2002.

[11] 刘勇.中国现代作家的宗教文化情结[M].北京：北京师范大学出版社，2003.

[12] 喻天舒.五四文学思想主流与基督教文化[M].北京：昆仑出版社，2003.

[13] 唐小林.看不见的签名：现代汉语诗学与基督教[M].北京：华龄出版社、中国社会科学出版社，2005.

[14] 王列耀.宗教情结与华人文学[M].北京：文化艺术出版社，2005.

[15] [德]顾彬.二十世纪中国文学史[M].范劲，译.上海：华东师范大学出版社，2008.

[16] 刘丽霞.中国基督教文学的历史存在[M].北京：社会科学文献出版社，2006.

[17] 陈伟华.基督教文化与中国小说叙事新质[M].北京：中国社会科学出版社，2007.

[18] 齐宏伟.文学 苦难 精神资源——百年中国文学与基督教生存观[M].南昌：江西人民出版社：2008.

[19] 张桃洲."个人的神话"：现时代的诗、文学与宗教[M].武汉：武汉出版社，2009.

[20] 荆亚平.当代中国小说的信仰叙事[M].上海：学林出版社：2009.

[21] 丛新强.基督教文化与当代中国文学[M].济南：山东文艺出版社，2009.

[22] [加]区应毓.中国文学名家与基督教[M].北京：九州出版社，2010.

[23] 郭晓霞.五四女作家和圣经[M].北京：中国社会科学出版社，2013.

[24] 周作人.圣书与中国文学[M].上海：商务印书馆，1925.

[25] 梁工.圣经诗歌[M].天津：百花文艺出版社，1989.

[26] 刘小枫.拯救与逍遥——东西方诗人对世界的不同态度[M].上海：上海人民出版社，1988.

[27] 朱维之.圣经文学十二讲[M].北京：人民文学出版社，1989.

[28] 朱维之.圣经奇文妙句选[M].天津：百花文艺出版社，1993.

[29] 梁工.圣经与欧美作家作品[M].北京：宗教文化出版社，2000.

[30] 梁工.基督教文学[M].北京：宗教文化出版社，2001.

[31] 梁工，卢龙光编选.圣经与文学阐释[M].北京：人民文学出版社，2003.

[32] 孙彩霞.西方现代派文学与《圣经》[M].北京：中国社会科学出版社，2005.

[33] 齐宏伟.目击道存：欧美文学与基督教文化[M].沈阳：辽宁教育出版社，2009.

[34] [奥]雷立柏.圣经的语言和思想[M].北京：宗教文化出版社，2000.

[35] [德]汉斯·昆等.诗与宗教[M].李永平，译.北京：生活·读书·新知三联书店，2005.

[36] [美]罗伯特·阿尔特.圣经叙事的艺术[M].章智源，译.北京：商务印书馆，2010.

中国文学研究专著：

[1] 范伯群编.冰心研究资料[M].北京：知识产权出版社，2009.

[2] 胡适著，曹伯言整理.胡适日记全编[M].合肥：安徽教育出版社，2001.

[3] 郭济访编.冰心自传[M].南京：江苏文艺出版社，1995.

[4] 郭沫若.创造十年[M].上海：现代书局，1932.

[5] 郭沫若.幼年时代[M].上海：光华书局，1929.

[6] 闻黎明，侯菊坤编.闻一多年谱长编[M].武汉：湖北人民出版社，1994.

[7] 赵思运.诗人陆志韦研究及其诗作考证[M].南京：东南大学出版社，2012.

[8] 黄建华.梁宗岱[M].广州：广东人民出版社，2004.

[9] 贾植芳等编.文学研究会资料（上、中、下）[M].郑州：河南人民出版社，1985.

[10] 袁可嘉.论新诗现代化[M].北京：生活·读书·新知三联书店，1988.

[11] 项文惠.广博之师——陆志韦传[M].杭州：杭州出版社，2004.

[12] 穆木天等.我的学生生活[M].上海：光华书局，1933.

[13] 江南杂志社编.文史我鉴[M].北京：作家出版社，2009.

[14] 易彬.穆旦年谱[M].北京：中国社会科学出版社，2010.

[15] 杜运燮等编.一个民族已经起来[M].南京：江苏人民出版社，1987.

[16] 杜运燮等编.丰富和丰富的痛苦——穆旦逝世二十周年纪念文集[M].北京：北京师范大学出版社，1997.

[17] 西南联大北京校友会编.国立西南联合大学校史——1937至1946年的北大、清华、南开[M].北京：北京大学出版社，1996.

[18] 李怡，易彬编.穆旦研究资料[M].北京：知识产权出版社，2013.

[19] 段从学.穆旦的精神结构与现代性问题[M].北京：人民出版社，2014.

[20] 唐湜.新意度集[M].北京：生活·读书·新知三联书店，1990.

[21] 陆耀东.中国新诗史（1916-1949）·第一卷[M].武汉：长江文艺出版社，2005.

[22] 陆耀东.中国新诗史（1916-1949）·第二卷[M].武汉：长江文艺出版社，2009.

[23] 陆耀东.中国新诗史（1916-1949）·第三卷[M].武汉：长江文艺出版社，2015.

[24] 杨匡汉，刘福春编.中国现代诗论　上编[M].广州：花城出版社，1985.

[25] 钱谷融选编.文学研究会评论资料选[M].上海：华东师范大学出版社，1986.

[26] 方仁念选编.新月派评论资料选[M].上海：华东师范大学出版社，1993.

[27] 王圣思选编."九叶诗人"评论资料选[M].上海：华东师范大学出版社，1996.

[28] 杨守森.二十世纪中国作家心态史　中国现当代作家"灵魂的历史"[M].北京：中央编译出版社，1998.

[29] 李怡.七月派作家评传[M].重庆：重庆出版社，2000.

[30] 王光明.中国现代汉诗的百年演变[M].石家庄：河北人民出版社，2003.

[31] 董强.梁宗岱　穿越象征主义[M].北京：文津出版社，2005.

[32] 刘介民.闻一多　寻觅时空最佳点[M].北京：文津出版社，2005.

[33] 钱志富.七月派诗人论[M].香港：天马出版有限公司，2005.

[34] 周良沛.中国现代新诗序集[M].深圳：海天出版社，2006.

[35] 孙玉石.中国现代诗导读（穆旦卷）[M].北京：北京大学出版社，2007.

[36] 罗振亚.20世纪中国先锋诗潮[M].北京：人民出版社，2008.

[37] 废名，朱英诞.新诗讲稿[M].北京：北京大学出版社，2008.

[38] 罗振亚.问诗录[M].天津：天津人民出版社，2010.

[39] 马永波.九叶诗派与西方现代主义[M].上海：东方出版中心，2010.

[40] 吴井泉.20世纪40年代中国现代三大诗学研究[M].北京：高等教育出版社，2010.

部分重点参考论文：

[1] 周伟驰.当代中国基督教诗歌及其思想史脉络[J].新诗评论，2009，2：69-107.

[2] [捷克]马利安·高立克.以圣经为源泉的中国现代诗歌：从周作人到海子[J].人文杂志，2007，5：107-118.

[3] 陈华明.中国现代诗人诗歌的宗教文化意识[D].成都：四川大学，2003.

[4] 李红玉.基督教文化精神在中国新诗中的诗性言说[D].北京：首都师范大学，2008.

[5] 季小兵.野地里的百合花——论新时期以来的中国基督教文学[D].苏州：苏州大学，2006.

[6] 杨世海.撒种在荆棘——中国现代文学与基督教文化关系的研究[D].长沙：湖南大学，2013.

[7] [日]金井五郎.基督教与中国现代作家[D].北京：北京师范大学，1996.

[8] 方锡德.冰心与刘廷芳的文学交游考述[J].中国现代文学丛刊，2009，1：75-90.

[9] [美]韩南.作为中国文学之《圣经》：麦都思，王韬与"《圣经》委办会"[J].段怀清，译.浙江大学学报（人文社会科学版），2010，40（2）：16-37.

[10] 许凤才.诗人于赓虞传略[J].河南文史资料，1985，14：124-142.

[11] 刘麟.关于文学研究会的会员[J].新文学史料，1989，3：198-200+157.

[12] 方韶毅.事无春梦了无痕——朱镜宙的婚恋[N].温州晚报，2011-01-01（15）.

[13] 曹小娟.昙花一现："五四"时期知识分子的社会改造运动——以《新社会》旬刊为中心[J].社会科学家，2009，8（148）：30-34.

[14] 殷子纯.天津绿波社[J].新文学史料，1994，2：193-199+215.

[15] 方锡德.五四爱情故事的另一种叙述——介绍冰心未收集的短篇小说《惆怅》等佚文[J].中国现代文学研究丛刊，2005，1：232-250.

[16] 穆木天.《梦家诗集》与《铁马集》.现代，1934，4（6）：1064-1070.

[17] 郑蕾.《梦家诗集》版本考[J].新文学史料，2008，1：157-160.

[18] 王泽龙.中国现代诗歌意象论[D].武汉：华中师范大学，2004.

[19] 易彬.论穆旦诗歌艺术精神与中国新诗的历史建构 [D].上海：华东师范大学，2007.

[20] 王本朝，贺仲明，张桃洲."中国现代文学与宗教关系研究"专题.社会科学研究，2007，5：1-17.

[21] [韩]吴允淑.穆旦诗歌中的基督教话语.道风基督教文化评论，2000，12：213-246.

[22] 李润霞.从潜流到激流——中国当代新诗潮研究（1966-1986）[D].武汉：武汉大学，2001.

部分重要刊物：

[1] 天风.上海：天风社，1945（1）-1949（182）.

[2] 圣经文学研究.开封：河南大学圣经研究所，2007（1）-2015（2）.

[3] 创造周报.上海：创造社，1923（1）-1924（52）.

[4] 东方文艺.广州：东方文艺社，1936，1（3）.

[5] 生命.北京：生命月刊社，1920.1（1）-1926.6（6）.

[6] 学文.北京：清华学文月刊社，1934.1（1）-1（4）.

[7] 少年中国.北京：少年中国学会，1919.1（1）-1924.4（12）.

[8] 新青年.上海：群益书社，1915.1（1）-1920.7（6）.

[9] 先驱.上海：布尔什维主义学生会，1922（4）.

[10] 真理周刊.北京：真理周刊社，1923.1（1）-1925.3（52）.

[11] 真理与生命.北京：基督教青年会，1926.1（2）-1935.9（5-6），中缺若干期.

[12] 新教育.南京：中华教育改进社，1922，5（3）第一次年会报告号.

[13] 《基督教文化评论》编委会编.基督教文化评论.贵阳：贵州人民出版社，1989（1）-2000（11）.

[14] 青年进步.上海：中华基督教青年会全国协会书报部，1917（2）-1931（148），中缺若干期.

[15] 田家半月报.济南：华北基督教农村事业促进会文字部，1934.1（1）-1948.14（24），中缺数期.

[16] 女铎.上海：广学会，1927.16（2）-1947.32（11），中缺若干期.

[17] 晨报.北京：晨报社，1921-06-28.

[18] 紫晶.北京：刘廷芳个人主办，1934.6（1）-1937.12（1），中缺数期.

[19] 燕京新闻.北京：燕京大学新闻系，1937，3（48）.

[20] 协进.上海：中华全国基督教协进会，1948，6（6）.

[21] 方韶毅主编.瓯风.北京：中国文史出版社，2010（1）-2015（9）.

[22] 文艺月刊.南京：中国文艺社，1932.2（7）-1934.4（6）.

[23] 燕大月刊.北京：燕京大学燕大月刊编辑部，1927.1（1）-1933.9（3）.

[24] 小说月报.上海：商务印书馆，1921.12（1）-1926.17（12）.

[25] 诗星火.南京：诗星火社，1948（1）.

[26] 晨报副镌.北京：晨报社，1921（3）-1925（1282），1926.（52）-1926.（63），1927.（64）-1927.（70），1928.（71）-1928.（79）.

[27] 北斗.上海：左翼作家联盟，1931.1（1）-1932.2（4）.

[28] 国立中央大学半月刊.南京：国立中央大学，1930.1（2）-1930.1（7）.

[29] 华声（半月刊），1945.1（5·6）-1947.3（1）.

[30] 诗.上海：中国新诗社，1922.1（1）-1923.2（2）.

[31] 小雅.北平：小雅诗社，1937（2）-1937（5·6）.

[32] 神学志.上海/南京：金陵神学院，1915.2（3），1917.3（1.2.4），1918.4（2.3.4），1919.5（2.3.4），1920.6（2），1921.7（3.4），1922.8（1.2）.

[33] 创造（季刊）.上海：创造社，1922.2，1923.2（1），1923（4），1924.2（2），1927.（3），1929.（1）.

[34] 新月.上海：新月社，1928.1（1）-1932.4（7）.

[35] 诗刊.上海：新月社，1931（2）.

[36] 水星.北京：文华书局，1934.1（1-2），1935.2（3）.

[37] 现代诗风.上海：派望社，1935.1.

[38] 诗歌杂志.上海：联合出版社，1936.（1）-1937（3）.

[39] 诗创造.上海：诗创造社，1947（1）-1948.（8）.

[40] 新潮.北京：新潮社，1919.1（1）-1920.3（2）.

[41] 中国新诗.上海：中国新诗社，1948.2-3.

[42] 七月.上海：七月社，1937.1（1）-1941.7（2），中缺若干期.

[43] 希望.重庆：希望社，1945.1（1）-1946.2（4）.

[44] 中国人民大学基督教文化研究所编.基督教文化学刊.北京：中国人民大学出版社，1999（1）-2007（18）.

[45] 许志伟主编.基督教思想评论.上海：上海人民出版社，2004（1）-2012（14）.

[46] 道风汉语神学学刊.香港：道风山基督教中心研究部，1994（1）-2000（12）.

部分文学作品集（仅列有直接引文的作品集）：

[1] 张仕章编.中国古代宗教诗歌集[M].上海：广学会，1927.

[2] 卓如编.冰心全集[M].福州：海峡文艺出版社，1994.

[3] 郭沫若著，桑逢康校.《女神》汇校本[M].长沙：湖南人民出版社，1983.

[4] 陈梦家.梦甲室存文（陈梦家著作集）[M].北京：中华书局，2006.

[5] 梁宗岱.梁宗岱文集：1（诗文卷·法译卷）[M].北京：中央编译出版社，2003.

[6] 孙党伯，袁春正编.闻一多全集[M].武汉：湖北人民出版社，1993.

[7] 朱自清等.雪朝[M].上海：商务印书馆，1922.

[8] 冰心女士.春水[M].北京：新潮社，1923.

[9] 周作人.过去的生命[M].北京：中国文联出版社，1999.

[10] 白采.白采的诗（赢疾者的爱）[M].上海：中华书局，1925.

[11] 废名.废名集：第三卷[M].北京：北京大学出版社，2009.

[12] 长虹.时代的先驱[M].上海：光华书局，1928.

[13] 燕京研究院编.赵紫宸文集[M].北京：商务印书馆，2010.

[14] 北京四海经典文化传播中心编.弟子规·龙文鞭影[M].北京：中华书局，2005.

[15] 北京四海经典文化传播中心编.三字经·百家姓·千字文·蒙求[M].北京：中华书局，2005.

[16] 吕友仁，吕咏梅译注.礼记全译·孝经全译[M].贵阳：贵州人民出版社，1998.

[17] 绍南文化编.老子庄子选[M].厦门：厦门大学出版社，2012.

[18] 袁愈荌译，唐莫尧注.诗经全译[M].贵阳：贵州人民出版社，1992.

[19] 李伯元.文明小史[M].上海：商务印书馆，1906.

[20] 孙玉石编.中国新诗总系 1927-1937[M].北京：人民文学出版社，2009.

[21] 孙毓棠.海盗船[M].北平：立达书局，1934.

[22] 曹葆华.寄诗魂[M].北平：震东印书馆，1930.

[23] 汪铭竹.纪德与蝶[M].昆明：诗文学社，1944.

[24] 王以仁.王以仁的幻灭[M].上海：明日书店，1929.

[25] 钱杏邨.荒土[M].上海：泰东图书局，1929.

[26] 孙原靖，程千帆等编.孙望选集[M].南京：南京师范大学出版社，2002.

[27] 徐雉.酸果[M].上海：光华书局，1929.

[28] 解志熙、王文金编校.于赓虞诗文辑存[M].开封：河南大学出版社，2004.

[29] 沈祖棻.微波辞（外二种）[M].石家庄：河北教育出版社，2000.

[30] 亦门.无弦琴[M].上海：希望社，1947.

[31] 孙党伯编.中国新文学大系 1937-1949：第十四集 诗卷[M].上海：上海文艺出版社，1990.

[32] 南开大学新诗社编.我们的圣经[M].天津：南大文化服务社，1937.

[33] 孙钿.旗[M].上海：希望社，1947.

[34] 郑敏.诗集（一九四二——一九四七）[M].上海：文化生活出版社，1949.

[35] 吴晓东编.中国新诗总系 1937-1949[M].北京：人民文学出版社，2009.

[36] 林希编.阿垅诗文集[M].北京：人民文学出版社，2007.

[37] 刘廷芳.山雨[M].上海：北新书局，1935.

[38] 陈梦家.在前线[M].北京：北平晨报社，1932.

[39] 李方编.穆旦诗文集：1 [M].-增订版.北京：人民文学出版社，2013.

[40] 路易士.出发[M].上海：太平书局，1944.

[41] 陈敬容.交响集[M].北京：中国文联出版社，1993.

[42] 杜运燮.诗四十首[M].上海：文化生活出版社，1948.

[43] 杭约赫.噩梦录[M].上海：星群出版社，1947.

[44] 辛笛.手掌集[M].上海：森林出版社，1948.

[45] 艾青等.毛泽东颂[M].海洋书屋，1948.

[46] 鲁藜.醒来的时候[M].上海：希望社，1947.

[47] 张凤洪等编.艾青全集[M].石家庄：花山文艺出版社，1991.

[48] 广东省社会科学院历史研究室等编.孙中山全集：第一卷[M].北京：中华书局，1981.

[49] 宗白华.流云小诗[M].上海：正风出版社，1947.

[50] 刘英民，李艳明编.郑振铎全集：第二卷[M].石家庄：花山文艺出版社，1998.

[51] 于赓虞.世纪的脸[M].上海：北新书局，1934.

[52] 冯乃超.红纱灯[M].上海：创造社出版部，1929.

[53] 赵紫宸.打鱼[M].上海：广学会，1930.

[54] 罗念生.罗念生全集：第9卷[M].上海：上海人民出版社，2004.

[55] 王独清.圣母像前[M].上海：创造社出版部，1927.

[56] 方玮德.玮德诗文集[M].上海：时代图书公司，1936.

[57] 曹葆华.灵焰[M].上海：上海书店，1992.

[58] 古鲁.夜行[M].桂林：力学书店，1948.

[59] 姜涛编.中国新诗总系 1917-1927[M].北京：人民文学出版社，2009.

[60] 谢采江.梦痕[M].北京：明报社，1926.

[61] 彭燕郊.春天——大地的诱惑[M].桂林：诗创作社，1942.

[62] 牛汉.牛汉诗文集[M].北京：人民文学出版社，2010.

[63] 马君玠.北望集[M].上海：开明书店，1947.

[64] 石评梅.石评梅大全集[M].北京：新世界出版社，2012.

[65] 蒋光慈.光慈诗集　新梦[M].上海：上海文艺出版局，1925.

[66] 周良沛编.胡也频诗稿[M].成都：四川人民出版社，1981.

[67] 郑振铎.战号[M].上海：生活书店，1938.

[68] 艾青.大堰河[M].-桂1版.桂林：文化生活出版社，1942.

[69] 陈俐，陈晓春编.诗人、翻译家曹葆华：诗歌卷[M].上海：上海书店出版社，2010.

[70] 陆志韦.渡河.上海：亚东图书馆，1923.

[71] 徐玉诺.将来之花园[M].上海：商务印书馆，1933.

[72] 陈敬容.盈盈集[M].上海：文化生活出版社，1948.

[73] 孙望选辑.战前中国新诗选[M].南昌：江西人民出版社，1983.

[74] 张兆和编.沈从文全集：15[M].太原：北岳文艺出版主，2002.

[75] 田汉文集编委会编.田汉全集：第十一卷 诗词[M].石家庄：花山文艺出版社，2000.

[76] 孙近仁编.孙大雨诗文集[M].石家庄：河北教育出版社，1996.

[77] 王炳根编.冰心文选——佚文卷[M].福州：福建教育出版社，2007.

[78] 徐志摩.云游[M].上海：新月书店，1932.

[79] 冯至.北游及其他[M].北平：沉钟社，1929.

[80] 周扬.周扬文集[M].北京：人民文学出版社，1984.

[81] 冯玉祥.抗战诗歌集[M].武汉：三户图书印刷社，1938.

[82] 艾青序.中国新文学大系（1927-1937）：第十四集 诗集[M].上海：上海文艺出版社，1985.

[83] 刘廷蔚.山花[M].上海：北新书局，1930.

[84] 韩石山编.徐志摩全集[M].天津：天津人民出版社，2005.

[85] 朱镜宙.梦痕记[M].台北：文海出版社，1977.

[86] 刘廷蔚.我的杯[M].上海：女青年会全国协会，1932.

[87] 王统照.童心[M].上海：商务印书馆，1925.

[88] 焦菊隐.他乡[M].上海：北新书局，1934.

[89] 于赓虞.孤灵[M].上海：北新书局，1930.

[90] 徐雪寒编.徐雉的诗和小说[M].北京：人民文学出版社，1982.

[91] 郭淑芬，常法韫等编.常任侠文集[M].合肥：安徽教育出版社，2002.

[92] 常醒元.蒙古调[M].昆明：百合出版社，1944.

[93] [法]波德莱尔.恶之花 巴黎的忧郁[M].钱春绮，译.北京：人民文学出版社，1991.

[94] 冰心.繁星[M].-5版.上海：商务印书馆，1925.

[95] 许正林，傅光明编.冰心诗全编[M].杭州：浙江文艺出版社，1994.

[96] 冰心.冰心诗集[M].-3版.上海：北新书局，1934.

[97] 陈梦家.梦家诗集（陈梦家著作集）[M].北京：中华书局，2006.

[98] 陈梦家.歌中之歌[M].上海：良友图书印刷公司，1932.

[99] 陈梦家.梦家诗集[M].-3版.上海：新月书店，1933.

[100] 杨燕起.史记全译[M].贵阳：贵州人民出版社，2001.

[101] 陈梦家.梦家存诗[M].上海：上海时代图书公司，1936.

[102] 陈梦家.铁马集[M].上海：开明书店，1934.

[103] 穆旦.穆旦诗集（一九三九——一九四五）[M].自印，1947.

[104] 李方编.穆旦诗全集[M].北京：中国文学出版社，1996.

[105] 李方编.穆旦诗文集 2[M].北京：人民文学出版社，2006.

[106] 郝海岩编.中国知青诗抄[M].北京：中国文学出版社，1998.

[107] 郑思.吹散的火星[M].桂林：耕耘出版社，1942.

[108] 书目文献出版社编.沈尹默诗词集[M].北京：书目文献出版社，1982.

[109] 任钧.少年诗歌[M].重庆：文风书局，1944.

[110] 冰心.春水[M].北京：新潮社，1923.

[111] 高长虹.献给自然的女儿[M].上海：泰东图书局，1928.

[112] 衣萍.种树集[M].上海：北新书局，1929.

[113] 杨伯竣译注.论语译注[M].北京：中华书局，2006.

[114] 程颢，程颐撰；潘富恩导读.二程遗书[M].上海：上海古籍出版社，2000.

[115] 孙星衍撰.周易集解[M].上海：商务印书馆，1936.

[116] 柯仲平.海夜歌声[M].上海：光华书局，1927.

[117] 李金发.食客与凶年[M].上海：北新书局，1927.

[118] 唐祈.诗第一册[M].上海：星群出版社，1948.

[119] 任钧.冷热集[M].诗人俱乐部，1936.

[120] 李金发.微雨[M].上海：北新书局，1925.

[121] 王统照.江南曲[M].上海：文化生活出版社，1948.

[122] 何植三.农家的草紫[M].上海：亚东图书馆，1929.

[123] 谢采江.野火[M].保定：三块协社，1923.

[124] 郑思.夜的抒情[M].香港：草莽社，1948.

[125] 徐志摩.猛虎集[M].上海：新月书店，1931.

[126] 胡风.野花与箭[M].上海：文化生活出版社，1937.

[127] 穆木天.旅心[M].上海：创造社出版部，1927.

[128] 金克木.蝙蝠集[M].上海：时代图书公司，1936.

[129] 常任侠.毋忘草[M].南京：土星笔会，1935.

[130] 冯至.十四行集[M].桂林：明日社，1942.

跋

　　这部不过 20 万字的书稿，从孕育到最终出版，前后经历了将近十年的时间。它原是我的博士毕业论文，当初写作过程便颇为坎坷，其间经历了初稿丢失、心理压力过载、怀孕生子等一系列波折，写成之后，又因选题问题，数年之后才得以出版。我必须要特别感谢花木兰文化事业有限公司与北京师范大学基督教文艺研究中心的"基督教文化研究丛书"联合出版项目在我困难之际提供了这个宝贵的机会，使我能够与大家分享我的研究心得。它或许还不够成熟，有些汇编和研究工作还可以进一步展开，但我依然希望它能够及早与大家见面，唤起大家对基督教与新诗间错综复杂关系的注意，从而吸引更多的学者来从事这一方向的研究。

　　如今本书完成，看着眼前的"跋"字，我不由产生了一种丧失语言能力的恐惧感和沧桑感。当需要感谢的人和事太多，我的大脑反而一片空白，词汇也变得贫乏，着实不知该从何说起。或许这篇姗姗来迟的跋会变成一篇流水帐式的致谢，而且很可能是篇挂一漏万的流水帐，但我这只无灵性的笔头所能做到的，只是记录下记忆中这零零碎碎的点滴，再由衷地献上我的感恩。

　　首先要感谢我的导师罗振亚先生，他卓绝的人品和学术品格都堪称我们脚前的灯、路上的光，是我们仰望和憧憬的目标和奋斗的动力，也是整个师门良好学术气氛和互助传统的源头。我要特别感谢老师对我放手而不放任、言有限而效无穷的培养方式。在我不无自负地选了"基督性与中国新诗"这块难啃的骨头时，老师由于预感到了这个略显敏感的研究方向在大环境中可能遇到的挫折和困境，最初并不十分看好这个选题。但在我表现出坚持之时，老师仍给予了我极大的尊重和鼓励，也给了我充足的信任和自由尝试的空间，让我有了放胆探索的勇气和底气以及证误的时间和机会，也极大地减轻了我的焦虑感。无论老师多忙，当我寻求帮助时，老师都会迅速地在第一时间伸出点石成金的手指，提供给我最准确高效的指导和建议，举重若轻地打通困扰我颇久的瓶颈。我深恨在师门的几年过得太快，虽几十度捧起导师的文章照猫画虎，但老师深厚的理论素养、诗性的学术语言、流畅的行文风格我都始终未能学得精义，每写毕文章再读老师著作总觉自惭形秽，"只有一点像羲之"，那一点还是老师修改的痕迹。最令我感动的是，老师之前一直因所有的学生都能在三年最短期限内完成优质论文而骄傲，是我第一次破坏了这个师门传统，还额外给老师增加了许多麻烦，但老师和师娘从未埋怨，而是待我如初。如今回想起来，我一直深感愧疚。我唯求能在新的学术岗位上继续以老师为学术标杆不断奋斗，在自己的领域中能小有所成。

感谢我的师娘杨丽霞老师，感谢她母仪师门的慈怀、治愈系的笑容、亲切幽默的话语还有高超的烹饪手艺，尤其是她的敏锐和细心。每逢师门聚会，师娘总会特别关心每一个学生的感受，第一时间从一个眼神、一个细微动作发现和满足大家的需求。这种极为难得的体贴是我们女学生在读书期间最温暖的记忆。

感谢我的硕士导师李润霞老师，感谢她对我进行的一系列学术训练尤其是史料工作训练，这些都在本书的写作中起到了至关重要的作用，对我后来的研究乃至教育部社科项目的研究都起到了深远的影响。她在我读博后依然对我保持着无微不至的关心，我博士期间怀孕回家休养时她特意来看望我，甚至在国外交流时还记挂着我的学业。如今我已工作，但李老师依然在生活和研究上为我提供源源不断的帮助和提携。

感谢南开文学院前书记乔以钢老师对我的关怀，我虽未做过乔老师的直系弟子，但乔老师对我从生活到心理的关心、为人为学的指导和帮助并不比乔门的同学少，每逢有事惴惴求助，总会得到热情的回应。在我怀孕期间，乔老师还托她的女儿从美国给我捎来了补养品，令我们全家都十分感动。

感谢南开文学院现当代文学专业的各位老师多年对我的培养和塑造。感谢李锡龙老师向我们介绍了各种数字文献资源的使用方法，极大地降低了我在研究中的资料搜集难度，使我受惠至今；感谢李新宇老师以他精英公共知识分子的深刻打开了我们的思域，让我们时刻刻不忘做一名有良知有责任感的知识分子；感谢李瑞山老师对我们史料意识的培养；感谢耿传明老师在晚清思想文化领域的传授、以及他在进化论与基督教方面的高见给我的启迪；感谢张铁荣老师的周作人研究给予我的灵感……老师们为我们献上的每一场精神盛宴，我都将永远铭记于心。

感谢翟明睿、王辰、金鑫、黄洁等生活辅导老师在各项琐碎事务上的默默奉献，没有你们的后方支援我们也无法顺利地完成博士的学业，你们辛苦了。

感谢王家平、张福贵、张桃洲、孙晓娅、刘洁岷、王淑萍、刘燕等外校老师和专家，他们或给了我肯定和鼓励、或坚定了我的选题决心、或在学术上给了我帮助、或为我提供了各种机会与平台，这些意外获得的帮助和鼓励都让我体会到前辈学者们对一名普通晚辈的良苦用心。在一个阶段的奋斗将近尾声之时，我也要对他们的无私和厚爱致以真诚的谢意。

感谢诸位同门和同学的真诚友谊和学术帮助。感谢卢桢师兄主动与我就基督教与文学问题展开的几次讨论，感谢他以他的欧洲游学经历为基础向我们介绍的几位海外汉学家，这为我们打开了一个新的学术宝库；感谢邵波师兄慷慨的学术资料赠予，这些资料都在本书写作过程中派上了大用场；感谢杨亮师姐对于博士论文的技术指导；感谢侯平师妹和李洁师妹在我回家休养时的信息共享和及时通知；感谢包天花、李贞玉、黎秀娥等同年，无论是书籍分享还是衣食分享，无论是学术争论还是无聊八卦，无论是一起听课还是一起赖床，与你们的共同学习生活中的一点一滴都是我最美好的记忆和最宝贵的财富，在困难时你们的鼓励是支持我继续前行的动力，愿我们的友谊地久天长。

我还要感谢我目前工作的高校大连外国语大学，学校的科研处对新教师的科研给予了丰富的支持和指导，不断约请校外专家给予学术点评，并在明知这一选题在项目申请上不太有优势的情况下，依然支持我的研究；学院的领导和同事，也都给了我很多的帮助和鼓励。新环境的温暖消除了我离开母校初入社会时的不安，让我得以迅速融入新的家庭，继续我的学术生涯。

感谢我的父母和我的丈夫多年来在我学业上和生活上无怨无悔的全方位支持，感谢我的宝宝将我拉出情绪低谷。你们的爱是我最有力的支撑，你们也是我一切努力的初始源头和终极目的。

感谢上帝让我在人生中遇到这么多可宝贵的朋友。愿上帝的恩惠平安、主耶稣的慈爱、圣灵保惠师的感动时刻与你们同在，直到永永远远，阿门！

《基督教文化研究丛书》

主编：何光沪、高师宁

（1-6 编书目）

初 编　　　　（2015 年 3 月出版）

ISBN：978-986-404-209-8　　　　　　定价（台币）$28,000 元

册 次	作 者	书 名	学科别（／表示跨学科）
第 1 册	刘 平	灵殇：基督教与中国现代性危机	社会学／神学
第 2 册	刘 平	道在瓦器：裸露的公共广场上的呼告——书评自选集	综合
第 3 册	吕绍勋	查尔斯　泰勒与世俗化理论	历史／宗教学
第 4 册	陈 果	黑格尔"辩证法"的真正起点和秘密——青年时期黑格尔哲学思想的发展（1785 年至 1800 年）	哲学
第 5 册	冷 欣	启示与历史——潘能伯格系统神学的哲理根基	哲学／神学
第 6 册	徐 凯	信仰下的生活与认知——伊洛地区农村基督教信徒的文化社会心理研究（上）	社会学
第 7 册	徐 凯	信仰下的生活与认知——伊洛地区农村基督教信徒的文化社会心理研究（下）	社会学
第 8 册	孙晨荟	谷中百合——傈僳族与大花苗基督教音乐文化研究（上）	基督教音乐
第 9 册	孙晨荟	谷中百合——傈僳族与大花苗基督教音乐文化研究（下）	基督教音乐
第 10 册	王 媛	附魔、驱魔与皈信——乡村天主教与民间信仰关系研究	社会学
	蔡圣晗	神谕的再造，一个城市天主教群体中的个体信仰和实践	社会学
	孙晓舒　王修晓	基督徒的内群分化：分类主客体的互动	社会学
第 11 册	秦和平	20 世纪 50－90 年代川滇黔民族地区基督教调适与发展研究（上）	历史
第 12 册	秦和平	20 世纪 50－90 年代川滇黔民族地区基督教调适与发展研究（下）	历史
第 13 册	侯朝阳	论陀思妥耶夫斯基小说的罪与救赎思想	基督教文学
第 14 册	余 亮	《传道书》的时间观研究	圣经研究
第 15 册	汪正飞	圣约传统与美国宪政的宗教起源	历史／法学

二 编 （2016 年 3 月出版）

ISBN：978-986-404-521-1 定价（台币）$20,000 元

册 次	作 者	书 名	学科别（／表示跨学科）
第 1 册	方 耀	灵魂与自然——汤玛斯·阿奎那自然法思想新探	神学／法学
第 2 册	劉光順	趋向至善——汤玛斯·阿奎那的伦理思想初探	神学／伦理学
第 3 册	潘明德	索洛维约夫宗教哲学思想研究	宗教哲学
第 4 册	孙 毅	转向：走在成圣的路上——加尔文《基督教要义》解读	神学
第 5 册	柏斯丁	追随论证：有神信念的知识辩护	宗教哲学
第 6 册	李向平	宗教交往与公共秩序——中国当代耶佛交往关系的社会学研究	社会学
第 7 册	張文舉	基督教文化论略	综合
第 8 册	趙文娟	侯活士品格伦理与赵紫宸人格伦理的批判性比较	神学伦理学
第 9 册	孙晨薈	雪域圣咏——滇藏川交界地区天主教仪式与音乐研究（增订版）（上）	基督教音乐
第 10 册	孙晨薈	雪域圣咏——滇藏川交界地区天主教仪式与音乐研究（增订版）（下）	
第 11 册	張 欣	天地之间一出戏——20 世纪英国天主教小说	基督教文学

三　编 （2017 年 9 月出版）

ISBN：978-986-485-132-4　　　　　　定价（台币）$11,000 元

册　次	作　者	书　名	学科别（／表示跨学科）
第 1 册	赵　琦	回归本真的交往方式——托马斯·阿奎那论友谊	神学／哲学
第 2 册	周兰兰	论维护人性尊严——教宗若望保禄二世的神学人类学研究	神学人类学
第 3 册	熊径知	黑格尔神学思想研究	神学／哲学
第 4 册	邢　梅	《圣经》官话和合本句法研究	圣经研究
第 5 册	肖　超	早期基督教史学探析（西元 1~4 世纪初期）	史学史
第 6 册	段知壮	宗教自由的界定性研究	宗教学／法学

四　编 （2018 年 9 月出版）

ISBN：978-986-485-490-5　　　　　　定价（台币）$18,000 元

册　次	作　者	书　名	学科别（／表示跨学科）
第 1 册	陈卫真　高　山	基督、圣灵、人——加尔文神学中的思辨与修辞	神学
第 2 册	林庆华	当代西方天主教相称主义伦理学研究	神学／伦理学
第 3 册	田燕妮	同为异国传教人：近代在华新教传教士与天主教传教士关系研究（1807～1941）	历史
第 4 册	张德明	基督教与华北社会研究（1927～1937）（上）	社会学
第 5 册	张德明	基督教与华北社会研究（1927～1937）（下）	
第 6 册	孙晨荟	天音北韵——华北地区天主教音乐研究（上）	基督教音乐
第 7 册	孙晨荟	天音北韵——华北地区天主教音乐研究（下）	
第 8 册	董丽慧	西洋图像的中式转译：十六十七世纪中国基督教图像研究	基督教艺术
第 9 册	张　欣	耶稣作为明镜——20 世纪欧美耶稣小说	基督教文学

五　编　（2019 年 9 月出版）

ISBN：978-986-485-809-5　　　　　　　　定价（台币）$20,000 元

册　次	作　者	书　名	学科别（／表示跨学科）
第 1 册	王玉鹏	纽曼的启示理解（上）	神学
第 2 册	王玉鹏	纽曼的启示理解（下）	
第 3 册	原海成	历史、理性与信仰——克尔凯郭尔的绝对悖论思想研究	哲学
第 4 册	郭世聪	儒耶价值教育比较研究——以香港为语境	宗教比较
第 5 册	刘念业	近代在华新教传教士早期的圣经汉译活动研究（1807～1862）	历史
第 6 册	鲁静如 王宜强 编著	溺女、育婴与晚清教案研究资料汇编（上）	资料汇编
第 7 册	鲁静如 王宜强 编著	溺女、育婴与晚清教案研究资料汇编（下）	
第 8 册	翟风俭	中国基督宗教音乐史（1949 年前）（上）	基督教音乐
第 9 册	翟风俭	中国基督宗教音乐史（1949 年前）（下）	

六　编　（2020 年 3 月出版）

ISBN：978-986-518-085-0　　　　　　　　定价（台币）$20,000 元

册　次	作　者	书　名	学科别（／表示跨学科）
第 1 册	陈倩	《大乘起信论》与佛耶对话	哲学
第 2 册	陈丰盛	近代温州基督教史（上）	历史
第 3 册	陈丰盛	近代温州基督教史（下）	
第 4 册	赵罗英	创造共同的善：中国城市宗教团体的社会资本研究——以 B 市 J 教会为例	人类学
第 5 册	梁振华	灵验与拯救：乡村基督徒的信仰与生活（上）	人类学
第 6 册	梁振华	灵验与拯救：乡村基督徒的信仰与生活（下）	
第 7 册	唐代虎	四川基督教社会服务研究（1877～1949）	人类学
第 8 册	薛媛元	上帝与缪斯的共舞——中国新诗中的基督性（1917～1949）	基督教文学